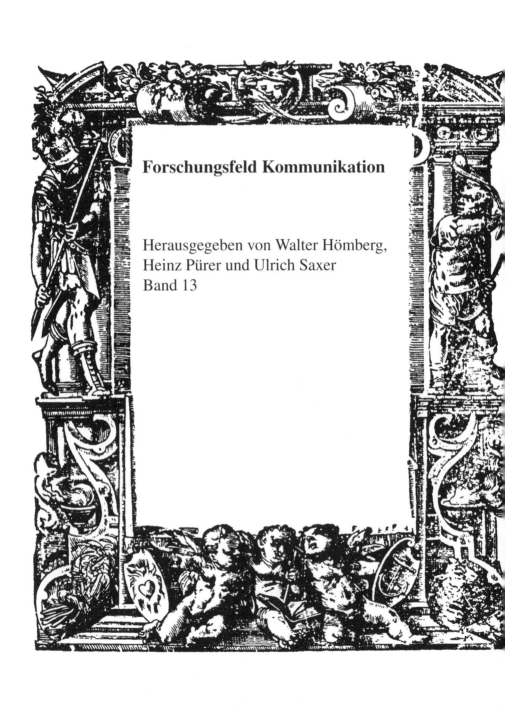

Forschungsfeld Kommunikation

Herausgegeben von Walter Hömberg,
Heinz Pürer und Ulrich Saxer
Band 13

MIRKO MARR, VINZENZ WYSS
ROGER BLUM, HEINZ BONFADELLI

JOURNALISTEN IN DER SCHWEIZ

Eigenschaften, Einstellungen, Einflüsse

Gedruckt mit freundlicher Unterstützung des Schweizerischen Nationalfonds zur Förderung der Wissenschaft.
Die Studie wurde im Rahmen des Schwerpunktprogramms »Zukunft Schweiz« am Institut für Medienwissenschaft der Universität Bern sowie am Institut für Publizistikwissenschaft und Medienforschung der Universität Zürich durchgeführt.

Die Deutsche Bibliothek – CIP-Einheitsaufnahme

Marr, Mirko:
Journalisten in der Schweiz : Eigenschaften, Einstellungen, Einflüsse / Mirko Marr ; Vinzenz Wyss ; Roger Blum ; Heinz Bonfadelli. - Konstanz : UVK Medien, 2001
  (Forschungsfeld Kommunikation ; Bd. 13)
  ISBN 3-89669-315-8

ISSN 1433-6952
ISBN 3-89669-315-8

© UVK Medien
Verlagsgesellschaft mbH, Konstanz 2001

Umschlag: Barbara Simon
Druck: Legoprint, Lavis

UVK Medien Verlagsgesellschaft mbH
Schützenstr. 24 · D-78462 Konstanz
Tel.: 07531-9053-0 · Fax: 07531-9053-98
www.uvk.de

Inhalt

Vorwort 11

1. Einleitung 13

2. Theoretische Forschungsperspektiven 17
    2.1   Berufssoziologische Journalismusforschung 17
        2.1.1   Forschungsentwicklung 17
        2.1.2   Fragestellungen 19
        2.1.3   Theoretische Perspektiven 19
        2.1.4   Empirische Befunde 21
    2.2   Journalismus und Informationsgesellschaft 27
    2.3   Technologische und ökonomische Einflüsse 28
        2.3.1   Technologische Einflüsse 30
        2.3.2   Ökonomische Einflüsse 35
    2.4   Implikationen für die empirische Studie 44
        2.4.1   Fragestellungen 44
        2.4.2   Design und Methoden 45
        2.4.3   Aufbau des Berichts 47

3. Journalistische Berufsrealität 49

3.1 Gegenstand, Fragestellungen, Methode 49
- 3.1.1 Strukturierung des Gegenstandes und Fragestellungen 49
- 3.1.2 Bestimmung der Grundgesamtheit 52
- 3.1.3 Stichprobenziehung und Rücklauf 54
- 3.1.4 Untersuchungsinstrument 57

3.2 Allgemeine Arbeitsbedingungen 58
- 3.2.1 Anzahl der Journalisten 58
- 3.2.2 Medientypen 61
- 3.2.3 Anzahl der Beschäftigungsverhältnisse 62
- 3.2.4 Art der Beschäftigungsverhältnisse 64
- 3.2.5 Einkommen 66

3.3 Redaktionelle Arbeitsbedingungen 70
- 3.3.1 Redaktionsgröße 70
- 3.3.2 Hierarchische Position 71
- 3.3.3 Ressortstrukturen 72
- 3.3.4 Qualitätssteuerung 75
- 3.3.5 Redaktionelle Ausrichtung 78
- 3.3.6 Tätigkeitsprofil 80

3.4 Ausbildung 82
- 3.4.1 Ausbildungsangebote 82
- 3.4.2 Nutzung der Ausbildungsangebote 86

3.5 Soziokulturelle Strukturen der Berufsrealität 90
- 3.5.1 Berufsrealität und Geschlecht 90
- 3.5.2 Berufsrealität und Alter 95
- 3.5.3 Berufsrealität und Sprachregion 101

3.6	Subjektive Wahrnehmung der Berufsrealität	109
3.6.1	Entlohnung	110
3.6.2	Arbeitsklima	113
3.6.3	Arbeitsalltag	114
3.6.4	Arbeitsbelastung	114
3.6.5	Zeitdruck	115
3.6.6	Wirtschaftlicher Druck	116
3.7	Berufsrealität und Rollenselbstbilder	118
3.7.1	Vorbemerkung	118
3.7.2	Operationalisierung der Rollenselbstbilder	120
3.7.3	Rollenselbstbilder Schweizer Journalisten	123
3.7.4	Dimensionierung der Rollenselbstbilder	126
3.7.5	Spezifizierung des Regressionsmodells	130
3.7.6	Bedingungen der journalistischen Rollenselbstbilder	134
3.8	Zusammenfassung der Hauptergebnisse	138
3.8.1	Berufsrealität	138
3.8.2	Berufsrealität und Rollenselbstbild	141
4.	Redaktionen unter Reformdruck	143
4.1	Fragestellungen und theoretische Perspektiven	143
4.1.1	Institutionelle Einflussfaktoren	143
4.1.2	Technologische Imperative	146
4.1.3	Redaktionsmarketing	153
4.1.4	Redaktionsmanagement	156
4.2	Untersuchungsanlage und Methoden	163
4.2.1	Erhebungsinstrument und Samplebildung	163
4.2.2	Datenerhebung, Auswertung und Ergebnisdarstellung	166

4.3 Online-Journalismus 168
    4.3.1 Der Kompass im Informationsdschungel 168
    4.3.2 Die Konkurrenz der Online-Anbieter 172
    4.3.3 Die Ambivalenz des Computer Assisted Reporting (CAR) 173
    4.3.4 Die Ambivalenz der Rollenkonvergenz 182
    4.3.5 Realitätsverlust 188
    4.3.6 Zusammenfassung und Ausblick 190

4.4 Redaktionelles Marketing 193
    4.4.1 Die Bedeutung der Leserschafts- und Publikumsforschung 193
    4.4.2 Stellenwert und Verwendung von Forschungsergebnissen 195
    4.4.3 Zur Ambivalenz der Zielgruppenorientierung 216
    4.4.4 Bedeutungszuwachs marktorientierter Rollenselbstbilder 222
    4.4.5 Zusammenfassung und Ausblick 229

4.5 Redaktionsmanagement 231
    4.5.1 Wettbewerbsstrategien 231
    4.5.2 Zusammenarbeit von Geschäftsführung und Redaktion 237
    4.5.3 Von der ›Edelfeder‹ zum ›Topmanager‹ 245
    4.5.4 Redaktionelle Organisationsstrukturen im Wandel 251
    4.5.5 Zusammenfassung und Ausblick 267

5. Fazit 271
  5.1 Der zögerliche Wandel 271
    5.1.1 Berufsrealität und Arbeitsbedingungen 272
    5.1.2 Technisierung und Ökonomisierung 273
  5.2 Rahmenbedingungen des zögerlichen Wandels 275
    5.2.1 Die Sprachenvielfalt 275
    5.2.2 Die Kleinräumigkeit 278

5.2.3	Die Politikverhaftung	280
5.2.4	Die verpasste Professionalisierung	285
5.3	Schlussfolgerungen	286
5.3.1	Postulate für den Beruf	286
5.3.2	Postulate für die Forschung	288

Anhang I
Fragebogen der quantitativen Erhebung 289

Anhang II
Literaturverzeichnis 306

Vorwort

Wie präsentiert sich die Berufsrealität der Journalistinnen und Journalisten in der Schweiz? Und wie verändert sie sich unter dem Einfluss des ökonomischen, technologischen und organisatorischen Wandels? Der Journalismus ist unter Reformdruck geraten. Er muss sich verändern, aber bricht er wirklich auf? Normalisiert, europäisiert sich die Schweiz, die auch journalistisch ein Sonderfall war, in diesem Bereich? Das vorliegende Buch gibt Antworten auf diese Fragen.

Denn zwei kommunikationswissenschaftliche Hochschulinstitute der Schweiz – das *Institut für Medienwissenschaft* der Universität Bern und das *Institut für Publizistikwissenschaft und Medienforschung* der Universität Zürich – erhielten vom *Schweizerischen Nationalfonds* für wissenschaftliche Forschung die Chance, diese Fragen systematisch zu untersuchen. Die Untersuchung war Teil des sozialwissenschaftlichen Schwerpunktprogramms *Zukunft Schweiz* und bestand aus zwei wichtigen Elementen: einerseits aus einer Bestandsaufnahme der Berufsrealität durch eine repräsentative Befragung der Medienschaffenden in der Schweiz, andererseits aus einer Analyse der Veränderungen durch Leitfadeninterviews mit Führungsverantwortlichen in den Redaktionen. Die Forschung fand in den Jahren 1997 bis 1999 statt. Im Ergebnis liegen jetzt erstmals Sozialdaten zu den schweizerischen Journalistinnen und Journalisten vor. Und erstmals kann gezeigt werden, wie Entscheidungsträger in Redaktionen auf den aktuellen Veränderungsdruck reagieren.

Unser Projekt wäre nicht möglich gewesen ohne die Unterstützung des Schwerpunktprogramms *Zukunft Schweiz* mit Prof. Dr. Hanspeter Kriesi als Präsident der Expertenkommission, Dr. Peter Farago als Programmleiter und Dr. Stefan Bachmann als zuständiger Sekretär im Nationalfonds. Es wäre nicht durchführbar gewesen ohne die Mitwirkung der journalistischen Organisationen der Schweiz, namentlich des *Schweizer Verbands der Journalistinnen und Journalisten (SVJ)*, des *Schweizer Syndikat Medienschaffender (SSM)* und der Mediengewerkschaft *comedia*, vormals *Schweizer Journalistinnen- und Jour-*

nalisten-Union (SJU), die uns die Adressen für die Fragebogenerhebung zur Verfügung stellten. Es wäre nicht realisierbar gewesen ohne die enorm hohe Antwortbereitschaft der schriftlich und mündlich befragten Medienschaffenden. Und es war abhängig vom Einsatz der Studierenden beider Institute in der Feldphase. In einer ersten Phase wirkte überdies Dr. Daniel Perrin im Projekt mit, der dann auf ein Spezialprojekt zur Nachrichtenproduktionsforschung umstieg. Allen, die so zum Gelingen dieses Buches beigetragen haben, möchten wir unsern herzlichen Dank aussprechen. Ihr Beitrag hat sich gelohnt.

Unser Buch ist ein Gemeinschaftswerk. Aber eine gewisse Arbeitsteilung war unumgänglich. In diesem Sinne sind Heinz Bonfadelli für die Einleitung, Mirko Marr für die erste Teilstudie, Vinzenz Wyss für die zweite Teilstudie und Roger Blum für das Fazit hauptverantwortlich.

Mirko Marr   Vinzenz Wyss   Roger Blum   Heinz Bonfadelli

1. Einleitung

Vor fast zwanzig Jahren, nämlich 1980, wurde in der Schweiz erstmals in einem größeren Rahmen – allerdings nur in den Kantonen Zürich und Waadt – eine Bestandserhebung der Arbeitssituation und Arbeitsbedingungen bei 524 Journalistinnen und Journalisten durchgeführt (Saxer/Schanne 1981). Den Anstoß dazu gab die damals von Bundesrat Leon Schlumpf initiierte und von Hans W. Kopp geleitete Expertenkommission des Eidgenössischen Justiz- und Polizeidepartements, deren Ziel in der Erarbeitung einer Medien-Gesamtkonzeption bestand. Seither hat sich nicht nur auf der medienpolitischen Ebene – u.a. die Konzessionierung werbefinanzierter Lokalradios in den 1980er und privater Fernsehprogramme in den 1990er Jahren – viel getan. Begriffe wie Mediengesellschaft, Informationsgesellschaft oder gar Wissensgesellschaft sind mittlerweile zu modischen Schlüsselbegriffen geworden, die von den Medien selbst in der Öffentlichkeit ständig wiederholt, beschworen und mit immer wieder neuen Inhalten gefüllt werden. Obwohl man aus kritischer Distanz von eher blassen Metaphern oder gar irreführenden Mythen sprechen kann, stehen diese doch für erhebliche Veränderungen sowohl in der Gesellschaft ganz allgemein als auch im Mediensystem im speziellen.

Heute prägen die modernen Massenmedien den Alltag der einzelnen Menschen mehr denn je und sie durchdringen alle gesellschaftlichen Institutionen und Organisationen auf immer vielfältigere Weise, was mit dem Konzept der *Medialisierung* umschrieben wird. Gleichzeitig haben sich die Medien aber auch von den Ansprüchen und Erwartungen der traditionellen gesellschaftlichen Institutionen wie Parteien, Verbänden oder Kirchen immer mehr gelöst. Sie funktionieren zunehmend autonom nach eigenen Spielregeln bzw. auf Grund einer eigenen ›Medienlogik‹. Als Folge unterliegt auch der Journalismus einem tiefgreifenden Wandel mit entsprechenden Folgen für den Berufsalltag der in diesem Berufsfeld tätigen Journalistinnen und Journalisten.

In *technischer* Hinsicht haben elektronische Computersysteme in den 80er Jahren und in den 1990er Jahren computer- bzw. internetgestützte Recherchen

(CAR) in den Redaktionen der Printmedien Einzug gehalten. Ebenso haben im Medium Fernsehen neue Technologien wie Grafikcomputer, Satellitenübertragung oder handliche Videokameras für die sog. Videojournalisten, um nur einige anzudeuten, die Produktions- und Gestaltungsmöglichkeiten stark ausgeweitet und beschleunigt. Diese technischen Errungenschaften blieben natürlich nicht folgenlos für die journalistische Arbeitsorganisation.

Im Vergleich zum technologischen Wandel dürften freilich Prozesse der *Globalisierung, Deregulierung* und *Ökonomisierung* den Journalismus und die von ihm produzierten und distribuierten Medienangebote noch nachhaltiger beeinflusst haben. Stichworte sind hier beispielsweise die immer stärkere Orientierung an Leserschaftszahlen und Zuschauer- bzw. Hörerquoten. Besonders die erhebliche Ausweitung der Medienangebote hat zu einer Intensivierung des Wettbewerbs der Medienanbieter untereinander um die begrenzten Publika geführt, was wiederum nicht ohne Konsequenzen für die Inhalte und Formate gewesen ist. Beispielsweise haben sich die Grenzen zwischen ehemals klar definierten Programmangeboten und Genres wie ›Nachrichten‹ oder ›Unterhaltung‹ zu verwischen begonnen, was mit dem Begriff des ›Infotainment‹ zu umschreiben versucht wird. Und neue Phänomene wie ›Sponsoring‹ oder ›Product Placement‹ weisen darauf hin, dass auch die vormals relativ klare Trennung zwischen Programm auf der einen Seite und Werbung auf der anderen Seite immer durchlässiger geworden ist.

Vor dem Hintergrund dieses hier nur mit wenigen Stichworten skizzierten tiefgreifenden Wandels der Medien und des Journalismus unterliegt der vorliegenden empirischen Studie[1] eine zweifache Zielsetzung:

In einem ersten Schritt wurde im Juni 1998 in Form einer eher deskriptiv angelegten repräsentativen Journalisten-Enquête mittels einer schriftlichen Befragung von 2020 Personen der aktuelle Ist-Zustand der Berufsrealität der Journalisten[2] in den drei Sprachregionen der Schweiz erhoben. Dies war umso dringlicher, als die 1980 letztmals erhobenen Daten von Schweizer Journalisten zum einen mittlerweile völlig veraltet sind und zum anderen auf einer schon damals zu schmalen Datenbasis beruhten, und zwar sowohl was die Größe der Stichprobe als auch deren geographische Repräsentanz anbelangt.

---

[1] Die Studie wurde unter dem Titel »Zukunft oder Ende des Journalismus in der Schweiz?« (Projekt-Nr. 5004-047971/1) im Rahmen des Schwerpunktprogramms »Zukunft Schweiz« durch den Schweizerischen Nationalfonds zur Förderung der Wissenschaft finanziert und am Institut für Medienwissenschaft der Universität Bern sowie am IPMZ – Institut für Publizistikwissenschaft und Medienforschung der Universität Zürich durchgeführt.
[2] Es wird aus sprachlichen Gründen hier und im übrigen Text immer die männliche Form verwendet, wobei Frauen miteingeschlossen sind.

1. Einleitung

In thematischer Hinsicht geht die aktuelle Befragung weit über die bloße Erfassung von 1) soziodemographischen, 2) beruflichen und 3) medialen Strukturen hinaus, indem zusätzlich Angaben zum 4) journalistischen bzw. redaktionellen Selbst- bzw. Leitbild, 5) zur praktizierten Qualitätssicherung, 6) zur Berufszufriedenheit und 7) zur Einschätzung der Folgen technologischer, ökonomischer und organisatorischer Einflussfaktoren erhoben wurden.

Weil jedoch nur Daten zu einem einzelnen Zeitpunkt erhoben werden konnten, muss somit der als Hypothese behauptete *Wandel des Journalismus* indirekt erschlossen werden. Dies geschieht einerseits auf der Basis von Einschätzungen aktueller Entwicklungen durch die befragten Journalisten selbst und andererseits in Form von Vergleichen zwischen unterschiedlichen Medientypen – Print- vs. elektronische Medien und öffentliche vs. privatwirtschaftliche Organisationsform. Darüber hinaus lassen sich Aussagen über den Entwicklungsstand des Schweizer Journalismus natürlich auch durch den Vergleich mit journalistischen Berufsgruppen in anderen Ländern treffen.

Zur *externen Validierung* wurden in einem weiteren Schritt die Daten der quantitativen Journalisten-Enquête durch 41 qualitative Interviews mit Führungsverantwortlichen in 25 Redaktionen ergänzt. Als Erhebungsinstrument wurde in dieser zweiten ergänzenden Studie das problemzentrierte Interview gewählt, wobei die so gewonnen qualitativen Daten punktuell durch quantitative Befunde aus der standardisierten Journalisten-Enquête ergänzt werden konnten. Das Ziel dieser zweiten, stärker theoriegeleiteten Teilstudie war die Untersuchung von aktuellen Veränderungsprozessen, die den Journalismus in der Schweiz im Zuge von Entwicklungen wie Technisierung und Kommerzialisierung prägen.

Mit der Synopse der beiden empirischen Teiluntersuchungen wird die Grundlage für eine synchrone Bestandsaufnahme des journalistischen Berufsfelds in der Schweiz geschaffen, die ihrerseits Prognosen über künftige Entwicklungen erlaubt, zudem von direkter Relevanz für die Orientierung der Medienunternehmer ist und ebenfalls für die Aus- und Weiterbildung von Medienschaffenden fruchtbar gemacht werden kann.

2. Theoretische Forschungsperspektiven

2.1 Berufssoziologische Journalismusforschung

2.1.1 Forschungsentwicklung

Die journalistische Berufsforschung bildet zusammen mit der Gatekeeper- und Quellenforschung die publizistikwissenschaftliche Kommunikatorforschung. Im Zentrum stehen der Journalismus als Beruf bzw. die in diesem heterogenen und dynamischen Berufsfeld arbeitenden Medienschaffenden (Weischenberg 1994; Bonfadelli/Wyss 1998). Seit Beginn der 1970er Jahre sind im angelsächsischen Raum (u.a. Tunstall 1971; Johnstone/Slawski/Bowman 1976; Weaver/Wilhoit 1986), aber auch in Deutschland (Schönbach 1977; von Becker 1980; Donsbach 1982; Kunczik 1988; Donsbach/Patterson 1992; Donsbach/Klett 1993 und zusammenfassend Böckelmann 1993 sowie Mahle 1993), in Österreich (Hummel 1993) und mit Verspätung zu Beginn der 1980er Jahre auch in der Schweiz (Saxer/Schanne 1981; Saxer 1992; Hänecke 1994; Blum/Hemmer/Perrin 1995; Nyffeler 1999; Gysin 2000; Bonfadelli/ Nyffeler/Blum 2000) immer wieder unterschiedlich breit angelegte und mehr oder weniger repräsentative quantitative empirische Erhebungen durchgeführt worden. Dabei ist eine beachtliche Datenbasis zur sozialen Zusammensetzung, der Berufssituation, dem Ausbildungsstand und den individuellen Einstellungen der Berufsgruppe der Medienschaffenden zusammengetragen worden, wobei einschränkend festgehalten werden muss, dass in den meisten Studien weitgehend nur Einzelaspekte beleuchtet wurden.

Darüber hinaus unterliegen die erhobenen Daten angesichts der stattfindenden Veränderungen innerhalb des Mediensystems, wie z.B. die Deregulierung des Rundfunkmarktes, aber auch außerhalb, wie etwa die Wiedervereinigung in

Deutschland, der Gefahr, sehr schnell zu veralten. Insofern ist es nur folgerichtig, dass man seit Beginn der 1990er Jahre im internationalen Maßstab wieder eine Zunahme der Aktivitäten im Bereich der journalistischen Berufsforschung beobachten kann. So wurden in Deutschland zwei neue Sozialenquêten über die Journalisten durchgeführt (Mahle 1993): die DFG-Studie »Journalismus in Deutschland« von Weischenberg/Löffelholz/Scholl (1993 + 1994) an der Universität Münster und die Studie »Westdeutsche Journalisten im vereinten Deutschland« von Schneider/Schönbach/Stürzebecher (1993a+b) am Institut für Journalistik und Kommunikationsforschung Hannover im Auftrag des Presse und Informationsamts der Bundesregierung. Aber auch in Österreich wurden die Lebenslagen der Journalisten (Hummel 1993; Karmasin 1995) neu beleuchtet und Weaver/Wilhoit (1994) sondierten deren Situation in den USA erneut. Schließlich wurde im Rahmen der Tätigkeit der International Association for Media and Communication Research (IAMCR) eine vergleichende Synopse zur Situation der Medienschaffenden in insgesamt 21 Ländern erarbeitet und unter dem Titel »The Global Journalist« von Weaver (1998a) publiziert.

Die Kommunikatorforschung reagierte somit zu Beginn der 1990er Jahre mit einer zweiten Welle von empirischen Studien zum journalistischen Berufsstand, die einerseits durch den Vergleich mit früheren Studien die mittlerweile eingetretenen Veränderungen zu diagnostizieren versuchten, andererseits aber auch neue Fragestellungen entwickelten. Charakteristisch für die Forschungsentwicklung ist zudem, dass sich die Zahl der Länder mit entsprechenden Befunden erhöht hat, was mehr und mehr auch internationale Vergleiche er-möglichte (vgl. Weaver 1998b; Weischenberg/Sievert 1998).

Nimmt man die internationale Forschungsaktivität als Maßstab, so fällt die *Bilanz für die schweizerische Kommunikatorforschung* eher ernüchternd aus. Bis heute existiert keine wirklich repräsentative Bestandsaufnahme zur Berufssituation der einheimischen Medienschaffenden. Der erste und zugleich letzte diesbezügliche Versuch wurde 1980 durch Saxer/Schanne (1981) unternommen. Allerdings beschränkte sich die Studie »Journalismus als Beruf« – wie schon erwähnt – auf eine Befragung der Journalisten in den Kantonen Zürich und Waadt und erhebt damit nur sehr bedingt den Anspruch auf eine gesamtschweizerische Repräsentativität. Seither konzentrieren sich die alles in allem nur sporadisch durchgeführten Forschungen auf die Untersuchung einzelner spezifischer Journalistengruppen wie die der Journalistinnen (Baldes 1984; Corboud/Schanne 1987; Bosshart 1988), der freien Journalisten (Hänekke 1994), der Bundeshausjournalisten (Saxer 1992), der Agenturjournalisten (Blum/Hemmer/Perrin 1995) oder jüngst jener Medienschaffenden, die an der Berichterstattung über die schweizerische Aussenpolitik (Nyffeler 2000; Bonfadelli/Nyffeler/Blum 2000) beteiligt sind, bzw. der Auslandkorrespon-denten (Gysin 2000). Bei der vorliegenden Untersuchung handelt es sich somit um die erste für die gesamte Schweiz repräsentative Befragung der Medienschaffenden, die zudem – was die Fragestellungen und den theoretischen Fokus anbelangt – den Anspruch erhebt, an die bestehende internationale Forschungslage anzuknüpfen.

2.1.2 Fragestellungen

Wie lässt sich nun die bisherige journalistische Berufsforschung charakterisieren? Und welche Fragestellungen verfolgt sie?

Was die theoretische Ausrichtung anbelangt, handelt es sich vorwiegend um eher deskriptive und anwendungsorientierte publizistikwissenschaftliche Berufsstudien – meist basierend auf standardisierten mündlichen bzw. schriftlichen Fragebogenerhebungen –, denen eine starke soziologische bzw. sozialpsychologische Orientierung eigen ist, wobei etwa folgende Fragestellungen im Zentrum stehen:

In soziologischer Hinsicht interessierte zunächst die nur auf den ersten Blick einfache Frage »Wie viele Journalisten gibt es überhaupt?«, wobei sich die klare Abgrenzung beispielsweise gegenüber von Öffentlichkeitsarbeit und PR, zum Bereich der Unterhaltung, aber auch gegenüber eher technischen Funktionen wie Kameramann, Cutter, Layouter etc. als recht schwierig erwies. In einem weiteren Schritt interessierte zudem: Wie können die Journalisten auf Grund von soziodemographischen Kriterien überhaupt beschrieben werden? Und in einer stärker medienorientierten Perspektive galt es abzuklären, bei welchen Medien und in welchen Ressorts Journalisten arbeiten und welche Funktionen sie dabei bekleiden. Weitere – eher sozialpsychologische – Aspekte betreffen die Arbeitssituation, die Berufszufriedenheit und das Berufsimage. Stärker publizistikwissenschaftlich orientiert sind sodann Fragestellungen nach der Aus- und Weiterbildung, den Karriereverläufen oder nach den persönlichen Rollenbildern oder Rollenselbstverständnissen, den Einstellungen gegenüber Recherchepraktiken, die als kontrovers beurteilt werden, wie auch den persönlichen Haltungen gegenüber dem Medienpublikum.

2.1.3 Theoretische Perspektiven

Wie schon angedeutet, handelt es sich bei den meisten journalistischen Berufsstudien um empirische Untersuchungen, die den Berufsstand und die Berufsrealität vorab dokumentieren und beschreiben. Dementsprechend ist der *Theoriebezug* größtenteils eher schwach ausgeprägt. Trotzdem sind gewisse theoretische Perspektiven auszumachen.

Ab Mitte der 1970er Jahre spielte das *Professionalisierungskonzept* eine herausragende Rolle (Kepplinger/Vohl 1976). Forschungsleitend war die Frage, inwieweit für den Beruf des Journalisten in Analogie zu hoch professionalisierten Berufen wie denen der Ärzte, Rechtsanwälte oder Wissenschaftler ebenfalls gewisse Minimalkriterien wie Zugangsregeln (Prüfung), Altruismus, Dienst an der Öffentlichkeit, Selbstverwaltung in Berufsverbänden, Verhaltenskodices (Ethik) u.a.m. Geltung haben, und inwiefern ein Wandel in Richtung verstärkter Professionalisierung im Journalismus festgestellt werden kann.

Ebenfalls in den 1970er und 1980er Jahren spielte das *Sozialisationskonzept* (Ronneberger 1971) und darauf bezogene Fragen nach dem hauptsächlichen Erlernen des Berufs ›on the job‹ bzw. am Arbeitsplatz sowie die Übernahme von Rollen und damit verbundenen Sanktionsformen eine gewisse Rolle. Auf Grund eines konflikttheoretischen Paradigmas, das einen Antagonismus zwischen Verlegern und Redakteuren postuliert, entwickelte sich daraus in den 1970er Jahren ein stark medienpolitisch gefärbter Streit um die Sicherung der sog. ›inneren Pressefreiheit‹ (Roegele in: Mahle 1993: 233).

Ende der 1970er und zu Beginn der 1980er Jahre wandte sich die journalistische Berufsforschung im Gefolge der *Rezeption von Frauenfragen* und der Gender-Perspektive (Fröhlich/Holtz-Bacha 1995; Klaus 1998) verstärkt der Frage nach dem Stellenwert der Frauen im Berufsfeld des Journalismus zu. Beleuchtet wurden verschiedenste Aspekte der Diskriminierung von Journalistinnen. Untersucht wurde ebenfalls die Frage, inwiefern ein Zusammenhang zwischen der Unterrepräsentanz der Frauen im Journalismus und den konkreten Medieninhalten besteht. Anders formuliert: Wählen Journalistinnen im Vergleich zu Journalisten andere Themen aus? Orientieren sie sich an anderen Nachrichtenwerten? Und: Schreiben Frauen über gleiche Themen anders als Männer?

Speziell in Deutschland wurden seit Mitte der 1970er Jahre auch Fragen nach der politischen Haltung der Journalisten und dem *journalistischen Rollenverständnis* kontrovers diskutiert (Kepplinger 1979). Gut illustriert das beispielsweise die von Köcher (1985) formulierte Charakterisierung der deutschen Journalisten als ›Missionare‹ in Unterschied zu den Journalisten in Großbritannien, die sie als ›Spürhunde‹ charakterisierte. Dies geschah vor dem Hintergrund der These, dass die Journalisten in Deutschland politisch eher linke Haltungen vertreten würden und darum in ihrer Berufsauffassung stark ›meinungsorientiert‹ und weniger ›nachrichtenorientiert‹ seien. Problematisch in diesem Zusammenhang ist, dass die Befunde immer nur auf Selbstauskünften der befragten Journalisten beruhten und ein direkter Zusammenhang mit ihren journalistischen Aktivitäten nicht hergestellt wurde bzw. werden konnte. Zu Beginn der 1990er Jahre hat sich diese Debatte im Rahmen der *Rezeption des Konstruktivismus* in der Publizistikwissenschaft an der Frage nach der Möglichkeit einer objektiven Abbildung der Realität wieder neu entzündet (vgl. Schulz 1989).

Ähnlich kontrovers beurteilt wurde ebenfalls die Frage nach den Beziehungen zwischen den Journalisten und ihrem Publikum, wurden hier doch immer wieder einerseits eine starke Ingroup-Orientierung gepaart mit einer großen Distanz zum Publikum und andererseits vorab negative Stereotypisierungen des Publikums durch die Journalisten konstatiert.

2.1.4 Empirische Befunde

Nachfolgend sollen einige wesentliche Befunde aus der bisherigen empirischen Forschung festgehalten werden. Sie dienen einerseits als Ausgangspunkt für die Fragestellungen der nun vorliegenden und hier präsentierten neuen schweizerischen Journalisten-Enquête, sollen aber gleichzeitig auch als Referenzpunkte für feststellbare Veränderungen im journalistischen Berufsfeld benützt werden können.

Die Situation in der Schweiz zu Beginn der 1980er Jahre

Die aus dem Jahre 1980 stammende einzige einigermaßen umfassende empirische Untersuchung der Arbeitssituation von Journalisten aus der Schweiz (Saxer/Schanne 1981) dient in longitudinaler Hinsicht für die aktuelle Journalisten-Enquête als Ausgangsbasis, indem sie zugleich einen Vergleichsmaßstab liefert, aber auch einen Blick zurück erlaubt, der es ermöglicht, einen seither stattgefundenen allfälligen Wandel des Berufsfeldes festzustellen. Allerdings sind die Vergleiche zwischen den beiden Studien mit der nötigen Vorsicht zu interpretieren, da die ältere Studie auf einer nur relativ schmalen Stichprobe – N = 442 – basiert, die Situation in nur zwei Kantonen – Zürich und Waadt – untersuchte und zudem auch bezüglich der miteinbezogenen Journalisten gewisse Unterschiede bestehen.

Soziale Zusammensetzung, Herkunft, Einkommen und Organisationsgrad: In soziodemographischer Hinsicht beschreiben die Autoren die Schweizer Journalisten als vergleichsweise jung: 22% waren zwischen 21 und 30 Jahren und weitere 48% zwischen 31 und 40 Jahren; zusammen also 70% unter 40 Jahren alt. Und über die Hälfte war zum Zeitpunkt der Befragung noch keine 10 Berufsjahre journalistisch tätig. Zudem bestand die Berufsgruppe der untersuchten Journalisten überwiegend aus Männern; der Frauenanteil betrug gerade 17%. Was die soziale Herkunft anbelangt, kann der Journalismus als Mittelstandsberuf bezeichnet werden, kamen doch ca. zwei Drittel der Befragten aus dem Beamten- oder Angestelltenmilieu und sogar gut 80% aus der Mittel- bzw. Oberschicht. Rund drei Viertel von ihnen verdienten zwischen 3.000 und 6.000 Franken und gut die Hälfte zwischen 4.000 und 6.000 Franken, allerdings nur 15% 6000 Franken und mehr. Zudem zeichnete ein hoher Organisationsgrad die Schweizer Journalisten aus: Zwar war nur jeder Fünfte Mitglied einer Partei, hingegen gehörten 87% irgendeinem journalistischen Berufsverband an.

Arbeitsfelder: In medialer Hinsicht arbeitete die Mehrheit, nämlich 60% bei der Presse – Tages- und Wochenzeitungen – sowie weitere 10% bei Zeitschriften. 20% waren beim Fernsehen und 8% beim Radio tätig. Hinsichtlich der Ressortzugehörigkeit waren Inlandjournalisten mit 17% einerseits und Allrounder andererseits mit 13% am häufigsten vertreten. Zwei Drittel der befragten Journalisten arbeiteten in den sogenannten klassischen Ressorts wie Politik (Inland/Ausland), Wirtschaft, Lokales/Regionales, Sport und Kultur.

Bildungshintergrund und journalistische Ausbildung: Was den allgemeinschulischen Bildungshintergrund der Befragten anbelangt, so verfügten rund 80% über eine Mittelschulbildung und 39% hatten ein Hochschulstudium abgeschlossen. Allerdings konstatierte die Studie bezüglich der journalistischen Ausbildung beträchtliche Defizite: Bloß gut die Hälfte der Befragten hatte ein Volontariat durchlaufen, das in einem Drittel der Fälle sechs Monate nicht überstieg, und Journalistenschulen schlugen mit 9% kaum zu Buche. Immerhin hatten 1980 31% der Hochschulabsolventen ein kommunikationswissenschaftliches Studium im Nebenfach absolviert.

Berufszufriedenheit: In sozialpsychologischer Hinsicht ist zudem auf die allgemein hohe Zufriedenheit der Schweizer Journalisten hinzuweisen: gut drei Viertel zeigten sich mit ihrem Beruf zufrieden.

Die Situation im Ausland zu Beginn der 1990er Jahre

Wie beschreiben nun die beiden neuen Studien aus Deutschland, aber auch die internationale Synthese von Weaver (1998a) die journalistische Berufssituation zu Beginn der 1990er Jahre? Wo äußern sich Übereinstimmungen mit der Situation gut zehn Jahre zuvor in der Schweiz? Und wo gibt es Abweichungen?

Anzahl Medienschaffende: Nach der Münsteraner Studie gibt es in Deutschland zu Beginn der 1990er Jahre 36.000 festangestellte Journalisten auf 82 Mio. Einwohner; nach der Hannoveraner Studie sind es allerdings nur gut 25.000

Journalisten. Weaver/Wilhoit (1994: 3) sprechen für die USA von etwa 55.000 Zeitungsjournalisten im Jahre 1980; das Berufsfeld hätte sich zudem in der letzten Dekade nur ganz leicht ausgeweitet. Hingegen gibt es nach Weaver (1998b: 458) in den 1990er Jahren insgesamt 122.000 Journalisten in den USA (266.5 Mio. Einwohner). Legt man die deutschen und die amerikanischen Zahlen auf die Schweiz um, dann gäbe es hier zwischen 2.500 und maximal 3.000 festangestellte Journalisten. Im Vergleich dazu rechnen Saxer/Schanne (1981) schon zu Beginn der 1980er Jahre allein mit 3.500 Pressejournalisten und zusätzlich noch einmal 3.300 SRG-Journalisten, was zusammen mit den Medienschaffenden in Agenturen und bei Zeitschriften einer Zahl von höchstens 10.000 Journalisten in der Schweiz (6.5 Mio. Einwohner) entspräche. Würden die oben genannten Zahlen das Bild richtig wiedergeben, dann gäbe es also im Vergleich zur Situation in Deutschland und den USA besonders viele Medienschaffende in der Schweiz.

Soziodemographische Zusammensetzung: In soziodemographischer Hinsicht sind dagegen die Gemeinsamkeit zwischen den verschiedenen Untersuchungen bedeutend größer. Alle Studien konstatieren, dass die Medienschaffenden mit im Mittel etwa 35 Jahren – in Deutschland und den USA – überdurchschnittlich jung seien, und dies trifft darüber hinaus auch auf das Berufsalter zu, dass aber Frauen nach wie vor eher unterdurchschnittlich im Journalismus vertreten seien, freilich in sehr unterschiedlichem Maße: Nach Weaver (1998b: 458) beträgt der Anteil der Frauen im amerikanischen Journalismus zu Beginn der 1990er Jahre ein Drittel; im Vergleich dazu sind die Frauen in Deutschland noch im Rückstand: Weischenberg spricht von 31%, aber nach Schönbach sind es erst 25%. Die zehn Jahre älteren Befunde aus der Schweiz liegen nicht überraschend mit 17% deutlich am niedrigsten. Als Hypothese formuliert kann man somit sicher davon ausgehen, dass in der Zwischenzeit der Anteil der Journalistinnen auch in der Schweiz angestiegen sein dürfte. In hierarchischer Hinsicht weisen zudem alle Studien darauf hin, dass in Leitungsfunktionen die Männer nach wie vor besonders stark dominieren. Hier dürfte sich auch in den letzten Jahren nur wenig verändert haben.

Soziale Herkunft, Bildung und Einkommen: Eine hohe Konsonanz besteht bezüglich der sozialen Herkunft, aber auch hinsichtlich des Bildungsgrads: Die Journalisten in den meisten Ländern rekrutieren sich vornehmlich aus der Mittelschicht und sind sehr gut gebildet. Über 80% der amerikanischen Journalisten verfügen über einen College-Degree und in Deutschland haben ebenfalls über 80% der von der Münsteraner Forschergruppe befragten Medienschaffenden mindestens ein Studium begonnen; aber auch in der Schweiz hatten 80% der 1980 befragten Journalisten ein Maturazeugnis und 39% ein Hochschulstudium absolviert. Dementsprechend dürfte sich auch in der Schweiz in den letzten 15 Jahren das Bildungsniveau der Journalisten nochmals leicht erhöht haben. Trotz ähnlichem Bildungsniveau liegt das monatliche Nettoeinkommen der deutschen Journalisten mit 3.900 DM im Vergleich zur Schweiz zehn Jahre vorher mit 4.000 – 5.000 Franken deutlich niedriger, obwohl solche Vergleiche wegen der unterschiedlichen Steuerbelastung und je anderen Lebenskosten allerdings problematisch sind.

Journalistische Ausbildung: In der journalistischen Ausbildung dominiert nach wie vor das Volontariat, beispielsweise mit 60% nach den deutschen Studien. In der Schweiz lag der entsprechende Wert mit 50% zu Beginn der 1980er Jahre noch leicht niedriger, dürfte sich aber mittlerweile nochmals erhöht haben. Mit 27% in Deutschland ist der Anteil jener, die als Hauptfach Journalistik oder Publizistikwissenschaft studiert haben, schon recht groß. Saxer/Schanne (1981: 130) ermittelten hier 1980 unter den Hochschulabsolventen ebenfalls schon einen Anteil von 31% mit Publizistikwissenschaft, freilich bloß als Nebenfachstudium.

Arbeitsfelder: Hinsichtlich der Medien, bei denen die Journalisten tätig sind, zeigt sich folgendes Bild: Sowohl in Deutschland als auch in der Schweiz arbeiten etwa 70% der befragten Medienschaffenden bei der Presse, wobei in der Schweiz die Zeitungen mit 60% im Unterschied zu Deutschland mit 54% leicht stärker vertreten sind, während in Deutschland den Zeitschriften mit 17% im Vergleich zur Schweiz mit 10% eine größere Bedeutung als Arbeitgeber zukommt. In der Schweiz kam 1980 der Schweizerischen Radio- und Fernsehgesellschaft (SRG) wegen ihrer Vertretung in allen Sprachregionen mit 28% im Vergleich zu 17% für den öffentlich-rechtlichen Rundfunk in Deutschland eine besonders wichtige Stellung zu, wobei der private Rundfunk in Deutschland mit 6.5% derzeit vermutlich deutlich mehr Journalisten beschäftigen dürfte als in der Schweiz.

Berufliche Zufriedenheit: Obwohl im internationalen Vergleich wohl hauptsächlich in Abhängigkeit von den unterschiedlichen intramedialen Arbeitsbedingungen die berufliche Zufriedenheit stark variiert, gilt für den deutschen Sprachbereich, dass die Arbeitszufriedenheit recht hoch ist: Die meisten Journalisten sind also mit ihrer Berufswahl zufrieden, wobei sich im Detail nach der Münsteraner Studie Unzufriedenheit vor allem bei den Faktoren Bezahlung, Aufstiegsmöglichkeiten und Arbeitsbelastung äußert.

Rollenselbstverständnis: Was das Rollenselbstverständnis anbelangt, so konstatieren die neuen Studien im Gegensatz zu den bisherigen Vermutungen, dass deutsche Journalisten vor allem dem Informationsjournalismus verpflichtet sind. Und ungeachtet der zumindest in der Publizistikwissenschaft recht intensiven Diskussion um den Konstruktivismus erheben rund zwei Drittel der Befragten nach wie vor den Anspruch, »die Realität genau so abzubilden, wie sie ist« (Weischenberg/Löffelholz/Scholl 1994: 160). Während über 60% der Aufgabe, ›Kritik an Missständen zu üben‹, zustimmen, gab es freilich nur mittlere Zustimmungswerte für Orientierungs-, Unterhaltungs- und Entspannungsfunktionen des Journalismus.

Politische Einstellungen: In politischer Hinsicht sehen sich die deutschen Journalisten eher im linken, ihre Medien dagegen eher im rechtsliberalen Spektrum angesiedelt.

Publikumsbilder: Entgegen gängiger Behauptungen konnte die Münsteraner-Studie kein negatives Publikumsbild feststellen. Jeweils zwei Fünftel bis die Hälfte aller Journalisten finden ihr Publikum ›aufgeschlossen‹, ›gut informiert‹, ›kritisch-anspruchsvoll‹, ›politisch interessiert‹ und ›gebildet‹. Negative Wertungen nehmen nur jeweils ein Zehntel bis ein Viertel der Journalisten vor (vgl. Weischenberg/Löffelholz/Scholl 1994: 164).

Angesichts der Homogenität der strukturellen Zusammensetzung wie der beruflichen Einstellungen, aber auch im Vergleich mit den vorliegenden internationalen Befunden sprechen die Autoren der Münsteraner Studie darum von einer »Amerikanisierung des Journalismus« in Deutschland. Zum praktisch gleichen Schluss gelangt auch die Hannover-Studie: »Westdeutsche Journalisten ähneln inzwischen in ihrem Profil stärker ihren amerikanischen Kollegen als ihrer Vorgänger-Generation von 1980/81« (Schneider/Schönbach/Stürzebecher 1993: 28). Nur wertet sie diesen Trend ambivalenter, indem darauf hingewiesen wird, dass die amerikanischen Medienschaffenden deutlich weniger Skrupel bei allen Formen der Informationsbeschaffung – also auch den illegalen – hätten.

Fazit: Berufliche Strukturen zwischen Stabilität und Wandel

Die kursorische Zusammenstellung wichtiger Befunde aus der vorliegenden journalistischen Berufsforschung soll als Hintergrund und Interpretationsfolie der vorliegenden neuen schweizerischen Journalisten-Enquête dienen. Sie offenbart zum einen in vielen Bereichen eine überraschend große Stabilität des Berufsfeldes, zum anderen zeigen sich aber doch gewisse Trends bezüglich der Herausbildung einer globalen Berufskultur, wie das durch den Buchtitel »The Global Journalist« der internationalen Studie von Weaver (1998a) angedeutet wird:

Wenig verändert hat sich der schon zu Beginn der 1980er Jahre und auch fünfzehn Jahre später noch gültige Generalbefund, dass der typische Journalist nach wie vor jung, männlich und gut gebildet ist sowie über einen Mittelschichthintergrund verfügt. Er ist beruflich hoch motiviert bzw. zufrieden und fühlt sich dem Informationsjournalismus verpflichtet.

Abb. 1: Veränderungen in den journalistischen Berufsmerkmalen

Dimensionen	Gestern und heute	In Zukunft
Herkunft	Mittelschicht	Mittelschicht
Alter	jung	jung
Geschlecht	Männer dominieren	ausgeglichen
Ausbildung	nicht nur Akademiker	vor allem Akademiker
Weiterbildung	wenig	hoch
Anstellung	fest als Redakteur	frei und projektbezogen
Autonomie	hoch	gering
Tätigkeiten	differenziert/arbeitsteilig	entdifferenziert
Rollenverständnis	Information/Kritik/ Kontrolle	Information/Service/ Unterhaltung
Berufsbild	Redakteur	Produzent
Leistungskontrolle	gering	hoch
Zufriedenheit	hoch	mittel bis gering

Trotz dieses überwiegend stabilen Musters sind doch einige Veränderungen deutlich erkennbar und andere erst in Ansätzen spürbar: Das journalistische Berufsfeld hat sich in den USA sowohl quantitativ ausgeweitet als auch in medialer Hinsicht diversifiziert. Auch im deutschen Sprachbereich und speziell in der Schweiz dürften sich diese Trends im Vergleich mit der Situation zu Beginn der 1980er Jahre äußern. Und in sozialer Hinsicht hat sich der Frauenanteil im Journalismus spürbar schon in den USA erhöht und dürfte auch im deutschen Sprachbereich noch weiter ansteigen.

Im Gegensatz zu diesen bislang eher wenig spektakulären Einsichten der empirischen Berufsforschung steht allerdings der Diskurs um den Zustand und noch stärker um die Zukunft des Journalismus. Vor dem Hintergrund des Konzepts der Informations- und Mediengesellschaft werden nämlich technologieabhängige und organisatorische, aber auch ökonomieinduzierte Veränderungen des Journalismus diskutiert und prognostiziert, welche im Folgenden genauer ausgeführt werden sollen.

2.2 Journalismus und Informationsgesellschaft

Das Projekt »Journalisten in der Schweiz« geht aus von den Entwicklungen der Informations- und Mediengesellschaft, die gekennzeichnet sind durch die Multiplizierung und Globalisierung der Information, die Technisierung und Beschleunigung der Kommunikationsprozesse, die Segmentierung und Fragmentierung der Angebote und der Publika, die Kommerzialisierung der Massenkommunikation und die Instrumentalisierung des Journalismus durch öffentliche Akteure mit Hilfe von Public-Relations-Strategien.

Diese Prozesse führen tendenziell zur Überflutung und Überforderung des Systems Journalismus, zur Geschwindigkeit und Oberflächlichkeit auf Kosten von Recherche und Quellengenauigkeit und zur Dominanz einer Medienlogik sowie Präsentationsformen, die mit Stichworten wie Dramatisierung, Visualisierung, Personalisierung, Emotionalisierung, Polarisierung, Skandalisierung, Simplifizierung, Entpolitisierung oder Fiktionalisierung bezeichnet werden können (Bonfadelli/Meier 1996; Wyss 1997). Wirklichkeit wird durch Medien mehr und mehr inszeniert oder konstruiert. So gerät der Journalismus teils in das Fahrwasser der Eigenlogik, indem er sich an einem ›großen Welttheater‹ beteiligt und sich von traditionellen politischen und gesellschaftlichen Institutionen abkoppelt, teils in eine Art ›Symbiose‹ mit dem politisch-administrativen System, indem er nur noch PR-Vorgaben vollzieht.

Angesichts der zunehmenden Verfügbarkeit von Information durch die Einführung schneller und komfortabler Informationstechnologien – Satellitenkommunikation, Video, digitales Fernsehen, Internet – kann darum sogar gefragt werden, ob es in langfristiger Perspektive den Journalismus als soziales Funktionssystem überhaupt noch braucht, oder ob eine zukünftige Informationsgesellschaft u.U. sogar gänzlich auf professionelle Kommunikatoren verzichten können wird. Umgekehrt wird aber in der publizistikwissenschaftlichen Kommunikatorforschung nach wie vor argumentiert, dass gerade in der Informationsgesellschaft die Bedeutung des Systems Journalismus weiter wachse, da die quantitative und qualitative Komplexität von Wirklichkeitsmodellen zunehme und Orientierungshilfen deshalb noch wichtiger würden (Münch 1993). Der Bamberger Publizistikwissenschafter Rühl weist in seinen Ansätzen zu einer »Theorie des Journalismus« diesem System eine für das Funktionieren der

Informationsgesellschaft unabdingbare Aufgabe zu: »Der Journalismus als strukturiertes Sozialsystem der Weltgesellschaft reduziert die Komplexität und Veränderlichkeit der Weltereignisse durch thematisierte Mitteilungen auf Ausmasse, die eine sinnvoll informierende Kommunikation erlauben, wobei dem Verstehensniveau und der Kapazität für Informationsverarbeitung der Öffentlichkeit Rechnung getragen wird« (Rühl 1992: 128). So prognostiziert die Münsteraner Forschungsgruppe ›Journalistik‹ auf Grund von Experteneinschätzungen, dass sich wegen des technologischen und ökonomischen Wandels die journalistischen Rollen weiter ausdifferenzieren und stark verändern und andere Professionalisierungsvoraussetzungen notwendig werden (Weischenberg Altmeppen/Löffelholz 1994).

Die oben skizzierten Prämissen sowie Implikationen des Konzepts der Informations- bzw. Mediengesellschaft, aber auch spektakuläre Fälle aktueller journalistischer Skandale und Fehlentscheidungen innerhalb von Redaktionen – beispielsweise die Entführung von Gladbeck oder die Flucht von O.J. Simpson – und alarmierende Daten zur abnehmenden Glaubwürdigkeit von Medien und Journalisten – Studie ›Massenkommunikation‹ in Deutschland (Berg/Kiefer 1996) – haben eine Vielzahl von kommunikationswissenschaftlichen Studien angeregt. Gegenstand dieser Forschungen sind vor allem technologische, aber auch ökonomische und organisatorische Einflüsse auf den Journalismus.

2.3 Technologische und ökonomische Einflüsse

Journalismus ist kein ›freier‹ Beruf. Wenn Journalisten mit ihrer Arbeit beginnen, sind die zentralen Rahmenbedingungen der Tätigkeit bereits stark abgesteckt durch technische, organisatorische und ökonomische Imperative. Vor dem Hintergrund der Informationsgesellschaft werden mit *Technisierung* und *Kommerzialisierung* zwei miteinander zusammenhängende Trends identifiziert, welche die Struktur und Funktion des Journalismus wesentlich prägen und verändern. Technische Rahmenbedingungen präformieren die journalistische Arbeitsorganisation und Produktion ebenso wie wirtschaftliche Zwänge (vgl. Abbildung 2).

Das Projekt »Journalisten in der Schweiz« geht davon aus, dass gegenwärtig beide tiefgreifenden Prozesse die journalistische Arbeit wechselseitig beeinflussen und den Journalismus mit neuen Herausforderungen konfrontieren. So wird beobachtet, dass neue Informationstechnologien erst dann veränderte Arbeits- und Organisationsbedingungen initiieren, wenn sie für die Verfolgung der Organisationsziele geeignet scheinen und vor allem positiv mit ökonomischen Erwartungen verknüpft werden (vgl. Altmeppen 1997: 15f). Das Projekt geht von den beiden – analytisch getrennten – Prozessen der *Technologisierung* und *Kommerzialisierung* aus und will entsprechende Auswirkungen auf die journalistische Arbeit theorie- und hypothesenorientiert beschreiben und mit empirisch erhobenen Daten belegen.

Abb. 2: Gesellschaftliche Veränderungen und ihre Einflüsse auf den Journalismus

Technologischer, ökonomischer und organisatorischer Wandel	
Postulierte Ursachen	Postulierte Konsequenzen im Journalismus
Gesellschaftlicher Strukturwandel in Richtung Informationsgesellschaft	Überflutung und Überforderung des Journalismus durch Public Relations
	Wachsende Autonomie und Abkoppelung des Journalismus
Technologische Einflüsse	Konvergenz von redaktionellen und technischen Tätigkeiten
	Erhöhte journalistische Produktivität: Ratio-nalisierungseffekte
	Beschleunigung der Informationsprozesse: Zwang zur Aktualität
	Oberflächlichkeit auf Kosten von Recherche/ Quellengenauigkeit
Ökonomische Einflüsse	Marktorientierung dominiert Gemeinwohl-orientierung
	Verstärktes Kosten-/Managementdenken in den Redaktionen
	Verstärkte Bedeutung von Leserschafts-/ Publikumsforschung
	Betonung von Service- und Zielgruppen-Information
	Veränderte Nachrichtenwerte mit Betonung von Konflikten/Skandalen
	Neue Präsentationsweisen: Visualisierung, Personalisierung etc.

2.3.1 Technologische Einflüsse

Öffentliche Kommunikation geht immer mehr technisiert vor sich. Technologische Innovationen stellen einen wesentlichen infrastrukturellen Rahmen des Journalismus dar. Seit den 1990er Jahren sind es vor allem die digitalen Informations- und Kommunikationstechnologien (IuK), welche die Funktion und Struktur des Journalismus verändern. Gemeint sind speziell die neuen Möglichkeiten der digitalen Speicherung, Bearbeitung und Übermittlung von Text, Ton und Bild oder sonstigen Daten. Sämtliche Kommunikationsprozesse in der medienvermittelten Kommunikation sind davon betroffen: Beschaffung (Agenturen, Korrespondenten), Speicherung (Archivierung), Bearbeitung (Redaktion), Übermittlung sowie die Rezeption der Medienangebote.

Zu den Bausteinen der neuen IuK-Technologien gehören im einzelnen (vgl. Altmeppen 1997: 17):

- die Komprimierungstechnik
- die Servicetechnik
- die Netztechnik
- die Endgerätetechnik
- die Navigier-, Verschlüsselungs- und Komprimiertechnik
- die Redaktions- und Nachrichtenübermittlungs- und Verteiltechnik

Wie äußern sich nun diese technologischen Veränderungen im Journalismus? Welche *Indikatoren der Technisierung* lassen sich ganz konkret beobachten und beschreiben?

Zu den erwartbaren Veränderungen von journalistischer Arbeit und Arbeitsbedingungen in Medienunternehmen gibt es wenig Forschungsbefunde. Der Forschungsstand hinkt den neusten Entwicklungen nach und betrifft vorwiegend ältere Technologien wie die Auswirkungen von Computer- oder Redaktionssystemen auf den Redaktionen. Während in den USA bereits seit den 1970er Jahren technologische Einflüsse auf journalistisches Handeln untersucht wurden (Shipley/Gentry 1981; Randall 1986; Neuwirth 1988; Koch 1991), ist in Deutschland und Österreich seit den 1980er Jahren zumeist die Einführung elektronischer Redaktionssysteme Gegenstand von Untersuchungen, die sich zum Teil in ihren Ergebnissen widersprechen (Weischenberg 1982; Prott 1984; Löcher 1984; Hummel 1990; Nürnberger 1993). Für die Situation in den Schweizer Redaktionen liegen nach wie vor keine entsprechenden Studien vor.

Prott (1984) kommt in seiner Untersuchung zum Einfluss elektronischer Produktionssysteme auf das journalistische Arbeiten zum Schluss, dass die Redaktionselektronik zur Erschütterung journalistischer Berufsideologien und zur publizistischen Substanzminderung beiträgt. Hienzsch (1990) warnt davor, dass der Journalismus durch Technik- und Produktionszwänge zur ›Restgröße‹ reduziert werde. Untersuchungen von Neuwirth (1988) und Fröhlich (1992) zeigen, dass die Implementierung von elektronischen Redaktionssystemen den Journalismus nicht eigenständiger gemacht, sondern im Gegenteil seine Abhängigkeit von PR-Quellen – zumal bei elektronischer Zulieferung – noch vergrößert hat. Im Gegensatz dazu stellen Steg (1992) und Mast (1984 + 1986) in ihren empirischen Studien keine qualitätseinbüßenden Auswirkungen auf die journalistische Produktion fest.

Weischenberg/Altmeppen/Löffelholz (1994) prognostizieren auf Grund von Expertenbefragungen, dass sich durch technische Imperative allgemeine journalistische Funktionen, Formen der redaktionellen Organisation und Zuschnitte von Berufsrollen verändern werden. Mit dem technologischen Wandel der Medienproduktion und seinen Konsequenzen im Rundfunk haben sich Zimmer (1993) und Michel/Schenk (1994) auseinandergesetzt. Ein aktueller Überblick über die empirischen Studien in Deutschland zu technikinduzierten Veränderungen bei Print- und elektronischen Medien findet sich bei Weischenberg (1995: 68). Ob und auf welche Art und Weise jedoch die neuen Technologien wie Internet, Computer Assisted Reporting (CAR) und Online-Datenbanken für die tägliche Recherche- und Publikationsarbeit genutzt werden und welchen Einfluss diese Möglichkeiten auf das journalistische Arbeiten, auf die Medienorganisationen und auf das Produkt selbst haben, wurde bis anhin jedoch empirisch nicht genügend untersucht.

Dies lässt sich wohl damit begründen, dass wir es mit einer noch sehr neuen Technologie zu tun haben und dass viele IuK-Technologien zunächst einmal keine direkten Auswirkungen auf die journalistische Arbeit haben müssen. Die neuen IuK-Technologien beeinflussen die Tätigkeit der Journalisten sicher dann, »wenn sie mit den Redaktions- und Nachrichtenübermittlungs- und Verteiltechniken gekoppelt werden und wenn neue Pruduktionsformen entstehen« (Altmeppen 1997: 18). Technische Innovationen werden im Mediensystem primär dazu genutzt, Medienangebote schneller, aktueller, effizienter und – mit den neuen IuK-Technologien – auch individueller zu produzieren und zu distribuieren (Weischenberg/Altmeppen/Löffelholz 1994). Der Einsatz neuer IuK-Technologien wird also erst dann genutzt, wenn diese zur Sicherung des ökonomischen Erfolgs einen wesentlichen Beitrag leisten. Die Veränderung der journalistischen Arbeit durch neue IuK-Technologien hängt also »entscheidend von der Anwendungsfähigkeit der Technologien und ihrer Zweckbestimmung innerhalb der Strukturen der Medienunternehmen ab« (Altmeppen 1997: 25). Bei den Printmedien steht in erster Linie die Verbesserung der Redaktionssysteme im Zentrum. Bei den elektronischen Medien umfasst das Spektrum die Digitalisierung der Studios sowie die Einführung von interaktiven Dialogdiensten. Merkmale des vor Jahrzehnten bereits ausführlich beschriebenen Prozesses der ›Elektronisierung‹ von Zeitungsredaktionen wiederholen sich nun unter dem Einfluss neuer IuK-Technologien. Als Mitte der 1970er Jahre im Printbereich von Blei- auf Fotosatz umgestellt wurde, begann eine große Welle der Produktivitätssteigerung bei gleichzeitiger starker Rationalisierung, die bis heute andauert. Die Aufgabenbereiche von Technikern wie Druckern, Setzern, Metteuren etc. wurden größtenteils überflüssig. Ihre Tätigkeiten verlagerten sich in die Redaktionen, wo neue technische Möglichkeiten zur Verfügung standen (vgl. Weischenberg/Altmeppen/Löffelholz 1994: 52ff). Die Einführung neuer IuK-Technologien und neuer Redaktionssysteme treibt diese Entwicklung weiter voran. Auch im Fernseh- und im Radiobereich werden Schnittstellen zwischen redaktioneller und technischer Arbeit schrittweise aufgehoben. Der Radioredakteur ›fährt‹ heute – vor allem bei privaten Stationen – seine Sendung meist selbst und auch im Fernsehbereich wird der Gesamtproduktionsprozess, für den früher Redakteure, Kameramänner, Tonoperateure oder Cutter benötigt wurden, beispielsweise in Form des Videojournalisten (VJ) auf eine Person reduziert.

Im Folgenden sollen hier einige Bereiche der journalistischen Arbeit angesprochen werden, welche von der Einführung der neuen IuK-Technologien betroffen sind. Vor allem durch die Digitalisierung der Redaktionen und der Produktionstechnik sind grundlegende Veränderungen zu erwarten, die den Bereich der Arbeitsanforderungen, der Arbeitsmittel, der Arbeitsorganisation und der Arbeitsstrategien betreffen. Bewertend muss aber festgehalten werden, dass die Datenlage zur Zeit nach wie vor schmal ist und prognostische Spekulationen empirisch abgesicherte Befunde bei weitem überwiegen. Zudem sind viele Bereiche, d.h. gerade die jüngsten technologischen Veränderungen, noch kaum untersucht worden. In methodischer Hinsicht ist zudem zu bemängeln, dass die meisten der vorliegenden Studien nur auf journalistischen Selbstauskünften beruhen. Leider wird dieser Mangel auch durch die vorliegende Untersuchung nicht zu beheben sein.

Informationsselektion: Verstärkter Zwang zu Aktualität und Exklusivität

Auf der Angebotsseite verstärken neue technische Möglichkeiten wie Internet die Kommunikations- und Selbstdarstellungszwänge von immer mehr Organisationen aus Wirtschaft, Politik, Kultur sowie Gemeinden und Verbänden. Diese messen ihren Erfolg vermehrt daran, in welchem Umfang es ihnen gelingt, sich in der Öffentlichkeit Gehör zu verschaffen und über ein möglichst positives Bild Wohlwollen zu erzeugen. Dies hat eine gewaltige Vermehrung von Information wie auch deren Verdichtung zur Folge (vgl. Bonfadelli/Meier 1996; Wyss 1997).

Dazu kommt im Zuge der Digitalisierung die immer größer werdende Geschwindigkeit, mit der Informationen zirkulieren können. Diese Beschleunigung führt bei den Journalisten zu einem durch Konkurrenzkampf noch verstärkten Zwang zu Aktualität und Exklusivität, was wiederum weniger Zeit für reflektierte Selektion, Recherche, Verarbeitung und inhaltliche Einordnung nach sich ziehen kann. Durch die Überflutung und Überlastung ergibt sich die Gefahr der zunehmenden Instrumentalisierung des Journalismus für die Darstellungsbedürfnisse von externen Interessenten. Die überproportional anwachsenden professionellen Informationslieferanten verstehen es, die Medien zur Platzierung gezielter Information zu benutzen.

Vom Gatekeeper-Monopol zum aktiven Rezipienten

Technische Innovationen ermöglichen auch auf der Rezeptionsseite mehr Eingriffsmöglichkeiten. Der Rezipient kann potentiell zunehmend selbst entscheiden, wann er welche Informationen über welche Pfade und Hyperlinks rezipieren will. Gleichzeitig haben die Informationsanbieter vermehrt die Möglichkeit, die traditionelle Filter- und Prüffunktion des Journalismus – das sogenannte Gatekeeping – zu umgehen und sich direkt an die Rezipienten zu wenden. Der Gatekeeper von einst erhält Konkurrenz von anderen Informationsanbietern. Aus diesem Monopolverlust der einstigen Gatekeeper ergibt sich eine viel aktivere Rolle der Rezipientenschaft, was wiederum eine Verstärkung ökonomischer Imperative im Sinne einer sich verstärkenden Ausrichtung auf den Publikumsmarkt zur Folge haben kann. So wird spekuliert, dass die Rezipientenschaft viel stärker auf individuell abrufbare Informationsdienste zurückgreift, statt auf die Informationsangebote der Medien zu warten (vgl. Mast/ Popp/Theilmann 1997). Erwartet wird also ein Bedeutungsverlust der publizistischen Medien zugunsten anderer Informationsanbieter.

Neue Möglichkeiten der Informationsbeschaffung: CAR

Auch auf der Seite der journalistischen Produktion kommen technologische Innovationen im Rahmen der elektronischen Datenverarbeitung vermehrt zum Einsatz. Die Arbeitsprozesse Recherche und Gestaltung/Präsentation sind davon am meisten betroffen. Im Bereich der Recherche hat das computerunterstützte Recherchieren – Computer Assisted Research (CAR) – das Potenzial, sowohl die Herangehensweise als auch den journalistischen Output zu verändern (vgl. Redelfs 1996). Agenturmeldungen und abonnierte Info-Dienste kommen schon lange via Datenleitung oder Satellit auf den Computer des Redakteurs. Inzwischen hat sich jedoch auch der Rückkanal etabliert – das heißt, dass interaktive Applikationen zur Verfügung stehen.

Der vernetzte Journalist kann jetzt in Archiven und Datenbanken recherchieren, ohne seinen Schreibtisch zu verlassen. Dafür stehen im Internet und in den sogenannten Onlinediensten – beispielsweise Compuserve oder America Online – unzählige Datenbanken zu allen erdenklichen Fachgebieten und Themen zur Verfügung. Neben den kommerziellen Datenbanken existieren viele kostenlose Anbieter wie Universitäten oder gemeinnützige Organisationen. Unternehmen, Verbände, Verwaltungen wie Privatpersonen nutzen das World Wide Web als kostengünstige Präsentationsplattform.

Die Möglichkeiten des Computers haben aber nicht immer nur positive Konsequenzen für den Journalisten. Es ist zu erwarten, dass Internet-Recherche und E-Mail neue Probleme schaffen. So fordert der Computer indirekt über Signale und Optionen ständig von den Redakteuren die gleichzeitige Bearbeitung mehrerer Sachverhalte, was sich rasch in zusätzlichem Stress niederschlagen kann.

Neue Arbeitsanforderungen an Journalisten: Konvergenz

Technisierung wirkt sich auch auf die Ausgestaltung der journalistischen Arbeit in den Redaktionsstuben aus. Die veränderten Produktionsabläufe verlangen nach neuen Qualifikationen für Journalisten und Produzenten. Die neuen Kommunikationstechniken ermöglichen Telearbeit und damit verbunden zunehmendes Outsourcing. Journalisten sehen sich vermehrt mit der Tatsache konfrontiert, dass es keinen Redaktionsschluss im herkömmlichen Sinne mehr gibt. Die Aktualität der Angebote in der Printausgabe erhält Konkurrenz von Angeboten im Netz. Die Journalisten sehen sich einem wachsenden Aktualitätsdruck ausgesetzt und fühlen sich genötigt, nicht nur tagesaktuell, sondern stunden- oder minutenaktuell oder gar live zu berichten.

Aktuelle Forschungsbeiträge kommen aus den USA und Deutschland: In seinen Studien »Media in Cyberspace I-IV« weist Ross (1999) eine steigende *Nutzung des Internet* in den Redaktionen nach und leitet daraus neue Ausbildungsanforderungen für Journalisten ab. Und für Deutschland erkennen Mast/Popp/Theilmann (1997) eine Entwicklung hin zu einer ganzheitlichen Gestaltung und Verantwortung publizistischer Produkte durch Journalisten. Sie gehen davon aus, dass die Grenzen zwischen journalistischen und technischen Tätigkeiten verschwinden.

Die Tatsache, dass die Digitalisierung der Redaktionstechnik zuvor getrennte redaktionelle und technische Aufgabenbereiche immer mehr verschmelzen lässt, konfrontiert den Journalisten mit neuen Qualifikationsanforderungen (vgl. Mast/Popp/Theilmann 1997). Das verstärkte Eindringen technisch-dispositiver Arbeiten hat zur Folge, dass die Journalisten immer weniger Zeit für ihre genuin journalistischen Tätigkeiten wie Recherche, Selektion und Texten aufbringen können. Sie übernehmen zudem noch mehr Gesamtverantwortung für das Endprodukt. Das bedeutet für sie also die Notwendigkeit des Erwerbs technischer Kompetenzen. Expertenbefragungen zeigen aber, dass für den Journalistenberuf technische Kompetenz – wie auch ökonomische Kompetenz – nicht als Qualifikation verstanden wird (vgl. Weischenberg/Altmeppen /Löffelholz 1994). Auch in diesem Bereich wird auf das scheinbar altbewährte Prinzip des ›learning by doing‹ vertraut.

Hinzu kommt die Vorstellung, dass neue IuK-Technologien die gleichzeitige Produktion für verschiedene Medien ermöglichen. Bereits zu Beginn der 1980er Jahre wurde der Multimedia-Journalist propagiert. Es wurde schon damals erwartet, dass in naher Zukunft der Redakteur seine Informationsangebote sowohl für Print- wie auch für elektronische Medien produziert (vgl. Custer 1999). In den 1990er Jahren ist neu die Vorstellung dazugekommen, dass der künftige Journalist auch für Online-Dienste tätig ist, dass er seine Angebote zunehmend auch im Hinblick auf eine Verwertung im Online-Bereich produziert.

2.3.2 Ökonomische Einflüsse

Medien werden in der Informationsgesellschaft immer stärker kommerzialisiert, journalistische Produktionsprozesse werden immer stärker dem ökonomischen Kalkül unterstellt. Die *Kommerzialisierung* des Mediensystems bezeichnet den Prozess, in dem sich Medieninstitutionen und -organisationen zunehmend nach ökonomischen Regeln marktwirtschaftlicher Gesellschaften organisieren. Kommerzialisierung verstärkt somit die ökonomischen Einflüsse auf das professionelle journalistische Handeln. Schlagworte wie »Market-Driven Journalism« (McManus 1994) versuchen diese Entwicklung zu fassen.

Vor allem in den USA existiert zur Problematik der ökonomischen Einflüsse auf den Journalismus seit längerem eine differenzierte Forschung (vgl. Fink 1988; Dennis 1989; Lacy 1990; Bogart 1991+ 1994; Blumler 1991; Underwood 1993; McManus 1994 + 1995). Und auch im deutschen Sprachbereich wird der Beschreibung ökonomischer Einflüsse auf den Journalismus im Rahmen der Medienökonomie in jüngster Zeit verstärkte Aufmerksamkeit geschenkt (vgl.

Heinrich 1994; Altmeppen 1996), wobei ein defizitärer Forschungsstand und eine unzureichende Datenlage, aber nach wie vor auch eine unbefriedigende theoretische Fundierung beklagt werden müssen.

Aus medienökonomischer Perspektive sind Medienangebote primär Waren, deren gewinnorientierter Absatz über die Marktfähigkeit ihrer Anbieter entscheidet. Ökonomische Rahmenbedingungen rücken für die journalistische Arbeit immer stärker in den Vordergrund. »Medien handeln in der Logik von Wirtschaftlichkeit, Effizienz und Profitmaximierung. Ihre Produkte sind Waren, über deren Marktbedingungen Angebot und Nachfrage entscheiden« (Weischenberg/Altmeppen/Löffelholz 1994: 107). Kommerzialisierte Medienunternehmen sind durch das Bestreben gekennzeichnet, »die produktive und allokative Effizienz zu steigern, also billiger zu produzieren und genauer das zu produzieren, was den Wünschen des Publikums entspricht« (Heinrich 1996: 171).

Unbestritten ist, dass wirtschaftliches Handeln zu den Grundlagen des Funktionierens von Medienunternehmen gehört. Journalismus kann sich nicht dem *ökonomischen Kalkül* verweigern; die Eigenrationalität des Markthandelns und -denkens prägt die journalistischen Zielsetzungen mit. Im publizistikwissenschaftlichen Diskurs wird aber betont, dass das medienwirtschaftliche Handeln immer schärfer mit dem publizistischen Auftrag und mit professionellen Zielen konkurriert. Die kommerzielle Determinierung des Journalismus durch die Ökonomie wird als Gefahr für das Erbringen der publizistischen Leistungen wie Information, Orientierungsstiftung, Kritik und Kontrolle beurteilt. Die ökonomischen Erwartungen der Medienunternehmen, Märkte erfolgreich zu gestalten und zu beherrschen, kollidieren immer wieder mit publizistischen Erwartungen.

So kommentiert Münch (1993: 278) die zunehmende Kommerzialisierung im Mediensektor negativ, wenn er vor dem Hintergrund einer kommunikationstheoretisch begründeten Gesellschaftstheorie im Sinne von Habermas erkennt, »dass die vollständige Kommerzialisierung des Kommunikationssystems vielleicht gut für die Produktion unseres Wohlstandes ist, aber nicht auf ganzer Linie gut für eine öffentliche Kommunikation, aus der Verständigung hervorgehen soll.« Zimmer (1993) zeigt in seiner Studie »Ware Nachrichten« auf, dass auf Grund eines zunehmenden Wettbewerbs die Produktion von Fernsehnachrichten immer stärker an rein betriebswirtschaftlichen statt an journalistischen Kriterien ausgerichtet wird. Die empirischen Daten interpretierend stellt Heinrich (1996) für das öffentliche Gut ›Information‹ tendenziell ein Marktversagen fest. Der zunehmende Wettbewerb im Mediensektor sei wegen der geringen Qualitätstransparenz bei den Rezipienten und der mangelnden Vermarktbarkeit des öffentlichen Gutes Information weniger *Qualitätswettbe-*

werb als vor allem *Kostenwettbewerb.* Der verbleibende Qualitätswettbewerb beschränke sich vorwiegend auf den Werbemarkt, was einen determinierten Zielgruppenjournalismus zur Folge habe: »Im Zuge einer solchen Entwicklung zur Privatisierung, Segmentierung und Aktualisierung von Informationen schwinden Hintergrundberichte und aufklärende Informationen, der gewünschte Wettbewerb von Meinungen findet immer weniger statt« (Heinrich 1996: 171). Die vorwiegende Beschränkung des Qualitätswettbewerbs auf den Werbemarkt kommentiert Heinrich (1996: 173) aus publizistischer Sicht als »prinzipiell problematisch, weil die Informationen nicht nach Qualitätskriterien gestaltet werden.« Im Konfliktfall zwischen Rezipientenpräferenzen und den Wünschen der werbetreibenden Wirtschaft bestehe die Tendenz, dass sich die Präferenzen der Wirtschaft durchsetzten. Schließlich ist hier noch auf die Studie von Neumann hinzuweisen, wonach das primär auf Gewinnmaximierung ausgerichtete Kostenmanagement journalistisch notwendige, kreativitätsfreundliche Produktions- und Organisationsstrukturen beseitigen würde und zur »kontraproduktiven Inflation von Hierarchiestufen und zu überzogener Spezialisierung und Bürokratisierung von Arbeitsabläufen beitrage« (Neumann 1997: 275).

In diesem Spannungsfeld müssen die sich verstärkenden ökonomischen Einflussfaktoren auf den Journalismus betrachtet werden. Insgesamt muss einschränkend jedoch eingeräumt werden, dass die Konsequenzen der Kommerzialisierung auf die Medienproduktion bislang nur ungenügend empirisch erforscht sind. Das Projekt »Journalisten in der Schweiz« geht möglichen Auswirkungen der Kommerzialisierung auf die journalistische Arbeit auf verschiedenen Ebenen nach.

Im Folgenden sollen einzelne Indikatoren der oben postulierten *Kommerzialisierung* näher beschrieben werden. Sie lassen sich dabei auf verschiedenen Ebenen aufspüren: in der Liberalisierung des Rundfunkmarktes, der zunehmenden Bedeutung der Werbewirtschaft, der vermehrten Akzeptanzorientierung unter dem Stichwort ›Redaktionsmarketing‹, der Etablierung spezifischer Institutionen der Leserschafts- und Publikumsforschung, im verstärkten Kostenmanagement innerhalb der Redaktionen und schließlich in organisatorischen Umstrukturierungen innerhalb der Medienbetriebe unter dem Stichwort ›Redaktionsmanagement‹.

Deregulierung im Rundfunkbereich

Als eine Triebfeder der Kommerzialisierung kann die Deregulierung des Radio- und Fernsehmarktes und somit die Etablierung privat-kommerzieller Rundfunkanbieter identifiziert werden. Mit der *Deregulierung* setzt die Politik auf den Wettbewerb und die freien Kräfte des Marktes als Steuerungsinstanz. Auch in der Schweiz hat die ordnungspolitische Liberalisierung des AV-Medienbereichs zu einer Verschärfung des intra- und intermediären Wettbewerbs geführt. Bis zum Beginn der 1980er Jahre war es einzig der Schweizerischen Radio- und Fernsehgesellschaft SRG vorbehalten, Radio- und Fernsehprogramme zu verbreiten.

Im Gefolge neuer Übertragungstechniken und politisch-ökonomischer Entwicklungen begann sich der Bereich des Rundfunks zu dynamisieren. Das Nebeneinander von öffentlichem und privatem Rundfunk erhielt 1984 eine verfassungsmäßige Basis, indem der Souverän dem Verfassungsartikel über Radio und Fernsehen seine Zustimmung erteilte. Damit war der erste Schritt zur Einführung des dualen Rundfunks in der Schweiz getan. 1991 wurde das Bundesgesetz über Radio und Fernsehen (RTVG) vom Parlament verabschiedet. Das Radio- und Fernsehgesetz (RTVG 1991/1992) sowie die Radio- und Fernsehverordnung bilden heute die Grundlage dafür, dass privatwirtschaftliche Programmanbieter eine Konzession erhalten können. Für den Rundfunkbereich kann also festgehalten werden, dass die Dualisierung den Wettbewerb um Zielpublika und Werbegelder verstärkt hat. Die Etablierung von kommerziellen Programmveranstaltern und der damit verbundene Wettbewerb bewirkt auch bei den öffentlichen Rundfunkveranstaltern ein verstärktes kommerzielles und unternehmerisches Denken.

Die *Liberalisierungspolitik des Bundesrates* erreicht 1998/99 vorerst seinen Höhepunkt in der Konzessionierung neuer privater TV-Veranstalter wie SAT1 und Tele24 bzw. RTL/Pro7 und TV3. Insgesamt hat der Bundesrat seit 1992 ein gutes Dutzend neue Konzessionen erteilt; auf der lokalen und regionalen Ebene haben das Departement für Umwelt, Verkehr, Energie und Kommunikation (UVEK) und das Bundesamt für Kommunikation (BAKOM) immerhin schon über 330 Rundfunkkonzession erteilt. Vor allem die schweizerische Fernsehlandschaft ist zurzeit in Bewegung. Während das von den deutschen Sendern RTL und PRO7 gemeinsam veranstaltete Schweizer Programmfenster im Frühjahr 2000 nach nur wenigen Monaten seinen Sendebetrieb wieder einstellte, stecken in der Konzessionierungs-Pipeline noch weitere Gesuche: Prime TV, ein Fernsehen von mehreren Regionalveranstaltern, die es auf den sprachregionalen Markt drängt; sowie die zwei Jugendfernsehprojekte SwissHits und Schweizer Musik-Canal. Auch die SRG hat sich 1992 organisatorisch ›von der Institution zum Unternehmen‹ gewandelt und im Gefolge dieser verstärkten Marktorientierung einzelne Abteilungen zu eigenverantwortlichen Unternehmensbereichen ausgestaltet.

Veränderungen im Printsektor

Bei Printmedien waren Eingriffsmöglichkeiten des Staates nie vorgesehen. Der Printbereich unterliegt aus historischen Gründen praktisch keinen medienrechtlichen Einschränkungen. Im Bereich der Tageszeitungen ist in der Schweiz gegenwärtig ein beschleunigter Strukturwandel Richtung *Konzentration und Kooperation* zu beobachten. Eine seit den 1960er Jahren verstärkt eingesetzte Titelkonzentration – das sogenannte Zeitungssterben – geht einher mit einer Verdoppelung der Gesamtauflage (Auflagenkonzentration): »Immer mehr weniger Zeitungen produzieren eine immer größere Auflage« (Rathgeb 1998: 164).

Es sind vor allem die großen überregionalen, bereits auflagenstarken Zeitungen, welche auf Grund ihrer führenden Marktposition überproportional wachsen, während kleine Zeitungen der Konzentration zum Opfer fallen. Von der Konzentration betroffen war in den 1960er Jahren vor allem die politische Partei- und Gesinnungspresse, welche durch sogenannte Forumszeitungen mit einer Ausrichtung auf möglichst breite Bevölkerungskreise verdrängt wurde. Mitte der 1980er Jahre setzte auf Grund der rezessiven Wirtschaftslage und einem verstärkten Verdrängungswettbewerb eine zweite, noch andauernde Konzentrationswelle ein. Betroffen sind vor allem mittelgroße Zeitungen mit einer Auflage unter 100.000 Exemplaren. In diesem Markt wird mit Kooperation im Verlags- und Anzeigengeschäft (Anzeigenpools) aber auch im redaktionellen Bereich (Kopfblattsystem) reagiert. Viele übriggebliebene überregional ausstrahlende Blätter besitzen in ihren Regionen marktbeherrschende Stellung und treten kaum mehr in einen Qualitätswettbewerb mit anderen Titeln. Ein Qualitätswettbewerb weicht auch hier dem Kostenwettbewerb. Im ansonsten stabilen Zeitungsmarkt wächst somit die ökonomische Konzentration, da mit der Herausbildung immer größer werdender Medienmärkte vor allem größere Unternehmen expandieren können. Die hohen Kosten für die Bereitstellung von neuen Medienangeboten intensivieren diese Ökonomisierung des Mediensektors und machen ihn zunehmend von zusätzlichen Finanzquellen – insbesondere von der Werbung – abhängig.

Anders präsentiert sich die *Entwicklung im Zeitschriftenbereich*. Dort verschärft sich der Wettbewerb, weil Zahl und Auflage der Zeitschriften kontinuierlich zunehmen. Die Zahl der schweizerischen Zeitschriften hat sich seit den 1950er Jahren insgesamt um 80% erhöht. Das ›Schweizer Zeitschriftenverzeichnis‹ der Landesbibliothek in Bern weist bis zum Jahr 1995 rund 6.000 Titel schweizerischer Herkunft aus. In dieser Kategorie können Nachrichtenmagazine, Publikums-, Verbands- und Mitgliederzeitschriften, Fach-, Zielgruppen- und Hobbyzeitschriften unterschieden werden. Das rapide Titelwachstum erfolgte vorwiegend im Bereich der Special-Interest- und Fachzeitschriften. Eine starke ausländische Konkurrenz macht vorwiegend dem Bereich der Publikumszeitschriften zu schaffen, was zu einer erheblichen Verschärfung des Wettbewerbs geführt hat. Unter Druck gerät das Medium Zeitschrift zudem durch eine stetige Reduktion der durchschnittlichen Lesedauer auf ein Drittel des Wertes im Vergleich zum Jahr 1975.

Akzeptanzorientierung und Dominanz des Marketings

Das Verhältnis zwischen den Journalisten und dem Publikum hat sich im Laufe der Zeit verändert. Die Beziehung ließ sich bis Ende der 1960er Jahre als autoritäres Verhältnis mit Aufklärungsanspruch seitens der Journalisten charakterisieren. Bei Politikern aber auch in der Kommunikatorforschung war die These verbreitet, dass deutsche Journalisten in ihrem Rollenselbstverständnis von besonderem ›Missionseifer‹ beseelt seien (vgl. Köcher 1985). In späteren Untersuchungen wurde diese Behauptung als falsch zurückgewiesen (vgl. Weischenberg 1989; Schönbach/Stürzebecher/ Schneider1994). Bereits Ende der 1960er Jahre haben Glotz/Langenbucher (1969) kritisiert, dass die Journalisten eine Orientierung am Publikum als Anpassungsjournalismus ablehnten.

Gleichzeitig wird beobachtet, dass sich die Medien der Informationsgesellschaft immer weniger an den traditionellen Institutionen wie Kirchen, politischen Parteien, Verbänden etc. orientieren, sondern sich zunehmend nach dem kaufkräftigen Publikum oder nach dem Markt ausrichten. »Entscheidungen über Programmformate, Inhalte einzelner Sendungen und ganzer Programme oder über Präsentationsstile werden in immer stärkerem Masse von Publikumserwartungen – also Marktfaktoren – beeinflusst« (Jarren 1996: 87). Es wird befürchtet, dass sich im Zuge dieses Entkoppelungsprozesses ein stark marktorientierter Journalismus immer weniger auf die Gesamtgesellschaft verpflichtet und zunehmend den ihm zugewiesenen öffentlichen Auftrag der Gemeinwohlorientierung ignoriert. Eine Folge davon sei die verstärkte Ausrichtung auf Zielgruppen, infolge derer die Medien nur noch Teilöffentlichkeiten konstituieren. Dabei wird die Produktion von Medienangeboten zunehmend an den Interessen immer kleinerer Publikumsgruppen ausgerichtet.

Ein Indiz für zunehmende ökonomischen Einflüsse ist die verstärkte Publikums- oder Zielgruppenorientierung des Journalismus und die verstärkte Dominanz des institutionalisierten Marketings in Redaktionen. Redaktionelles Marketing umfasst alle redaktionellen Vorgänge, die darauf zielen, mit dem publizistischen Angebot die Bedürfnisse und Wünsche der Zielgruppe zu befriedigen, und wird als passende Antwort auf veränderte Marktbedingungen verstanden (vgl. Streng 1996; Möllmann 1998). Es kommt vor allem dort zum

Ausdruck, wo aus Daten der Leser- und Publikumsforschung redaktionelle Schlussfolgerungen gezogen werden.

Entkoppelung als Entdifferenzierung vom Wirtschaftssystem

Der oben beschriebene Entkoppelungsprozess des Mediensystems wird als Ausdifferenzierung vom politischen System einerseits und als Entdifferenzierung vom ökonomischen System andererseits beschrieben. Die Emanzipation des Mediensystems von der Politik hat zwar schon im neunzehnten Jahrhundert ihren Ursprung, deutliche Indikatoren dafür lassen sich aber erst mit dem Aussterben der Parteizeitungen und mit der ›Demontage‹ des öffentlich-rechtlichen Rundfunks erkennen. Gleichzeitig steigt das Steuerungspotential der werbetreibenden Wirtschaft. In den letzen Jahren ist das Werbevolumen deutlich stärker gestiegen als das konjunkturelle Wachstum der gesamten Volkswirtschaft (vgl. Trappel 1998: 19). So hat auch die Anzahl der Werbeplattformen für die werbetreibende Wirtschaft durch die Ausdifferenzierung des Mediensystems deutlich zugenommen. Der Trend resultiert in einem größeren Einfluss der Werbewirtschaft auf den Inhalt der Massenmedien, was wiederum an der zunehmenden Bedeutung des redaktionellen Marketings erkennbar ist. Redaktionelles Marketing diktiert dann die Ausrichtung der Angebote an den Interessen der Werbewirtschaft. Als Kommerzialisierung des Mediensystems muss also auch der verstärkte Einfluss der Werbewirtschaft auf die Strukturen und Funktionen von Mediensystemen und deren Konsequenzen für die Medienproduktion verstanden werden.

Kostenbewusstsein und Managementdenken

Im publizistikwissenschaftlichen Diskurs über das Spannungsfeld zwischen Kommerzialisierung und Professionalität weichen neuerdings die Befürchtungen um einen Verlust journalistischer Autonomie zunehmend der Erkenntnis, dass sich Kosten zu einem Qualitäts- und Wettbewerbsfaktor im Mediengeschäft entwickelt haben und dass es auch im redaktionellen Alltag notwendig ist, die Kostenfrage in der journalistischen Arbeit ›mitzudenken‹ (Meckel 1999: 133f).»Journalisten, die aufklären wollen, sollten auch rechnen können,« bringt es Ruß-Mohl (1994a: 25) auf den Punkt. Die Erwartung an einen bewussteren Umgang mit Produktionsressourcen resultiert aus der veränderten Konkurrenzsituation im Medienmarkt. Laut einer Befragung von deutschen Chefredakteuren ist zu erwarten, dass den Journalisten zunehmend kaufmännische Kenntnisse und betriebswirtschaftliche Kompetenzen abverlangt werden. Es wird betont, dass *Kostenverantwortung* stärker eine Angelegenheit der Redaktion wird und dass von den einzelnen Redakteuren ein verantwortungsvoller Umgang mit den Unternehmensressourcen verlangt wird (Mast/Popp/Theilmann 1997). Diesen

Anforderungen kommt mit steigender Kommerzialisierung der journalistischen Arbeit eine höhere Bedeutung zu. Gleichzeitig wird aber auch festgestellt, dass es im Journalismus durchaus zum guten Ton gehört, »Geld als quantité negligable [sic!] weit hinter die gesellschaftlichen Anforderungen an den Journalismus zurücktreten zu lassen« (Meckel 1999: 129).

Ein weiterer Indikator für die verstärkte Ausrichtung an ökonomischen Handlungskriterien auch im redaktionellen Bereich lässt sich zudem im Rollenwandel der Person des Verlegers finden. Die ›Verlegerpersönlichkeit‹ mit ihrem publizistischen Ethos wird zunehmend vom gewinnorientierten ›Medienmanager‹ abgelöst. Die Nahtstelle, welche versucht, kommerzielle und publizistische Ziele in Einklang miteinander zu bringen, verschiebt sich nach Ruß-Mohl (1992: 146f) immer mehr von der Verlagsleitung weg in die Chefredaktion. Auch diese Tendenz wird im publizistikwissenschaftlichen Diskurs ambivalent als möglicher Verlust der ›inneren Pressefreiheit‹ diskutiert. So problematisiert Heinrich (1996: 179) die Implementierung betriebswirtschaftlicher Managementkonzepte in Redaktionen, weil damit die Gefahr drohe, dass bei der journalistischen Produktion Leistungsbewertungssysteme eingeführt würden, deren Qualität nur ökonomische, nicht aber publizistische Relevanz aufweist (vgl. auch Underwood 1993). Befürchtet wird, dass das Management von Medienbetrieben dem jedes beliebigen anderen Betriebes gleichgestellt wird. »Das für Medienunternehmungen typische Zieldual scheint sich unter diesen ›Professionalisierungstendenzen‹ in Richtung einer einseitigen Gewinnorientierung aufzulösen« (Karmasin 1998: 284).

Organisatorische Konsequenzen

Die oben diskutierten ökonomischen Entwicklungen bleiben natürlich nicht ohne Konsequenzen für die organisatorische Einbettung der journalistischen Tätigkeit. Kontrovers diskutiert werden hierbei Fragen wie die verstärkte Durchdringung von Redaktion einerseits und Verlag andererseits, aber auch die Sicherung der journalistischen Qualität im Zuge der wachsenden Bedeutung ökonomischer Belange. So ist angesichts der beschriebenen ökonomischen Entwicklung anzunehmen, dass vor allem Journalisten in Leitungsfunktionen eine verstärkte Einbindung in Führung und Organisation von Medienbetrieben erwartet. Diese müssen zunehmend Managementqualifikationen erwerben und sich stärker in die betriebswirtschaftliche Aufgabenerfüllung einbinden lassen. Studien zur Arbeitssituation in privaten Radiostationen zeigen, dass auch Redakteure ohne Leitungsfunktionen rund ein Sechstel ihrer Tätigkeit für organisatorisch-dispositive Aufgaben aufwenden (vgl. Altmeppen/Donges/Engels 1999: 184ff). Als Folgen davon werden erhöhte Arbeitsbelastungen und weniger Zeitressourcen erwartet, die zu Lasten der eigentlichen journalistischen

Schlüsselqualifikationen Recherchieren, Auswählen und Texten gehen. In Anlehnung an Entwicklungen und Beispiele aus den USA skizziert Ruß-Mohl (1992+1994b), mit welchen organisatorischen Qualitätssicherungsmaßnahmen und infrastrukturellen Netzwerken der Journalismus einer zunehmenden Gefährdung seiner Autonomie entgegenwirken und eine Professionalisierung vorantreiben könnte. Im deutschsprachigen Raum stecken jedoch die Redaktionsforschung und eine entsprechende betriebsbezogene Managementlehre noch in den Kinderschuhen. Auch die Forschergruppe ›Journalistik‹ hat auf Grund von Expertenbefragungen in ihrer Studie ›Zukunft des Journalismus‹ einen Bedarf an neuen Formen der redaktionellen Arbeitsorganisation als Herausforderung der Informationsgesellschaft festgestellt (Weischenberg/ Altmeppen/Löffelholz 1994; Löffelholz/Altmeppen 1994).

Für Heinrich (1996: 179) gilt jedoch die Implementierung betriebswirtschaftlicher Konzepte in Redaktionen aus publizistischer Sicht als nicht unproblematisch. Wie schon weiter oben ausgeführt wurde, bestehe etwa die Gefahr, Leistungsbewertungssysteme bei der Produktion einzuführen, die sich an ökonomischen, nicht aber an publizistischen Qualitätskriterien orientieren. Zudem würden Empfehlungen zu vermehrtem redaktionellem Management und redaktionellem Marketing (vgl. Reiter/Ruß-Mohl 1994; Rager/Schaefer-Dieterle/Weber 1994) die »genuin publizistisch ausgerichtete intrinsische Motivation« der Journalisten schmälern. Der zunehmende Kostenwettbewerb zwinge jedoch die Medienbetriebe zur Einführung und Verstärkung kostensparender Produktionsformen wie beispielsweise Outsourcing, Controlling, redaktionelles Management oder Verstärkung der Medienkonzentration. Eine feststellbare Determinierung der Medien durch eine sich professionalisierende Öffentlichkeitsarbeit hat ihre Ursachen zum Teil in einer organisatorisch bedingten Überforderung des Systems. In diesem Forschungsbereich findet eine lebhafte Debatte statt. So zeigen verschiedene Studien, dass Medien in hohem Maße auf inszenierte Pseudoereignisse reagieren und so von Akteuren anderer Systeme instrumentalisiert werden und dass sich ihre Verarbeitungsleistung auf Selektion, Verdichtung und medienspezifische Umsetzung des PR-Materials beschränkt. Es wird befürchtet, dass Medien durch eine sich zunehmend professionalisierende Öffentlichkeitsarbeit determiniert würden (Baerns 1985; Grossenbacher 1986, Barth/Donsbach 1992; Saffarnia 1993; Schmitt-Beck/ Pfetsch 1994, Kunczik 1990). Dieser Determinierungsthese stehen andere empirische Studien gegenüber, welche ein eher symbiotisches Verhältnis zwischen PR und Medien beschreiben (Schweda/Opheren 1995). Es kann aber in jedem Fall angenommen werden, dass Public Relations für die Arbeit der Journalisten eine zentrale Rolle spielt – dies um so stärker, je weniger Zeit Journalisten für die eigene Informationsbeschaffung und Sammlung aufwenden können.

2.4 Implikationen für die empirische Studie

Die Informationsgesellschaft konfrontiert den Journalismus in der Schweiz mit neuen Bedingungen und Anforderungen. Die Studie »Journalisten in der Schweiz« setzt sich zum Ziel, entsprechende Probleme und Risiken zu evaluieren, die sich für die journalistische Autonomie aus technologischen, ökonomischen und organisatorischen Einflüssen ergeben. Sie will der Frage nachgehen, wie der Journalismus in der Informationsgesellschaft mit Umweltereignissen umgeht und welche Leistungen er dabei in Konkurrenz zu anderen Informationssystemen erbringen kann. Es sollen die für den Journalismus und die Gesellschaft entstehenden Risiken evaluiert und die Folgen des Wandels für den Kommunikatorenberuf in der Schweiz untersucht werden, indem festzustellen ist, inwiefern die veränderten Bedingungen im journalistischen Arbeiten und in entsprechenden Anforderungsprofilen bereits Folgen zeitigen. Neben der Evaluation sollen prospektiv zudem Vorschläge gemacht werden, mit welchen Strategien und Maßnahmen die Funktionen und Leistungen des Journalismus für eine demokratische Gesellschaft verbessert werden könnten.

2.4.1 Fragestellungen

Folgende forschungsleitende Fragestellungen stehen im Zentrum:

1. *Deskriptiv feststellend:* Wie präsentiert sich heute das Berufsfeld des Journalismus bzw. die Berufsrealität der Journalisten in der Schweiz? Welche Unterschiede bestehen dabei in sozialer Hinsicht zwischen den Medienschaffenden, in medialer Hinsicht zwischen den verschiedenen Medien als Berufskontexte, in kultureller Hinsicht zwischen den drei Sprachregionen und in longitudinaler Hinsicht zur Situation zu Beginn der 1980er Jahre.

2. *Erklärend hypothesengeleitet:* Inwiefern lassen sich Einflüsse der sich in Veränderung befindenden technologischen, ökonomischen und organisatorischen Randbedingungen auf das journalistische Arbeiten, die journalistischen Berufsrollen und die entsprechenden Anforderungsprofile der Journalistinnen und Journalisten erkennen?

3. *Zukunftsorientiert evaluierend:* Inwiefern droht das System Journalismus durch diesen Wandel seine traditionellen Funktionen der Selektion, der Interpretation sowie der Kritik und Kontrolle zu verlieren?

4. *Folgernd und reagierend:* Welche Strategien und Maßnahmen sind gegebenenfalls zu entwickeln, um die journalistischen Leistungen und ihre Qualität inner- und außerhalb der Medienbetriebe optimal zu sichern?

2.4.2 Design und Methoden

Wie schon in der Einleitung angedeutet besteht die hier präsentierte empirische Untersuchung aus zwei Teilstudien: 1) einer quantitativen Journalisten-Enquête in Form einer standardisierten schriftlichen Befragung einer repräsentativen Stichprobe von 2020 Journalistinnen und Journalisten aus allen drei Sprachregionen der Schweiz, die im Juni 1998 durchgeführt wurde, und 2) einer qualitativen Redaktionsbefragung von 41 Führungsverantwortlichen in 25 Redaktionen. Um einen Strukturwandel der journalistischen Berufsrealität, d.h. im Berufsfeld, Berufsbild und im Anforderungsprofil, feststellen zu können, sollten die Befunde im Längsschnitt so weit wie möglich mit der Studie »Journalismus als Beruf« von Saxer/Schanne aus dem Jahre 1980 vergleichbar gemacht werden. Gleichzeitig wurde darauf geachtet, dass auch eine möglichst hohe Vergleichbarkeit mit den jüngeren Journalismusstudien aus Deutschland und den USA gewährleistet werden konnte. Es wurde so als Kompromiss ein Set von Indikatoren entwickelt und dem Fragebogen (vgl. Anhang) unterlegt, das zukunftsorientiert eine Dauerbeobachtung des Systems Journalismus unter gesellschaftlichen Veränderungen ermöglicht.

Weil speziell die technologischen, ökonomischen und organisatorischen Veränderungen des Journalismus in der quantifizierenden Berufsstudie nur ungenügend berücksichtigt werden konnten, wurde diesen Einflüssen in der qualitativen Redaktionsbefragung auf der Basis von Leitfadengesprächen speziell nachgegangen. Im Zentrum standen dabei drei Themenkomplexe:

1) *In technologischer Hinsicht:* die Erfahrungen in den Redaktionen mit neuen Redaktionssystemen und neuen Möglichkeiten der elektronischen Datenbeschaffung via Internet und dem wachsenden Konkurrenzdruck durch den Online-Journalismus;

2) *In ökonomischer Hinsicht:* die neue Entwicklungen im redaktionellen Marketing wie der Stellenwert und die Verwendung von Leserschafts- und Publikumsforschung sowie die Folgen für das journalistische Rollenselbstverständnis;

3) *In organisatorischer Hinsicht:* die beobachtbaren Veränderungen im Redaktionsmanagement als Ausdruck einer zunehmenden Wettbewerbsorientierung wie etwa neue und engere Formen der Zusammenarbeit zwischen

Redaktion und Verlag bzw. Geschäftsführung, der Kompetenzzuwachs der Chefredaktion, ressortübergreifende Zusammenarbeit in redaktionellen Projektorganisationen oder Outsourcing von journalistischen Leistungen.

Abb. 3: Untersuchungsanlage

Ausgangsüberlegungen:
Defizitärer Forschungsstand und Zunahme der Aktivitäten im Bereich der journalistischen Berufsfeldforschung anfangs der 1990er Jahre im Ausland
Gesellschafts-/Medienwandel: Veränderungen im Mediensystem durch Technisierung, Globalisierung, Deregulierung, Ökonomisierung. Auswirkungen technologischer und ökonomischer Einflüsse auf den Journalismus

Forschungsprojekt: »Journalisten in der Schweiz«

Teilstudie 1:	Teilstudie 2:
Die Berufsrealität der Schweizer Journalisten	Redaktionen unter Reformdruck
Ziele	
Behebung des Defizits hinsichtlich repräsentativer Daten über die Berufssituation der Journalisten: synchrone Bestandesaufnahme.	Untersuchung von aktuellen Veränderungsprozessen aufgrund von Prozessen der Technisierung und Kommerzialisierung
Gegenstand	
Soziodemographische, berufliche, mediale Strukturen, journalistisches/redaktionelles Selbst-/Leitbild, praktizierte Qualitätssicherung, Ausbildung	Einschätzung der Folgen technologischer, ökonomischer und organisatorischer Einflussfaktoren
Methoden	
Repräsentative Journalisten-Enquête mittels schriftlicher Befragung von 2020 Verbandsjournalisten	Qualitative Leitfadeninterviews mit 41 Führungsverantwortlichen in 25 Redaktionen
Untersuchungsart	
Deskriptiv feststellend, vergleichend in medialer, kultureller, internationaler und longitudinaler Hinsicht	Externe Validierung der quantitativen Daten, Illustration, erklärend feststellend

Zukunftsorientiert evaluierend: Implikationen für einen Berufsstand im Wandel

2.4.3 Aufbau des Berichts

Die Struktur dieses Forschungsberichts orientiert sich weitgehend am oben dargestellten Design der empirischen Studie »Journalisten in der Schweiz«. Nachdem oben, d.h. in den *Kapiteln 1 und 2* sowohl die Fragestellungen als auch die theoretischen Perspektiven, die dem Forschungsprojekt unterliegen, dargestellt worden sind, steht die Berufsrealität der Schweizer Journalisten im Zentrum von *Kapitel 3*. Als Indikatoren für die *journalistische Berufsrealität* dienen dabei jene Fragen des standardisierten Surveys, die sich auf die allgemeinen Arbeitsbedingungen, die redaktionellen Arbeitsbedingungen und die Ausbildung, aber auch auf die subjektive Wahrnehmung der Berufsrealität durch die Journalisten selbst wie Entlohnung, Arbeitsklima, Arbeitsalltag, Arbeitbelastung, Zeitdruck und wirtschaftlicher Druck beziehen. Zur Erhöhung der Verständlichkeit werden die Auswertungen in den meisten Fällen in Form von einfachen Prozentverteilungen oder zweidimensionalen Tabellen präsentiert, wobei Differenzierungen bezüglich Alter und Geschlecht der Journalisten, aber auch nach deren Sprachregion vorgenommen werden. Im Unterschied dazu basiert die abschließende Analyse der subjektiven Rollenbilder der Journalistinnen und Journalisten auf multivariaten Verfahren wie Faktor- und Regressionsanalysen.

Kapitel 4 basiert auf der qualitativen Redaktionsbefragung, wobei neben den Befunden der Leitfadeninterviews vereinzelt auch dazu korrespondierende Daten aus der standardisierten Journalisten-Enquête – sofern verfügbar – eingearbeitet wurden. Bei der Präsentation der qualitativen Befunde wurde nach Möglichkeit versucht, zwischen jenen Aussagen der befragten Redaktionsverantwortlichen, die sich auf deren konkrete persönliche Situation bezogen, und stärker interpretierenden sowie bewertenden Äußerungen generalisierender Art zu trennen. Freilich war dies nicht immer vollständig möglich.

Als Fazit fasst *Kapitel 5* schließlich die vorliegenden reichhaltigen Befunde zusammen und formuliert Implikationen für den Berufsstand der Journalisten im Wandel.

3. Journalistische Berufsrealität

3.1 Gegenstand, Fragestellungen, Methode

3.1.1 Strukturierung des Gegenstandes und Fragestellungen

Ausgehend von den beschriebenen Defiziten hinsichtlich repräsentativer Daten über die Berufssituation der Journalisten in der Schweiz soll im folgenden Kapitel eine umfassende Deskription der journalistischen Berufsrealität geleistet werden. Grundlage dafür bilden die Ergebnisse der schriftlichen Befragung von über 2.000 Medienschaffenden, die im Sommer 1998 durchgeführt wurde. Als *Berufsrealität* soll dabei die Summe jener strukturellen Bedingungen gelten, die die Befragten bei der Ausübung ihrer journalistischen Tätigkeit vorfinden und die ihren Arbeitsalltag unabhängig von ihren individuellen Einstellungen prägen. Für die Konzeption der Gesamtuntersuchung und für die Erarbeitung des Fragebogens wurde eine Unterteilung der Berufsrealität in drei Grunddimensionen vorgenommen, die gleichzeitig auch die Darstellungslogik der Ergebnispräsentation prägt und deshalb zunächst skizziert werden soll. Im einzelnen wurden diese Dimensionen als allgemeine Arbeitsbedingungen, als redaktionelle Arbeitsbedingungen sowie als Ausbildungsbedingungen bezeichnet.

Als *allgemeine Arbeitsbedingungen* gelten jene Merkmale, die eine Beschreibung des journalistischen Arbeitsmarktes ermöglichen. Dazu gehört die Zahl der journalistischen Arbeitsplätze überhaupt sowie ihre Verteilung auf die verschiedenen Medientypen, die Anzahl und die Art der Beschäftigungsverhältnisse, die Journalisten in der Schweiz eingehen sowie das persönliche Einkommen, das aus der journalistischen Tätigkeit insgesamt bezogen werden kann.

Von den allgemeinen Arbeitsbedingungen lassen sich jene beruflichen Determinanten unterscheiden, die in unmittelbarem Zusammenhang mit den Redaktionsstrukturen stehen, in denen Medienschaffende tätig sind. Zu diesen *redaktionellen Arbeitsbedingungen* zählen die Redaktionsgröße, die Verteilung von Führungsverantwortung sowie die Existenz und die Art von Ressortstrukturen. Als prägend für die innerredaktionellen Arbeitsbedingungen können darüber hinaus der Stand der Selbstregulierung, d.h. die Praxis der internen Steuerung der Redaktionsarbeit, sowie die grundsätzliche strategische Ausrichtung der Redaktion betrachtet werden. Redaktionsstrukturen lassen sich nicht zuletzt durch das Tätigkeitsprofil beschreiben, mit dem ihre Mitglieder im Arbeitsprozess konfrontiert sind. Dabei geht es in erster Linie um die Bestimmung des Verhältnisses von journalistischer Kerntätigkeit und ergänzenden Aufgaben in Bereichen wie Verwaltung, Planung, Technik usw.

Neben allgemeinen und redaktionellen Arbeitsbedingungen lässt sich journalistische Berufsrealität schließlich auch im Hinblick auf die *berufsvorbereitende Ausbildung* charakterisieren. Diese ist zunächst einmal maßgeblich davon abhängig, welche Ausbildungsangebote überhaupt bereitstehen. In Relation dazu kann dann die Art und Weise, wie diese Angebote von verschiedenen Journalistengruppen genutzt werden, Auskunft geben über die individuellen Grundlagen, mit denen Journalisten die verschiedenen Anforderungen des Berufsfeldes bewältigen.

Abb. 4:   Strukturierung des Untersuchungsgegenstandes

Journalistische Berufsrealität		
Allgemeine Arbeits-bedingungen	Redaktionelle Arbeitsbedingungen	Ausbildungsbedingungen
Journalistenzahl	Redaktionsgröße	Ausbildungsangebote
Medientypen	Hierarchische Struktur	
Zahl der Beschäftigungsverhältnisse	Ressortstruktur	Nutzung der Aus-bildungsangebote
	Qualitätssteuerung	
Art der Beschäftigungsverhältnisse	Redaktionelle Ausrichtung	
Einkommen	Tätigkeitsprofil	

Die Strukturierung der journalistischen Berufsrealität nach den drei genannten Kriterien muss als eine analytische betrachtet werden. Prinzipiell ist mit einer großen Interdependenz der verschiedenen Merkmale zu rechnen. Es kann davon ausgegangen werden, dass insbesondere die verschiedenen Medientypen, bei denen die Journalisten tätig sind, sehr unterschiedliche Berufsrealitäten hervorrufen können. Insofern sollen bei der Ergebnisdarstellung diese Unterschiede besondere Berücksichtigung erfahren.

Ausgehend von der Charakterisierung der journalistischen Berufsrealität in den Kapiteln 3.2 bis 3.4 soll im Kapitel 3.5 danach gefragt werden, inwiefern sich diese für die Mitglieder verschiedener sozialer Gruppen unterscheidet. Dabei wird erwartet, dass diese Unterschiede insbesondere in Abhängigkeit von den Merkmalen Geschlecht und Alter zum Tragen kommen. Darüber hinaus stellt sich für den Schweizer Journalismus zusätzlich die Frage nach Gemeinsamkeiten und Abweichungen zwischen Berufsbedingungen der Medienschaffenden in den drei großen Sprachregionen des Landes.

Von Interesse soll schließlich auch die Art und Weise sein, wie verschiedene Merkmale der Berufsrealität von den journalistischen Akteuren wahrgenommen werden, d.h. wie sie sich auf die Berufszufriedenheit der Medienschaffenden auswirken. Insbesondere geht es dabei um die Frage, inwieweit sich unterschiedliche Berufsrealitäten einzelner Vergleichsgruppen in der individuellen Wahrnehmung der Arbeitsbedingungen widerspiegeln. Die Beantwortung dieser Frage leistet Kapitel 3.6.

Kapitel 3.7 schließlich geht über die reine Strukturbeschreibung hinaus, indem dort der Versuch unternommen wird, nach dem Zusammenhang zwischen Merkmalen der Berufsrealität und den subjektiven Zielvorstellungen, mit denen Journalisten ihrer Tätigkeit nachgehen, zu fragen.

Die Deskription der Berufsrealität und der Berufszufriedenheit beschränkt sich auf die Verwendung bivariater Analysemethoden. Dagegen geschieht die Untersuchung des Zusammenhanges von Berufsrealität und individueller Zielsetzung mit Rückgriff auf die multivariaten Verfahren der Faktoren- und Regressionsanalyse. Eine Darlegung der Vorgehensweise, die bei diesen komplexeren Analysen gewählt wurde, erfolgt ebenfalls in Kapitel 3.7.

Um die Gültigkeit und die Verallgemeinerbarkeit der präsentierten Ergebnisse einschätzen zu können werden allerdings zunächst die Vorgehensweise bei der Bestimmung der Grundgesamtheit und bei der Stichprobenziehung ausführlich dargelegt, die Qualität des Rücklaufes eingeschätzt und einige Angaben zur Konzeption des Untersuchungsinstrumentes gemacht.

3.1.2 Bestimmung der Grundgesamtheit

Der Versuch einer repräsentativen Erhebung sieht sich mit dem Problem einer zuverlässigen Bestimmung der Grundgesamtheit einerseits und mit der Frage nach den Zugriffsmöglichkeiten auf die Untersuchungspopulation andererseits konfrontiert. Bezieht sich eine solche Erhebung auf Journalistinnen und Journalisten, muss eine Berufsgruppe eingegrenzt werden, die sich angesichts der dynamischen Entwicklung des Mediensystems ständig verändert, deren Berufsausübung nicht an eine klar geregelte Ausbildung gebunden und entsprechend nicht geschützt ist und deren Tätigkeitsfeld sich stark ausdifferenziert hat, wodurch die Abgrenzung zu verwandten Bereichen wie Public Relations oder Kunst/Kultur nicht ohne weiteres vorgenommen werden kann. Eine exakte Ausgrenzung und Bezifferung des Berufsfeldes ist damit fast unmöglich und die diesbezüglichen Erwartungen müssen von vornherein reduziert werden. Die Erfahrungen aus den jüngsten Journalistenbefragungen in Deutschland (Schneider/Schönbach/Stürzebecher 1993, Weischenberg/Löffelholz/Scholl 1993) zeigen, dass auch ausgesprochen ambitionierte Personalzahlenerhebungen im Vorfeld der Untersuchung nicht vor Ungenauigkeiten und Widersprüchen schützen (vgl. Mahle 1993).

Davon ausgehend hat die vorliegende Untersuchung einen eher pragmatischen Weg gewählt und als Grundgesamtheit zunächst alle zum Untersuchungszeitpunkt tätigen Schweizer Journalistinnen und Journalisten definiert, die einem der drei großen Berufsverbänden angehören, deren Mitgliedschaft zum Eintrag ins Schweizerischen Berufsregister für Journalistinnen und Journalisten (CH-BR) berechtigt. Das CH-BR wurde 1995 geschaffen, um die Berufsbezeichnung ›Journalistin BR‹ bzw. ›Journalist BR‹ aufzuwerten, einheitliche Kriterien für den Berufsregistereintrag zu schaffen und um erleichternde Dienstleistungen für die Berufsausübung auszubauen. Der Eintrag ins Berufsregister ist – ähnlich wie jener bei der *Commission de la carte d'identité des Journalistes professioneles (CCIJP)* in Frankreich (vgl. Cayrol 1991) – mit einigen Gratifikationen verbunden. So kann damit von Vergünstigungen z.B. beim öffentlichen Verkehr, bei einigen Fluggesellschaften, von verbilligten Eintritten bei Veranstaltungen oder von diversen anderen Rabatten profitiert werden.

Die drei berücksichtigten Verbände sind im einzelnen: der *Schweizer Verband der Journalistinnen und Journalisten SVJ* (6.063 aktive Mitglieder)[3], die *Schweizerische Journalistinnen- und Journalisten-Union SJU* (1.534 aktive

---

[3] Die Mitgliedschaftszahlen der aktiven Journalisten beziehen sich auf Juni 1998. Die Angaben beruhen auf Selbstauskünften der jeweiligen Journalistenverbände.

Gegenstand, Fragestellungen, Methode 53

Mitglieder)[4] und das *Schweizer Syndikat Medienschaffender SSM* (1.538 aktive Mitglieder). Daneben existiert mit dem *Verband Schweizerischer Radio- und Televisionsangestellter VSRTA* (ca. 100 aktive Journalisten) ein weiterer Verband, der seinen Mitgliedern den BR-Status gewährt. Da dieser aber von vornherein jegliche Zusammenarbeit mit dem Projekt verweigerte und weder Mitgliederstatistiken noch Adressen zur Verfügung stellte, musste er aus der Grundgesamtheit ausgeschlossen werden. Der Verzicht fällt nicht zu stark ins Gewicht, weil diesem kleinen Verband vorwiegend technisch tätige Medienschaffende aus dem öffentlichen Radio- und Fernsehbereich angehören.

Die Aufnahmebedingungen der drei großen Verbände, die als indirekte Definitionen der Grundgesamtheit betrachtet werden können, sind zwar nicht vollkommen identisch, stimmen jedoch in wesentlichen Punkten überein. Gemeinsam ist ihnen die Verpflichtung auf eine journalistische Tätigkeit ihrer Mitglieder im Sinne des Schweizer Berufsregisters. Diese »besteht in einer regelmäßigen und schöpferischen Mitarbeit bei Informationsmedien und stellt einen geistigen Beitrag an deren Inhalt oder Gestaltung dar.«[5] Die Tätigkeit kann im organisatorischen Rahmen einer Redaktion oder in freier Mitarbeit erfolgen. Ausgeschlossen wird damit u.a. »das Herstellen wissenschaftlicher, literarischer oder künstlerischer Werke« sowie »das Herstellen und Verarbeiten von Werbe- und PR-Beiträgen«. Als Informationsmedien gelten in diesem Zusammenhang regelmäßig erscheinende Zeitungen und Zeitschriften, Nachrichten- und Pressebildagenturen und elektronische Medien mit regelmäßigen Informationssendungen. Sie müssen außerdem in ihrem Verbreitungsgebiet allgemein zugänglich bzw. empfangbar sein. Darüber hinaus wird von allen drei Verbänden vorausgesetzt, dass ein hauptsächlicher Teil des Einkommens (mindestens Fr. 12.200 im Jahr beim SJU) aus journalistischer Tätigkeit im oben genannten Sinne stammen muss.

Durch die Beschränkung auf die drei Verbände, die sich nicht über ein inhaltliches Tätigkeitsprofil oder über das Beschäftigungsverhältnis definieren, gelangten neben den Mitgliedern des VSRTA zwei weitere Gruppen von Journalisten nicht in die Grundgesamtheit. Dazu zählen einerseits alle Mitglieder kleinerer spezialisierter Vereinigungen, die sich etwa ressortspezifisch (z.B. Schweizer Klub für Wissenschaftsjournalismus SKWJ), nach Anstellungsstatus (z.B. Freie Berufsjournalistinnen und -journalisten Zürich FBZ) oder etwa nach Konfession (z.B. Schweizerischer Verein Katholischer Journalistinnen und

---

[4] Die SJU hat im Dezember 1998 zusammen mit der Gewerkschaft Druck und Papier (GDP), dem Litographenbund (SLB) und dem Angestelltenverband des Schweizer Buchhandels (ASB) zur Mediengewerkschaft Comedia fusioniert.
[5] Vgl. Merkblatt zum CH-BR vom 1.1.1995.

Journalisten) abgrenzen, sofern sie nicht – was relativ häufig vorkommen dürfte – gleichzeitig einem der BR-Verbänden angehören. Unberücksichtigt blieben andererseits alle jene Medienschaffenden, die den Aufnahmekriterien der BR-Verbände und somit auch der Definition der Grundgesamtheit entsprechen würden, aber von einer Verbandsmitgliedschaft absehen. Aktuelle Zahlen über den Organisationsgrad der Journalisten liegen nicht vor, allerdings konnten Saxer/Schanne im Jahre 1981 feststellen, dass 87% der Journalisten Mitglieder irgendeines Berufsverbandes sind (Saxer/Schanne 1981: 9). Die Neustrukturierung des CH-BR dürfte den Anteil der Nicht-Mitglieder eher verringert als erhöht haben.

Fasst man die Mitgliedszahlen der drei berücksichtigten Verbände zusammen, so kommt man für den Zeitpunkt Sommer 1998 auf eine Grundgesamtheit von insgesamt 9.135 Journalistinnen und Journalisten.[6] Setzt man diese Zahl in Relation zu den Ergebnissen der Eidgenössischen Volkszählung von 1990, mit denen die Zahl der damals ›aktuell tätigen Redaktoren‹ auf 9.041 beziffert werden konnte (vgl. Meier/Schanne 1994: 122), so besteht Grund zu der Annahme, mit der gewählten Definition der Grundgesamtheit einen Großteil des Berufsfeldes in der Schweiz einbezogen zu haben. Davon ausgehend und unter Berücksichtigung des bisher Dargestellten wird im weiteren Verlauf der Untersuchung von *den* Schweizer Journalisten die Rede sein.

3.1.3   Stichprobenziehung und Rücklauf

Die gewählte Definition der Grundgesamtheit ermöglichte dem Projekt über die Mitgliederstatistiken, die von den Verbänden zur Verfügung gestellt wurden, eine Charakterisierung der Basispopulation entlang der Merkmale Geschlecht, Sprachregion, Verbands- und BR-Zugehörigkeit, Anstellungsstatus und mit Einschränkungen nach Alter sowie nach Medientyp. Für die Stichprobenziehung stellten die Verbände außerdem Mitgliederlisten in Form von ausgedruckten Adressetiketten zur Verfügung. Auf der Basis dieser Listen wurde eine nach den Merkmalen Sprachregion und Verbandszugehörigkeit geschichtete Zufallsstichprobe von 5.404 Journalisten gezogen. Jedem Element dieser Bruttostichprobe wurde postalisch ein Fragebogen mit der Bitte um Teilnahme an der Untersuchung zugesandt. Nach zwei Wochen wurde ebenfalls postalisch bei allen angeschriebenen Journalistinnen und Journalisten noch einmal um die Teilnahme gebeten, sofern diese nicht schon erfolgt war.

---

[6] Dabei wurde zunächst einmal unterstellt, was die spätere Datenauswertung erst bestätigte: Doppelmitgliedschaften in den drei berücksichtigten Verbänden bilden eher seltene Ausnahmen.

Der Rücklauf auswertbarer Fragebögen belief sich auf insgesamt 2.111, was einer für schriftliche Befragungen vergleichsweise guten Ausschöpfungsquote von 39% entspricht. Dies bedeutet, dass knapp jedes vierte Element der Grundgesamtheit (23,1%) bei der Analyse berücksichtigt werden konnte. Tabelle 1 gibt Auskunft über das Verhältnis von Grundgesamtheit (GG) und erzieltem Rücklauf (RL) nach ausgewählten Merkmalen.

Tab. 1: Vergleich von Grundgesamtheit und Rücklauf (in %)

	SVJ		SJU		SSM		Gesamt	
	GG	RL	GG	RL	GG	RL	GG	RL
Deutsche Schweiz	65	70	90	95	62	74	69	76
Französische Schweiz	29	26	5	2	19	15	24	20
Italienische Schweiz	5	4	5	3	19	11	7	5
Männer	71	71	61	62	66	65	68	68
Frauen	29	29	39	38	34	35	32	32
BR-Eintrag	93	96	75	85	100	98	91	94
Festanstellung	78	82	55	66	74	87	73	80
20-29 Jahre	9	11	9	10	k. A.	7		11
30-39 Jahre	32	40	40	46	k. A.	35		39
40-49 Jahre	25	25	35	32	k. A.	35		28
50-59 Jahre	20	20	13	11	k. A.	20		18
60 Jahre +	14	5	2	2	k. A.	2		4
Print	76	77	k. A.	79	0	4		66
R/TV öffentlich	11	10	k. A.	10	87	89		23
R/TV privat	5	6	k. A.	2	13	6		5
Sonstiges	8	7	k. A.	9	0	1		6
Gesamt	66	63	17	20	17	17	100	100

95% der 2.111 eingegangenen Fragebögen konnten einem der drei großen Verbände zugeordnet werden. 5% der Befragten haben eine diesbezügliche Antwort verweigert. Von den 95% waren 63% Mitglieder des SVJ, 20% Mitglieder

der SJU und 17% Mitglieder des SSM. Somit ist der SVJ in der Stichprobe leicht unter-, die SJU leicht überrepräsentiert. Die Zugehörigkeit zur jeweiligen Sprachregion wurde auf Grund der Wohnadressen der Mitglieder bestimmt. Die in Tabelle 1 aufgeführte Zusammensetzung des Rücklaufes legt nahe, dass die Journalisten aus der deutschen Schweiz etwas häufiger geantwortet haben als ihre Kollegen aus den anderen Landesteilen.

Übereinstimmung zwischen Grundgesamtheit und Rücklauf konnte in Bezug auf die Geschlechterverteilung erzielt werden. Leichte Abweichungen gibt es dagegen wiederum hinsichtlich des Anteils der festangestellten Journalisten und jener, die über einen Eintrag ins Schweizer Berufsregister verfügen. Betrachtet man Anstellungsstatus und BR-Mitgliedschaft als Indikatoren für die Integration in das Berufsfeld Journalismus, so muss man aus den diesbezüglichen Differenzen zwischen Grundgesamtheit und Rücklauf auf eine leichte Überrepräsentation der eher etablierten Medienschaffenden im Sample schließen.

Problematisch sind Aussagen über die Abbildung der Grundgesamtheit in der Stichprobe in Bezug auf den Medientyp, bei dem die Befragten tätig sind, da hierzu die Angaben der SJU fehlten. Für den größten Verband, den SVJ, stimmen die Anteile überein. Das SSM versteht sich primär als Personalverband der elektronischen Medien und gibt an, über keine ›schreibenden‹ Mitglieder zu verfügen. Gleichwohl finden sich unter den Antwortenden des SSM auch vier Prozent, die bei Presseunternehmen beschäftigt sind. Außerdem dominieren innerhalb des Rücklaufes die Angestellten der Schweizerischen Radio- und Fernsehgesellschaft SRG deutlicher über jene der privaten Sender, als sie dies in der Grundgesamtheit des Verbandes tun. Dies schlägt sich in der gesamten Stichprobenpopulation nieder, in der die in privaten Sendeanstalten tätigen Medienschaffenden nur mit 5% vertreten sind. Da innerhalb der noch jungen privatwirtschaftlich organisierten Sender bekanntermaßen bevorzugt journalistische Neueinsteiger beschäftigt werden, wäre auch hier ein Beleg für die oben erwähnte Unterrepräsentation der weniger Etablierten auszumachen.

Schließlich lässt sich aus einzelnen, schriftlich begründeten Verweigerungen vermuten, dass Journalisten mit einem eher technischen Tätigkeitsprofil wie Fotografen, Kameraleute, Layouter oder Cutter größere Schwierigkeiten hatten, den kompletten Fragebogen zu beantworten, als ›klassische‹ Journalisten. Das Ausmaß der Verzerrung ist allerdings auf Grund fehlender Verbandsstatistiken über aktuelle Tätigkeitsprofile bzw. beruflichen Funktionen nicht bestimmbar. Insgesamt bewegen sich die Differenzen zwischen Grundgesamtheit und Sample in einem engen Toleranzbereich, so dass auf eine Gewichtung der Daten verzichtet werden konnte.

Um die gewonnenen Daten der Auswertung zu unterziehen, musste die Stichprobe mit der eingangs formulierten Definition der Grundgesamtheit abgeglichen werden. Zum einen sollten nur solche Journalisten in die Auswertung eingehen, die zum Zeitpunkt der Befragung ihren Medienberuf tatsächlich ausübten. In der Stichprobe fanden sich 75 Fälle, die dieser Bedingung nicht entsprachen und folglich ausgeschieden wurden.[7] Zum anderen schlossen die Aufnahmebedingungen der Verbände jene Medienschaffenden aus, die in Werbe- und PR-Medien tätig sind. Dass solche Fälle innerhalb des Rücklaufes auftraten, kann auf Berufswechsel zurückgeführt werden, über die die Verbände bis zum Erhebungszeitraum nicht informiert wurden. Insgesamt beläuft sich ihre Zahl auf 19. Aus beiden Bereinigungen[8] ergibt sich eine endgültige Fallzahl von 2.020 Journalisten. Sie bilden die Grundlage für die Darstellung der folgenden Ergebnisse. Abbildung 5 gibt einen Überblick über die gesamte Stichprobenziehung.

Abb. 5: Überblick über die Stichprobenziehung

		N
Grundgesamtheit	alle zum Untersuchungszeitpunkt tätigen Schweizer Journalistinnen und Journalisten, die einem der drei großen Berufsverbände angehören, dessen Mitgliedschaft zum Eintrag ins Schweizerische Berufsregister für Journalistinnen und Journalisten (CH-BR) berechtigt.	9.135
Bruttostichprobe	geschichtete Zufallsauswahl nach den Merkmalen Verbandszugehörigkeit und Sprachregion	5.404
Rücklauf	Anzahl auswertbarer Fragebögen	2.111
Nettostichprobe	Anteil des Rücklaufes, der der Definition der Grundgesamtheit entspricht	2.020

3.1.4 Untersuchungsinstrument

Die schriftliche Befragung wurde mit Hilfe eines fünfzehnseitigen Fragebogens realisiert, der insgesamt 42 Fragekomplexe enthielt (vgl. Anhang). Die an dieser Stelle auszuwertenden Fragen zur Berufsrealität und zur Soziodemographie

---

[7] Arbeitslose Journalisten behalten ihren BR-Status mindestens zwei Jahre nach Abbruch der Berufstätigkeit.
[8] Drei der ausgeschlossenen Fälle erfüllten beide Kriterien nicht.

wurden ergänzt durch eine Reihe von Fragebatterien zu verschiedenen Einstellungsmerkmalen der Befragten, deren Ergebnisse in Kapitel 4 ausgewertet werden.

Die Unterscheidung von allgemeinen und redaktionellen Arbeitsbedingungen erfordert eine präzise Definition des Fragebezuges, insbesondere für jene Personen, die gleichzeitig für verschiedenen Medien tätig sind. Mit der Frage nach dem Medientyp wurden die Befragten gebeten, den derzeit hauptsächlichen sowie zusätzliche Arbeitgeber zu nennen. Bei den anschließenden Fragen zu den redaktionellen Arbeitsbedingungen wurde explizit verlangt, die Antworten auf den vorher genannten hauptsächlichen Arbeitgeber zu beziehen.

Die Heterogenität der Untersuchungspopulation verlangte schließlich eine sensible Abwägung zwischen der Detailliertheit der Fragestellung und der Beantwortbarkeit durch alle Befragten. Im Zweifelsfalle wurde in der Regel letzteres in den Vordergrund gerückt.

3.2 Allgemeine Arbeitsbedingungen

3.2.1 Anzahl der Journalisten

Was im Folgenden als allgemeine Arbeitsbedingungen zusammengefasst werden soll, sind jene Merkmale der journalistischen Berufsgruppe, die im direkten Zusammenhang mit den strukturellen Bedingungen des journalistischen Arbeitsmarktes stehen. Ganz allgemein kann hierzu zunächst festgestellt werden, dass sich das Mediensystem der Schweiz durch eine verhältnismäßig hohe Anzahl journalistischer Arbeitsplätze auszeichnet. Die aus der Definition der Grundgesamtheit abgeleitete Zahl von 9.135 Schweizer Journalisten muss durch den Ausschluss der nicht organisierten Medienschaffenden als eine eher konservative Festlegung betrachtet werden. Dennoch ergibt sich schon durch die Beschränkung auf die Mitglieder der drei BR-relevanten Verbände im Verhältnis zur Gesamtbevölkerung eine Relation von 129 Journalisten je 100.000 Einwohner. Wie Tabelle 2 verdeutlicht, liegt der Wert damit doppelt so hoch wie in Deutschland und fast dreimal so hoch wie in Frankreich (Scholl/Weischenberg 1998: 222). Unter den Ländern, aus denen Vergleichsdaten vorlagen, verzeichnet lediglich Finnland, wo ebenfalls nur jene Medienschaffenden befragt wurden, die in der *Union of Journalists in Finland (UJF)* organisiert sind (vgl. Heinonen 1998), einen höheren Anteil als die Schweiz.

Tab. 2: Einwohner- und Journalistenzahlen ausgewählter Vergleichsländer

	Einwohner in Mio.	Journalisten	Journalisten je 100.000 Einwohner
Finnland*	5.2	8.000	154
Schweiz	7.1	9.135	129
Ungarn*	9.9	8.870	90
Deutschland**	81.5	53.700	66
USA**	260.5	122.000	47
Frankreich**	57.7	26.600	46
Großbritannien*	58.2	15.175	26
Australien**	17.8	4.200	24
Türkei**	60.7	5.000	8

* vgl. Weaver 1998b: 457 f.
** vgl. Scholl/Weischenberg 1998: 222

Wie die Daten in Tabelle 2 ebenfalls zeigen, gibt es zumindest für Europa einen negativen Zusammenhang zwischen der Größe eines Landes und seiner Journalistendichte, in dessen Sinne sich die Daten aus der Schweiz zunächst interpretieren lassen. Darüber hinaus lohnt sich für das Verständnis der großen Journalistenzahl aber auch ein Blick auf zwei strukturelle Merkmale des schweizerischen Mediensystems, die im Zusammenhang mit den Rahmenbedingungen des politischen Systems gesehen werden müssen. Insbesondere das Prinzip des Föderalismus und die Verpflichtung auf die Gleichbehandlung aller Sprachregionen können als folgenreich für die Zahl der Journalisten betrachtet werden.

Die für die Schweiz typische streng föderalistische Ausrichtung der Regierungsform und die stark regionalisierten Verwaltungsstrukturen finden ihre Entsprechung in der Herausbildung eines Pressewesens, das sich trotz der seit den 1960er Jahren einsetzenden Konzentrationsprozesse nach wie vor durch eine enorme regionale Segmentierung auszeichnet und eine Zeitungsdichte aufweist, die weltweit ihresgleichen sucht. Für das Jahr 1998 beziffert der Katalog der Schweizer Presse die Zahl der Zeitungen (einschließlich Sonntags- und Wochenzeitungen) auf 236. Dazu kommen 385 verschiedene Anzeiger bzw. Amtsblätter, 58 Publikumszeitschriften und etwa 800 Spezial- und Hobbyzeitschriften. Diese Angebotsvielfalt geht einher mit einer hohen Nutzung. Berücksichtigt man allein die Tageszeitungen, so ergibt sich laut World Press Trends 1998 eine durchschnittliche Auflage von 385 je 1.000 Einwohner. Für Deutschland liegt dieser Wert bei 306 und für Frankreich bei lediglich 153.

Was das Prinzip des *Föderalismus* für den Pressemarkt, bedeutet das Prinzip der *Gleichbehandlung* der verschiedenen Sprachregionen für den öffentlichen Rundfunk. In Artikel 3 der Konzession für die Schweizerische Radio- und Fernsehgesellschaft (SRG SSR) vom 18. November 1992 heißt es dazu u. a.: »Die SRG SSR erfüllt ihren Auftrag durch die Gesamtheit ihrer Radio- und Fernsehprogramme, in allen Amtssprachen mit gleichwertigen Programmen. In ihren Programmen fördert sie das gegenseitige Verständnis, den Zusammenhalt und den Austausch zwischen den Landesteilen, Sprachgemeinschaften und Kulturen, [...].« Realisieren lässt sich dieser Anspruch nur mit einem enormen Engagement vor allem in den kleineren Landesteilen, das u.a. personell abgesichert sein will.

Prognosen über die künftige Entwicklung der Journalistenzahlen lassen sich nur schwer formulieren, da sie von einer Vielzahl inner- und außermedialer Faktoren abhängig ist. Vertraut man der Hochrechnung von Schanne (1983), der zu Beginn der 1980er Jahre auf eine Zahl von 10.000 Journalisten schloss, und den Daten der Eidgenössischen Volkszählung, die für das Jahr 1990 9.041 Redakteure registrierte, so zeichnet sich allerdings eine erstaunliche *Konstanz der Anzahl an Journalisten* in den letzten zwanzig Jahren ab. Diese könnte durchaus auch weiterhin Bestand haben, da verschiedene medienstrukturelle Entwicklungen diesbezüglich gegensätzlich verlaufen. So könnte der Abbau journalistischer Arbeitsplätze im Bereich der Tageszeitungen, wo seit den 1960er Jahren mehrere Wellen von Konzentrationsbestrebungen zu verzeichnen sind (Meier 1998: 151ff), durch die anhaltende Ausdifferenzierung im Zeitschriftensektor, wo sich die Anzahl der nationalen Titel seit den fünfziger Jahren um 80% erhöht hat (Rathgeb 1998: 170), ausgeglichen werden. Im elektronischen Medienbereich steht vor allem die Anbieter- und somit auch die Arbeitsmarktsituation beim Fernsehen derzeit unter einem hohen Veränderungsdruck. Dabei ist ein Anstieg der Arbeitsplätze im privaten TV-Sektor ebenso möglich wie ein Rückgang der Mitarbeiterzahlen im öffentlichen Rundfunk unter dem Effizienzdruck der nationalen Konkurrenz. Allein die Entwicklung des Internets darf in dieser Hinsicht als eindeutig betrachtet werden, da der stattfindende und noch zu erwartende Ausbau des publizistischen Web-Angebotes wohl ohne zusätzliche Online-Journalisten nicht möglich sein wird.

3.2.2 Medientypen

Wie verteilt sich nun die hohe Zahl an Journalisten auf die einzelnen Medientypen? Die diesbezügliche Zuordnung basiert auf der Angabe desjenigen Mediums, für das der oder die Befragte zum Zeitpunkt der Untersuchung hauptsächlich tätig ist. Danach arbeiten etwa 6.100 der 9.135 Medienschaffenden im Printsektor, was einem Anteil von 67% entspricht. Weitere 29% sind im Bereich der elektronischen Medien beschäftigt und jeder zwanzigste Journalist nennt eine Nachrichtenagentur als seinen hauptsächlichen Arbeitgeber.

Im internationalen Vergleich fällt bei dieser ersten groben Klassifizierung auf, dass der Anteil der Printjournalisten in der Schweiz mit 67% eher gering ist. In Frankreich, Deutschland und den USA arbeiten drei von vier Journalisten bei Pressemedien. Ausgeglichen wird dies in der Schweiz durch die große Mitarbeiterzahl im öffentlichen Rundfunk. Mit 23% aller Journalisten des Landes beschäftigt die SRG im prozentualen Vergleich mehr Medienschaffende als die privaten und öffentlichen AV-Medien in anderen Ländern insgesamt. Deren Anteil liegt in Deutschland und den USA bei 20% und in Frankreich sogar nur bei 17% (Scholl/Weischenberg 1998: 222). Vergleichbar ist die Situation in der Schweiz mit jener in Österreich, wo sich die Privatisierung des TV-Marktes ebenfalls verzögert. Eine Untersuchung aus dem Jahre 1994 identifiziert 26% aller Journalisten des östlichen Nachbarlandes als Mitarbeiter elektronischer Medien (Karmasin 1995: 452).

Die insgesamt etwa 2.650 Mitarbeiter elektronischer Medien arbeiten zu gleichen Teilen bei Radiostationen und Fernsehsendern. Im Vergleich der Anbietersysteme stellt die SRG, bei der über 80% aller AV-Journalisten angestellt sind, den mit Abstand wichtigsten Arbeitgeber dar. Innerhalb des Printsektors dominieren mit 54% die Mitarbeiter von Tageszeitungen. Die Wochen- und Sonntagszeitungen beschäftigen 15% der Printjournalisten und repräsentieren somit den zweitgrößten Arbeitgeber im Bereich der gedruckten Medien. Es folgt jene Gruppe von Journalisten, die bei Zeitschriften, Illustrierten und Nachrichtenmagazinen beschäftigt sind, mit einem Anteil von 13%. Weitere 8% lassen sich den Fachzeitschriften zuordnen. Der Rest verteilt sich auf die für ländliche Gebiete typische Form der nicht täglich erscheinenden Lokalzeitungen (4%), die Publikationsform der Mitgliedschaftspresse (4%) und auf Gratisanzeiger (2%).

Für die weitere Auswertung der Daten werden die Journalisten der verschiedenen Medientypen noch einmal zusammengefasst. Mitarbeiter der nicht täglich erscheinenden Lokalzeitungen sowie der Gratisanzeiger werden den Tageszeitungen und Mitarbeiter der Mitgliedschaftspresse den Zeitschriften zugeordnet.

Die geringe Fallzahl im Bereich des privaten Fernsehens zwingt außerdem dazu, nur eine Gruppe ›privates Radio/TV‹ auszuweisen. Bezogen auf die Gesamtpopulation Schweizer Journalisten ergibt sich somit hinsichtlich des hauptsächlichen Arbeitgebers die in Tabelle 3 dargestellte Verteilung auf die verschiedenen Medientypen.

Tab. 3: Journalisten nach Medientyp (hauptsächlicher Arbeitgeber)

Medientyp	N	%
Tageszeitung	794	40.1
öffentliches TV	248	12.5
Zeitschriften/Illustrierte/Nachrichtenmagazine	235	11.9
öffentliches Radio	210	10.6
Wochen-/Sonntagszeitung	195	9.8
privates Radio/TV	106	5.4
Fachzeitschriften	100	5.0
Nachrichtenagenturen/Mediendienste	93	4.7
Gesamt	1.981	100

Der historische Vergleich zeigt ebenso wie bei der Entwicklung der Journalistenzahlen ungeachtet der beobachtbaren Veränderungen der Medienlandschaft eine weitgehende Stabilität. Saxer/Schanne hatten 1980, als es noch keinen privaten Rundfunk in der Schweiz gab, den Anteil an AV-Journalisten auf 28% geschätzt. Die Erhebung von 1998 ergab exakt den gleichen Wert, wobei nun allerdings ein Teil davon durch Mitarbeiter privater Sender repräsentiert wird. Für das Pressesegment sind die Veränderungen ebenfalls marginal. Hier gilt es allerdings festzuhalten, dass die Mitarbeiter von Fachzeitschriften vor 20 Jahren unberücksichtigt blieben.

3.2.3 Anzahl der Beschäftigungsverhältnisse

Neben der Angabe ihres hauptsächlichen Arbeitgebers hatten die Befragten außerdem die Möglichkeit, weitere Medien zu nennen, bei denen sie zum Zeitpunkt der Befragung tätig sind. Berücksichtigt man die Häufigkeit, mit der solche zusätzlichen Beschäftigungsverhältnisse genannt wurden, so ist festzustellen, dass 60% der Befragten keinen weiteren aktuellen Arbeitgeber nannten.

19% haben eine und 21% mindestens zwei zusätzliche Beschäftigungen angegeben. Kreuzt man die Zahl der Beschäftigungsverhältnisse mit den Medien, die als hauptsächliche Arbeitgeber genannt wurden, so wird deutlich, dass lediglich ein Viertel der Mitarbeiter des Schweizer Fernsehens einer weiteren Beschäftigung bei einem anderen Medium nachgeht (vgl. Tabelle 4). An diesen Wert reichen nur noch die Nachrichtenagenturen heran, wo nur 28% der Mitarbeiter eine zusätzliche journalistische Tätigkeit ausüben.

Tab. 4: Journalisten mit Mehrfachbeschäftigung je Medientyp (in %)

Medientyp	aktuell	im letzten Jahr
	N = 1.981	N = 1.959
Fachzeitschriften	59	68
Wochen-/Sonntagszeitungen	51	56
Zeitschriften/Illustrierte/Nachrichtenmagazine	51	59
Tageszeitung	40	47
privates Radio/TV	36	44
öffentliches Radio	34	38
Nachrichtenagenturen	28	36
öffentliches TV	24	27
Gesamt	40	46

Überhaupt sind Mehrfachbeschäftigungen im elektronischen Mediensektor weniger üblich als im Printbereich, wo diese wiederum unter den Tageszeitungsjournalisten weniger verbreitet sind als bei den Kollegen der Wochen- und Monatspresse. Besonders häufig finden sich zusätzliche Beschäftigungsverhältnisse unter den Mitarbeitern von Fachzeitschriften.

Diese punktuell erhobenen Ergebnisse lassen sich auch über die Zeit hinweg bestätigen. Eine retrospektive Frage nach der Anzahl der Medienbetriebe, für die die Befragten in den letzten zwölf Monaten gearbeitet haben, ergab, dass 54% aller Journalisten im Verlauf des vergangenen Jahres ohne ein zusätzliches Beschäftigungsverhältnis tätig waren. Im Vergleich der Medientypen ergibt sich etwa jene Reihenfolge, die auch schon bei der Anzahl der aktuellen Beschäftigungsverhältnisse beobachtbar war.

Fragt man schließlich noch nach der Kombination von hauptsächlichen und zusätzlichen Arbeitgebern, so lässt sich feststellen, dass für jene, die hauptsächlich bei einem Printmedium beschäftigt sind, eine simultane Tätigkeit im elek-tronischen Bereich eher die Ausnahme bildet. Von den 1.324 Pressejournalisten im Sample wurden insgesamt 593 zusätzliche Arbeitgeber genannt. Davon entfielen nur 87 auf elektronische Medien. Zeitungsjournalisten finden zusätzliche Tätigkeiten vor allem bei anderen Printmedien. Etwas anders präsentiert sich das Bild jener, die als Mitarbeiter elektronischer Medien zusätzlichen journalistischen Beschäftigungen nachgehen. Von den 564 AV-Journalisten wurden 169 zusätzliche Auftraggeber genannt, wovon allein 137 Nennungen auf die verschiedenen Pressemedien entfielen. Auch die wenigen Agenturjournalisten, die einer zusätzlichen journalistischen Tätigkeit nachgehen, tun dies in erster Linie bei Printmedien.

3.2.4 Art der Beschäftigungsverhältnisse

Mit der Definition der Grundgesamtheit entlang der Aufnahmekriterien der Verbände gelangten nur jene Journalisten in das Sample, die den Hauptteil ihres Einkommens mit journalistischer Tätigkeit bestreiten. Damit wurden vor allem die nur gelegentlich tätigen freien Journalisten, deren Anteil an der publizistischen Produktion ausgesprochen schwer zu bestimmen ist, von der Untersuchung ausgeschlossen. Berücksichtigt man dies, so stehen in der Schweiz jedem freien Journalisten vier festangestellte gegenüber (vgl. Tabelle 5).

Tab. 5: Beschäftigungsverhältnisse der Journalisten

Beschäftigungsverhältnis	N	%
Festangestellte	1.598	79.6
feste Freie	181	9.0
Freie	228	11.4
Gesamt	2.007	100

In Deutschland, wo jeder dritte Journalist ohne Festanstellung tätig ist, prägen die freien Mitarbeiter die Berufsgruppe wesentlich deutlicher. In Frankreich wiederum sind die freien Journalisten mit einem Anteil von 15% noch seltener als in der Schweiz. 44% der freien Journalisten in der Schweiz bezeichnen sich als festangestellte Freie, können also auf eine stabile Auftragssituation bauen.

Die übrigen 54% der freien Journalisten tragen das Risiko einer freien Berufsexistenz ohne Auftragsgarantie. Fragt man nach der Wahrscheinlichkeit von Festanstellungen bei den unterschiedlichen Medientypen (vgl. Tabelle 6), so liegt diese bei den elektronischen Medien und bei den Nachrichtenagenturen über und bei den Pressemedien unter dem Gesamtwert. Etwas überraschend und durchaus entgegen dem internationalen Trend sind Festanstellungen bei den privaten AV-Medien relativ häufig. Unterschiede finden sich im elektronischen Medienbereich eher zwischen Radio- und Fernsehstationen als zwischen öffentlichen und privaten Anbietern. Bei der Presse dagegen verringert sich die Wahrscheinlichkeit einer Festanstellung offenbar mit abnehmender Periodizität. Während sie bei den Tageszeitungen bei 78% liegt, sinkt sie bei den Fachzeitschriften auf 69%.

Tab. 6: Beschäftigungsverhältnisse nach Medientyp (in %)

Medientyp	Festangestellte N = 1.566	feste Freie N = 179	Freie N = 223
Nachrichtenagenturen	96	2	2
öffentliches Radio	90	7	2
privates Radio/TV	89	6	6
öffentliches TV	83	13	5
Tageszeitung	78	8	14
Wochen-/Sonntagszeitungen	72	12	16
Zeitschriften/Illustrierte/ Nachrichtenmagazine	71	11	18
Fachzeitschriften	69	14	17
Gesamt	80	9	11

3.2.5 Einkommen

Sowohl in Relation zur gesamten Lohnstruktur der Schweiz[9] als auch im Vergleich mit ihren internationalen Kollegen beziehen die Schweizer Journalisten ein eher überdurchschnittliches Bruttoeinkommen[10] von ungefähr Fr. 6.300 im Monat.

Dabei gilt es zu berücksichtigen, dass das gesamte Lohnniveau der Schweiz über jenem der meisten anderen Staaten liegt. Sieht man einmal von den Schwierigkeiten solcher Vergleiche ab und setzt ein durch journalistische Tätigkeit erworbenes Bruttoeinkommen von Fr. 6.000 mit einem deutschen Nettogehalt von DM 4.000 gleich, so verdienen etwa 44% der Schweizer Journalisten, aber 56% ihrer deutschen Kollegen weniger (vgl. Weischenberg/Löffelholz/Scholl 1994: 155). Weniger als Fr. 2.000 verdient nur einer von 20 Schweizer Journalisten, gleichzeitig liegt jeder Vierte über der Gehaltsmarke von Fr. 8.000 (vgl. Tabelle 7).

Tab. 7: Einkommensverteilung der Journalisten

Einkommensgruppen	N	%
bis 2.000 Fr.	83	4.2
2.001 bis 4.000 Fr.	291	14.6
4.001 bis 6.000 Fr.	502	25.3
6.001 bis 8.000 Fr.	628	31.6
8.001 bis 10.000 Fr.	349	17.6
über 10.000 Fr.	135	6.8
Gesamt	1.988	100

Dass es innerhalb der Berufsgruppe der Journalisten ein deutliches Einkommensgefälle zwischen den festangestellten und freien Journalisten gibt, ist eine altbekannte und häufig diskutierte Tatsache (vgl. Hänecke 1994: 44 f.), die sich

---

[9] Die vom Bundesamt für Statistik veröffentlichten Ergebnisse zur Lohnstruktur in der Schweiz wiesen für das Jahr 1998 einen standardisierten monatlichen Bruttolohn von Fr. 5.000 in der Privatwirtschaft aus. Für die Bundesverwaltung lag dieser im gleichen Jahr bei Fr. 5.900 (vgl.: http://www.statistik.admin.ch/news/dnew, 05.11.99).

[10] Die Angaben zum Einkommen wurden nicht mit dem tatsächlichen Beschäftigungsgrad in Relation gesetzt und beziehen sich auf das monatliche Bruttoeinkommen vor Abzug der Sozialleistungen.

auch in der vorliegenden Untersuchung, bei der die nur gelegentlich tätigen freien Mitarbeiter ausgeschlossen wurden, bestätigt (vgl. Tabelle 8).

Tab. 8: Einkommensgruppen nach Beschäftigungsverhältnissen (in%)

	Festangestellte N = 1.575	feste Freie N = 178	Freie N = 222
bis 2.000 Fr.	1	9	23
2.001 bis 4.000 Fr.	9	33	41
4.001 bis 6.000 Fr.	25	32	21
6.001 bis 8.000 Fr.	37	17	9
8.001 bis 10.000 Fr.	21	7	3
über 10.000 Fr.	8	2	4

Allerdings gilt es bei der Einschätzung der Einkommensunterschiede zu berücksichtigen, dass darauf verzichtet wurde, den Arbeitsumfang zu erheben, der den Einkommen der verschiedenen Gruppen zu Grunde liegt. Es ist anzunehmen, dass sich ein Teil der Unterschiede dadurch erklären lässt, dass festangestellte Journalisten eher zu 100% ausgelastet sind als ihre frei tätigen Kollegen. Berücksichtigt man dies, so lässt sich feststellen, dass nicht einmal jeder zweite freie Journalist mit Hilfe von journalistischer Tätigkeit über einen monatlichen Bruttolohn von Fr. 4.000 hinauskommt. Dagegen liegen neun von zehn Festangestellten oberhalb dieser Einkommensmarke. Ebenso ist der Vorstoß in die Einkommensklasse der Spitzenverdiener mit freier Tätigkeit nur sehr selten möglich. Dies trifft für die festen Freien ebenso zu wie für jene ohne regelmäßige Aufträge. Die Unterschiede zwischen diesen beiden Gruppen finden sich vor allem in den mittleren und unteren Einkommensklassen, wo sich eine nicht unerhebliche Besserstellung der festangestellten Freien erkennen lässt.

Neben den Evidenzen dieser einfachen Gegenüberstellung lassen die vorliegenden Daten den Schluss zu, dass sich Einkommensnachteile nicht durch Mehrfachbeschäftigungen, wie sie für freie Journalisten typisch sind, ausgleichen lassen. Wie Tabelle 9 verdeutlicht, verringern sich die Verdienstmöglichkeiten sogar, wenn die Zahl der Beschäftigungsverhältnisse zunimmt. Während nur einer von zehn Journalisten ohne Zusatzbeschäftigung weniger als Fr. 4.000 aus seiner journalistischen Tätigkeit erzielt, tut dies jeder vierte von denen, die ein zweites Engagement annehmen, und mehr als ein Drittel derer, die über zwei oder mehr zusätzliche Beschäftigungsverhältnisse verfügen.

Tab. 9: Einkommen nach Zahl der Beschäftigungsverhältnisse (in %)

	ohne zusätzliche Beschäftigung	eine zusätzliche Beschäftigung	mehr als eine zusätzliche Beschäftigung
	N = 1.175	N = 358	N = 417
bis 2.000 Fr.	2	8	7
2.001 bis 4.000 Fr.	9	18	28
4.001 bis 6.000 Fr.	25	26	26
6.001 bis 8.000 Fr.	36	27	23
8.001 bis 10.000 Fr.	21	14	10
über 10.000 Fr.	7	7	6

Fragt man schließlich nach dem Einkommen bei den einzelnen Medientypen, so ist auf Grund der bisherigen Ausführungen damit zu rechnen, dass die Verdienstmöglichkeiten bei den Printmedien, wo Mehrfachbeschäftigungen und freie Tätigkeit weiter verbreitet sind als in den elektronischen Medien oder bei den Nachrichtenagenturen, geringer ausfallen.

Tab. 10: Einkommen nach Medientyp (in %)

	Printmedien	AV-Medien	Nachrichtenagenturen
	N = 1.300	N = 559	N = 91
bis 2.000 Fr.	6	1	3
2.001 bis 4.000 Fr.	17	9	11
4.001 bis 6.000 Fr.	25	27	29
6.001 bis 8.000 Fr.	32	30	42
8.001 bis 10.000 Fr.	14	27	11
über 10.000 Fr.	7	7	4

Tabelle 10 zeigt, dass dies vor allem im Vergleich mit den AV-Journalisten zutrifft, wo die Einkommensstruktur weiter nach oben verschoben ist. Bei den Nachrichtenagenturen wirkt sich der geringe Anteil von freien Mitarbeitern und

Mehrfachbeschäftigung eher in einer geringeren Streuung, d.h. in einer Konzentration auf die mittleren Einkommensgruppen aus.

Ein Blick auf die Subgruppen der AV-Journalisten in Tabelle 11 zeigt aber, dass Art und Anzahl der Beschäftigungsverhältnisse bei weitem nicht alle Lohnunterschiede erklären. Obwohl sich Mitarbeiter privater und öffentlicher Radio- und Fernsehstationen diesbezüglich nur wenig unterscheiden, findet sich zwischen ihnen ein enormes Lohngefälle zum Vorteil der SRG-Mitarbeiter.

Tab. 11: Einkommensgruppen von AV-Journalisten im Vergleich (in %)

	öffentliches Radio/TV N = 455	privates Radio/TV N = 104
bis 2.000 Fr.	1	1
2.001 bis 4.000 Fr.	6	20
4.001 bis 6.000 Fr.	22	46
6.001 bis 8.000 Fr.	33	19
8.001 bis 10.000 Fr.	31	9
über 10.000 Fr.	7	5

Bis hierhin lässt sich über den Schweizer Journalismus feststellen, dass er sich von dem anderer Länder zum einen durch eine relativ hohe Anzahl von Journalisten unterscheidet, unter denen zum anderen zwar die Printjournalisten dominieren, gleichzeitig allerdings Mitarbeiter elektronischer Medien einen vergleichsweise hohen Anteil ausmachen. Beide Befunde decken sich mit den Ergebnissen früherer Untersuchungen und lassen somit auf eine relative Stabilität in Bezug auf diese Grunddimensionen schliessen. Des weiteren lässt sich hinsichtlich der allgemeinen Arbeitsbedingungen sagen, dass Schweizer Journalisten zum überwiegenden Teil in festen Beschäftigungsverhältnissen stehen und sich mehrheitlich auf die Tätigkeit für einen einzigen Arbeitgeber konzentrieren können. Freie Beschäftigungsverhältnisse und Mehrfachbeschäftigungen finden sich vor allem im Printbereich und hier insbesondere im nichttagesaktuellen Sektor. Da sich die insgesamt guten Einkommensmöglichkeiten unter den Bedingungen von freier Tätigkeit und Mehrfachbeschäftigung verringern, liegt das Lohnniveau der Zeitungs- und Zeitschriftenjournalisten unter dem der Mitarbeiter von Nachrichtenagenturen und des öffentlichen Radio und Fernsehens. Journalisten bei privaten Rundfunkstationen sehen sich trotz hoher Festanstellungsquote mit unterdurchschnittlichen Verdienstmöglichkeiten konfrontiert.

3.3 Redaktionelle Arbeitsbedingungen

Neben den allgemeinen Arbeitsbedingungen wird die Berufsrealität der Journalisten durch unterschiedliche Ausprägungen redaktioneller Organisationsstrukturen bestimmt. Diese können zum einen in den Dimensionen Redaktionsgröße, Hierarchisierung und Ressortaufteilung gemessen werden. Prinzipiell ist dabei von einem engen Zusammenhang der drei Variablen auszugehen, d.h. die Wahrscheinlichkeit von Ressortaufteilung und Hierarchisierung als thematische und funktionale Binnendifferenzierungen wächst mit der Redaktionsgröße. Zum anderen lassen sich auch solche Aspekte des Redaktionsalltags beschreiben, von denen eine unmittelbare Wirkung auf den journalistischen Produktionsprozess und somit auf das publizistische Produkt erwartet werden können. Dazu zählen einerseits die Steuerung der publizistischen Produktion durch die Institutionalisierung von Qualitätssicherungs- und Kontrollmaßnahmen und andererseits die grundsätzliche publizistisch-strategische Ausrichtung der Redaktionsarbeit. So wie das Einkommen als wichtiges Resultat der allgemeinen Arbeitsbedingungen betrachtet werden kann, kann schließlich das Tätigkeitsprofil des einzelnen Journalisten als Folge seiner redaktionellen Arbeitsbedingungen gelten.

3.3.1 Redaktionsgröße

Die Bestimmung der Redaktionsgröße gestaltet sich insofern schwierig, als die Redaktionsgrenzen nicht immer fest definiert sind und von Medium zu Medium einem anderen Verständnis von ›Redaktion‹ unterliegen können. Um diese Unschärfe einzuschränken, wurde für die Bestimmung der Redaktionsgröße nur die Zahl der festangestellten Mitarbeiter jener Redaktion erhoben, bei der die Befragten derzeit hauptsächlich tätig sind. Berücksichtigt man dies, so lässt sich feststellen, dass ein Schweizer Journalist im Durchschnitt mit 43 festangestellten Redaktionskollegen zusammenarbeitet. Wie Tabelle 12 allerdings zeigt, liegt der Median bei 20 Mitarbeitern, d.h. jeder zweite Medienschaffende arbeitet bei einer Redaktion mit weniger als 20 Mitarbeitern. Ein Anteil von 15% sogar ist in sehr kleinen Redaktionen mit weniger als 6 Mitarbeitern beschäftigt. Für jeden zehnten Journalisten heißt Redaktionsarbeit dagegen, mit mehr als 100 Kollegen zu kooperieren.

Bezogen auf die einzelnen Medientypen schwanken diese Werte beträchtlich. Berücksichtigt man nur die Printmedien, so ergibt sich wiederum ein Zusammenhang mit der Periodizität, d.h. die Wahrscheinlichkeit, in großen Redaktionen (mehr als zwanzig Mitarbeiter) zu arbeiten, liegt bei der Tagespresse mit 68% am höchsten und nimmt über die Wochen-/Sonntagszeitungen (44%) und die Zeitschriften (42%) bis zu den Fachzeitschriften, wo sie bei lediglich 10% liegt, kontinuierlich ab. Sie ist außerdem im öffentlichen Rundfunk (TV 47%, Radio 38%) deutlich höher als im privatwirtschaftlichen AV-Sektor (14%). Bei den Nachrichtenagenturen, die ebenfalls dem tagesaktuellen Arbeitsdruck ausgesetzt sind, gehört für jeden zweiten Mitarbeiter eine Redaktion mit mehr als 20 Mitarbeitern zur Berufsrealität.

Tab. 12: Journalisten nach Redaktionsgröße

Redaktionen mit ...	N	%
weniger als 6 festangestellten Mitarbeitern	286	15
6 bis 10	301	16
11 bis 20	362	19
21 bis 50	430	23
51 bis 100	319	17
mehr als 100 festangestellten Mitarbeitern	195	10
Gesamt	1.893	100

3.3.2 Hierarchische Position

Für die Sicherung der redaktionellen Leistungsfähigkeit hat sich eine flexible Führungsstruktur als ausgesprochen nützlich erwiesen, da sich somit auf den immensen Zeitdruck – vor allem bei den tagesaktuellen Medien – aber auch auf die Unwägbarkeiten der jeweiligen Ereignislage besser reagieren lässt. Insgesamt gaben 41% der befragten Journalisten an, in Führungspositionen tätig zu sein. Von diesen sind allerdings nur 29% permanent mit Gesamtleitungsrollen wie Chefredakteur oder Programmleiter betraut. Mit 48% erweist sich die Teilleitungsrolle, z.B. als Dienstchef oder Ressort- bzw. Sendungsleiter, als die dominierende Art, Leitungsfunktionen auszuüben. Weitere 23% nehmen schließlich für sich in Anspruch, Führungsaufgaben fall- oder zeitweise, d.h. in Abhängigkeit von bestimmten Situationen oder über einen bestimmten, abgrenzbaren Zeitraum hinweg zu übernehmen.

Das Verhältnis von Journalisten mit und ohne Führungsaufgabe gibt Auskunft über den Grad der innerredaktionellen Hierarchisierung. Die Notwendigkeit einer starken Hierarchisierung, d.h. einer geringen Wahrscheinlichkeit, Führungsaufgaben übernehmen zu können, wächst nicht nur im Journalismus mit der Anzahl der Mitarbeiter. Umgekehrt sichern sich kleine Teams ihre Leistungsfähigkeit durch flache Hierarchien, d.h. durch möglichst gleichmäßige Verteilung der Führungsverantwortung auf die wenigen Mitarbeiter. Dies bestätigen die aktuellen Daten deutlich: Unter den Journalisten, die in einer Redaktion mit fünf und weniger Mitarbeitern tätig sind, übernimmt fast jeder zweite eine Führungsaufgabe. Dieser Anteil verringert sich mit zunehmender Kollegenzahl und pegelt sich schließlich bei einem Drittel ein. Zwangsläufig finden sich flache Hierarchien vor allem dort, wo Journalisten in kleinen Teams arbeiten, also im privaten Rundfunk sowie bei den Fachzeitschriften.

3.3.3 Ressortstrukturen

Im Gegensatz zur hierarchischen Strukturierung der Redaktionsarbeit kann die Ausbildung von Ressorts als *thematische Differenzierung* oder mit den Worten Saxers als Organisation von »Wahrnehmungsstrukturen« (Compagno 1994: 2) betrachtet werden. Sie ist einerseits dort zu erwarten, wo eine thematische Konzentration nicht schon durch eine Spezialisierung des jeweiligen Medientyps vorliegt. Ressortdifferenzierung ist aber andererseits ebenso wie die Hierarchisierung eine Notwendigkeit, die mit der Redaktionsgröße wächst. Innerhalb der Gesamtpopulation gaben etwa vier von fünf Journalisten an, in ressortstrukturierten Redaktionen, d.h. in Redaktionen, in denen es formale Ressorts gibt, zu arbeiten. Unter den Mitarbeitern von kleinen Redaktionen (fünf und weniger Mitarbeiter), die immerhin 15% der Journalisten ausmachen, liegt dieser Anteil allerdings nur bei 60%. Dieser Wert steigert sich mit wachsender Mitarbeiterzahl kontinuierlich, bis er bei 50 und mehr Redaktionsmitarbeitern 100% erreicht.

Da sich vor allem Tageszeitungen sowohl durch eine breite Themen- und Publikumsausrichtung (Universalitätsanspruch) als auch durch mitarbeiterstarke Redaktionen auszeichnen, ist für die dort tätigen Journalisten die innerbetriebliche Differenzierung nach Ressorts mit wenigen Ausnahmen die Regel. Dies ändert sich im Pressebereich sowohl mit sinkender Periodizität als auch mit steigender Spezialisierung. Bei den elektronischen Medien findet sich ein ähnliches Gefälle zwischen der SRG, die sich sowohl im Radio- als auch im Fernsehbereich an einem überregionalen Publikum ausrichtet, und den privaten Anbietern, die sich mehrheitlich noch an regionalen Publika orientieren.

Tab. 13: Ressortstrukturierung nach Medientyp

Anteil der Journalisten ...	... in ressortstrukturierten Redaktionen	... mit Ressortzuordnung	... in einem einzigen Ressort
Tageszeitung	94	76	47
Wochen/ Sonntagszeitungen	84	57	30
Zeitschriften/Illustrierte/Nachrichtenmagazine	64	42	23
Fachzeitschriften	50	32	15
öffentliches Radio	91	61	40
öffentliches TV	89	66	42
privates Radio/TV	67	28	12
Nachrichtenagenturen	75	53	39
Gesamt	82	60	37

In ressortstrukturierten Redaktionen zu arbeiten, bedeutet nicht, automatisch auch einem Ressort zugeordnet zu sein. Mehr als jeder vierte Journalist, der in einer Redaktion mit Ressortstrukturen tätig ist, gibt an, selbst keinem Ressort anzugehören. Dies trifft für Journalisten mit Führungsfunktion mehr zu als für jene ohne Leitungsverantwortung, für die Freien mehr als für die Festangestellten und für jene in kleinen Redaktionen mehr als für jene in großen.

Bezogen auf die Gesamtpopulation bedeutet dies, dass nur 60% der Schweizer Journalisten einem oder mehreren Ressorts zugeordnet sind. Während dies bei den Tageszeitungen auf drei von vier und beim öffentlichen Fernsehen auf zwei von drei Mitarbeitern zutrifft, gilt dies nur für jeden dritten Fachzeitungsjournalisten und gar nur für jeden vierten AV-Journalisten bei einem Privatsender (vgl. Tabelle 13).

Jene Befragten, die einem oder mehreren Ressorts zugeordnet sind, wurden um die Auflistung dieser Ressorts mit der Aufforderung zur Mehrfachnennung gebeten. Berücksichtigt man die Anzahl von Nennungen, so lässt sich feststellen, dass sich unter jenen Journalisten, die eine Ressortzuordnung aufweisen, nur 60% auf ein einziges Ressort konzentrieren können, 26% arbeiten in zwei verschiedenen Ressorts und 11% beliefern mehr als zwei Ressorts.

Fragt man schließlich jene Journalisten, die Ressorts zugeordnet sind, nach den Bezeichnungen dieser Ressorts (vgl. Tabelle 14), so fällt zunächst einmal die ausgesprochene Vielfalt von Ressortetiketten auf. Berücksichtigt man nur die jeweils erste Nennung, so finden sich insgesamt 123 verschiedene Ressorttitel. Versucht man diese Bezeichnungen zu ordnen und den herkömmlichen Ressortkategorien zuzuordnen, so bestätigt sich auch für den Schweizer Journalismus eine Dominanz des Ressorts ›Lokales/Regionales‹, auf das 22% der Nennungen entfallen.

Tab. 14: Journalisten mit Ressortzuordnung nach Ressort

Ressorts	N	%
Sonstiges	277	23.1
Lokales/Regionales	266	22.2
Nationales/Internationales	170	14.2
Kultur	151	12.6
Aktuelles/Information/Politik	119	9.9
Sport	118	9.9
Wirtschaft	95	7.9
Gesamt	1.196	100

Mit 14% folgen solche Ressorts, die sich unter dem Label ›Nationales/Internationales‹ zusammenfassen lassen. Reduziert man das Kulturressort auf die Bereiche Musik, Theater, Literatur und Film, lässt es sich relativ leicht abgrenzen und verzeichnet 13% der Nennungen. Jeder zehnte Journalist mit Ressortzuordnung gibt als Themenbereich ›Aktuelles/Information/Politik‹ an, womit allerdings wenig ausgesagt wird über die Abgrenzung zu Ressorts mit regionaler oder überregionaler Ausrichtung. Einheitlicher präsentieren sich dagegen die Bereiche ›Sport‹ und ›Wirtschaft‹, auf die 10% bzw. 8% der Antworten entfallen. Somit repräsentieren die verbleibenden Nennungen, die sich keinem der angeführten Ressorts zuordnen lassen und vorläufig unter dem Label ›Sonstiges‹ firmieren müssen, die größte Ressortgruppe mit insgesamt 23%.

Was sich im einzelnen hinter der Kategorie ›Sonstiges‹ verbirgt, ist so bunt wie die Welt selbst: Begriffe wie Luftfahrt, Zeitfragen, Ethnologie, Enquete, Vereine, Show, Lifestyle, Wort, Leben, Ausländerinnen oder Konsumentenschutz können als Hinweis auf sich verändernde Wahrnehmungsstrukturen der Medien jenseits der klassischen Ressorts interpretiert werden. Ein Blick auf die Besetzung des Ressorts ›Sonstiges‹ in den verschiedenen Medientypen legt allerdings den ebenso plausiblen Schluss nahe, dass sich die Ressortstrukturierung nach den klassischen Themenbereichen vor allem aus der Perspektive der Tageszeitungen und Nachrichtenagenturen herleitet. Dort fallen nur 12% bzw. 8% aus dem herkömmlichen Ressortraster. Elektronische Medien und vor allem die nichttagesaktuelle Presse strukturieren ihre Weltwahrnehmung nach sehr unterschiedlichen thematischen Gesichtspunkten.

3.3.4 Qualitätssteuerung

Redaktionsstrukturen im Hinblick auf die Existenz von Steuerungs- und Qualitätssicherungsinstitutionen und deren Anwendung zu beschreiben, zielt auf die Beantwortung der Frage, inwieweit sich die Arbeit der Redaktion auf der Basis selbstgesteckter Ziele vollzieht und inwiefern das Resultat dieser Arbeit kontrolliert und kritisch reflektiert wird. Zu den gebräuchlichsten Formen, Orientierungsrahmen für die eigene Arbeit zu schaffen, zählen Redaktionsstatute, redaktionelle Leitbilder und Ethik-Kodices. Die Befragten wurden gebeten anzugeben, ob diese drei Formen von Leitlinien in ihrer Redaktion existieren. Da damit nicht geklärt werden kann, inwiefern die Leitlinien vorhanden aber nicht bekannt sind, beziehen sich die folgenden Angaben allein auf deren Wahrnehmbarkeit.

Die Daten in Tabelle 15 belegen, dass solche kanonisierten Leitlinien längst nicht überall vorhanden bzw. wahrnehmbar sind. Am weitesten verbreitet sind die Festschreibungen des eigenen redaktionellen Leitbildes. 63% der befragten Journalisten geben an, in Redaktionen mit einem solchen Leitbild zu arbeiten. Ein Redaktionsstatut finden nur 55% der Journalisten vor und sichere Kenntnis von der Existenz von Ethik-Kodices haben lediglich 38%. Man kann natürlich einwenden, dass die drei Formen sich gegenseitig substituieren können, d.h. dass das redaktionelle Leitbild statutenähnlichen Charakter annehmen kann oder ethische Richtlinien festschreibt. Tatsache ist aber, dass ein Viertel aller Schweizer Journalisten in Redaktionen arbeitet, in denen keine der drei Formen existiert oder zumindest nicht wahrnehmbar ist.

Auf der anderen Seite gehören für ebenfalls ein Viertel sowohl ein Redaktionsstatut, als auch Ethik-Kodices und redaktionelle Leitbilder zum Redaktionsalltag. Die Institutionalisierung von Leitlinien ist bei den Nachrichtenagenturen am weitesten fortgeschritten. Ethik-Kodices finden sich offensichtlich mehrheitlich im öffentlichen Rundfunk, wo außerdem die Radiojournalisten ihre Arbeit eher auf ein Statut und redaktionelle Leitbilder beziehen können als die

Kollegen beim SRG-Fernsehen. Innerhalb des Pressesegmentes zeigt sich auch hier eine Differenz zwischen tagesaktuellen und nichttagesaktuellen Bereichen (vgl. Tabelle 15).

Tab. 15: Redaktionelle Leitlinien nach Medientyp

	Leitbild N = 1.888	Statut N = 1.866	Kodices N = 1.838	Leitlinien* N = 1.777
Nachrichtenagenturen	77	69	53	90
Tageszeitung	69	70	34	83
öffentliches Radio	73	54	59	83
privates Radio/TV	62	49	27	78
öffentliches TV	60	40	48	72
Zeitschriften/Illustrierte/ Nachrichtenmagazine	52	40	32	65
Wochen-/Sonntagszeitungen	47	43	27	60
Fachzeitschriften	54	35	19	54
Gesamt	63	55	38	75

* Falls entweder Statut oder Leitbild oder Kodices vorhanden.

Wesentlich weiter verbreitet als die internen Festschreibungen sind regelmäßige Blatt- bzw. Sendungskritiken, die sich offenbar als wichtiges Instrument zur Überprüfung der eigenen Arbeitsergebnisse und somit zur redaktionellen Selbstregulierung institutionalisiert haben (vgl. Tabelle 16). 79% der Schweizer Journalisten arbeiten in Redaktionen, in denen diese Form der Qualitätssteuerung zum Alltag gehört. Es stellt sich allerdings die durchaus interessante Frage, auf welcher Wertungsgrundlage Produktkritik stattfindet, wenn es keinerlei Leitbilder oder selbstgesteckte Qualitätskriterien gibt.

Im Gegensatz zur Blatt-/Sendungskritik, die eher als reaktive Steuerung betrachtet werden kann, repräsentiert die Praxis des Gegenlesens bzw. die Abnahme von redaktionellen Beiträgen eine präventive oder den Produktionsprozess begleitende Maßnahme zur Qualitätskontrolle. 73% der Befragten geben an, die Kontrolle durch Redaktionskollegen im voraus finde in ihrer Redaktion regelmäßig (immer oder häufig) statt. Generell kann man davon sprechen, dass präventive und reaktive Selbstregulierung miteinander kovariieren, d.h. dass sie sich eher ergänzen als gegenseitig substituieren. Während dort, wo es regelmäßige Blatt-/Sendungskritiken gibt, 78% der Journalisten auch regelmäßig eine Kontrolle vor Redaktionsschluss durchlaufen, sind es dort, wo Blatt-/ Sendungskritiken nicht institutionalisiert sind, nur 52%. Allerdings müssen hier die spezifischen Bedingungen der einzelnen Medientypen in Betracht gezogen werden. So ist die geringere Verbreitung präventiver Kritik bei einem häufig live agierenden Medium wie das Radio genauso plausibel, wie bei jenen Pressemedien, die unter größerem Zeitdruck stehen.

Tab. 16: Kontrollmaßnahmen nach Medientyp

	mit regelmäßiger Blatt-/Sendungskritik	mit regelmäßiger Kontrolle vor Veröffentlichung
	N = 1.922	N = 1.857
Tageszeitung	77	68
Wochen-/Sonntagszeitungen	81	84
Zeitschriften/Illustrierte/Nachrichtenmagazine	80	86
Fachzeitschriften	76	73
öffentliches Radio	78	58
öffentliches TV	87	85
privates Radio/TV	68	51
Nachrichtenagenturen	82	92
Gesamt	79	73

Für die Presse kann man somit in Bezug auf interne Qualitätssteuerung insgesamt feststellen, dass Tageszeitungsredaktionen unter dem Aktualitätsdruck eher auf die Wirksamkeit festgeschriebener Leitbilder setzen, während die Wochen- und Fachpresse mehr auf regelmäßige Produktkontrollen baut. Einheitlicher präsentiert sich das Bild bei den Nachrichtenagenturen, die bei allen Maßnahmen die höchsten Verbreitungswerte aufweisen.

3.3.5 Redaktionelle Ausrichtung

Die Redaktionsforschung liefert eine Reihe von Hinweisen darauf, dass journalistische Produktion in eine Vielzahl von Routinen und in technische oder organisatorische Handlungszwänge eingebettet ist, die eine direkte Umsetzung persönlicher Berufsideale stark einschränken (vgl. Altmeppen 1997). In diesem Zusammenhang kann die publizistische Zielsetzung der Redaktion als ein weiterer Faktor betrachtet werden, der den individuellen Spielraum des einzelnen Journalisten bestimmt. Allerdings gestaltet sich eine Messung dieser redaktionellen Zielsetzungen wesentlich schwieriger als jene der individuellen Berufsideale. Für die vorliegende Untersuchung wurde entschieden, die Befragten einschätzen zu lassen, wie stark sich die Redaktion, bei der sie hauptsächlich beschäftigt sind, an verschiedenen Interessen orientiert. Bei der Interpretation der so gewonnenen Ergebnisse gilt es, den Einfluss der persönlichen Wahrnehmung des Befragten in Rechnung zu stellen.

Die Formulierung der Indikatoren zur Messung der redaktionellen Ausrichtungen innerhalb der vorliegenden Untersuchung orientierte sich an der Studie von Underwood/Stamm (1992), in welcher im Wesentlichen *business-oriented policies* von *journalism-oriented policies* unterschieden wurden. Im Einzelnen konnten die Journalisten die Orientierung der Redaktion an den Interessen des Gemeinwohls (Gemeinwohlorientierung), an den Vermittlungsinteressen gesellschaftlicher Akteure (Quellenorientierung), an den Interessen des Publikums (Publikumsorientierung) sowie an den ökonomischen Interessen des Medienbetriebs (Marktorientierung) auf einer sechsstufigen Skala einschätzen.[11] Nimmt man die drei zustimmenden Antwortpositionen zusammen, so spielen Gemeinwohlorientierung und Publikumsorientierung innerhalb der Redaktionen eine vergleichbar wichtige Rolle: jeweils 81% der Befragten bewerteten bezogen auf ihre Redaktion diese Items als zutreffend (vgl. Tabelle 17). 61% räumten ihrer Redaktion eine Orientierung an den Vermittlungsinteressen gesellschaftlicher Akteure ein und nur jeder zweite Journalist sieht die Arbeit seiner Redaktion an marktbezogenen Zielen ausgerichtet.

Eine Gemeinwohlorientierung findet sich in den Redaktionen der Wochenpresse und der Zeitschriften am wenigsten ausgeprägt. Offensichtlich ist das dahinter stehende Journalismuskonzept, das die Wahrnehmung gesellschaftlicher Verantwortung impliziert, in erster Linie Sache der tagesaktuellen Berichterstattung. Ähnliches gilt auch für das Selbstverständnis, durch Berichterstattung Plattformen zu schaffen, auf denen sich gesellschaftliche Akteure artikulieren

---

[11] Die einzelnen Items finden sich im Fragebogen unter der Frage 2.7 im Anhang zu diesem Buch.

können. Die geringsten Unterschiede zwischen den einzelnen Medien finden sich hinsichtlich der redaktionellen Ausrichtung an der Zufriedenheit des Publikums. Selbst bei den Sonntags- und Wochenzeitungen, wo diese Ausrichtung die geringste Verbreitung erfährt, arbeiten noch drei von vier Journalisten in Redaktionen, die sich an der Akzeptanz des eigenen Produktes bei den Rezipienten orientieren.

Tab. 17: Redaktionelle Ausrichtung nach Medientyp

	Redaktion orientiert sich an ...*			
	Gemeinwohl N = 1.837	Quellen N = 1.816	Publikum N = 1.883	Markt N = 1.816
Tageszeitung	87	72	79	63
Wochen-/Sonntagszeitungen	72	45	74	55
Zeitschriften/Illustrierte/Nachrichtenmagazine	61	42	85	60
Fachzeitschriften	65	60	77	45
öffentliches Radio	90	63	78	13
öffentliches TV	83	52	91	40
privates Radio/TV	82	58	87	64
Nachrichtenagenturen	91	59	79	34
Gesamt	81	61	81	51

* Positionen 4 bis 6 auf einer Skala zwischen '1 = trifft gar nicht zu' und '6 = trifft sehr stark zu' zusammengefasst

Beträchtlich sind dagegen die Unterschiede, die sich bei der Einschätzung der Marktorientierung ergeben. Geht man davon aus, dass eine Orientierung am Markt nicht unbedingt eine freiwillige Entscheidung von Redaktionen ist, sondern insbesondere unter ökonomischen Drucksituationen relevant wird, so sind die hohen Werte des privaten Rundfunks und der Tageszeitungen ebenso plausibel, wie die geringe Wahrscheinlichkeit, mit der Mitarbeiter der SRG auf marktorientierte Redaktionen stoßen.

3.3.6 Tätigkeitsprofil

Zur Bestimmung des Tätigkeitsprofils wurden die Befragten gebeten, den Anteil von verschiedenen Tätigkeiten[12] an ihrer gesamten journalistischen Tätigkeit zu schätzen und in Prozentwerten anzugeben. Mit den damit gewonnenen Resultaten sollen Antworten auf die Frage gegeben werden, wie sehr sich Journalisten auf die klassischen Tätigkeitsbereiche konzentrieren können und inwieweit sie innerhalb ihrer Redaktionen durch zusätzliche technische oder organisatorische Aufgaben belastet sind. Als klassische journalistische Tätigkeiten gelten in diesem Zusammenhang solche, die sich direkt auf die inhaltliche Herstellung publizistischer Beiträge beziehen.

Fasst man diese zusammen, so verbringt ein Schweizer Journalist im Schnitt nicht einmal 60% seiner Arbeitszeit mit diesen Kerntätigkeiten. 21% seines Jobs werden durch organisatorische Aufgaben gebunden (vgl. Tabelle 18). Auf technische Tätigkeiten entfallen 15% und 6% müssen für andere als die bisher genannten Aufgaben reserviert werden. Diese Werte unterliegen allerdings einer hohen Streuung. So finden sich unter den Medienschaffenden auf der einen Seite 7%, die weniger als 20% ihrer Arbeitszeit mit journalistischen Tätigkeiten verbringen und 9%, die darauf mehr als 80% der Zeit verwenden. Journalisten bei Nachrichtenagenturen können sich am meisten auf die journalistische Kerntätigkeit konzentrieren. Printjournalisten liegen diesbezüglich auch noch leicht über dem Gesamtdurchschnitt. Den geringsten Anteil am Arbeitsalltag haben journalistische Tätigkeiten für die Angestellten elektronischer Medien. Dabei gilt es allerdings zu berücksichtigen, dass die Herstellung eines Filmbeitrags oder einer Radiosendung viel weniger von technischen Tätigkeiten getrennt werden kann als das Schreiben eines Artikels oder einer Reportage.

Bei allen Nachteilen, die die berufliche Situation von freien Journalisten mit sich bringt, sind sie im Arbeitsalltag von technischen und organisatorischen Tätigkeiten etwas mehr entlastet, als ihre festangestellten Kollegen. Gleichzeitig wenden sie etwas mehr Zeit für sonstige Tätigkeiten auf, wozu bei ihnen u.a. auch die Sondierung des Angebotsmarktes und die Aquirierung neuer Aufträge zählt.[13]

---

[12] Antwortvorgaben: 1. spezifische journalistische Tätigkeiten (z.B. recherchieren, auswählen, schreiben, redigieren), 2. organisatorische Tätigkeiten (z.B. Arbeitsplanung, Spesenabrechnung, Redaktionssitzungen etc.), 3. technische Tätigkeiten (z.B. Layouten, Schneiden, Computerprobleme beheben etc.), 4. sonstige Tätigkeiten.

[13] Die Befragten hatten die Möglichkeit, jene Tätigkeiten, die sie als ›sonstige‹ angaben, in einer offenen Zusatzfrage zu nennen.

Tab. 18: Tätigkeitsprofile nach Medientyp

	journal. Tätigkeiten	organisat. Tätigkeiten	technische Tätigkeiten	sonstige Tätigkeiten
Tageszeitung	61	20	15	5
Wochen-/Sonntagszeitungen	62	21	12	6
Zeitschriften/ Magazine/Illustrierte	59	24	11	6
Fachzeitschriften	60	19	11	10
öffentliches Radio	56	20	19	6
öffentliches TV	50	22	20	8
privates Radio/TV	56	19	20	7
Nachrichtenagenturen	67	19	8	5
Gesamt	59	21	15	6

Die deutlichsten Unterschiede im Tätigkeitsprofil finden sich erwartungsgemäß in Abhängigkeit von der hierarchischen Position. Je höher ein Journalist auf der Hierarchieleiter steigt, d.h. je größer seine Führungsverantwortung ist, um so umfangreicher werden seine organisatorischen Aufgaben und um so weniger ist er an der unmittelbaren Produktion journalistischer Beiträge beteiligt. Journalisten in Gesamtleitungspositionen können im Schnitt nur noch 44% ihrer Arbeitszeit auf die publizistische Produktion verwenden, bei jenen in Teilleitungsfunktionen sind es 55%. Der Wert für die Vergleichsgruppe ohne jegliche Führungsverantwortung liegt dagegen bei 65%.

Keinen Einfluss auf den Anteil journalistischer Tätigkeit hat die Größe der Redaktion. In den verschiedenen Größenklassen bis zu hundert Mitarbeitern streuen die Werte nur gering. Die Extreme finden sich bei den sehr großen Redaktionen. Wer in einer Redaktion mit 101 bis 150 Mitarbeitern arbeitet, kann 64% seiner Arbeitszeit mit der Kerntätigkeit bestreiten. Ist die Redaktion größer als 150 festangestellte Mitarbeiter, schrumpft dieser Wert auf 51%. Nahezu identisch sind schließlich auch die Tätigkeitsprofile von Journalisten mit und jenen ohne Ressortzuordnung.

3.4 Ausbildung

Die Deskription der Ausbildungssituation als Teil der journalistischen Berufsrealität geht aus von der Frage, welche Ausbildungsformen für die Aneignung der benötigten Kenntnisse und Fähigkeiten in der Schweiz seit wann zur Verfügung stehen und in welcher Form diese von den Journalisten genutzt werden.

3.4.1 Ausbildungsangebote

Ganz allgemein steht die berufsvorbereitende Ausbildung in der Schweiz im gleichen Spannungsfeld wie in anderen Ländern auch. Zum einen gebietet der Grundsatz der Medienfreiheit, dass der Zugang zum Beruf des Journalisten offen, d.h. nicht reglementiert sein muss und somit auch nicht an eine einheitliche Qualifikation der Berufsanwärter gebunden werden kann. Zum anderen sind die fachlichen Anforderungen, denen ein Journalist heutzutage gerecht werden muss, so, dass sie allein mit dem entsprechenden Talent nicht erfüllt werden können und zwingen deshalb zu einer Professionalisierung des Berufsstandes.

Im internationalen Maßstab belegen vergleichende Untersuchungen eine eindeutige Tendenz hin zu einer zunehmenden Professionalisierung, die mit verstärkten Bemühungen um praktikable Ausbildungskonzepte einhergeht. Während sich dieser Trend in den USA linear von einer nichtakademischen hin zu einer akademischen Ausbildung vollzogen hat, besteht in den meisten europäischen Ländern nach wie vor ein Nebeneinander beider Ausbildungswege. Dieser Befund kann prinzipiell auch auf die Schweiz übertragen werden, wobei hierzulande, im Gegensatz etwa zu Frankreich und Deutschland, der Aufbau hochschulgestützter Studiengänge in den Bereichen Journalistik, Publizistik- oder Medienwissenschaft erst verhältnismäßig spät in Angriff genommen wurde.

Ungeachtet des in der Vergangenheit eher mangelhaften Angebotes medienbezogener Studiengänge können Schweizer Journalisten mehrheitlich auf eine Hochschulausbildung zurückblicken. 44% der befragten Journalisten geben an, ein Hochschulstudium abgeschlossen zu haben (vgl. Tabelle 19). Weitere 18% haben ein Studium begonnen, dies aber abgebrochen oder noch nicht zum Abschluss gebracht. Nimmt man jene mit abgeschlossenem Hochschulstudium als Vergleichsbasis, so findet sich unter den Schweizer Journalisten ein ähnlicher Akademisierungsgrad wie unter jenen Italiens, wo der Anteil ebenfalls bei 44%

liegt (Mancini 1999: 101). Er liegt über dem Niveau der Journalisten in Österreich, unter denen sich nur 31% Hochschulabsolventen befinden (Karmasin 1995: 452). Er reicht allerdings nicht an die Situation in Deutschland oder Frankreich heran, wo 65% bzw. 69% der Journalisten über ein abgeschlossenes Hochschulstudium verfügen (vgl. Weischenberg/Sievert 1998: 403ff).

Tab. 19: Schulbildung

Höchster Schulabschluss	N	%
Volksschule	14	1
Berufsmittelschule	130	7
Berufsschule/ -lehre	209	10
Mittelschule mit Matura	208	10
Fachhochschule	201	10
Hochschulstudium ohne Abschluss	360	18
Hochschulstudium mit Abschluss	883	44
Gesamt	2.005	100

Gegenwärtig sind sowohl ein Ausbau schon bestehender Hochschulinstitute als auch eine Reihe von Institutsneugründungen zu beobachten. Einen Überblick über den aktuellen Stand dieser Entwicklung liefert Heft 1/99 der Zeitschrift »Medienwissenschaft Schweiz«, in der die Ausbildungsangebote an neun schweizerischen Hochschulen (Basel, Bern, Freiburg, Genf, Lausanne, Lugano, Neuenburg, St. Gallen, Zürich) vorgestellt werden. Insgesamt kann für die Angebote dieser Hochschulinstitute festgestellt werden, dass die Vermittlung von theoretischen Kenntnissen im Fach Publizistik- bzw. Medienwissenschaft weit mehr im Vordergrund steht als eine praktische Vorbereitung auf das journalistische Berufsfeld. Die Stärke der universitären Ausbildung liegt klar in der Vermittlung eines Zugangs zu empirischen Forschungsbefunden und in der Einübung sozialwissenschaftlicher Methodenkenntnisse sowie im Erwerb eines fundierten Wissens um medienrelevante gesellschaftliche Mechanismen.

Wer eine mehr praxisbezogene Ausbildung favorisiert oder ein Hochschulstudium damit ergänzen möchte, dem stehen in der Schweiz mit der Form des Volontariats einerseits und den Angeboten von Journalistenschulen andererseits zwei weitere Ausbildungswege offen. Unter Volontariat, Praktikum oder Stage sind verschiedenste Varianten der ›hausinternen‹ Ausbildung oder Anlehre zu verstehen. Diese Ausbildungsform kann als zirka dreimonatige ›Schnupperlehre‹ oder als zweijähriges Norm-Stage (in Anlehnung an die GAV-Norm) absolviert werden. So ist z.B. bei der SRG die hausinterne Ausbildung die Regel, während private Radio- und Fernsehstationen Redakteure und Moderatoren meist direkt und auf Probe anstellen. Im Volontariat geht es primär um das Lernen der ›Hausordnung‹ der jeweiligen Redaktion – um die Sozialisation im Medienbetrieb also. Es werden die journalistischen Techniken, die institutionellen Usanzen und der soziale Umgang mit Kollegen, Vorgesetzten, Informanten und weiteren gesellschaftlichen Akteuren eingeübt. Die Ausbildung vollzieht sich in der Regel als Lernen am Beispiel. Die Qualität von Volontariaten muss allerdings eher kritisch eingeschätzt werden, gerade weil nur wenige Medienbetriebe in der Lage sind, Volontäre systematisch begleiten zu lassen, diese nur in bestimmten Ressorts einsetzen und nicht auszuschließen ist, dass die finanziellen Vorteile, die sich durch den Einsatz billiger Arbeitskräfte eröffnen, zuweilen mehr im Vordergrund stehen als die Professionalisierungsabsicht.

Journalistenschulen zeichnen sich durch vielfältigere Lehrangebote und durch eine gewisse reflexionsfördernde Distanz zum journalistischen Alltag und zu den Produktionszwängen des Medienbetriebs aus. Sie sind in der Regel nicht medienspezifisch ausgerichtet und begünstigen die Mobilitätschancen angehender Journalisten. Weil in Journalistenschulen jedoch die reale Berufssituation kaum simuliert werden kann, ist die Kombination mit einem Volontariat üblich. Insgesamt existieren in der Schweiz vier bedeutende Journalistenschulen: in der Deutschschweiz das *Medienausbildungszentrum (MAZ)* in Luzern und die *Ringier Journalistenschule* in Zofingen, im französischsprachigen Landesteil das *Centre Romand de la Formation des Journalistes* in Lausanne und im Tessin der *Corso di giornalismo della Svizzera Italiana* in Lugano.

Das MAZ besteht seit 1983 als Stiftung unter der Trägerschaft der Schweizerischen Radio- und Fernsehgesellschaft (SRG), des Verbands Schweizer Presse (VSP) und des Schweizer Verbands der Journalistinnen und Journalisten (SVJ). Das MAZ bietet zum einen einen ›Diplomkurs‹ an, der sich als berufsbegleitende Ausbildung versteht, d.h. bei Interessenten in der Regel ein bestehendes Arbeits- oder Auftragsverhältnis mit einem Medienunternehmen voraussetzt. Zugang haben aber auch freie Journalisten, wenn sie mindestens 80% ihres Einkommens aus journalistischer Tätigkeit beziehen. Der Diplomkurs erstreckt sich über 90 Kurstage innerhalb von zwei Jahren und schließt mit der Erlangung eines Zertifikates ab. Zum anderen kennt das MAZ einen eineinhalbjährigen Nachdiplomkurs für Personen mit abgeschlossenen Hochschulstudium. Schließlich bietet das MAZ einen Einführungskurs für Berufseinsteiger sowie ein breitgefächertes Fortbildungsangebot für Journalisten, die mindestens ein Jahr Berufserfahrung nachweisen können.

Die Ringier-Journalistenschule bildet eine institutionalisierte Form der berufsbegleitenden Ausbildung und kann als eine Art Berufsschule für Stagiaires innerhalb des Ringierverlages sowie in anderen Medienhäusern bezeichnet werden. Der Unterricht wird im Verlauf von anderthalb Jahren in drei- bis zehnwöchigen Intensivkursen erteilt und mit einem Diplom abgeschlossen.

Das Centre Romand de la Formation des Journalistes bietet seine Ausbildungskurse für Journalisten seit 1965 an. Die ursprünglich von der Union Romand de Journaux (URJ) und der Fédération Romande des Journalistes gebildete Trägerschaft wurde 1990 in eine Stiftung überführt, an der sich mittlerweile auch die SRG beteiligt. Die Grundausbildung des Centre ist für alle Stagiaires obligatorisch, die in einem Mitgliedsverlag der URJ angestellt sind. Die achtwöchige Ausbildung verteilt sich über zwei Jahre und wird mit einem Zertifikat abgeschlossen. Neben dem Grundkurs bietet das CRFJ, vergleichbar mit dem MAZ, ein vielfältiges Weiterbildungsangebot.

Der Corso di giornalismo della Svizzera Italiana schließlich bietet einen siebenwöchigen Gesamtkurs, der mit einer Diplomarbeit und einer Abschlussprüfung endet. Die Institution stützt sich auf eine breite Trägerschaft, bestehend aus den Tessiner Verlegern (ASEG-Sezione Ticino), der Radio Televisione Svizzera Italiana (RTSI), Vertretern der Tessiner Journalistenorganisationen sowie dem Kanton. Alle Tessiner Arbeitgeber im Bereich der Presse und des öffentlichen Rundfunks erkennen den Kurs als Ausbildung an und verpflichten sich, die Diplomierten des Corso bei Einstellungsverfahren bevorzugt zu behandeln.

Neben den klassischen Institutionalisierungsformen Volontariat, Journalistenschule und Universität existieren immer mehr praxisorientierte Studiengänge an privaten oder öffentlichen Einrichtungen: Dazu gehören etwa die *Schule für angewandte Linguistik* in Zürich, die Abteilung für Erwachsenenbildung der *Berufsschule für Weiterbildung* Zürich, die *Schule für Medienintegration AG* in Zürich, das Schulungsinstitut *Mountain Multi Media* in Brienz oder die *Klubschule Migros* in St. Gallen. Es gibt bisher noch wenig Erfahrungen mit diesen – überwiegend neuen – Angeboten. Schwerpunktmäßig richten diese neuen Anbieter ihre Studiengänge auf das rein handwerkliche Können aus und beschränken sich damit auf die Vermittlung von ›how to do‹-Regeln.

Zu Beginn des 21. Jahrhunderts zeichnen sich schließlich Bewegungen im Bereich der Fachhochschulausbildung für Journalisten ab. So bietet die *Zürcher Hochschule Winterthur (ZHW)* die erste eidgenössisch anerkannte Kommunikationsausbildung an. Der Pilotstudiengang *Fachjournalismus und Unternehmenskommunikation* startet im Oktober 2000. Die Zulassung für das sechssemestrige Studium setzt eine Berufsmatura oder eine gymnasiale Matur sowie ein Jahr praktische Arbeit voraus.

Für den Herbst 2001 ist der Start von zwei weiteren – vom zuständigen Bundesamt für Berufsbildung und Technologie (BBT) noch nicht genehmigten – Studiengängen an Fachhochschulen geplant. So will die *Fachhochschule Zentralschweiz* an der *Hochschule für Wirtschaft Luzern* einen Diplomstudiengang *Wirtschaftskommunikation* einrichten. Schließlich plant die berufsbegleitende *Fachhochschule Zürich* einen vierjährigen Lehrgang zum *Content Provider* oder *Kommunikations-Manager*. Die geplanten Einrichtungen beabsichtigen die Kooperation mit bestehenden Ausbildungsstätten wie beispielsweise dem Medienausbildungszentrum (MAZ) oder dem *Ausbildungszentrum für Marketing, Werbung und Kommunikation (SAWI)*, den publizistikwissenschaftlichen Instituten der Universitäten, oder mit Branchenverbänden.

Es ist anzunehmen, dass die bevorstehenden Angeboten in der Deutschschweiz auch Auswirkungen auf die Professionalisierung des Journalisten-Berufes haben werden. Bis anhin war es für (Berufs-) Mittelschulabgänger in der Schweiz nicht möglich, sich an einer Hochschule praxisorientiert für den Journalismus-Beruf ausbilden zu lassen.

3.4.2 Nutzung der Ausbildungsangebote

Zur Abfrage der berufsspezifischen Ausbildung wurden die weiter oben ausgeführten Ausbildungsangebote in einer Liste mit der Option der Mehrfachnennung vorgelegt. Dabei kann zunächst einmal aus der Zahl derer, die keine der vorgegebenen Angebote genutzt hatten, der Anteil der Journalisten ohne jede berufsvorbereitende Ausbildung bestimmt werden. Danach muss für 15% der Schweizer Journalisten angenommen werden, dass ihre berufliche Sozialisation bisher allein auf dem Weg des ›learning by doing‹ erfolgte. Das Maß an beruflicher Qualifikation, das auf diese Art erworben wird, ist nur sehr schwer zu bestimmen, darf aber natürlich nicht von vornherein mit einer mangelhaften Kompetenz gleichgesetzt werden. Auch innerhalb des Schweizer Journalismus existieren genügend Einzelbeispiele, die einen solchen Schluss eindrücklich ad absurdum führen.

Unter den Medientypen findet sich die höchste Quote an Ausbildungslosen bei den Fachzeitschriften sowie bei den Sonntags- und Wochenzeitungen mit jeweils 23%. Im elektronischen Bereich liegen die Werte unter jenen der Presse.

Überraschenderweise verzeichnen die privaten Rundfunkstationen mit 8% den geringsten Anteil an Journalisten ohne berufsspezifische Ausbildung. Weniger überraschend ist der Befund, dass die Verteilung von Führungsverantwortung durch den Nachweis einer journalistischen Ausbildung begünstigt wird. Dass unter jenen Journalisten, die eine Führungsaufgabe wahrnehmen, immerhin noch 13% keine journalistische Ausbildung absolviert haben, zeigt allerdings, dass diese für einen Aufstieg in höhere Positionen auch nicht zwingend ist. Schließlich finden sich Journalisten ohne jegliche Ausbildung unter den freien Mitarbeitern etwas häufiger als unter den festangestellten.

Eher folgenlos bleibt der Nachweis einer journalistischen Ausbildung auch für die Verdienstmöglichkeiten. Während eine journalistische Ausbildung offenbar den Aufstieg von den unteren in die mittleren Einkommensklassen begünstigt, liegt der Anteil der Spitzenverdiener mit mehr als Fr. 8.000 Bruttolohn unter jenen ohne Ausbildung mit 28% höher als bei der Vergleichsgruppe, wo nur 23% zu dieser Einkommensschicht zählen. Hier läge der Schluss nahe, dass von Seiten der Medienunternehmen – zumindest was die Lohnpolitik anbetrifft – keine Anreize geschaffen werden, die zur Absolvierung einer Ausbildung motivieren. Allerdings muss dabei ebenfalls berücksichtigt werden, dass ältere Journalisten, die in den höheren Einkommensgruppen etwas stärker vertreten sind, ihren Beruf häufiger ohne berufsvorbereitende Ausbildung ausüben, was wiederum im Zusammenhang mit den geringeren Ausbildungsangeboten vor 20 oder vor 30 Jahren gesehen werden muss. Auf diesen Punkt wird unter Kapitel 3.5.2 noch näher eingegangen.

Tab. 20: Absolvierte Ausbildungen nach Medientyp

	Print-Medien	AV-Medien	Agenturen	Gesamt
Volontariat	50	49	63	50
Praktikum	33	35	35	34
Journalistenschule	26	24	30	26
Betriebliche Weiterbildungen	19	44	17	26
Weiterbildungskurse am MAZ	19	20	29	20
Publizistik-/Medienwissenschaft	16	17	25	17
ohne Ausbildung	17	11	9	15

Betrachtet man in Tabelle 20 die Zahl der Nennungen, die auf die einzelnen Ausbildungsangebote fielen, so bildet das Volontariat die am häufigsten genutzte Form der Berufsvorbereitung. Jeder zweite Medienschaffende hat sie durchlaufen. Es folgen die verschiedenen Möglichkeiten der Praktika, von denen jeder Dritte mindestens einmal Gebrauch gemacht hat. Jeder vierte Schweizer Journalist hat von einer Weiterbildungsmaßnahme innerhalb eines Medienbetriebes profitiert. Ebenfalls 25% gaben an, eine der vier Journalistenschulen (MAZ, Ringier, CRFJ, CGSI) besucht zu haben. Die zusätzlichen Weiterbildungsveranstaltungen des MAZ wurden separat erhoben und brachten es auf 20%, was insofern beachtlich ist, als das MAZ vor allem von Deutschschweizer Journalisten frequentiert wird. Nur 17% der Medienschaffenden haben ein medienspezifisches Hochschulstudium belegt.

Die Verschiebungen, die sich für diese Verteilungen beim Vergleich verschiedener Medientypen ergibt, kann zum einen als durch das Anstellungsverhältnis beeinflusst betrachtet werden, da die Ausbildung häufig berufsbegleitend geschieht und vom Arbeitgeber gefördert oder zumindest geduldet werden muss. Dies fällt insbesondere bei den hohen Zahlen betriebsinterner Fortbildung unter den AV-Journalisten auf, die vor allem auf die hauseigenen Förderungsangebote der SRG zurückführbar sind. Jeder zweite SRG-Journalist hat ein solches Angebot schon einmal nutzen können. Bei den privaten AV-Journalisten trifft dies nur auf jeden fünften zu, wobei sich hinter diesen natürlich auch ehemalige SRG-Journalisten verbergen können.

Zum anderen kann das Ausbildungsniveau aber auch als Hinweis auf abweichende Einstellungsvoraussetzungen bei den verschiedenen Medientypen betrachtet werden. So setzen die Nachrichtenagenturen offensichtlich etwas mehr auf Mitarbeiter mit einem medienbezogenen Hochschulstudium als Print- und AV-Medien.

Neben der Auflistung der Einzelnennung erlaubt die Zusammenstellung von Ausbildungsprofilen auf der Basis der Kombinationen verschiedener Ausbildungsmöglichkeiten einen differenzierteren Einblick in die Berufsvorbereitung. Dabei wird deutlich, dass die heterogene Angebotslage ihre Entsprechung in einer großen Vielfalt berufsvorbereitender Ausbildungswege findet. Auf der Basis der vorgegebenen Antwortmöglichkeiten wurden insgesamt mehr als 50 verschiedene Kombinationen angegeben. Neben den 15% ohne jede Ausbildung nennen 27% der Befragten nur eine einzige der vorgegebenen Ausbildungen, und hier in erster Linie das Volontariat oder das Praktikum (vgl. Tabelle 21). Bei jenen, die mehrere Ausbildungen kombiniert haben, dominiert die Ergänzung des Besuchs einer Journalistenschule mit einem Volontariat über alle anderen Kombinationsmöglichkeiten.

Diese Vielfalt macht vor allem eines deutlich: es zeichnet sich nach wie vor kein Königsweg für den Berufseinstieg in den Journalismus ab. Medienschaffende und solche, die es werden wollen, nutzen die vorhandenen Angebote entweder überhaupt nicht oder sehr selektiv und in ausgesprochen individuellen Kombinationen. Verallgemeinern lässt sich mit Blick auf die Ausbildungskomponente der Berufsrealität allein der Tatbestand, dass neben dem Volontariat ein Hochschulstudium für die Mehrheit der Journalisten Bestandteil dieser Kombination ist. Medienbezogene Studiengänge spielen hierbei eine untergeordnete Rolle, was sich durch den derzeit stattfindenden Ausbau der Angebotslage in Zukunft ändern dürfte.

Tab. 21: Absolvierte Ausbildungskombinationen

Ausbildungsprofile	%
keine journalistische Ausbildung	15.2
nur Volontariat	9.1
nur Praktikum	5.7
nur Journalistenschule	3.8
nur innerbetriebliche Weiterbildung	3.2
nur Weiterbildungskurse am MAZ	2.9
nur Publizistik-/Medienwissenschaft	2.3
Journalistenschule + Volontariat	11.2
Praktikum + innerbetriebliche Weiterbildung	3.6
Volontariat + Weiterbildungskurse am MAZ	3.4
Volontariat + innerbetriebliche Weiterbildung	2.9
Praktikum + Volontariat	2.8
Journalistenschule + innerbetriebliche Weiterbildung + Volontariat	2.7
Volontariat + Publizistik-/Medienwissenschaft	2.6
innerbetriebliche Weiterbildung + Praktikum + Volontariat	2.6

3.5 Soziokulturelle Strukturen der Berufsrealität

3.5.1 Berufsrealität und Geschlecht

Am 29. September 1999 gab die Chefredakteurin des Tages-Anzeigers in Zürich bekannt, dass sie von ihrem Amt zurücktrete und ein Angebot als Kommunikationschefin des Pharmakonzerns Novartis annehmen werde. Dieser an sich alltägliche Vorgang erhielt aus zwei Gründen eine beachtliche öffentliche Brisanz. Zum einen hatte Esther Girsberger nur wenige Wochen vorher in einem Kommentar die Berichterstattungspraxis des Nachrichtenmagazins Facts, das ebenso wie der Tages-Anzeiger unter dem Dach der TA-Media AG erscheint, mit deutlichen Worten kritisiert. Obwohl sowohl die Verlagsleitung als auch die Chefredakteurin selbst einen Zusammenhang dementierten, ließ sich der Verdacht einer Kapitulation vor den wirtschaftlichen Interessen des Konzerns nicht von der Hand weisen. Zum anderen trat mit Esther Girsberger eine der wenigen Frauen zurück, die den Sprung in eine prominente Leitungsposition des schweizerischen Mediensystems geschafft hatte. Damit wurde die Diskussion über die Chancenungleichheit von Journalistinnen gegenüber ihren männlichen Kollegen mit einem weiteren Beispiel genährt. Nur wenige Wochen vorher hatte die SRG die Neustrukturierung ihrer Führungsetage abgeschlossen und die wichtigsten Leitungspositionen, trotz gegenteiliger Ankündigungen des neuen Generaldirektors, ausschließlich mit Männern besetzt und gleichzeitig die Stelle der nationalen Gleichstellungsbeauftragten aufgelöst.

Innerhalb der wissenschaftlichen Diskussion in der Schweiz erfuhr das Thema der Chancengleichheit von Journalistinnen vor allem Mitte der 1980er Jahre Beachtung. Hervorzuheben ist hier insbesondere der Versuch von Ingrid Baldes (1984), die Daten der Studie ›Journalismus als Beruf‹ (Saxer/Schanne 1981) hinsichtlich vorhandener Geschlechtsunterschiede auszuwerten und durch Interviews mit Journalistinnen zu ergänzen. Benachteiligungen manifestierten sich damals darin, dass Journalistinnen verstärkt in den weniger prestigeträchtigen Ressorts arbeiteten, selten bis nie in Chefpositionen aufstiegen und generell unterbezahlt waren, obwohl sie eine bessere Qualifikation als ihre männlichen Kollegen aufwiesen (vgl. Baldes 1984: 7).

Mit dem Ziel, die von Baldes gelieferten Befunde zu vertiefen, führte Adrienne Corboud (1988) schriftliche und mündliche Befragungen unter den Journalistinnen des VSJ (heute SVJ) durch. Dabei wurde insbesondere deutlich, dass sich die objektiven Nachteile kaum in subjektiver Unzufriedenheit niederschlugen. Nur die wenigsten Journalistinnen fühlen sich in ihrem Beruf diskriminiert und ein Aufstieg in höhere Positionen scheitert nicht selten an einem bewussten Verzicht auf die Mehrbelastungen, die sich aus der Übernahme einer Führungsfunktion ergeben würden.

Wie stellt sich nun die Berufsrealität der Journalistinnen im Jahre 1998 dar? Auf Grund der erhobenen Daten können hierzu eine Reihe von Antworten gegeben werden, die die Befunde aus früheren Jahren bestätigen, in einigen Punkten aber auch Veränderungen erkennen lassen. Zunächst einmal gilt es festzustellen, dass der Vorstoß der Frauen in den Journalistenberuf in den letzten Jahren eine hohe Dynamik entwickelt hat. In ihrer Untersuchung aus dem Jahre 1981 ermittelten Saxer/Schanne (1981) unter den Journalistinnen und Journalisten der Kantone Zürich und Waadt einen Frauenanteil von 17%. Bis 1998 hat sich dieser Anteil fast verdoppelt. Er liegt nunmehr für die ganze Schweiz bei 32% und damit auf dem gleichen Niveau wie etwa in den USA, in Deutschland oder in Ungarn (vgl. Weaver 1998b).

Berücksichtigt man, dass der Frauenanteil 1998 in der Gruppe der unter 35-jährigen sogar bei 39% liegt und private Fernsehstationen, die sich international durch einen erhöhten Anteil von Mitarbeiterinnen auszeichnen (Weischenberg/Löffelholz/Scholl 1993[14], Röser 1995), in der Schweiz erst im Entstehen begriffen sind, kann man davon ausgehen, dass sich der Trend hin zu einem ausgeglichenen Geschlechterverhältnis, wie es beispielsweise in Finnland schon Realität ist (Heinonen 1998: 164), auch in Zukunft noch fortsetzen wird. Im internationalen Maßstab geht man von der Erwartung aus, »that women will become as common as men in journalism in the early years of the next century.« (Weaver 1998b: 478)

Innerhalb des journalistischen Berufsfeldes lassen sich Bereiche identifizieren, in denen der Vorstoß der Frauen am weitesten fortgeschritten ist. Es sind dies zunächst einmal die mitarbeiterschwachen Redaktionen. 37% der Journalistinnen sind in Redaktionen mit 10 und weniger festangestellten Medienschaffenden tätig. Bei den männlichen Kollegen trifft dies nur auf 28% zu. Innerhalb der verschiedenen Medientypen finden sich die höchsten Frauenanteile bei den nichttagesaktuellen Printmedien sowie beim öffentlichen Radio (vgl. Tabelle 22). Unter dem Gesamtdurchschnitt liegt der Frauenanteil bei den Tageszei-

---

[14] Während der Frauenanteil unter festangestellten Journalisten in Deutschland insgesamt bei 31% liegt, beträgt er unter den Mitarbeitern privater Fernsehstationen 41,5% (vgl. Weischenberg/Löffelholz/Scholl 1993: 27).

tungen, bei den Nachrichtenagenturen und vor allem innerhalb des privaten Rundfunks, wo eine Journalistin drei Journalisten gegenübersteht.

Tab. 22: Frauenanteil je Medientyp

Medientyp	%
Zeitschriften/Illustrierte/Nachrichtenmagazine	41
Fachzeitschriften	39
öffentliches Radio	37
Wochen-/Sonntagszeitungen	35
öffentliches TV	32
Tageszeitung	27
Nachrichtenagenturen	27
privates Radio/TV	23
Gesamt	32

Keine Unterschiede gibt es hinsichtlich der Ressortzuordnung. Bei beiden Geschlechtern gehören 60% einem oder mehreren Ressorts an.

Tab. 23: Frauenanteil je Ressort

Ressort	%
Sonstiges	51
Kultur	42
Lokales/Regionales	30
Politik	28
Nationales	28
Aktuelles/Information	27
Wirtschaft	26
Internationales	26
Sport	10
Gesamt	32

Betrachtet man den Frauenanteil in den einzelnen Ressorts, wie er in Tabelle 23 ausgewiesen ist, so wird deutlich, dass mit Ausnahme des Sports[15] Frauen in allen Ressorts mindestens ein Viertel der Mitarbeiter stellen. Die Zeiten, da Politik- oder Wirtschaftsressorts ausschließliche Männerdomänen waren, sind definitiv vorbei. Dennoch lässt sich an der Sammelkategorie ›Sonstiges‹ erkennen, dass Frauen in den Randthemenbereichen nach wie vor leichter Fuß fassen können als in den klassischen Ressorts. Betrachtet man den großen Anteil dieser sonstigen Ressorts als Ausdruck einer thematischen Ausdifferenzierung, so kann man umgekehrt feststellen, dass diese von Frauen und Männern zu gleichen Teilen getragen wird.

Ungeachtet dieser Angleichung der Geschlechterverhältnisse bestehen aber auch 1998 deutliche Unterschiede in der Berufsrealität von Männern und Frauen fort. Dies wird nirgends so deutlich wie beim Vergleich der Einkommensmöglichkeiten, wie ihn Tabelle 24 veranschaulicht.

Tab. 24: Journalistinnen und Journalisten nach Einkommen (in %)

Einkommensgruppen	Männer	Frauen
bis 2.000 Fr.	2.7	7.3
2.001 bis 4.000 Fr.	9.9	24.7
4.001 bis 6.000 Fr.	21.4	33.4
6.001 bis 8.000 Fr.	34.6	25.2
8.000 bis 10.000 Fr.	21.8	8.6
über 10.000 Fr.	9.6	0.8

Während ein Drittel aller Journalistinnen weniger als Fr. 4.000 verdient, trifft dies nur auf 13% ihrer männlichen Kollegen zu. In der Gruppe der Spitzenverdiener über Fr. 10.000 findet sich jeder zehnte Mann, aber nur jede hundertste Frau. Damit reproduziert sich in der Berufsgruppe der Journalisten jene finanzielle Benachteiligung, die sich auch gesamtgesellschaftlich beobachten lässt. Für 1998 konstatiert das Bundesamt für Statistik in der Privatwirtschaft ein

---

[15] Dies ist beispielsweise in Deutschland nicht anders, wo Siegfried Weischenberg angesichts der Veränderungen im Sportressort feststellt: »Die Beck-Männer sind unter sich geblieben.« (Weischenberg 1997: 188)

monatliches Bruttoeinkommen von Fr. 4.200 für die weiblichen Arbeitnehmer, das damit um Fr. 1.000 unter jenem ihrer Kollegen liegt.[16]

Bei der Erklärung dieser Ungleichheit muss die Frage, inwiefern diese Abweichungen von unterschiedlichen Anstellungsgraden der Journalistinnen und Journalisten abhängig sind, offen bleiben, da dies nicht erhoben wurde. Dagegen kann ein unterschiedliches Ausbildungsniveau als Ursache für die Einkommensunterschiede ausgeschlossen werden. Während 46% der Frauen auf ein abgeschlossenes Hochschulstudium zurückblicken können, sind es nur 43% der Männer. Während 13% der Frauen ihren Beruf ohne fachspezifische Ausbildung ausüben, tun dies 16% der Männer. Kein Unterschied findet sich bei der durchschnittlichen Anzahl berufsbezogener Ausbildungen. Im Vergleich der einzelnen Ausbildungsformen ergeben sich nur zwei erwähnenswerte Geschlechtsunterschiede: ein Praktikum haben 35% der Männer und nur 30% der Frauen absolviert, dagegen nahmen 25% der Frauen, aber lediglich 17% der Männer die Weiterbildungsangebote des Medienausbildungszentrum Luzern in Anspruch.

Von Bedeutung für das geringere Einkommen der Frauen können drei andere Faktoren betrachtet werden. Erstens sind Frauen in den einkommenslukrativen Führungspositionen nach wie vor unterrepräsentiert. Mehr als vier von fünf Gesamtleitungsposten werden von Männern besetzt. Die Wahrscheinlichkeit, eine Frau in dieser Position anzutreffen, liegt bei gerade mal 18%. Auch bei den Teilleitungsrollen ist der Frauenanteil mit 21% nur unwesentlich höher. Ausgeglichener gestaltet sich das Verhältnis bei den fall- oder zeitweise existierenden Führungspositionen, von denen jede dritte mit einer Frau besetzt ist. Insgesamt bekleidet nur jede fünfte Frau eine der genannten Führungsaufgaben, unter den männlichen Kollegen tut dies mehr als jeder dritte.

Zweitens befinden sich Männer mit 82% eher in festen Anstellungsverhältnissen als Frauen, bei denen dies nur für 75% zutrifft. Im Status eines freien Journalisten ohne regelmäßige Auftragslage befinden sich 10% der Journalisten und 14% der Journalistinnen. Keine Unterschiede ergeben sich bezüglich der Verbreitung von Mehrfachbeschäftigungen. Sowohl bei den Männern als auch bei den Frauen gehen etwa 40% einer zusätzlichen journalistischen Tätigkeit nach.

Schließlich sind die Journalisten etwa zweieinhalb Jahre älter als ihre Kolleginnen, steigen früher in den Beruf ein und verfügen somit über eine um 4 Jahre längere Berufserfahrung.

---

[16] Vgl. Bundesamt für Statistik: Die Schweizerische Lohnstrukturerhebung 1998: Provisorische Ergebnisse. (http://www.statistik.admin.ch/news/dnew, 05.11.99).

Insgesamt lässt sich mit Blick auf die von Saxer/Schanne 1981 erhobenen und von Baldes (1984) ausgewerteten Daten feststellen:

Der beachtliche Anstieg des Frauenanteils in den letzten 17 Jahren zeigt seine Wirkungen quer durch alle Medientypen und abgesehen vom Sportressort auch quer durch alle thematischen Arbeitsbereiche. Er forcierte jedoch bisher kaum den Aufstieg der Frauen innerhalb der Führungshierarchie und er änderte auch wenig an der finanziellen Benachteiligung der weiblichen Medienschaffenden. Die Frage, inwiefern der Verzicht auf die Übernahme von Führungsverantwortung eine bewusste Entscheidung der Frauen ist, kann mit den vorliegenden Daten nicht beantwortet werden. Fest steht allerdings, dass sich allein durch die Erhöhung des Frauenanteils in den Führungspositionen die finanzielle Gleichstellung nicht automatisch durchsetzen wird. Berücksichtigt man im Sample nur jene Journalisten, die in Gesamtleitungs- oder Teilleitungsrollen tätig sind, reproduziert sich der nämliche Einkommensunterschied: während 50% der Männer in diesen Positionen ein Einkommen von über Fr. 8.000 beziehen, können dies nur 24% der weiblichen Führungskräfte von sich behaupten, während nur jeder fünfte Mann in einer solchen Position weniger als Fr. 6.000 bezieht, tut dies fast jede zweite Frau. Dieser Befund ist um so erstaunlicher, als sich die Unterschiede bezüglich der Anstellungsprozente in dieser Subgruppe in Grenzen halten dürften.

3.5.2 Berufsrealität und Alter

Der Beruf des Journalisten übt seit jeher eine starke Anziehungskraft auf junge Leute aus. Mit der Dynamisierung der Mediensysteme in den zurückliegenden Jahren, mit der Ausdifferenzierung bestehender und mit dem Aufkommen zahlreicher neuer Medien stieg in vielen Ländern die Zahl journalistischer Arbeitsplätze. Dadurch erhöhten sich die Chancen erheblich, den Traum einer journalistischen Berufslaufbahn zu verwirklichen, und die Berufsgruppe erfuhr eine stetige Verjüngung. In den 1990er Jahren verzeichnet man beispielsweise in den USA oder in Deutschland ein Durchschnittsalter von 36 bzw. 37 Jahren. (Weischenberg/Löffelholz/Scholl 1994: 155). In der Schweiz verzögert sich dieser Verjüngungsprozess offensichtlich etwas. Mit einem Durchschnittsalter von 41 Jahren rangieren die einheimischen Journalisten gemeinsam mit jenen in Finnland (Heinonen 1998: 164) oder Kanada (Pritchard/Sauvageau 1998: 380) eher im oberen Bereich des internationalen Vergleichs. Abgesehen von dieser Differenz zeigt sich aber auch hierzulande die typische Altersstruktur der journalistischen Berufsgruppe (vgl. Abbildung 6).

Abb. 6: Journalistinnen und Journalisten nach Altersgruppen

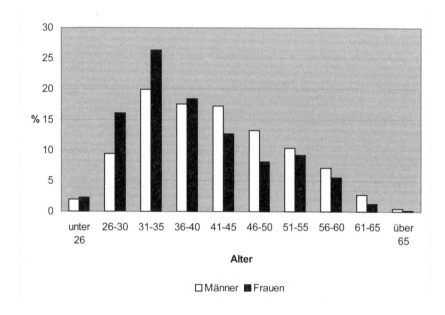

Diese ist gekennzeichnet durch einen relativ späten Berufseinstieg, eine deutliche Dominanz der mittleren Jahrgänge sowie ein im Vergleich zur gesamten berufstätigen Bevölkerung geringen Anteil älterer Mitarbeiter. Charakteristisch ist auch die schon im vorhergehenden Kapitel angesprochene Tatsache, dass Journalistinnen in den jüngeren Altersgruppen stärker vertreten sind als in den älteren. Zur Besonderheit der Schweiz gehört es schließlich, dass das Durchschnittsalter der Journalisten von der Romandie über die Deutschschweiz bis ins Tessin anwächst. Darauf wird im nächsten Kapitel noch eingegangen werden.

Ganze 2% der befragten Journalisten waren zum Befragungszeitpunkt jünger als 26 Jahre. Dies ist zum Teil auf die Bestimmung der Grundgesamtheit zurückzuführen, da die Aufnahme in einen Verband in der Regel eine mindestens zweijährige regelmäßige Tätigkeit als Journalist voraussetzt. Dennoch kann man die geringe Anzahl von ganz jungen Journalisten als Ausdruck einer zunehmend akademischen Berufssozialisation interpretieren. Das Gros der Schweizer Journalisten stellen heute die 30 bis 45-jährigen. Zwei von drei Medienschaffenden wurden zwischen den Jahren 1952 und 1968 geboren und dürften ihre berufliche Sozialisation vor allem in den 1980er Jahren erfahren haben. Wer dagegen das 45. Lebensjahr überschritten hat, ist innerhalb der journalistischen Berufsgruppe auf dem Weg in die Marginalisierung. Mit 55 Jahren sieht man sich dann mit der Situation konfrontiert, älter zu sein als 90% aller journalistischen Kollegen.

Der ›dropout‹ älterer Journalisten offenbart, dass der Beruf, anders als z.B. akademische Tätigkeitsfelder wie die Medizin, die Wissenschaft oder die Rechtssprechung, nicht unbedingt eine lebenslange Beschäftigungsperspektive eröffnet. Hierfür lässt sich eine Reihe von Gründen anführen. Zunächst ist anzunehmen, dass der berufliche Alltag mit seinen Routinen Ernüchterungen zeitigt und idealisierte Klischees, die die Medien durchaus selbst produzieren, entzaubert. Das Anforderungsprofil eines Medienberufs, das Flexibilität und Unabhängigkeit verlangt, gerät in Konflikt mit biographischen Realitäten wie Familienplanung oder dem Wunsch nach Sesshaftigkeit. Schließlich sind der finanziellen Verbesserung Grenzen gesetzt, die verhältnismäßig früh erreicht werden können. Ausnahmen bilden hier sicherlich die Stars der Medienszene, die sich vor allem beim Fernsehen finden.

In dieser Situation eröffnen sich älteren Journalisten attraktive Berufsalternativen, bei denen sie von ihren bisher erworbenen Fähigkeiten und Erfahrungen profitieren können. Dazu ist der gesamte Komplex der Öffentlichkeitsarbeit und der Kommunikationsberatung ebenso zu zählen, wie die Politik, die Aus- und Fortbildung oder auch das weite Feld der Managementtätigkeiten. Gesicherte Erkenntnisse gibt es bisher für die journalistischen Berufsaussteiger in der Schweiz nicht. Allerdings stellen internationale Untersuchungen fest, dass der Wechsel älterer Journalisten in andere Berufsfelder »seems to be a fairly pattern around the world« (Weaver 1998b: 459).

Inwiefern gestaltet sich nun die journalistische Berufsrealität für die verschiedenen Altersgruppen unterschiedlich? Um diese Frage beantworten zu können werden die Befragten zu drei Gruppen zusammengefasst. Als *Berufseinsteiger* gelten all jene, die zum Zeitpunkt der Befragung jünger als 35 Jahre sind. Ihr Anteil an der Gesamtpopulation liegt bei 31%. Die Gruppe der 35- bis 44-jährigen, die 35% der Schweizer Journalisten stellen, wird als *Etablierten* bezeichnet. All jene, die das 44. Lebensjahr überschritten haben firmieren unter dem Etikett der *Routiniers*. Es wird im Folgenden davon ausgegangen, dass die Berufserfahrung eng an das Alter gebunden ist. Innerhalb der Gesamtpopulation liegt die durchschnittliche Berufserfahrung bei 14,5 Jahren. Für die Einsteiger liegt der Wert bei 7 Jahren. Die Etablierten sind im Schnitt 13 Jahre journalistisch tätig und die Routiniers üben ihren Beruf seit mehr als 23 Jahren aus.

Tab. 25: Allgemeine Arbeitsbedingungen nach Altersgruppen

	Einsteiger	Etablierte	Routiniers
Medientyp			
Tageszeitungen	41	38	42
Wochen-/Sonntagszeitung	10	11	8
Zeitschrift/Illustrierte/Magazine	13	11	12
Fachzeitschriften	4	5	6
öffentliches Radio	8	14	10
öffentliches TV	8	13	17
privates Radio/TV	11	4	2
Nachrichtenagentur	7	5	3
Beschäftigungsverhältnis			
Festangestellte	82	81	77
feste Freie	8	9	10
Freie	10	10	13
Mehrfachbeschäftigung			
aktuelle	37	37	45
im letzten Jahr	48	42	48
Einkommen			
bis 2.000 Fr.	6	2	4
2.001 bis 4.000 Fr.	21	13	15
4.001 bis 6.000 Fr.	40	24	25
6.001 bis 8.000 Fr.	28	39	32
8.001 bis 10.000 Fr.	5	17	18
über 10.000 Fr.	1	4	7

Im Hinblick auf die medienbezogenen Strukturmerkmale (vgl. Tabelle 25) fallen die Unterschiede zwischen den Altersgruppen sehr moderat aus. Der Anteil an Pressejournalisten liegt über alle drei Altersgruppen hinweg bei etwas mehr als zwei Dritteln. Der Anteil der Mitarbeiter von Nachrichtenagenturen nimmt mit zunehmenden Alter leicht ab. Deutlicher ist dieser Prozess bei den privaten Radio- und Fernsehstationen zu beobachten. Während dort immerhin 11% der Einsteiger tätig sind, finden sich in diesem Bereich nur gerade mal 2% der Routiniers.

Im Altersvergleich ist der Anteil der freien Mitarbeiter bei den unter 35-jährigen am geringsten und bei den über 44-jährigen am größten. Allerdings kann hier vermutet werden, dass freie Tätigkeit für Berufseinsteiger eher als Warteschleife für die Chance auf eine Festanstellung dient, während etablierte Journalisten diesen Berufsstatus bewusst wählen.

Dass Berufseinsteiger mit einem geringeren Einkommen rechnen müssen, war zu erwarten und trifft nicht nur auf den Journalismus zu. Auffällig ist allerdings, dass die Einkommensstruktur der Etablierten und jene der Routiniers nur geringfügige Unterschiede aufweist. Dies bestätigt die weiter oben formulierte Vermutung, dass das Einkommen der Journalisten nur bis zu einem bestimmten Punkt mit zunehmendem Alter ansteigt. In der Gruppe der Einsteiger und der Etablierten ist der Zusammenhang zwischen beiden Variablen positiv und signifikant, bei den Routiniers fällt die Korrelation dagegen negativ aus. Auch hier gilt allerdings zu beachten, dass die Anstellungsprozente nicht berücksichtigt werden konnten.

Mitverantwortlich für die Ähnlichkeit der Einkommensstruktur zwischen Etablierten und Routinierten ist auch die Verteilung von Führungsverantwortung innerhalb der Altersgruppen. Zwar liegt der Anteil jener, die eine Gesamtleitungsrolle ausfüllen, bei den Routinierten mit 18% um 8% höher als bei den Etablierten, doch nimmt bei letzteren jeder Dritte eine Teilleitungsverantwortung war (vgl. Tabelle 26). Dass selbst unter den Einsteigern schon 7% mit Gesamtleitungsrollen betraut sind, ist ein weiteres Indiz für die kurzen Aufstiegswege im Journalistenberuf. Umgekehrt ergibt sich das beeindruckende Bild, dass von allen Schweizer Journalisten in Gesamtleitungspositionen fast jeder zweite (48 %) jünger als 45 Jahre und fast jeder fünfte (19 %) jünger als 35 Jahre ist. Ein Zustand, der beispielsweise in den Wissenschaftsberufen unvorstellbar ist.

Ebenfalls geringe Unterschiede finden sich bei den Tätigkeitsprofilen der verschiedenen Altersgruppen. Wenn man überhaupt von Differenzen sprechen will, so kann man einen mit dem Alter leicht ansteigenden Anteil der sonstigen Aufgaben auf Kosten der journalistischen Tätigkeiten im engeren Sinne konstatieren. Auch die Zuordnung zu verschiedenen Ressorts ergibt keinen Alterstrend. Der Bereich ›Lokales/Regionales‹ ist zwar das wichtigste Einsteigerressort, grundsätzlich ist aber den unter 35-jährigen kein thematischer Bereich verschlossen. Im Wirtschaftsressort, dass in letzter Zeit wohl an Bedeutung und Ansehen gewonnen haben dürfte, verzeichnet diese Gruppe sogar den höchsten Anteil: jeder zehnte Einsteiger ist dort tätig.

Tab. 26: Redaktionelle Arbeitsbedingungen nach Altersgruppen

	Einsteiger	Etablierte	Routiniers
Hierarchische Position			
Gesamtleitungsrolle	7	10	18
Teilleitungsrolle	25	33	29
ohne Führungsverantwortung	68	57	53
Ressortstrukturen			
in ressortstrukturierten Medien	81	84	81
mit Ressortzuordnung	59	62	60
davon im Ressort:			
Aktuelles /Information/Politik	7	12	10
Wirtschaft	10	5	9
Kultur	12	12	14
Sport	12	10	7
Lokales/Regionales	27	20	21
Nationales/Internationales	13	15	16
Sonstiges	20	26	23

Ältere Journalisten sehen sich schließlich mit der Situation konfrontiert, dass die nachrückende Generationen bei ihrer beruflichen Sozialisation von der sich im Laufe der Jahre verbessernden Angebotssituation berufsvorbereitender Ausbildungen profitieren können und somit über umfangreichere und bessere Vorbildungen verfügen. So sinkt der Anteil jener, die keine berufsvorbereitende Ausbildung absolviert haben, von 22% bei den Routiniers auf 13% bzw. 11% bei den Etablierten und den Einsteigern. Auf den Besuch einer Journalistenschule können nur 15% der Routiniers verweisen, bei den Etablierten sind es 29% und bei den Einsteigern sogar mehr als jeder dritte.

In der Bilanz muss man feststellen, dass das Alter der Journalisten hinsichtlich ihrer Berufsrealität nur eine geringe Distinktionskraft besitzt. Diese Situation ist für Berufsanfänger sicherlich sehr attraktiv, können sie doch auf einen schnellen Aufstieg in fast allen Medien und Ressorts rechnen, der sich auch in kurzer Zeit finanziell auszahlen wird. Problematisch wird die Berufsrealität allerdings für die älteren Journalisten, die nur bedingt auf eine Privilegierung per Alter und per Berufserfahrung setzen können.

Aus den gewonnenen Daten zur Altersstruktur und aus der Gegenüberstellung der Berufsrealität verschiedener Altersgruppen lässt sich der Beruf des Journalisten strukturell im gesamtgesellschaftlichen Berufsspektrum verorten. Er unterscheidet sich von den handwerklichen und gewerblichen Berufen durch den relativ späten Berufseinstieg, der sich im Schnitt im Alter von 26 Jahren (Differenz Alter/Berufserfahrung) vollzieht, und die quasiakademische Berufssozialisation. Er unterscheidet sich von den verschiedenen Tätigkeiten im Staatsdienst durch die Anstellungsflexibilität, die er von jenen verlangt, die ihn ausüben. Und er unterscheidet sich von den akademischen Berufen durch die kurzen Karrierewege. Vergleichbare Verhältnisse lassen sich vermutlich in Bezug auf die PR-Branche und andere Öffentlichkeitsberufe sowie zu jenen Berufsfeldern, die im Umfeld der neuen IuK-Technologien entstanden sind, finden.

3.5.3 Berufsrealität und Sprachregion

Die bis hierher getroffenen Aussagen über die Journalisten in der Schweiz haben von der Tatsache abgesehen, dass die unterschiedlichen Sprachregionen des Landes ihre historischen, kulturellen, ökonomischen und politischen Eigenheiten aufweisen, die sich u.a. auch in abweichenden Berufsrealitäten von Medienschaffenden niederschlagen können. Schon Saxer/Schanne (1981) waren bei ihrer Untersuchungen in den Kantonen Zürich und Waadt auf Unterschiede gestoßen, die bei einem Vergleich der Kantone Zürich und Bern oder Waadt und Genf wohl weniger deutlich zutage getreten wären. Im Folgenden sollen die wichtigsten sprachregionalen Unterschiede der journalistischen Berufsgruppe und ihrer Berufsrealität dargestellt werden. Dabei können erstmals auch Daten aus dem italienischsprachigen Landesteil einbezogen werden.

Zur Erinnerung sei noch einmal darauf hingewiesen, dass die Deutschschweizer Journalisten gemessen an den Verbandsstatistiken im Sample leicht überrepräsentiert sind. Nimmt man die Angaben der Verbände als Grundlage, so wohnen 69% der Schweizer Journalisten in der Deutschschweiz, 24% in der Westschweiz und 7% im Tessin. Wie Tabelle 27 verdeutlicht ergibt sich damit eine Verteilung, die fast identisch ist mit jener der Gesamtbevölkerung der Schweiz.

Tab.27: Sprachregionale Verteilung von Gesamtbevölkerung, Verbandsmitglieder und Befragungsteilnehmer (in %)

	Bevölkerungs-statistik	Verbands-statistik	Befragungs-sample
	N = 7,1 Mio	N = 9.135	N = 2.020
Deutsche Schweiz	72	69	76
Französische Schweiz	24	24	20
Italienische Schweiz	4	7	5

Damit lässt sich feststellen, dass die hohe Journalistendichte, die im Kapitel 3.2.1 für die gesamte Schweiz konstatiert wurde, in allen drei Sprachregionen gleichermaßen anzutreffen ist.[17] Abweichungen finden sich allerdings bei der sozialen Zusammensetzung (vgl. Tabelle 28). So lässt der für die gesamte Schweiz beobachtete Vorstoß der Frauen in das Berufsfeld im Tessin offenbar noch auf sich warten. Ihr Anteil macht dort gerade einmal 23% aus. Wesentlich dynamischer zeigt sich hier die Westschweiz. Lag der Anteil der Journalistinnen des Kantons Waadt 1981 mit 12% noch 5 Prozentpunkte unter jenem ihrer Kolleginnen im Kanton Zürich (vgl. Saxer/Schanne 1981: 76), so liegt er heute in der Westschweiz um genau jenen Wert über dem der Deutschschweiz.

Noch eindrucksvoller gestaltet sich das Bild bei der Gruppe der unter 35-jährigen, wo in den französischsprachigen Regionen das Geschlechterverhältnis schon beinahe ausgeglichen ist.

Die Berufsgruppe der Journalistinnen und Journalisten ist im Tessin nicht nur wesentlich stärker von Männern dominiert, sie erweist sich auch als deutlich älter. Nur jeder fünfte Medienschaffende ist dort jünger als 35 Jahre, während in den anderen beiden Landesteilen etwa jeder dritte in diese Altersgruppe fällt. Da das Alter mit der Berufserfahrung korreliert, findet sich ein deutliches Erfahrungsgefälle von Lugano bis Genf. Im Schnitt hat ein Tessiner Journalist zweieinhalb Jahre mehr Berufsroutine als sein Westschweizer Kollege.

---

[17] Diese Aussage dürfte nicht nur in Bezug auf den Wohnsitz zutreffen. Eine Kontrollfrage des Fragebogens ergab, dass Journalisten nur in seltenen Ausnahmefällen nicht in jener Sprachregion wohnen, in der sich ihr hauptsächlicher Arbeitsplatz befindet.

Tab. 28: Soziodemographische Merkmale nach Sprachregion (in %)

	Deutsche Schweiz	Französische Schweiz	Italienische Schweiz	Schweiz Gesamt
Frauenanteil	31	36	23	32
Frauenanteil bei den unter 35-jährigen	38	48	22	39
Altersstruktur				
jünger als 35 Jahre	31	33	20	31
älter als 44 Jahre	35	31	41	34
Berufserfahrung				
10 Jahre und weniger	38	45	29	39
Berufseinstieg				
vor dem 24. Lebensjahr	35	25	29	33
zwischen 25. und 29. Lebensjahr	40	53	52	43
ab dem 30. Lebensjahr	25	22	20	24
Hochschulausbildung				
mit Abschluss	39	58	58	44
ohne Abschluss	18	17	23	18

Während in der lateinischsprachigen Schweiz jeder zweite Medienschaffende zwischen dem 24. und 29. Lebensjahr in den Beruf einsteigt, findet sich in der Deutschschweiz diesbezüglich eine größere Streuung. Dieser Befund kann in direktem Zusammenhang mit der Ausbildungssituation gesehen werden, die sich in der Deutschschweiz heterogener präsentiert als in den anderen beiden Regionen. So verfügen im größten Sprachgebiet nur 39% der Journalisten über einen Hochschulabschluss, während dieser Anteil im Westen und im Süden bei jeweils 58% liegt. Nimmt man jene hinzu, die ein Studium belegt, aber (noch) nicht abgeschlossen haben, so steigt der Anteil in der Deutschschweiz zwar auf 57%, in der Westschweiz allerdings gleichzeitig auf drei Viertel und im Tessin sogar auf vier Fünftel. Offensichtlich schlägt hier eine generelle sprachregionale Besonderheit auch auf den Journalismus durch. Nach den Angaben des Statistischen Bundesamtes schließen junge Erwachsene in der lateinischsprachigen Schweiz häufiger ein Hochschulstudium ab (10,3%) als diejenigen der

Deutschschweiz (6,0%). Allerdings kombiniert jeder dritte Deutschschweizer Journalist, der ein Hochschulstudium begonnen hat, dies mit einem medienwissenschaftlichen Fach. Im französischsprachigen Landesteil tut dies nur jeder sechste, im Tessin gar nur jeder achte. Dies dürfte weniger das Resultat einer freiwilligen Entscheidung der Journalistinnen und Journalisten sein als eher direkte Folge einer ungleichen Angebotslage.

Auch bei der berufsvorbereitenden Ausbildung lassen sich bei den Romands und bei den Tessinern eher Standardisierungen feststellen. Fasst man die vier häufigsten Ausbildungskombinationen der drei Regionen zusammen, so decken diese im Tessin 49% und in der französischsprachigen Schweiz sogar mehr als zwei Drittel aller Ausbildungswege ab. In der Deutschschweiz lassen sich hier nur 24% aller Befragten subsumieren (vgl. Tabelle 29). Die in Kapitel 3.4.2 getroffene Feststellung, dass sich in der Schweiz kein Königsweg bei der berufsvorbereitenden Ausbildung abzeichnet, muss somit auf die Deutschschweiz eingeschränkt werden. Jenseits der deutschsprachigen Region findet sich eine deutliche Bevorzugung des Volontariats, der Journalistenschule und der innerbetrieblichen Ausbildung sowie deren Kombinationen.

Tab. 29: Rangfolge der vier wichtigsten Ausbildungskombinationen nach Sprachregion

Deutsche Schweiz	Französische Schweiz	Italienische Schweiz
nur Praktikum (7%)	Volontariat + Journalistenschule (39%)	nur Volontariat (20%)
nur Volontariat (7%)	nur Volontariat (13%)	Volontariat + Journalistenschule (15%)
Praktikum + innerbetriebliche Ausbildung (5%)	Volontariat + Journalistenschule + innerbetriebliche Ausbildung (10%)	Volontariat + innerbetriebliche Ausbildung (8%)
Volontariat + Weiterbildung + MAZ (5%)	nur Journalistenschule (6%)	nur Praktikum (6%)

Schließlich sei noch auf eine Westschweizer Ausbildungsbesonderheit hingewiesen: die Verpflichtung aller Stagiaires, die in einem Mitgliedsvertrag der Union Romande des Journaux angestellt sind, zur Absolvierung der journalistischen Grundausbildung am Centre Romand de la Formation des Journalistes

(CRFJ).[18] Durch dieses Agreement der Verleger sinkt der Anteil jener Journalisten, die ihren Beruf ohne jede berufsvorbereitende Ausbildung ausüben, auf nur noch 6%. Im Tessin und in der Deutschschweiz, wo es keine vergleichbare Regelung gibt, beträgt der Anteil der Ausbildungslosen 19% bzw. 18%.

Tab. 30: Allgemeine Arbeitsbedingungen und Sprachregion

	Deutsche Schweiz	Französische Schweiz	Italienische Schweiz
Medientyp			
Tageszeitungen	39	47	34
Wochen-/Sonntagszeitung	11	7	10
Zeitschrift/Illustrierte/Magazine	13	10	2
Fachzeitschriften	6	3	3
öffentliches Radio	10	12	18
öffentliches TV	12	11	31
privates Radio/TV	6	5	-
Nachrichtenagentur	5	6	2
Einkommen			
bis 2.000 Fr.	4	3	8
2.001 bis 4.000 Fr.	16	13	6
4.001 bis 6.000 Fr.	24	29	26
6.001 bis 8.000 Fr.	31	35	26
8.001 bis 10.000 Fr.	18	15	30
über 10.000 Fr.	7	6	6

In Bezug auf die Medientypen, bei denen die befragten Journalistinnen und Journalisten derzeit hauptsächlich angestellt sind, zeigt sich die Medienlandkarte in den drei Sprachregionen unterschiedlich kartographiert (vgl. Tabelle 30). Die Dominanz von SRG-Mitarbeitern im Tessin ist vor allem für das Fernsehen beeindruckend. Sie findet ihre Entsprechung in der Westschweiz

---

[18] Vgl. SZV (Hrsg.) (1991) Wege zum Journalismus. Zürich, S. 26.

unter den Mitarbeiterinnen und Mitarbeitern der Tagespresse. In der Deutschschweiz dagegen kann eine größere Streuung unter den Medientypen und insbesondere unter den verschiedenen Printmedien festgestellt werden, wobei auch hier die Tageszeitungsjournalisten in der Überzahl sind. Fasst man die Pressejournalisten zusammen, so stellen sie in der deutschen und französischen Schweiz 2 von 3 Journalisten. Im Tessin arbeitet nicht einmal jeder zweite Journalist für ein Printmedium.

Die Chancen auf eine Festanstellung sind in der Deutschschweiz etwas geringer als im übrigen Land. Dagegen finden sich Mehrfachbeschäftigungen unter den Deutschschweizer und Tessiner Medienschaffenden sowohl aktuell als auch retrospektiv etwas häufiger als in der Westschweiz.

Schließlich belegen die Daten einen klaren Einkommensvorteil für den durch Mitarbeiter des öffentlichen Rundfunks dominierten Journalismus im Tessin. Mehr als jeder dritte Journalist rangiert dort in der oberen Einkommensklasse über Fr. 8.000 Bruttomonatslohn. In der Deutschschweiz kann dies nur jeder vierte und in der Westschweiz gar nur jeder fünfte von sich behaupten. Bezogen auf das Durchschnittseinkommen liegen West- und Deutschschweizer Journalisten etwa gleich auf, allerdings findet sich in der Romandie eine deutliche Konzentration in den mittleren Einkommensklassen, während das ausdifferenziertere Mediensystem in der Deutschschweiz eine größere Streuung zwischen den verschiedenen Gehaltsgruppen zeitigt.

Sprachregionale Unterschiede finden sich auch hinsichtlich der vorhandenen Redaktionsstrukturen (vgl. Tabelle 31). In Bezug auf die Redaktionsgröße fällt der hohe Anteil von Westschweizer Journalisten in Redaktionen mit mehr als 20 Mitarbeitern auf. Dass dieser höher liegt als im Tessin, ist auf Grund der dortigen geringen Anzahl von Journalisten verständlich. Aber auch in der Deutschschweiz sind 15% weniger Journalisten in solchen großen Redaktionen tätig. Auf den Zusammenhang zwischen Redaktionsgröße und hierarchischer Struktur wurde bereits hingewiesen. Er bestätigt sich auch beim regionalen Vergleich. Konzentration von Führungsverantwortung findet sich dort, wo mitarbeiterstarke Redaktionen vorherrschen. Eine Organisation der Redaktionsarbeit mit Hilfe von Ressortstrukturen finden Tessiner Journalisten etwas häufiger vor als ihre Kollegen. Auch scheinen die klassischen Ressorts im italienischsprachigen Landesteil weniger in Auflösung begriffen als anderswo. Neun von zehn Journalisten, die innerhalb eines Ressorts tätig sind, lassen sich den herkömmlichen Themenbereichen zuordnen. Allerdings erreicht hier die Fallzahl einen kritischen Bereich, wodurch auch von einer Interpretation des hohen Anteils im Kulturressort abgesehen werden sollte. Letztendlich verbergen sich hinter den 25% nur 16 Fälle.

Soziokulturelle Strukturen

Tab. 31: Redaktionelle Arbeitsbedingungen und Sprachregion (in %)

	Deutsche Schweiz	Französische Schweiz	Italienische Schweiz
Redaktionsgröße			
bis zu 10 Mitarbeiter	32	25	37
11 bis 20 Mitarbeiter	21	13	24
mehr als 20 Mitarbeiter	47	62	39
Hierarchische Position			
mit Führungsverantwortung	41	38	46
ohne Führungsverantwortung	59	62	54
Ressortstrukturen			
in ressortstrukturierten Medien	81	92	96
mit Ressortzuordnung	60	60	67
davon im Ressort:			
– Aktuelles /Information/Politik	10	7	22
– Wirtschaft	8	8	2
– Kultur	13	8	25
– Sport	10	10	13
– Lokales/Regionales	21	29	18
– Nationales/Internationales	14	16	10
– Sonstiges	25	22	10

Die Steuerung der redaktionellen Arbeit durch Leitlinien und Qualitätssicherungsmaßnahmen ist in den Deutsch- und Westschweizer Redaktionen weiter verbreitet als im Tessin (vgl. Tabelle 32). Dabei setzt man aber in der Romandie verstärkt auf die Festschreibung von Berufsregeln, während sich Deutschschweizer Redaktionen stärker auf präventive und retrospektive Qualitätskontrollen verlassen.

Aussagekräftig ist schließlich auch der Vergleich der redaktionellen Ausrichtungen dies- und jenseits der deutsch-französischen Sprachgrenze. Während sich die Redaktionen im Westen vor allem in den Dienst von Gemeinwohl und zu beachtlichen Teilen auch in den der gesellschaftlichen Akteure stellen, ist im größten Landesteil eher die Zufriedenheit des Kunden Ziel der redaktionellen Ausrichtung. Ohne die Verzerrungen, die sich bei der Ermittlung von Redaktionskonzepten über die Befragung ihrer Mitglieder ergibt, zu unter- und die Prozentunterschiede zu überschätzen, kann hier eine mehr idealistische, von gesellschaftlicher Verantwortung geprägte Redaktionsstrategie im Westen und zum Teil auch im Süden des Landes identifiziert werden.

Tab. 32: Redaktionelle Steuerung und Sprachregion

	Deutsche Schweiz	Französische Schweiz	Italienische Schweiz
Existenz von Leitlinien			
mit Redaktionsstatut	54	64	42
mit redaktionellem Leitbild	62	71	42
mit Ethik-Kodices	36	43	45
ohne Leitlinien	26	18	37
Qualitätssteuerung			
regelmäßige Blatt-/Sendungskritik	81	74	60
regelmäßige Kontrolle vor Veröffentlichung	78	60	56
redaktionelle Ausrichtung			
Gemeinwohl	79	89	86
Quellen	59	66	64
Publikum	82	76	86
Markt	52	48	49

Schließlich ist die Dominanz von Radio- und Fernsehjournalisten im Tessin folgenreich für das Tätigkeitsprofil. Der in den elektronischen Medien mehr Zeit in Anspruch nehmende Bereich der technischen Tätigkeiten führt bei den Journalisten im kleinsten Landesteil zu einer Reduktion der journalistischen Kerntätigkeit. Für sie wird dort lediglich die Hälfte der gesamten Arbeitszeit aufgebracht.

3.6 Subjektive Wahrnehmung der Berufsrealität

Journalisten gelten im allgemeinen als Menschen, die mit den Modalitäten ihres Berufs ausgesprochen zufrieden sind. Dies belegen Studien aus Nordamerika und Westeuropa ebenso wie die von Beck/Münger (1998) durchgeführte Befragung von Journalisten im Kanton Bern. Grundsätzlich liefern auch die aktuell erhobenen Daten keinen Grund, das Gegenteil anzunehmen. Seinen Ausdruck findet diese Zufriedenheit z.b. in der Tatsache, dass drei von vier Schweizer Journalisten einen Bekannten, der eine journalistische Karriere einschlagen möchte, dazu ermuntern würden. Allerdings existieren innerhalb der Berufsgruppe durchaus Unterschiede in der Zufriedenheit mit den Arbeitsbedingungen, die nach der Darstellung abweichender Berufsrealitäten im bisherigen Teil dieser Untersuchung zu erwarten waren.

So korrespondiert die mangelnde Privilegierung durch steigende Berufserfahrung mit dem Befund, dass 83% der Berufseinsteiger, aber nur 73% der Routiniers ihren Beruf weiterempfehlen würden. Der höhere Anteil von Festanstellungen und die bessere Entlohnung im elektronischen Medienbereich findet ihre Entsprechung darin, dass 84% der Radio- und Fernsehjournalisten, aber nur 74% der Pressemitarbeiter ihren Bekannten zum Journalistenberuf raten würden. Dessen ungeachtet wäre es aber falsch, von vorteilhafteren Berufsrealitäten einzelner Gruppen automatisch auf eine größere Identifikation mit dem eigenen Job zu schließen. So ist der Anteil derer, die ihren Beruf weiterempfehlen, bei den AV-Journalisten des privaten Sektors höher als bei den SRG-Mitarbeitern. Gleiches gilt auch für die Journalistinnen im Vergleich mit ihren männlichen Kollegen.

Natürlich bildet die Frage nach der Weiterempfehlung des eigenen Berufes nur einen schwachen Indikator für die Berufszufriedenheit. Härtere Befunde kann man durch die Erhebung der Zufriedenheit mit spezifischen Aspekten des beruflichen Alltags gewinnen. Zu diesem Zweck wurden die Befragten gebeten, ihre Zufriedenheit mit der Entlohnung, mit dem Arbeitsklima und mit dem Abwechslungsreichtum des Aufgabenbereiches auf sechsstufigen Polaritätsskalen einzuschätzen. Mit dem gleichen Instrument wurde außerdem die subjektive Wahrnehmung der Arbeitsbelastung sowie des zeitlichen und wirtschaftlichen Drucks gemessen. Abbildung 7 liefert einen Überblick über die Grundverteilungen. Anschließend soll der Zusammenhang mit verschiedenen Merkmalen der Berufsrealität charakterisiert werden.

Abb. 7: Berufszufriedenheit

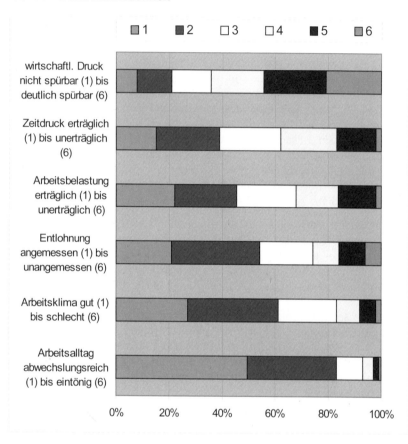

3.6.1 Entlohnung

Die Einschätzung ihrer individuellen Entlohnung konnten die Befragten innerhalb der Extrempunkte ›ungenügend‹ und ›angemessen‹ vornehmen. Die Tatsache, dass Schweizer Journalisten im Vergleich zum nationalen Einkommensniveau und im Vergleich mit ihren internationalen Kollegen überdurchschnittlich entlohnt werden, findet ihren Ausdruck in einer mehrheitlichen Einschätzung des eigenen Einkommens als angemessen. Nur etwa ein Viertel der Befragten bewertet den eigenen Verdienst als eher ungenügend (vgl. Tabelle 33).

Tab. 33: Unzufriedenheit mit der Entlohnung (in %)

	Die Höhe der Bezahlung ist eher ungenügend.
Medientypen	
Tageszeitungen	32
Wochen-/Sonntagszeitung	30
Zeitschrift/Illustrierte/Magazine	28
Fachzeitschriften	36
öffentliches Radio	7
öffentliches TV	12
privates Radio/TV	37
Nachrichtenagentur	24
Beschäftigungsverhältnis	
Feste	21
Feste Freie	31
Freie	57
Hierarchische Position	
mit Führungsverantwortung	21
ohne Führungsverantwortung	28

Es liegt auf der Hand, dass die Zufriedenheit mit dem Einkommen bei den Besserverdienenden höher ist als bei den geringer Entlohnten. Dies bedeutet allerdings nicht, dass in den unteren Einkommensgruppen generell Unzufriedenheit und in den oberen Einkommensklassen generell Zufriedenheit herrscht. Immerhin erklären 39% der Journalisten, die aus ihrer journalistischen Tätigkeit weniger als Fr. 2.000 monatlichen Bruttolohn beziehen, eher angemessen entlohnt zu werden. Gleichzeitig schätzt etwa jeder zehnte Journalist in der oberen Gehaltsgruppe mit einem Bruttoverdienst von mehr als Fr. 8.000 sein Gehalt als eher ungenügend ein.

Setzt man die Zufriedenheit mit der Bezahlung ins Verhältnis zu anderen Merkmalen der Berufsrealität, schlagen auch hier die beobachtbaren Einkommensunterschiede durch. So ist eine Unzufriedenheit mit der Bezahlung unter den SRG-Journalisten eher die Ausnahme, während sie von mehr als einem Drittel der Mitarbeiter von Fachzeitschriften und von privaten Radio- und Fernsehstationen artikuliert wird. Häufiger unangemessen entlohnt sehen sich auch die freien Journalisten, allerdings reduziert eine regelmäßige freie Tätigkeit dieses Gefühl der Benachteiligung erheblich. Eher gering sind die Unterschiede in der Zufriedenheit zwischen Journalisten mit und ohne Führungsaufgaben. Da hier durchaus Einkommensunterschiede bestehen, liegt der Schluss nahe, dass die höhere Vergütung von Leitungstätigkeit allgemeine subjektive Akzeptanz findet.

Tab. 34: Unzufriedenheit mit der Entlohnung nach soziodemographischen Merkmalen (in %)

	Die Höhe der Bezahlung ist eher ungenügend.
Geschlecht	
Frauen	32
Männer	23
Alter	
jünger als 35 Jahre	31
35 bis 44 Jahre	25
älter als 44 Jahre	23
Sprachregion	
deutschsprachige Schweiz	27
französischsprachige Schweiz	25
italienischsprachige Schweiz	11

Innerhalb der soziodemographischen Gruppen ist das Unzufriedenheitsgefälle etwas geringer (vgl. Tabelle 34). Trotz ihrer finanziellen Benachteiligung empfindet nur eine von drei Journalistinnen ihre Bezahlung als ungenügend. Die Journalisten im Tessin haben wohl nicht zuletzt auf Grund des hohen Anteils von SRG-Mitarbeitern nur selten Anlass, über ihr Einkommen zu klagen. Der Anteil der Unzufriedenen ist in den übrigen beiden Landesteilen vergleichbar groß. Nachdem festgestellt wurde, dass die Möglichkeiten der Einkommensverbesserung im Journalismus mit zunehmendem Alter eher eng bemessen sind, überrascht der Befund, dass der Anteil der Unzufriedenen bei den Routiniers geringer ausfällt als bei den anderen beiden Altersgruppen. Allerdings könnte man auch erwarten, dass Unzufriedenheiten mit dem Einkommen mit zunehmendem Alter eigentlich verschwinden sollten. In dieser Lesart wäre es eher überraschend, dass immer noch 23% der über 44-jährigen mit ihrer Einkommenssituation unzufrieden sind.

Zufriedenheit lässt sich beschreiben als Differenz zwischen den Erwartungen und der vorfindbaren Realität. Dass sich die Einkommensstruktur der verschiedenen Journalistengruppen nicht eins zu eins in der Zufriedenheit mit der Bezahlung abbildet, kann somit u. a. mit dem Hinweis auf unterschiedliche Erwartungen erklärt werden. So legt der Vergleich zwischen Frauen und Männer nahe, dass ein Großteil der Journalistinnen ihre Gehaltserwartungen nicht an den Einkommen der männlichen Kollegen orientiert.

3.6.2 Arbeitsklima

Große Zufriedenheit offenbaren die Schweizer Journalisten mit dem Arbeitsklima, das sie bei der Ausübung ihrer Tätigkeiten vorfinden. Es ist zu vermuten, dass damit die Einschätzung der Arbeitsatmosphäre im Allgemeinen und das Verhältnis zu den Kollegen im Besonderen gleichermaßen abgebildet wird.

Tab. 35: Unzufriedenheit mit dem Arbeitsklima nach Medientyp (in %)

	Das Arbeitsklima ist eher schlecht.
Tageszeitungen	20
Wochen-/Sonntagszeitung	16
Zeitschrift/Illustrierte/Magazine	10
Fachzeitschriften	9
öffentliches Radio	17
öffentliches TV	18
privates Radio/TV	21
Nachrichtenagentur	8

Abhängig ist die Einschätzung des Arbeitsklimas vor allem von den Medientypen, bei denen die Befragten hauptsächlich tätig sind (vgl. Tabelle 35). Die geringste Unzufriedenheit artikulieren die Mitarbeiter von Nachrichtenagenturen und jene der Fachzeitschriften. Bei den Printmedien wächst der Anteil der mit dem Arbeitsklima eher unzufriedenen mit steigendem Aktualitätsdruck. Mit über 20% findet sich bei den privaten AV-Journalisten der größte Anteil jener, die ihr Arbeitsklima als eher schlecht beurteilen. Dass sich das Klima nicht automatisch mit einer guten Entlohnung verbessert, zeigt sich an den SRG-Mitarbeitern. Jenseits der Variable Medientyp lässt sich keine Journalistengruppe identifizieren, die in besonderem Masse unter dem Arbeitsklima leidet.

3.6.3 Arbeitsalltag

Der große Abwechslungsreichtum des Arbeitsalltages ist nicht nur ein wichtiger Faktor für die Anziehungskraft, die der journalistische Beruf auf junge Leute ausübt. Die Hoffnung auf diesen Abwechslungsreichtum scheint sich nach dem Berufseinstieg auch zu erfüllen (Schneider/Schönbach/Stürzebecher 1994: 206). Dies ist unter den Schweizer Journalisten nicht anders. Zwischen den Antwortpolen 'abwechslungsreich' und 'eintönig' tendieren insgesamt nur 6% der Befragten zu letzterem. Somit herrscht weitgehend Einigkeit darüber, dass der eigene Beruf abwechslungsreich und nicht eintönig ist.

Unterschiede zwischen einzelnen Gruppen ergeben sich erst, wenn man nur die Zustimmung zur Extremposition ›abwechslungsreich‹ berücksichtigt, die insgesamt jeder zweite Journalist gewählt hat. Diese stärkste Zustimmung bei der Einschätzung des Abwechslungsreichtums der eigenen Arbeit wählen z.B. 62% der AV-Journalisten im privaten Sektor, aber nur 36% der Agenturjournalisten; 58% der Freien und festen Freien, aber nur 48% der Festangestellten; 56% der Frauen, aber nur 48% der Männer. Damit wird deutlich, dass die Zufriedenheit mit dem Abwechslungsreichtum der eigenen Arbeit bei jenen am höchsten ist, die innerhalb der Berufsgruppe vor allem unter finanziellem Aspekt eher unterprivilegiert sind. Inwiefern dies die tatsächliche Vielfalt des eigenen Aufgabenbereiches widerspiegelt oder das Antwortverhalten eher den Logiken der kognitiven Dissonanzreduktion folgt, ist allein mit den hier erhobenen Daten nicht zu entscheiden.

3.6.4 Arbeitsbelastung

Der Preis, den Journalisten für gut bezahlte und abwechslungsreiche Tätigkeit in einer angenehmen Arbeitsatmosphäre zahlen, besteht in einer im Vergleich zu anderen Berufen hohen Arbeitsbelastung. Davon wurde bei der Erhebung ausgegangen und die Spannweite der Belastungseinschätzung mit ›erträglich‹ und ›unerträglich‹ vorgegeben. Die sich aus den Antworten ergebenden Verteilungen zeigen, dass sich unter den Schweizer Journalisten die Überbelastung in Grenzen hält. Nur einer von drei Medienschaffenden gibt an, die Belastung als eher unerträglich zu empfinden. Die Extremposition wählten gerade einmal 2%.

Unter Überbelastung leiden vor allem die Agenturjournalisten (vgl. Tabelle 36). 46% von ihnen beschreiben ihre diesbezügliche Situation als eher unerträglich. Dies tun noch 38% der privaten Radio- und Fernsehjournalisten, bei allen anderen Medien liegt der Wert bei etwa einem Drittel. Dass die jüngeren Journalisten zu etwas größeren Teilen eine unerträgliche Belastung behaupten, kann ein Hinweis sein auf tatsächliche Überbeanspruchung oder aber auf mangelnde Routine bei der Arbeitsorganisation. Unerträgliche Arbeitsbelastung ist weiterhin unter den Führungskräften (39%) etwas häufiger verbreitet als bei den Journalisten ohne Leitungsverantwortung (30%). Sie findet sich schließlich öfter bei den festangestellten Journalisten (36%) als bei den festen Freien (25%) und vor allem bei den freien Journalisten (21%).

3.6.5 Zeitdruck

Die Wahrnehmung von Zeitdruck ist eng verbunden mit der Wahrnehmung von Überbelastung und wurde deshalb mit der gleichen Skala erfasst. Dabei stellt sich heraus, dass die Journalisten unter ersterem etwas häufiger leiden als unter letzterer. 38% der Befragten gaben an, den Zeitdruck als eher unerträglich zu empfinden.

Im Vergleich der Mitarbeiter verschiedener Pressemedien liegt der Anteil jener, die den Zeitdruck als unerträglich empfinden, über alle Gruppen hinweg bei einem Drittel (vgl. Tabelle 36). Dies überrascht insofern, als hier ein Einfluss des größeren Aktualitätsdrucks auf die Mitarbeiter von Tageszeitungen erwartbar gewesen wäre. Zeitdruck ist offensichtlich vor allem ein Problem der Agenturjournalisten, die ja schon zu größeren Teilen unter der Arbeitsbelastung litten, und der Mitarbeiter elektronischer Medien und hier insbesondere der SRG-Journalisten.

Bei den übrigen Gruppenvergleichen zeigt sich wiederum, dass Privilegierungen wie Festanstellung und Führungsposition mit einem größeren Zeitdruck bezahlt werden müssen. 41% der Festangestellten, aber nur 33% der festen Freien und nur 26% der Freien beschreiben den Zeitdruck als eher unerträglich. Das gleiche tun 42% der Journalisten in Leitungspositionen, aber nur 36% derjenigen ohne Führungsverantwortung.

Tab. 36: Unzufriedenheit mit Arbeitsbelastung und Zeitdruck nach Medientyp (in %)

	Die Arbeitsbelastung ist eher unerträglich.	Der Zeitdruck ist eher unerträglich.
Tageszeitungen	34	34
Wochen-/Sonntagszeitung	32	31
Zeitschriften/Illustrierte/Magazine	31	32
Fachzeitschriften	32	32
öffentliches Radio	32	50
öffentliches TV	33	46
privates Radio/TV	38	39
Nachrichtenagentur	46	56
Gesamt	34	38

3.6.6 Wirtschaftlicher Druck

Die zunehmende Kommerzialisierung des Mediensystems ist innerhalb der Medienforschung ein häufig untersuchter und vielfach bestätigter Prozess der aktuellen Medienentwicklung. Inwiefern ist dies für die Medienakteure bei ihrer täglichen Arbeit aber spürbar? Um nicht jene, die von einem wirtschaftlichen Druck nichts oder wenig spüren, zu einer Einschätzung zu zwingen, wurde bei der Frage nach diesem nicht die Bewertung, sondern allein die Wahrnehmbarkeit zwischen den Dimensionen ›gar nicht spürbar‹ und ›deutlich spürbar‹ erhoben. Die Tatsache, dass mehr als ein Drittel der Journalisten tatsächlich wenig von einem ökonomischen Druck auf ihre Arbeit bemerkt, rechtfertigt diese Entscheidung nachträglich. Den Indikator dennoch im Zusammenhang mit der Berufszufriedenheit auszuwerten, setzt die Annahme voraus, dass spürbarer wirtschaftlicher Druck wohl in den seltensten Fällen als angenehm empfunden wird.

Ist diese Annahme haltbar, dann beeinträchtigt der wirtschaftliche Druck die Berufszufriedenheit vor allem bei den Mitarbeitern der Sonntags- und Wochenzeitungen. Drei Viertel von ihnen geben an, den Druck zu spüren, ein Drittel wählte dabei sogar die Extremposition. Auf der anderen Seite sehen sich nur etwas mehr als die Hälfte der SRG-Radiojournalisten mit ökonomischem Druck konfrontiert. Die naheliegende Vermutung, dass die öffentliche Finanzierung vor der Wahrnehmung kommerzieller Zwänge schützt, trifft allerdings für die Mitarbeiter des SRG-Fernsehens nicht zu. Deren Werte unterscheiden sich kaum von den Kollegen bei Tageszeitungen, Zeitschriften und auch nicht von jenen, die bei privaten Radio- und Fernsehstationen tätig sind. Eher verschont vom wirtschaftlichen Druck bleiben schließlich jene, die unter der höchsten Arbeits- und Zeitbelastung leiden: die Agenturjournalisten.

Das gleiche gilt auch für die höher belasteten festangestellten Journalisten, die im Vergleich zu ihren freien Kollegen weniger häufig den Druck des Medienmarktes spüren. Allerdings ist es hier möglich, dass frei tätige Journalisten wirtschaftlichen Druck vor allem im Zusammenhang mit der Suche nach Aufträgen wahrnehmen und somit etwas anderes darunter verstehen als die festangestellten Kollegen.

Unter den sprachregionalen Medienmärkten der Schweiz ist jener in der Deutschschweiz nicht nur am weitesten ausdifferenziert, er verfügt auch über das mit Abstand größte Publikumspotential und ist somit auch ökonomisch am härtesten umkämpft. Dies findet seinen unmittelbaren Ausdruck in der Wahrnehmung der Journalisten in den Landesteilen. Während 70% der Deutschschweizer Journalisten wirtschaftlichen Druck mehr oder weniger deutlich zu spüren bekommen, gilt dies für lediglich 56% in der Romandie und gar nur für jeden zweiten Medienschaffenden im Tessin.

Der Befund, dass drei von vier Journalisten in der Schweiz ihren Beruf weiterempfehlen würden, lässt sich nach den dargestellten Ergebnissen weiter differenzieren. Mit den Faktoren Entlohnung, Arbeitsklima und Abwechslungsreichtum der Tätigkeit konnten drei wichtige Facetten des Berufes erhoben werden, die seine Ausübung erstrebenswert machen. Diese Gratifikationen überlagern offenbar die mit den Fragen nach der Arbeitsbelastung, dem zeitlichen und dem wirtschaftlichen Druck ebenfalls nachweisbaren Nachteile, die nicht selten als unerträglich bzw. als deutlich spürbar eingeschätzt werden.

3.7 Berufsrealität und Rollenselbstbilder

3.7.1 Vorbemerkung

Die Frage nach den persönlichen Zielsetzungen, die Journalisten mit ihrer beruflichen Tätigkeit verbinden, gehört nicht erst seit heute (vgl. Johnston/Slawski/Bowman 1976) und nicht nur in Europa und Nordamerika (vgl. u.a. Weaver 1998b) zum festen Inventar von Journalistenbefragungen. Die Selbstverständlichkeit, mit der diese Zielsetzungen erhoben werden, kann allerdings nicht darüber hinwegtäuschen, dass über die Interpretation der damit gewonnenen Ergebnisse alles andere als Einverständnis herrscht. Abgesehen von jenen Studien, die sich einer theoretischen Einordnung der individuellen Zielsetzungen komplett enthalten, konzentriert sich die Diskussion auf Fragen der Validität der Selbstaussagen sowie auf die Einbettung in allgemeine Kausalitätsvorstellungen über den journalistischen Produktionsprozess. Bevor im Folgenden die persönlichen Zielsetzungen der Schweizer Journalisten dargestellt werden, soll der Umgang der vorliegenden Untersuchung mit diesen Fragen kurz skizziert werden.

Was das Kriterium der Validität anbetrifft, so sieht sich jede naive Interpretation der Selbstaussagen als ›tatsächliche‹ individuelle Zielsetzungen mit dem Generalverdacht, allein die Dimensionen des ideologischen Selbstbetrugs (Prott 1976: 103) zu erheben, und dem Vorwurf der ›Selbstidentifikationsforschung‹ (Rühl 1980) konfrontiert. Grundsätzlich muss die Frage, inwieweit die diesbezüglichen Ergebnisse durch Prozesse der Selbsttäuschung, durch die unreflektierte Internalisierung externer Normen oder durch ein Antwortverhalten, das sich an der sozialen Erwünschtheit orientiert, verzerrt wurden, auch für die vorliegende Untersuchung unbeantwortet bleiben. Diesem Umstand soll im Folgenden Rechnung getragen werden, indem nicht von individuellen Zielsetzungen, sondern vom *Rollenselbstbild der Journalisten* die Rede sein wird. Mit der Referenz auf das Bild, das sich die Journalisten von ihrer beruflichen Rolle machen, soll die Differenz zu tatsächlichen Zielstellungen indiziert und Überinterpretationen vermieden werden.

Innerhalb des komplexen Variablengefüges, das den journalistischen Produktionsprozess determiniert, kann das Rollenselbstbild der Journalisten sowohl als unabhängige als auch als abhängige Variable operationalisiert werden. Im ersten Fall wird vor allem nach der Handlungsrelevanz, d.h. nach dem Einfluss persönlicher Berufsziele auf die eigene Tätigkeit und somit auf das publizistische Produkt gefragt. Auch hier sieht sich die Forschung überall dort unter Naivitätsverdacht, wo von der Reklamation bestimmter Berufsziele direkt auf das Ergebnis der journalistischen Tätigkeit geschlussfolgert wird (vgl. die Überblicksdarstellung von Scholl/Weischenberg 1998: 157 ff.). Tatsächlich bedarf es für eine gültige Bestimmung des Verhältnisses zwischen unabhängiger und abhängiger Variable enormer methodischer Anstrengungen, die den Rahmen herkömmlicher Journalistenbefragungen schnell sprengen können.[19] Da diesbezüglich der vorliegenden Studie von vorn herein Grenzen gesetzt waren, muss auf eine Bestimmung der Handlungsrelevanz der erhobenen Rollenselbstbilder verzichtet werden.

Statt dessen soll im Folgenden neben einer allgemeinen Beschreibung der Rollenselbstbilder von Schweizer Journalisten der Versuch unternommen werden, Berufsrealitäten zu identifizieren, die unterschiedliche Ausprägungen von Rollenselbstbildern begünstigen. Formal werden dabei die bisher dargestellten Merkmale der Berufsrealität als unabhängige und die erhobenen Selbstbeschreibungen der eigenen Rollen als abhängige Variablen operationalisiert. Auch die Behandlung der Rollenselbstbilder als abhängige Variable findet sich innerhalb der Kommunikatorforschung häufig. Am prominentesten ist hier der in Deutschland viel diskutierte Versuch, journalistische Zielsetzungen als Ausdruck nationaler Besonderheiten zu interpretieren (Donsbach 1982; 1987, Köcher 1985; Schönbach/Stürzebecher/Schneider 1994). Die kritische Diskussion dieser Forschungsposition war insofern äußerst produktiv, als dabei die Determinierung des publizistischen Prozesses durch die Bedingungen des Mediensystems im allgemeinen und der redaktionellen Strukturen im besonderen ins Blickfeld der Forschung gerieten (Rühl 1980).

An diese Konzentration auf die strukturellen Merkmale des Journalismus und die berufliche Sozialisation innerhalb des Mediensystems knüpft die in diesem Kapitel vorgenommene Datenauswertung an. Es wird davon ausgegangen, dass das Bild, das der einzelne Journalist von seiner beruflichen Aufgabe hat, in engem Zusammenhang mit seiner jeweiligen Berufsrealität steht. Dabei gilt es zu berücksichtigen, dass bei dem verwendeten methodischen Instrument einer einmaligen Befragung keine Kausalitätsaussagen möglich sind. Prinzipiell können die Variablenbeziehungen auch alternativ interpretiert werden, d.h. es kann nicht ausgeschlossen werden, dass in Bezug auf ihr Rollenselbstbild prä-

---

[19] Scholl und Weischenberg (1998) haben innerhalb ihrer Studie diese Anstrengungen geleistet, indem sie zusätzlich eine Inhaltsanalyse journalistischer Beiträge durchführten und deren Ergebnisse mit den Befragungsdaten in Beziehung setzten.

disponierte Journalisten solche Berufsrealitäten suchen, die der Verwirklichung ihrer Ziele die günstigsten Rahmenbedingungen bieten.

Im Einzelnen soll zunächst das methodische Instrument, das bei der Erhebung der Rollenselbstbilder eingesetzt wurde, erläutert werden. Anschließend erfolgt eine Darstellung der Verteilungen, die sich für die verschiedenen Items ergeben haben. Ausgehend von diesen Einzelergebnissen sollen mit einer Faktorenanalyse jene Dimensionen ermittelt werden, mit denen die berufliche Ausrichtung der Schweizer Journalisten gruppiert werden können. Gleichzeitig soll dabei geprüft werden, inwieweit sich die ursprünglich verschlüsselten Dimensionen statistisch rechtfertigen lassen. Schließlich werden diese Dimensionen mit Hilfe einer Regressionsanalyse zu den Variablen der Berufsrealität ins Verhältnis gesetzt, um somit die zentralen strukturellen Einflussfaktoren auf die Rollenselbstbilder Schweizer Journalisten bestimmen zu können.

3.7.2 Operationalisierung der Rollenselbstbilder

Ungeachtet der großen Verbreitung, die die Ermittlung von Rollenselbstbildern innerhalb der Kommunikatorforschung erfahren hat, existiert nach wie vor kein standardisiertes Erhebungsinstrument. Mit gutem Recht operationalisieren die verschiedenen Forscher das theoretische Konstrukt in Abhängigkeit von den spezifischen Untersuchungszielen ihrer jeweiligen Studie.

Das wichtigste Ziel der Studie »Journalisten in der Schweiz« war eine Bestandsaufnahme des Entwicklungsstandes des Schweizer Journalismus und die Identifikation möglicher Problemfelder künftiger Medienkommunikation. Auf der Basis der seit dem Ende der 1980er Jahre vor allem im angelsächsischen Raum durchgeführten Forschungen zum Einfluss ökonomischer Faktoren auf den Journalismus (Fink 1988; Dennis 1989; Lacy 1990; Bogart 1991 + 1994; Blumler 1991; Underwood 1993; McManus 1994 + 1995) wurde von der Erwartung ausgegangen, dass sich auch der Journalismus in der Schweiz langfristig im Spannungsfeld zwischen gesellschaftlichem Auftrag einerseits und einem zunehmenden Kommerzialisierungsdruck andererseits befindet. Bei der Bewertung dieser Entwicklung wurden Positionen übernommen, wie sie von der diesbezüglichen Forschung im deutschsprachigen Raum formuliert wurden (vgl. Kapitel 2.3.2). Angesichts der zunehmenden Überlagerung des Qualitätswettbewerbs durch den Kostenwettbewerb im Mediensektor (Heinrich 1996, Altmeppen 1997) und der damit verbundenen Ausrichtung der journalistischen Produktion an betriebswirtschaftlichen statt an journalistischen Kriterien (Zimmer 1993) wurden dort die ökonomisch determinierten Veränderungen des

Journalismus als dysfunktional für die gesellschaftliche Kommunikation eingeschätzt.

Die Analyse der Rollenselbstbilder innerhalb der vorliegenden Untersuchung reiht sich in die beschriebene Forschungsrichtung ein und geht davon aus, dass sich Kommerzialisierungstendenzen auf der Akteursebene anhand der individuellen Gewichtung von gesellschaftlich orientierten und ökonomisch orientierten Rollenselbstbilder bestimmen lassen und jene Bereiche des Journalismus identifiziert werden können, in denen das ökonomische Kalkül als handlungsleitend akzeptiert wird. Davon ausgehend wurde für die Konstruktion der Items festgelegt, Rollenbeschreibungen sowohl für die Ausrichtung an gesellschaftlich relevanten Zielstellungen als auch für eine Orientierung an ökonomisch relevanten Größen zu formulieren. Die beiden Grunddimensionen wurden als *Gemeinwohlorientierung* einerseits und als *Marktorientierung* andererseits etikettiert und in einem zweiten Schritt noch einmal unterteilt.

Es wurde angenommen, dass sich die Verpflichtung auf eine gesellschaftliche Verantwortung in eher aktiven Rollen einerseits und in eher passiven Rollen andererseits manifestieren kann. Als Beispiele für *aktive Rollen* wurde der *Anwalt*, der *Kritiker* und der *Kommentator* gewählt. Der *neutrale Berichterstatter*, der *Analytiker* und der *Vermittler* firmierten als eher *passive Rollen*.

Die Ausrichtung an den Marktbedürfnissen wurde mit der Opposition Werbemarkt-/Publikumsbedürfnisse operationalisiert. Bei der Auswahl der *publikumsorientierten* Rollen wurden solche Items präferiert, die die Rezipienten von Medienbotschaften weniger in ihrer Eigenschaft als staatsbürgerliches Publikum betrachten, sondern in erster Linie als Konsumenten bzw. Kunden ansprechen. Die Wahl fiel auf die Rollen des *Ratgebers*, des *Dienstleisters* und des *Animators*. Werbemarktorientierungen sollten schließlich die Rollen des *Zielgruppenverkäufers*, des *Informationsunternehmers* und des *Vermarkters* abbilden. In Abbildung 8 sind die Dimensionen sowie die dazugehörigen Indikatoren im Überblick dargestellt.

Während die Items für die Gemeinwohl- und Konsumentenorientierungen in ähnlicher Art schon in anderen Untersuchungen verwendet wurden und sich dabei methodisch bewährt haben, wird mit der Formulierung der werbemarktorientierten Rollen weitgehend Neuland betreten. Es war zu erwarten, dass solche Selbstbeschreibungen, wie immer man sie auch formuliert, auf Grund des allgemeinen Normenkontextes des Journalismus wenig Prestige genießen und schon allein deshalb eine gewisse Zustimmungsschwelle zu überwinden haben.

Abb. 8: Dimensionierung der Rollenselbstbilder

Dimensionen	Items: Ich setze mir zum Ziel, ...
aktive Gemeinwohlorientierung	... als Anwalt mich für die gesellschaftlich Schwachen und Benachteiligten einzusetzen. ... als Kritiker, Fehlentwicklungen und Missstände in der Politik und Gesellschaft öffentlich zu machen. ... als Kommentator zur gesellschaftlichen Meinungsbildung beizutragen.
passive Gemeinwohlorientierung	... als neutraler Berichterstatter die Realität möglichst so abzubilden, wie sie ist. ... als Analytiker komplexe Sachverhalte möglichst sorgfältig nachzuprüfen und präzise zu analysieren. ... als Vermittler verschiedenen gesellschaftlichen Akteuren ein Forum zu geben.
Kundenorientierung	... als Dienstleister auf die Bedürfnisse des Publikums einzugehen und zu befriedigen. ... als Animator dem Publikum möglichst viel Ent-spannung und Spaß zu bieten. ... als Ratgeber dem Publikum zu helfen, sich in seiner komplexen Lebenswelt zurechtzufinden.
Werbemarktorientierung	... als Zielgruppenverkäufer ein günstiges Werbeumfeld für die Werbewirtschaft zu schaffen. ... als kostenbewusster Informationsunternehmer den Medienmarkt effektiv zu bedienen. ... als Vermarkter ein nachgefragtes Produkt möglichst effizient und gewinnbringend abzusetzen.

Innerhalb des Fragebogens wurden die Befragten gebeten, die persönliche Wichtigkeit der verschiedenen Rollen auf einer sechsstufigen Skala zwischen ›gar nicht wichtig‹ und ›sehr wichtig‹ einzuschätzen. Die Entscheidung für eine sechsstufige Skala, statt der sonst gebräuchlichen fünfstufigen Antwortmöglichkeit, sollte die Zustimmungsschwelle für die marktorientierten Rollen noch einmal senken.

Rollenselbstbilder Schweizer Journalisten

Ein Blick auf die Verteilungen innerhalb der einzelnen Items (vgl. Tabelle 37) liefert einen ersten wichtigen Befund für das Verständnis der erhobenen Daten. Die Tatsache, dass acht von zwölf Items von mehr als der Hälfte der Befragten als wichtig eingeschätzt werden, macht deutlich, dass die verschiedenen Rollen sich nicht gegenseitig ausschließen, sondern fallweise nach individueller Relevanz gewichtet werden. Sie bilden somit allenfalls Handlungsideale, die in Abhängigkeit von der konkreten Tätigkeit wahlweise aktualisiert werden.

Die mit Abstand größte Wichtigkeit sprechen die Schweizer Journalisten dem Ziel zu, als neutrale Berichterstatter die Realität so abzubilden, wie sie ist. 92% der Befragten wählten eine der drei zustimmenden Positionen, mehr als die Hälfte sogar die Extremposition ›sehr wichtig‹. Die Vermutung, dass sich hier die generelle Wertschätzung, die die Haltung der Neutralität in der Schweiz genießt, niederschlägt, liegt auf der Hand, greift allerdings zu kurz, denn auch die Vergleichsstudien anderer Länder belegen die generelle Wichtigkeit des sich hinter dem Rollenselbstbild verbergenden Konzeptes eines objektiven Informationsjournalismus unabhängig von nationalen Besonderheiten (vgl. Weaver 1998b). Beachtlich ist das Ergebnis insofern, als mit der hohen Zustimmung zur Aufgabe, die Realität abzubilden, wie sie ist, gleichzeitig auch deren prinzipielle Realisierbarkeit bejaht wird. Damit zeigen sich auch die Journalisten in der Schweiz unbeeindruckt von der akademischen Position, dass Journalismus vorrangig zur Konstruktion von Wirklichkeit statt zu deren Widerspiegelung beiträgt (vgl. Merten/Schmidt/Weischenberg 1994).

In einer zweiten Gruppe werden diejenigen Rollenselbstbilder identifiziert, welche die *Analyse- und Orientierungsfunktion* des Journalismus in den Vordergrund rücken. Dazu gehört das Rollenselbstbild des Analytikers, der komplexe Sachverhalte sorgfältig nachprüfen und analysieren will, ebenso wie jenes des Ratgebers, der dem Publikum helfen will, sich in seiner komplexen Lebenswelt zurechtzufinden, und des Kommentators, der zur gesellschaftlichen Meinungsbildung beitragen möchte. Mit den Orientierungsfunktionen dieser Rollen verbindet sich eine Leistung des Journalismus, die in der wissenschaftlichen Diskussion vor dem Hintergrund der Informationsgesellschaft als eine zunehmend bedeutungsvolle journalistische Qualität eingeschätzt wird (Münch 1993). Es gilt also auch für den Schweizer Journalismus, dass gleichzeitig ein objektiver und ein interpretativer Journalismus dominieren und somit eine doppelte Zielsetzung, nämlich der realitätsgetreuen Umsetzung von Sachverhalten in Medienrealität und des subjektiv verständigen Einordnens und Kommentierens der Ereignisse beobachtbar ist. Das Ergebnis steht im Einklang mit deutschen Studien, in denen die Rollenselbstbilder des neutralen Berichterstatters sowie des Vermittlers und Erklärers komplexer Sachverhalte vergleichbar hohe Zustimmungen erfuhren (vgl. Weischenberg/Löffel-holz/Scholl 1994).

Tab. 37: Einschätzung von Rollenselbstbildern

Folgendes Ziel ist für mich: sehr wichtig (6) – gar nicht wichtig (1)	Mittelwert	Stand. Abw.	wichtig (in %)	N
... als neutrale/r Berichterstatter/in die Realität möglichst so abzubilden wie sie ist.	5.23	1.09	92	1989
... als Analytiker/in komplexe Sachverhalte sorgfältig nachzuprüfen und präzise zu analysieren.	4.80	1.26	85	1975
... als Kritiker/in, Fehlentwicklungen und Missstände in der Gesellschaft öffentlich zu machen.	4.62	1.33	82	1969
... als Ratgeber/in dem Publikum zu helfen, sich in seiner komplexen Lebenswelt zurechtzufinden.	4.39	1.34	78	1974
... als Kommentator/in zur gesellschaftlichen Meinungsbildung beizutragen.	4.26	1.47	73	1968
... als Vermittler/in verschiedenen gesellschaftlichen Akteuren ein Forum zu geben.	3.99	1.49	66	1962
... als Anwalt/Anwältin mich für die gesellschaftlich Schwachen einzusetzen.	3.89	1.45	65	1970
... als Dienstleister/in auf die Bedürfnisse des Publikums einzugehen.	3.88	1.41	64	1963
... als Animator/in dem Publikum möglichst viel Entspannung und Spaß zu bieten.	3.26	1.64	46	1962
... als kostenbewusste/r Informationsunternehmer/in den Medienmarkt effektiv zu bedienen.	2.76	1.50	32	1951
... als Vermarkter/in ein nachgefragtes Produkt möglichst gewinnbringend abzusetzen.	2.22	1.47	21	1950
... als Zielgruppenverkäufer/in ein günstiges Werbeumfeld zu schaffen.	1.87	1.22	13	1968

Zu den Rollenselbstbildern mit großer Zustimmung gehört schließlich auch der Kritiker, der Fehlentwicklungen und Missstände in der Gesellschaft öffentlich machen will. Eine Zielvorstellung, die primär dem *Meinungsjournalismus* zuzuordnen ist und die noch insgesamt 82% der Befragten für wichtig erachten. In diesem Rollenselbstbild wird stärker eine aktive Rolle des Journalisten propagiert. Allerdings relativiert sich auch hier wie in den aktuellen deutschen Kommunikatorstudien die Zustimmung zu diesem sehr allgemein formulierten Anspruch: Sobald nämlich noch stärker aktiv-teilnehmende Aspekte der Kritikfunktion in den Vordergrund gerückt werden, sinkt die Zustimmung. Das Rollenselbstbild des Anwalts, der sich für die gesellschaftlich Schwachen und Benachteiligten einsetzen will, reklamieren (nur) noch 65% der Journalisten für sich.

Eher sekundäre Relevanz hat auch das Rollenselbstbild des *Vermittlers*, der verschiedenen gesellschaftlichen Akteuren ein *Forum* geben will. Dies ist angesichts seiner theoretischen Nähe zum neutralen Berichterstatter erstaunlich. Die deutlich niedrigere Rangierung drückt aber eine aus der Sicht der Journalisten klare Abgrenzung des Forumskonzeptes zum viel wichtiger eingestuften neutralen Berichterstatter aus. Objektiver Journalismus beinhaltet demnach nicht gleichzeitig Verlautbarung im Sinne des passiven Zurverfügungstellens eines Forums. Die Distanz zum neutralen Berichterstatter verdeutlicht vielmehr die Ausrichtung nach eigenen Relevanzkriterien im Gegensatz etwa zu einer reaktiven Transportfunktion.

Ebenfalls im Mittelfeld positioniert sich in der weiteren Rangfolge das publikumsorientierte Rollenselbstbild des *Dienstleisters*, der auf die Bedürfnisse des Publikums eingehen und diese mit seinen journalistischen Angeboten befriedigen will. Das im Rahmen der Diskussion über die zunehmende Bedeutung des redaktionellen Marketings im Journalismus verstärkt erwartete, aber auch problematisierte Rollenselbstbild (vgl. Saxer 1994; Mast 1997; Möllmann 1998) erachten immerhin zwei von drei Journalisten für wichtig. Dass Publikumsorientierung aber nicht gleichzeitig Unterhaltungsorientierung bedeuten muss, zeigt die klare Abgrenzung zum Rollenselbstbild des Animators, der dem Publikum möglichst viel Entspannung und Spaß bieten will. Nur gerade 46% der Journalisten messen diesem Selbstverständnis individuelle Relevanz bei.

Wie erwartet finden jene Rollenselbstbilder die geringste Zustimmung, die sich vor allem am Markt und an dessen Bedürfnissen orientieren. Am häufigsten reklamieren die Journalisten für sich dabei noch die Rolle des kostenbewussten Informationsunternehmers, der den Medienmarkt effektiv bedienen will. Immerhin 32% der Befragten schließen eine Bedeutung dieses ökonomischen Imperativs für ihre Tätigkeit nicht aus. Dem Rollenselbstbild des *Vermarkters*, der ein nachgefragtes Produkt möglichst effizient und gewinnbringend absetzen will, stimmen nur noch 21% zu. Die Aufgabe, als *Zielgruppenverkäufer* für die Werbewirtschaft ein günstiges Werbeumfeld zu schaffen, nehmen schließlich nur noch 13% für sich in Anspruch. Wie der Wert der Standardabweichung zeigt, offenbaren die Journalisten bei der Ablehnung dieses Rollenselbstbildes eine hohe Übereinstimmung, die nur noch von der Einigkeit über die Zustimmung zur Rolle des neutralen Berichterstatters übertroffen wird.

Lässt man die marktorientierten Rollenselbstbilder, für die es kaum Vergleichsdaten gibt, einmal außer acht, so weist die Rangierung der einzelnen Items durch die Schweizer Journalisten große Übereinstimmung auf mit bestehenden Erhebungen zum journalistischen Rollenselbstverständnis, welche vor allem im deutschen und amerikanischen Raum durchgeführt wurden (vgl. Scholl/Weischenberg 1998, Weaver 1998). Hier wie dort verzeichnen Ziele, die mit *objektiver Information und sachgerechter Interpretation* umschrieben werden können, die größte Relevanz. Weniger bedeutend, aber bei weitem nicht irrelevant sind Ziele des engagierten Journalismus, der nicht nur kommunizieren, sondern auch intervenieren möchte. Eher sekundär sind für die Schweizer Journalisten, wie für ihre Kollegen in den USA oder in Deutschland, publikumsbezogene Rollenselbstbilder. Schließlich ist auch die gleichzeitige Orientierung an verschiedenen Handlungsidealen keine schweizerische Besonderheit, sondern Ausdruck eines komplexen, teilweise widersprüchlichen Anforderungsprofils, dem der Journalismus weltweit und nicht erst seit kurzem gerecht werden muss.

3.7.4 Dimensionierung der Rollenselbstbilder

Vergleicht man die in Tabelle 37 aufgeführten Verteilungen innerhalb der einzelnen Items, so wird deutlich, dass sich die in Abbildung 8 veranschaulichte Dimensionierung von Rollenselbstbildern mit Ausnahme des Ratgebers und des Vermittlers in der Rangordnung widerspiegelt. *Gemeinwohlorientierten Rollen* wird die größte Wichtigkeit zugesprochen, wobei die passiven vor den aktiven rangieren. Dagegen finden sich Zielsetzungen, die sich an Publikums- und Marktbedürfnissen orientieren, im unteren Teil des Rangliste. Somit kann zunächst einmal bezogen auf die Gesamtpopulation festgestellt werden, dass eine zunehmende Ausrichtung des Mediensystems an betriebswirtschaftlich relevanten Kriterien auf der Ebene der Selbstwahrnehmung der Akteure marginal ist, d.h. dass der Orientierung an gemeinwohlorientierten Rollenselbstbildern von den Befragten nach wie vor eine deutlich höhere Relevanz für die eigene Tätigkeit eingeräumt wird.

Auf der anderen Seite erfahren die Rollenselbstbilder, die sich am *Publikum als Konsumenten* und an den *Bedürfnissen der Werbewirtschaft* ausrichten, keine generellen Ablehnungen, sondern werden von einem Teil der Befragten für das eigene Handeln als durchaus relevant eingeschätzt. Somit stellt sich die Frage, unter welchen strukturellen Bedingungen der Berufsausübung die Akzeptanz solcher Berufsziele gefördert wird. Um diese Frage beantworten zu können, bedarf es eines Zwischenschrittes, mit der die aus den zwölf Antwortvorgaben gewonnenen Ergebnisse auf wenige Dimensionen reduziert werden können. Dies bedeutet gleichzeitig, zu prüfen, ob sich die im voraus angenommenen vier Dimensionen auch statistisch erhärten lassen oder ob sie modifiziert werden müssen.

Als Mittel, um diesen Zwischenschritt durchführen zu können, kann auf das Verfahren der Hauptkomponentenanalyse als besondere Form der Faktorenanalyse[20] zurückgegriffen werden, deren Ziel in der Bündelung von Variablen besteht, ohne das im Vorfeld Entscheidungen über Beziehungszusammenhänge von Merkmalen getroffen wurden (vgl. Backhaus et al. 1996). Vereinfacht gesagt, geht es bei diesem Verfahren darum, dass auf der Basis der Interkorrelation der einzelnen Items hypothetische Variablen, die Faktoren, gebildet werden. Aus der Korrelation der Einzelitems mit den verschiedenen Faktoren ergeben sich deren Faktorladungen, die als Korrelationskoeffizienten Ausprägungen zwischen -1 und +1 aufweisen können.[21] Auf der Basis der errechneten Faktorladungen erwächst dem Forscher die Aufgabe, die inhaltliche Dimension, die sich hinter den gefundenen Faktoren verbergen, zu interpretieren.

Für das Forschungsinteresse der vorliegenden Studie bedeutet dies, die hinter den zwölf Einzelindikatoren verborgenen Hauptdimensionen der journalisti-

---

[20] Die Anwendbarkeit einer Faktorenanalyse hängt von einer Reihe von inhaltlichen und statistischen Voraussetzungen ab, die mit verschiedenen Methoden überprüft werden können. Eine der wichtigsten Voraussetzungen ist die Tatsache, dass die mit Hilfe einer Faktorenanalyse zu reduzierenden Daten in einem wie auch immer zu interpretierenden Zusammenhang zueinander stehen. Erste Informationen darüber ermöglichen Kontrollen der Korrelationsmatrix sowie der Anti-Image-Kovarianz-Matrix der Ausgangsdaten. Auf der Basis der Anti-Image-Kovarianz-Matrix lässt sich eine Prüfgröße ermitteln, die als MSA-Kriterium (measure of sampling adequacy) nach ihren Urhebern als Kaiser-Meyer-Olkin-Kriterium (KMK) bezeichnet wird. Mit einem Wertebereich zwischen Null und Eins gibt das MSA-Kriterium Aufschluss darüber, in welchem Umfang die Ausgangsvariablen zusammengehören und inwieweit sie sich durch Faktoren abbilden lassen. Dabei gilt ein Wert von 0.75, wie er sich aus der Datenmatrix der von uns verwendeten Variablen ergibt, als ›middling‹ (passable). ›Unacceptable‹ für eine Faktorenanalyse wäre ein Wert kleiner als 0,5.
[21] Alle Ladungen mit einem Wert <-.49 oder >+.49 gelten als Hauptladungen eines Faktors, Ladungen zwischen -.49 und -.30 sowie zwischen +.30 und +.49 werden als substantiell eingeschätzt und als Zweitladungen bezeichnet.

schen Rollenselbstbilder zu ermitteln. Gelingt dies, so können dann in einem weiteren Schritt die Faktorwerte bestimmt werden. Faktorwerte geben für jeden einzelnen Befragten dessen Charakterisierung in Bezug auf die ermittelten Hauptdimensionen wieder. Sie sind somit Ausprägungen von neu gebildeten Variablen, die als solche mit dem Verfahren der Regressionsanalyse auf ihren Zusammenhang mit den verschiedenen Merkmalen der Berufsrealitäten von Journalisten geprüft werden können.

Die im Folgenden präsentierten Ergebnisse entsprechen den Faktorladungen nach der Durchführung einer Varimax-Rotation.[22] Auf Grund der hohen Antwortbereitschaft bezüglich der vorgegebenen Items wurden alle Fälle ausgeschlossen, bei denen in einem der zwölf Items die Antwort verweigert wurde.

Die Faktorenanalyse auf der Basis von zwölf Einzelitems ermittelte drei zentrale Dimensionen, die das Kaiserkriterium[23] erfüllten (vgl. Tabelle 38). Ein vierter Faktor unterlief dieses Kriterium mit einem Eigenwert von 0.95 nur knapp. Mit Hilfe der drei gewonnenen Faktoren lassen sich insgesamt 53% der Gesamtvarianz erklären, was einer zufriedenstellenden Lösung entspricht. In Tabelle 38 sind die wichtigsten Kennwerte der Hauptkomponentenanalyse sowie die hauptsächlichen und substantiellen Faktorladungen der einzelnen Items ausgelegt.

Vergleicht man die durch die Hauptkomponentenanalyse ermittelten Ergebnisse mit den Vorannahmen, von denen bei der Konstruktion der Itembatterie ausgegangen wurde, so wird zunächst einmal die Reduktion von vier auf drei Dimensionen ersichtlich. Die gestrichelten Linien machen deutlich, welche der Einzelitems miteinander korrespondieren. Danach erhält man eine erste Dimension, in der die drei werbemarktorientierten Items die höchsten Ladungen aufweisen. Hinzu kommen mit ebenfalls beachtlichen Werten jene beiden Kundenorientierungen, die das Publikum am deutlichsten unter dem Aspekt des Medienkonsumenten ansprechen. Das Selbstbild des Ratgebers, das ursprünglich ebenfalls als kundenorientiertes Item formuliert wurde, verzeichnet mit einem Wert von .22 keine substantielle Ladung.

---

[22] Zum besseren Verständnis dieser Verfahrensentscheidungen und ihrer Implikationen siehe: Kim, J./ Mueller, C. W. 1978.
[23] Die Anzahl der zu bestimmenden Faktoren wurde mit Hilfe des Kaiser-Kriteriums festgelegt, wonach diese gleich der Zahl der Faktoren mit Eigenwerten größer eins sein soll. Ist der Eigenwert, d.h. der Anteil der Gesamtvarianz aller Variablen, die durch diesen Faktor erfasst wird, kleiner eins, d.h. niedriger als die Varianz einer einzelnen Variable, leistet er keinen Beitrag zur Datenreduktion, dem eigentlichen Ziel der Faktorenanalyse.

Tab. 38: Dimensionen von Rollenselbstbildern

Rollenselbstbilder	Markt-orientierung	Gemeinwohl-orientierung	Tatsachen-orientierung	Kommu-nalität
neutraler Berichterstatter			.84	0.72
Analytiker		.47	.54	0.52
Kritiker		.78		0.64
Ratgeber		.56		0.39
Kommentator		.70		0.50
Vermittler		.49		0.31
Anwalt		.64		0.44
Dienstleister	.69			0.49
Animator	.68			0.52
Informations-unternehmer	.76			0.61
Vermarkter	.81			0.66
Zielgruppenverkäufer	.78			0.61
erklärte Varianz	**25.6**	**18.6**	**9.1**	**53.3**
Eigenwert/KMK	**3.1**	**2.2**	**1.1**	**0.75**

Trotz dieser leichten Verschiebung des Ausgangsmodells soll für diese Dimension die Bezeichnung ›Marktorientierung‹ beibehalten werden. Bezogen auf die von der Faktorlösung insgesamt erklärten Varianz, erklärt die Dimension Marktorientierung fast 50%. Um Missverständnissen vorzubeugen, gilt es hier festzuhalten, dass damit lediglich ausgesagt ist, dass die Marktorientierung jene Dimension ist, die den größten Unterschied in Bezug auf die Rollenselbstbilder macht. Erklärte Varianz und Faktorladungen lassen keine Aussagen über die Dominanz der ermittelten Dimension innerhalb der Gesamtpopulation zu.

Der zweite Faktor wird durch vier Items mit hauptsächlichen Ladungen und zwei Items mit substantiellen Ladungen repräsentiert. Unter den hoch ladenden Variablen finden sich die ursprünglich als aktive Gemeinwohlorientierungen verschlüsselten Rollenselbstbilder. Hinzu kommt die aus der Marktorientierung herausgefallene Position des Ratgebers. Substantielle Ladungen verzeichnen zwei Gemeinwohlorientierungen, die als eher ›passiv‹ formuliert wurden: der Vermittler, der allerdings das Kriterium von .05 knapp unterläuft, sowie der Analytiker, der seinerseits aber in der dritten Dimension höher lädt, in der zweiten Dimension somit nur eine Zweitladung verzeichnet und hier deshalb unberücksichtigt bleibt. Auf der Basis der Rollenselbstbilder des Kritikers, des Kommentators, des Anwalts, des Ratgebers und des Vermittlers soll diese Dimension als ›Gemeinwohlorientierung‹ etikettiert werden.

In der dritten Dimension verbleibt die Selbstbeschreibung als neutraler Berichterstatter mit der insgesamt höchsten Faktorladung sowie die Position des Analytikers. Ihre Benennung als ›Tatsachenorientierung‹ ist entlang der Logik der beiden anderen Dimensionsbezeichnungen nicht ganz eindeutig, da den anderen Faktoren eine Orientierung an Tatsachen sicher nicht abzusprechen ist. Ihre Konturen erwachsen aus einer Referenz auf die ›nackten‹ Tatsachen oder die ›harten‹ Fakten der Berichterstattung als kleinster gemeinsamer Nenner des neutralen Berichterstatters und des Analytikers.

Im Ergebnis der Faktorenanalyse kann festgehalten werden, dass eine Reduktion der zwölf Einzelitems auf drei Hauptkomponenten des journalistischen Rollenselbstbildes gelungen ist. Identifizieren lässt sich ein Journalismustyp, der sich an den Ansprüchen der Werbewirtschaft und an spezifischen Konsumentenbedürfnissen orientiert. Davon abgrenzen lassen sich zwei weitere Dimensionen, die dem klassischen Normenkontext des Journalismus zuzuordnen sind. Hierzu zählt einerseits die aktive Teilnahme am Prozess der gesellschaftlichen Kommunikation durch die Akte der Kritik, der Kommentierung, der Parteinahme, der Vermittlung und der Lebenshilfe und andererseits eine Realitätsvermittlung, die sich der subjektiven Positionierung weitestgehend enthält und sich an Werten wie Faktentreue und Präzision orientiert.

Die ursprüngliche Dimensionierung des Konstruktes ›Rollenselbstbild‹ wird durch die rechnerische Lösung nicht widerlegt, zwingt aber zu zwei wichtigen Korrekturen. Die Unterscheidung von Kundenorientierung und Werbemarktorientierung erübrigt sich, wenn man mit dem Ausschluss der Position des Ratgebers allein auf das Verständnis der Kunden als Konsumenten rekurriert. Auf der Seite der Gemeinwohlorientierung wird die Unterscheidung von aktiven und passiven Rollen von der Opposition subjektiv/objektiv überlagert.

3.7.5 Spezifizierung des Regressionsmodells

Die weitere Analyse stützt sich auf das durch die Hauptkomponentenanalyse korrigierte Modell und setzt dieses zu der vorgenommenen Dimensionierung der Berufsrealität in Beziehung. Dabei stehen zwei zentrale Fragen im Vordergrund. Zum einen soll geprüft werden, inwieweit sich die einzelnen Faktoren des journalistischen Rollenselbstbildes durch die strukturellen Merkmale der Berufsrealität erklären lassen. Zum anderen soll danach gefragt werden, an welche Einzelbedingungen das Auftreten verschiedener Rollenselbstbilder gekoppelt ist. Es gilt noch einmal hervorzuheben, dass damit keine kausalen, sondern allenfalls konditionale Aussagen getroffen werden können.

Als statistisches Verfahren zur Beantwortung der beiden Untersuchungsfragen wurde auf die multiple lineare Regressionsanalyse zurückgegriffen. Mit ihrer Hilfe ist es möglich, den Einfluss mehrerer unabhängiger Variablen auf eine abhängige Variable zu bestimmen, wobei die Einzeleffekte von bivariaten Korrelationen auf der Basis der sogenannten OLS-Schätzung (ordinary least square) gegenseitig auspartialisiert werden. Damit kann zum einen der Tatsache Rechnung getragen werden, dass innerhalb der Sozialwissenschaften abhängige Variablen nur selten auf die Abhängigkeit von einer einzigen Ursache zurückzuführen sind. Zum anderen kann durch die Kontrolle der übrigen unabhängigen Variablen mehr Sicherheit über den speziellen Effekt einer Einzelvariable gewonnen werden (vgl. Lewis-Beck 1990: 47).

Im Gegensatz zur Faktorenanalyse gilt die Regressionsanalyse als Strukturenprüfendes Verfahren, was den Forscher zwingt, im Vorfeld der Analyse Annahmen über Zusammenhänge zu formulieren und daraus ein Variablenmodell zu entwickeln. Die Grundannahme der Untersuchung bestand darin, dass sich die Rollenselbstbilder, denen Journalisten bei ihrer Tätigkeit folgen, durch die strukturellen Gegebenheiten ihrer Berufssituation erklären lassen. Somit gelten die Merkmale der in den Kapiteln 3.2. bis 3.4. ausgelegten Berufsrealität in den Dimensionen ›Allgemeine Arbeitsbedingungen‹, ›Redaktionelle Arbeitsbedingungen‹ und ›Ausbildungsbedingungen‹ als unabhängige Variablen und die durch die Faktorenanalyse ermittelten Variablen, die die drei Hauptdimensionen des journalistischen Rollenselbstbildes abbilden, als abhängige Variablen.

Für die Auswahl der unabhängigen Variablen stellen sich zwei zentrale Probleme. Zum einen zwingt die Tatsache, dass die Zahl der denkbaren Einflussvariablen im Grunde unendlich groß ist, zu einer sorgfältigen Entscheidung darüber, welche Merkmale am Ende in die Analyse eingehen sollen. Rechnerisch sind hier dank leistungsfähiger Analyseprogramme kaum Grenzen gesetzt. Die dabei erklärte Varianz würde theoretisch mit jeder zusätzlich berücksichtigten Variable ansteigen, allerdings um den Preis gleichzeitig zunehmender Standardfehler der Schätzungen. Zum anderen erfordert die Regressionsanalyse sowohl für die abhängigen als auch für die unabhängigen Variablen intervallskalierte Daten. Dieses Kriterium würden eine Reihe der als solche definierten

Ausgangsvariablen nicht erfüllen. Um diese dennoch berücksichtigen zu können, ist der Forscher zur Bildung von j-1 Dummy-Variablen gezwungen (vgl. Hardy 1993). Dabei gilt es, die Informationen, die eine nominale Variable mit j Kategorien enthält, mit Hilfe einer Transformation durch j-1 binäre (0;1) Variablen abzubilden. Dazu ist es notwendig, eine der ursprünglichen Kategorien als Referenzkategorie zu bestimmen, wobei die Untersuchungsgruppe, die hinter dieser Kategorie steht, vor allem den Kriterien einer größtmöglichen Homogenität und einer ausreichenden Fallzahl gerecht werden sollte. In der Konsequenz einer solchen Variablentransformation muss der Forscher die gewonnenen Ergebnisse zu den einzelnen Dummy-Variablen stets in Bezug auf die ausgewählte Referenzkategorie interpretieren.

Um die getroffenen Entscheidungen bei der Auswahl und der Transformation der unabhängigen Variablen nachvollziehen zu können, liefert Abbildung 9 einen Überblick über die Vorgehensweise, wobei in der letzten Spalte jene Variablen aufgelistet sind, die schließlich in die Regression einbezogen wurden.

Die Abbildung offenbart einige Modifikationen gegenüber dem ursprünglichen Modell der Berufsrealität. Mit dem Ziel, nur medienstrukturelle Merkmale als erklärende Variablen aufzunehmen, wurden die soziodemographischen Variablen Alter, Geschlecht und Wohnsitz nach Sprachregion zunächst ausgeschlossen. Da es innerhalb der Population nur wenige Ausnahmen gab, bei denen der Wohnort und der Arbeitsort in unterschiedlichen Spachregionen liegen, wurde diese Variable in der Dimension der allgemeinen Arbeitsbedingungen wieder eingeführt. Die Variable Alter verzeichnet naturgemäß eine hohe Korrelation mit der Berufserfahrung, die aus der Differenz von Geburtsjahr und dem Jahr des Berufseinstiegs gebildet wurde. Mit der Aufnahme der letzteren in die Dimension der allgemeinen Arbeitsbedingungen fand erstere dennoch eine indirekte Berücksichtigung. Aus der logischen Überlegung heraus, dass das Einkommen eher als eine abhängige Variable der Berufsrealität erachtet werden muss, wurde entschieden, diese Variable ebenfalls unberücksichtigt zu lassen. Somit fanden insgesamt 37 unabhängige Variablen Eingang in die Regressionsanalyse, deren Ergebnisse im Folgenden dargestellt werden sollen.

Abb. 9: Spezifikation der unabhängigen Variablen

Dimensionen	Variablen/Skalenniveau
Allgemeine Arbeitsbedingungen	Medientyp als 7 dichotome Variablen mit den Journalisten bei Sonntags-/Wochenzeitungen als Referenz
	Anzahl der Beschäftigungsverhältnisse in den letzten zwölf Monaten als metrische Variable
	freies Beschäftigungsverhältnis als dichotome Variable mit festangestellten Journalisten als Referenz
	Berufserfahrung in Jahren als metrische Variable
	Sprachregion als 2 dichotome Variablen mit Deutsch-schweizer Journalisten als Referenz
Redaktionelle Arbeitsbedingungen	Mitarbeiterzahl als metrische Variable
	Führungsverantwortung als dichotome Variable mit Journalisten ohne Führungsverantwortung als Referenz
	Ressortzugehörigkeit als 9 dichotome Variablen mit Journalisten ohne Ressortzuordnung als Referenz
	redaktionelle Leitlinien (Redaktionsstatut, redaktionelles Leitbild, Ethik-Kodices) als dichotome Variable mit jenen Journalisten in Redaktionen ohne Leitlinien als Referenz
	redaktionelle Produktkontrollen (Beitragsabnahme, Blatt-/Sendungskritik) als dichotome Variable mit jenen Journalisten in Redaktionen ohne Produktkontrolle als Referenz
	Gemeinwohlorientierung als metrische Variable
	Quellenorientierung als metrische Variable
	Publikumsorientierung als metrische Variable
	Werbemarktorientierung als metrische Variable
	Anteil der journal. Kerntätigkeit als metrische Variable
Ausbildungsbedingungen	Schulbildung als dichotome Variable mit Journalisten ohne Hochschulstudium (mit/ohne Abschluss) als Referenz
	absolviertes Praktikum als dichotome Variable
	absolviertes Volontariat als dichotome Variable
	absolvierte betriebliche Weiterbildung als dichotome Variable
	absolviertes Publizistik-/MW-Studium als dichotome Variable
	absolvierte Journalistenschule als dichotome Variable
	Anzahl absolvierter Ausbildungen als metrische Variable

3.7.6 Bedingungen der journalistischen Rollenselbstbilder

In der folgenden Tabelle 39 wurden nur jene standardisierten Beta-Gewichte ausgewiesen, die das Kriterium einer Signifikanz von kleiner als .05 erfüllen. Signifikanzniveaus, die kleiner oder gleich .01 sind, wurden mit einem Stern gekennzeichnet. Davon ausgehend wurden aus der Darstellung jene unabhängigen Variablen ausgeschlossen, die auf keine der drei abhängigen Variablen signifikante Effekte zeigten. In der Dimension der allgemeinen Arbeitsbedingungen trifft diese Effektlosigkeit auf die Tatsache der freien Beschäftigungsverhältnisse sowie auf die Zahl der Beschäftigungsverhältnisse in den letzten zwölf Monaten zu. Im Bereich der redaktionellen Arbeitsbedingungen bleibt die Praxis der Produktkontrolle durch Beitragsabnahme und Blatt-/ Sendungskritik folgenlos auf die journalistischen Rollenselbstbilder. Im Bereich der Ausbildungsbedingungen zeitigen weder die verschiedenen Formen der journalistischen Ausbildung noch ihre Summierung einen Einfluss auf die eigene Rollenbestimmung. Somit kann als ein erstes wichtiges Ergebnis festgehalten werden, dass sowohl die berufsvorbereitende als auch die berufsbegleitende Ausbildung für die Herausbildung von Rollenselbstbildern in Relation zu anderen strukturellen Merkmalen nur eine untergeordnete Rolle spielen.

Im Vergleich der drei Selbstbilddimensionen wird deutlich, dass mit den einbezogenen Strukturvariablen die Marktorientierung am umfangreichsten geprägt wird. 27% der aufgetretenen Varianz lässt sich durch die Berufsrealität erklären. Die Unterschiede im Bezug auf die Gemeinwohlorientierung sind dagegen auf der Basis des gewählten Modells nur zu 18%, und jene der Tatsachenorientierung nur zu 13% bedingt.

Die Anstellung der Journalisten bei verschiedenen Medientypen prägt die Rollenselbstbilder vor allem für die Mitarbeiter der privaten Radio- und Fernsehstationen sowie für jene der Nachrichtenagenturen. Der Wettbewerbsdruck, der auf den kommerziellen Anbietern lastet, korrespondiert mit einer verstärkten Ausrichtung ihrer Mitarbeiter am Werbemarkt und an den Medienkonsumenten. Fast jeder zweite Mitarbeiter (48%) von privaten Radio- und Fernsehstationen erachtet die Aufgabe eines kostenbewussten Informationsunternehmers für sich als wichtig, fast jeder dritte (30%) tut dies in Bezug auf die Rolle des Vermarkters. Der spezifische Aufgabenbereich der Agenturen äußert sich bei deren Mitarbeitern in einer Fixierung auf die neutrale Informationsvermittlung einerseits sowie in einer deutlichen Ablehnung aller aktiven Gestaltungsrollen in der Dimension Gemeinwohlorientierung. Die fast ausnahmslos negativen Beta-Gewichte innerhalb der Gemeinwohlorientierung markieren die Redaktionen der Sonntags- und Wochenzeitungen, die ja als Referenzkategorie gewählt wurden, als prominenten Ort des engagierten und gestaltenden Journalismus.

Tab. 39: Berufsrealität und Rollenselbstbild

Variablen	Markt-orientierung	Gemeinwohl-orientierung	Tatsachen-orientierung
Tageszeitungen		-.11	
Zeitschriften/Illustrierte/ Magazine			
Fachzeitschriften		-.08	
öffentliches Radio		-.08	
öffentliches TV		-.10	
privates Radio/TV	.07	-.07	
Nachrichtenagenturen		-.23*	.09
Berufserfahrung	.09*		.09*
Romandie		.09*	.16*
Tessin		.08	.07
Redaktionsgröße	-.06		
Führungsverantwortung	.12*		.06
Aktuelles/Information			
Politik		.07	
Wirtschaft			.09
Kultur		.06	-.06
Sport	.10*	-.07	
Lokales/Regionales			.10
Nationales	-.10*		.06
Internationales			.08
Sonstiges	.06		
Redaktionelle Leitlinien		.06	
Gemeinwohlorientierung		.18*	.15*
Quellenorientierung		.21*	
Publikumsorientierung	.24*		
Marktorientierung		.22*	
Journalistische Kerntätigkeit	-.13*		
Hochschulstudium	-.06		
erklärte Varianz	**.27**	**.18**	**.13**

Die Werte, die die Regression im Zusammenhang mit der Berufserfahrung ausweist, lassen sich mit einer gewissen Vorsicht als eine zunehmende Entidealisierung oder positiv formuliert als ein mit der Routine wachsender Pragmatismus interpretieren. Steigt die Berufserfahrung, wächst die Akzeptanz der oder die Einsicht in ökonomische Handlungszwänge und der Rückzug auf neutrale Vermittlungsrollen wird wahrscheinlich.

Die Sprachgrenze zwischen der lateinischsprachigen und der deutschsprachigen Schweiz repräsentiert gleichzeitig auch eine Trennungslinie zwischen zwei unterschiedlichen journalistischen Berufsauffassungen. Im Vergleich mit ihren Deutschschweizer Kollegen werten die Medienschaffenden im Tessin und vor allem in der Romandie traditionelle Orientierungen am Gemeinwohl und an der Informationsvermittlung signifikant höher. Als Erklärung kann hier zunächst durchaus eine kulturelle Differenz behauptet werden. Zieht man allerdings alternativ die Tatsache in Betracht, dass der Medienmarkt in der Deutschschweiz nicht nur stärker ausdifferenziert, sondern auch ökonomisch härter umkämpft ist, so lässt sich mit den vorliegenden Ergebnissen auch die Vermutung stützen, dass mit einer zunehmenden Kommerzialisierung die Marktorientierungen zwar nicht verstärkt werden, die Wertschätzung traditioneller journalistischer Rollen aber abnimmt.

Wie bei der Präsentation der Grundverteilungen schon festgestellt, steht die Redaktionsgröße vor allem im Zusammenhang mit Faktoren wie Medientyp und Sprachregion. Werden diese Zusammenhänge durch die Regression auspartialisiert, verbleibt dennoch ein schwacher negativer Effekt auf die Ausrichtung an marktorientierten Rollen, d.h. ihre Wahrscheinlichkeit sinkt mit wachsender Mitarbeiterzahl.

Der Einfluss, den die Übernahme von Führungsverantwortung auf das Rollenselbstbild ausübt, zeigt ein ähnliches Muster wie der Einfluss wachsender Berufserfahrung. Gleichzeitig verdeutlicht aber der hohe Zusammenhang von Führungsverantwortung und Marktorientierung, dass die grundsätzliche Bewertung ökonomischer Ausrichtungen als dysfunktional auf der Akteursebene mit dem Rückgriff auf Verantwortungsbereiche zu differenzieren ist. Die Verantwortung, die Leitungskader zu übernehmen haben, schließt die Sicherung der publizistischen Produktion ebenso ein wie die Gewährleistung der ökonomischen Überlebensfähigkeit des Medienunternehmens. Diesem doppelten Zwang kann man sich auf der unteren Hierarchieebene entziehen, vor allem in den oberen Führungspositionen wäre ein solcher Entzug realitätsfern und seinerseits als dysfunktional zu werten.

Größere Berechtigung hat dagegen die Problematisierung von Marktorientierungen in Bezug auf die Ressortzuordnung. Abgesehen von den Journalisten im Sportressort kann für den Schweizer Journalismus eine gewisse Entwarnung gegeben werden. In Bezug auf jene Journalisten, die keinem Ressort zugeordnet sind, verzeichnen die Ressorts Lokales/Regionales, Nationales und Internationales sowie das Wirtschaftsressort eine Orientierung an der neutralen Realitätsvermittlung und -analyse. Gemeinwohlorientierte Prioritäten verzeichnen die Ressorts Politik und Kultur, wobei für letztere eine leichte Ablehnung der puren Faktenvermittlung hinzukommt. Eine klare Marktorientierung gekoppelt mit einer Distanzierung vom gesellschaftlichen Engagement offenbaren alleine die Sportjournalisten. Dies ist zum einen mit der eher zweitrangigen gesellschaftlichen Relevanz des Berichterstattungsgegenstandes zu erklären. Andererseits sind die herkömmlichen journalistischen Normen der Ausgewogenheit und der Neutralität innerhalb des Sportjournalismus schon längst durch die Orientierung an den Unterhaltungsbedürfnissen des Sportpublikums substituiert worden, was sich auf der Ebene der Rollenselbstbilder durch eine hohe Akzeptanz solcher Rollenselbstbilder wie des Dienstleisters (78% der Sportjournalisten) und des Animators (77%) manifestiert. Diese als Fehlentwicklung zu bewerten, setzt voraus, dass man Neutralität und Unabhängigkeit überhaupt als zweckmäßig für die Vermittlung eines Gegenstandes erachtet, der aus der emotionalen Parteinahme durch sein Publikum seine entscheidende Attraktivität bezieht. Problematisch wird der Verzicht auf Kritik- und Kommentarabsichten wenn dieser auch dort geleistet wird, wo der Sport sein eigentliches Spielfeld verlässt und gesamtgesellschaftliche Interessen tangiert.[24]

Innerredaktionelle Steuerungsmaßnahmen haben generell wenig Einfluss auf die Akzentuierung persönlicher Handlungsabsichten. Allein in der Form von Leitlinien wie Statuten, Leitbilder oder Ethik-Kodices kann ein leicht positiver Effekt auf die Gemeinwohlorientierung gemessen werden.

Wesentlich folgenreicher ist die generelle Ausrichtung der eigenen Redaktion. Die signifikanten Beta-Werte und ihre Verteilung in Tabelle 39 lassen darauf schließen, dass die Sozialisation innerhalb einer Redaktion als Internalisierung redaktioneller Wertmassstäbe ausgesprochen folgenreich für den Entwurf eigener Berufsideale sein muss. Allerdings muss hinter diesen Befund ein großes Fragezeichen gesetzt werden, da die Quellen für die Einschätzung von redaktioneller und individueller Zielsetzung identisch sind, mithin also nicht auszuschließen ist, dass die Selbstwahrnehmung einen beträchtlichen Einfluss auf die Wahrnehmung der Redaktionsarbeit hat.

Fragt man nach dem Zusammenhang von beruflicher Ausrichtung und persönlichem Tätigkeitsprofil, so ist zu erwarten, dass die Einschätzung der Wichtigkeit verschiedener Berufsziele zu einem Teil auch auf die Realisierbarkeit in-

---

[24] Der Umgang der ARD als Mitsponsor des Teams Deutsche Telekom mit dem Thema Doping im Radsport hat die Zwänge derartiger Entwicklungen auch auf der Ebene der berichterstattenden Akteure drastisch veranschaulicht.

nerhalb des aktuellen Tätigkeitsbereiches bezogen wird. Dabei ist offensichtlich, dass mit einer zunehmenden Konzentration auf journalistische Kerntätigkeiten auch die Realisierungschancen für tatsachenorientierte- und gemeinwohlorientierte Ziele steigen. Dieser Zusammenhang kann mit dem gewählten Regressionsmodell zwar nicht bestätigt werden, es findet sich allerdings ein deutlicher Beleg für den Umkehrschluss, dass die Marktorientierung mit einer Abnahme der eigentlich journalistischen Arbeit assoziiert ist.

Auf den fehlenden Einfluss der journalistischen Ausbildungsformen auf die Rollenselbstbilder wurde weiter oben schon hingewiesen. Dieser Befund gilt generell auch für die Erklärungskraft der Schulbildung in der Dichotomie mit/ohne Hochschulstudium. Einzig in der Dimension Marktorientierung findet sich ein leichter Effekt, der darauf hindeutet, dass der Besuch einer Universität gegen eine spätere Ausrichtung am Werbemarkt immunisiert.

3.8 Zusammenfassung der Hauptergebnisse

3.8.1 Berufsrealität

Die bis hierher durchgeführte Deskription der Berufsgruppe der Schweizer Journalisten und ihrer Berufsrealität erlaubt folgende zusammenfassende Charakterisierung des Schweizer Journalismus entlang zentraler Strukturmerkmale.

Große Journalistenzahl, vor allem beim öffentlichen Rundfunk
Die Schweiz verfügt gemessen an der Einwohnerzahl über eine im internationalen Maßstab *überdurchschnittliche Anzahl von Journalisten*. Hierfür ist die hohe Zeitungs- und Zeitschriftendichte mit einer beachtlichen regionalen Segmentierung ebenso verantwortlich zu machen wie das aufwendige Engagement des öffentlichen Radios und Fernsehens in den verschiedenen Sprachregionen des Landes. Letzteres führt bei der Aufteilung der Journalisten auf die verschiedenen Medientypen dazu, dass AV-Journalisten 29% der Berufsgruppe repräsentieren und diese damit deutlicher dominieren als in vergleichbaren Ländern. Im historischen Vergleich erweist sich sowohl die Zahl der Journalisten als auch ihre Aufteilung auf verschiedene Medientypen über die letzten zwanzig Jahre hinweg als stabil.

Moderate Flexibilisierung

Eine Flexibilisierung des journalistischen Arbeitsmarktes durch freie Tätigkeit und Mehrfachbeschäftigungen vollzieht sich in der Schweiz bisher nur in moderaten Dimensionen. Nach wie vor verfügen acht von zehn Journalisten über eine Festanstellung und für sechs von zehn Journalisten beschränkt sich ihre Tätigkeit auf die Mitarbeit bei einem einzigen Medium. Mehrfachbeschäftigungen finden sich vor allem im nichttagesaktuellen Printbereich. Simultane Anstellungen bei Presse- und elektronischen Medien dürfen bisher noch als Ausnahmen gelten.

Redaktionsstrukturen vom Medientyp geprägt

Redaktionelle Strukturmerkmale, mit denen sich Schweizer Journalisten konfrontiert sehen, stehen erwartungsgemäß in einem engen Zusammenhang mit dem jeweiligen Medientyp und insbesondere mit der Erscheinungshäufigkeit und mit der Publikumsausrichtung seines publizistischen Produktes. Bei der nichttagesaktuellen Presse sowie beim (noch) regional ausgerichteten privaten Rundfunk arbeiten Journalisten in eher mitarbeiterschwachen Redaktionen mit flachen Führungshierarchien und geringerer Ressortstrukturierung. Die thematische Strukturierung der redaktionellen Arbeit durch Ressortstrukturen lässt zwei Tendenzen erkennen. Zum einen erfolgt ein beträchtlicher Teil der journalistischen Tätigkeit außerhalb von Ressortstrukturen. Nur sechs von zehn Journalisten geben an, einem oder mehreren Ressorts zugeordnet zu sein. Zum anderen lässt sich eine Auflösung klassischer Ressortkategorien erkennen. Fast jeder vierte Schweizer Journalist, der einem Ressort zugeteilt ist, nennt Ressortbezeichnungen, die nicht den herkömmlichen Wahrnehmungsstrukturen zuzuordnen sind. Damit bildet die Restkategorie ›Sonstiges‹ das größte Ressort, noch vor dem Bereich ›Lokales/Regionales‹. Die Ausdifferenzierung ist vor allem im Zeitschriftensegment zu beobachten, wo jede zweite Ressortnennung aus dem Raster der klassischen Ressorts fällt.

Redaktionsinterne Steuerung weit verbreitet

Redaktionsinterne Steuerung der publizistischen Tätigkeit ist zwar für die Schweizer Journalisten nicht selbstverständlich, allerdings weit verbreitet. Drei von vier Medienschaffenden arbeiten in Redaktionen, die ihre Ziele und Normen in Redaktionsstatuten, redaktionellen Leitbildern oder Ethik-Kodices festgeschrieben haben. Ebenso verbreitet sind die eher aktiven Steuerungspraktiken der Blatt-/Sendungskritik oder die vorherige Abnahme von Artikeln/Beiträgen durch Redaktionskollegen. Bereiche, die diesbezüglich Defizite aufweisen, sind nicht auszumachen. Erkennbar ist aber, dass bei den Tageszeitungen und bei den Nachrichtenagenturen alle Arten von Steuerungspraktiken hohe Verbreitungswerte aufweisen. Elektronische Medien setzen unter dem Aktualitätsdruck eher auf die Steuerung durch Leitlinien, während nachträgliche Produktkritik und vorherige Beitragsabnahme durch Redaktionskollegen bei den nichttagesaktuellen Printmedien häufiger praktiziert werden.

Tätigkeitsprofil mehrheitlich von journalistischen Kerntätigkeiten geprägt

Schweizer Journalisten bestreiten im Schnitt 59% ihrer Tätigkeit mit journalistischen Aufgaben im engeren Sinne. Der Rest der Arbeitszeit entfällt auf technische und organisatorische Vorgänge. Bedingt durch die höhere Technisierung der Arbeitsvorgänge bei elektronischen Medien, sinkt dort der Anteil der journalistischen Kerntätigkeit. Letzteres gilt auch für festangestellte Journalisten gegenüber den Freien und für jene, die mit Führungsaufgaben betraut sind.

Internationale Analogien bei sozialer Zusammensetzung

In Bezug auf seine soziodemographische Zusammensetzung weist der Schweizer Journalismus deutliche Strukturähnlichkeiten mit den Berufsgruppen in anderen Vergleichsländern auf. Der typische Schweizer Journalist lebt und arbeitet in der Deutschschweiz, ist männlich, etwa 40 Jahre alt, verfügt über ein Hochschulstudium und über eine Berufserfahrung von 15 Jahren. Tendenziell ist eine kontinuierliche Zunahme des Frauenanteils, eine weiter fortschreitende Verjüngung sowie eine steigende Akademisierung zu beobachten.

Abweichende Berufssituationen verschiedener sozialer Gruppen

Mit der Zunahme des Frauenanteils lösen sich auch eine Reihe von Benachteiligungen der Journalistinnen auf. Unverändert bleiben bisher die geringe Frauenquote in Führungspositionen sowie ein deutlich niedrigeres Einkommensniveau. Die zunehmende Dominanz der jüngeren Altersgruppen geht einher mit einem beobachtbaren ›dropout‹ der älteren Journalisten. Kurze Aufstiegswege in Bezug auf Hierarchie und Einkommen verhindern eine Privilegierung jener, die über lange Berufserfahrungen verfügen. Unterschiede zwischen den Journalisten in den verschiedenen Sprachregionen lassen sich in Bezug auf die soziale Zusammensetzung feststellen. Sowohl der Männeranteil als auch das Durchschnittsalter steigen von der Romandie über die Deutschschweiz bis ins Tessin an. Bedingt durch den hohen Anteil von SRG-Mitarbeitern im Tessin gestaltet sich dort auch das Einkommensniveau günstiger als in den restlichen Landesteilen. Der stärker ausdifferenzierte Medienmarkt in der Deutschschweiz führt grundsätzlich zu einer größeren Vielfalt der journalistischen Berufsrealität im größten Landesteil. Auffällig wird dies insbesondere an den Ausbildungswegen, die in der Westschweiz und im Tessin deutlich weniger Varianten aufweisen.

Hohe Berufszufriedenheit

Die subjektive Wahrnehmung der Berufsrealität offenbart eine hohe Berufszufriedenheit der Schweizer Journalisten über alle Subgruppen und bestehende Benachteiligungen hinweg. Gratifikationen wie die angemessene Bezahlung oder die abwechslungsreiche Tätigkeit wiegen die durchaus wahrnehmbare Arbeitsbelastung mehr als auf.

3.8.2 Berufsrealität und Rollenselbstbild

Im Ergebnis der Regressionsanalyse kann die Frage nach dem Zusammenhang zwischen Berufsrealität und journalistischem Selbstbild wie folgt beantwortet werden.

1. Journalistische Selbstbilder als allgemeiner Handlungsrahmen für die berufliche Tätigkeit werden innerhalb des gewählten Modells in erster Linie von den allgemeinen und redaktionellen Arbeitsbedingungen erklärt. Die Ausbildungen, die ein Journalist in der Schweiz berufsvorbereitend oder -begleitend durchläuft, können in Relation dazu als unbedeutend angesehen werden.

2. Individuelle Ausrichtungen an den Konsumenten- und Werbemarktbedürfnissen sind zwar insgesamt nur auf geringem Niveau messbar, machen aber innerhalb der gesamten Ausrichtungsdimensionen den größten Unterschied und können durch Merkmale der Berufsrealität am deutlichsten erklärt werden. Ohne eine generelle Umorientierung der Schweizer Journalisten weg von den Maßgaben der gesellschaftlichen Kommunikation hin zu den ökonomischen Imperativen des Mediengeschäftes feststellen zu können, lassen sich mit den privaten Radio- und Fernsehstationen, mit dem Sportressort und mit den eher mitarbeiterschwachen Redaktionen Orte lokalisieren, an denen Marktorientierungen salonfähiger sind als anderswo. Der Schluss von beobachtbaren Marktorientierungen auf dysfunktionale Journalismussegmente ist abgesehen davon, dass die tatsächliche Handlungsrelevanz, die sich aus den Rollenselbstbildern ergibt, schwer abschätzbar ist, insofern vorsichtig zu ziehen, als die Daten zur Führungsverantwortung und zur Berufserfahrung auch alternative Erklärungen ermöglichen, die mit den Begriffen Pragmatismus und ökonomische Verantwortung umschrieben werden können.

3. Berufsziele, die auf die aktive Mitgestaltung der gesellschaftlichen Realität und der Kommunikation darüber gerichtet sind, werden in erster Linie innerhalb des Mediensegmentes der Sonntags- und Wochenzeitungen gefördert. Dagegen liegen solche Zielsetzungen deutlich außerhalb der Wirkungsabsicht von Agenturjournalisten. Darüber hinaus zeigt Gemeinwohlorientierung eine

Affinität zu den thematischen Bereichen Politik und Kultur und wird durch die Existenz von redaktionellen Leitlinien unterstützt.

4. Die vor allem durch die Positionen des Analytikers und des neutralen Berichterstatters geprägte Ausrichtung an den Berichterstattungsgegenständen ist über alle journalistischen Subgruppen hinweg die Dimension mit der höchsten Zustimmung, womit sich ihre Varianz und damit auch die Möglichkeiten ihrer Erklärung in engen Grenzen bewegt. Dennoch finden sich mit den Nachrichtenagenturen und den Ressorts Lokales/Regionales, Nationales, Internationales und Wirtschaft Bereiche, die in Relation zu den Referenzkategorien dieses Ziel noch höher bewerten. Es kann außerdem als Ausdruck einer mit zunehmender Berufsroutine einsetzenden Entidealisierung betrachtet werden, deren andere Seite der pragmatische Umgang mit den Zwängen des Marktes ist.

5. Schließlich kann als besonderes Merkmal des Schweizer Journalismus ein Gegensatz in der Berufsauffassung zwischen der deutschsprachigen und der lateinischsprachigen Schweiz festgestellt werden, der sich in einer stärkeren Ausrichtung an den Maßgaben des Gemeinwohls und der Realitätsvermittlung im Tessin und vor allem in der Romandie manifestiert.

4. Redaktionen unter Reformdruck

4.1. Fragestellungen und theoretische Perspektiven

4.1.1 Institutionelle Einflussfaktoren

Während die Teilstudie 1 primär von dem Anspruch motiviert ist, das Defizit hinsichtlich repräsentativer Daten über die Berufsrealität der Schweizer Journalisten zu beheben, verfolgt Teilstudie 2 das Hauptziel, *aktuelle Veränderungsprozesse* zu untersuchen, die den Journalismus im Zuge der zunehmenden Technisierung und Kommerzialisierung des Mediensystems prägen. Die Fragestellungen der Teilstudie 2 knüpfen somit an die Gatekeeper- und Redaktionsforschung (vgl. Rühl 1989) an, welche die strukturellen Beeinflussungsfaktoren der journalistischen Produktion untersucht. Dabei wird davon ausgegangen, dass der Journalismus seit dem 19. Jahrhundert seine Identität primär unter den »Bedingungen der wirtschaftlichen Effizienz, großbetrieblichen Produktionsweise und rationellen Technik« (Scholl/Weischenberg 1998: 30) gewonnen hat und sich diese strukturellen Bedingungen im Rahmen der Entwicklungen der Informationsgesellschaft verändern.

Den *Untersuchungsgegenstand* bilden die Auswirkungen der Zwänge, die von den Medieninstitutionen auf die journalistische Produktion ausgehen – namentlich die technologischen, ökonomischen und organisatorischen Imperative (vgl. Weischenberg 1992: 69). Diese Imperative determinieren die journalistische Arbeit in hohem Masse und sind wiederum die Folge übergreifender Prozesse wie Technisierung oder Kommerzialisierung des Mediensystems. Die Untersuchung dieses Gegenstandes erfordert die spezielle Berücksichtigung des Organisationszusammenhangs journalistischer und insbesondere redaktioneller Arbeit. Die technologischen, ökonomischen und organisatorischen Bedingungen der Medienproduktion werden in erster Linie auf der organisationalen Ebene der Redaktion wirksam.

Systemtheoretische und organisationssoziologische Ansätze der *Redaktionsforschung* (vgl. Rühl 1989; Hienzsch 1990; Altmeppen 1999) nehmen sich dieses Forschungsfeldes an. Nach Auffassung von Scholl/Weischenberg (1998: 43) wird seit den 90er Jahren dieser Zweig der Redaktionsforschung durch stark anwendungsorientierte Studien abgelöst, »in denen deutlich das Ziel im Vordergrund steht, aus Praxiserfahrungen und -beobachtungen Honig für zukunftsweisendes Redaktionsmanagement zu saugen«. Trotz dieser berechtigten Kritik an einer meist wenig theorieorientierten Redaktionsforschung geht die vorliegende Teilstudie 2 von Beobachtungen und Prognosen aus, die in ebensolchen, stark anwendungsorientierten Studien gemacht und als Thesen zur Zukunft des Journalismus formuliert wurden.

In technologischer Hinsicht basiert die Studie auf prognostischen Thesen, welche etwa Mast/Popp/Theilmann (1997) in ihrer Untersuchung »Journalisten auf der Datenautobahn« formuliert haben. Danach wird die Anwendung neuer Informations- und Kommunikationstechnologien den Verlust des Gatekeeper-Monopols nach sich ziehen, die Journalisten mit neuen Kompetenzanforderungen in Richtung ganzheitlicher Gestaltung und Verantwortung konfrontieren, zu einer Konvergenz journalistischer und technischer Aufgabenerfüllung und bislang medienspezifischer Berufsrollen führen, sowie vermehrt ›Schreibtischarbeiter‹ und Redaktionsmanager mit sich bringen oder ein stärker dienstleistungsorientiertes Berufsverständnis der Journalisten erfordern (vgl. Mast/Popp/Theilmann 1997: 171ff.).

In ökonomischer und organisatorischer Hinsicht geht die vorliegende Teilstudie 2 von der These aus, dass »die mittlerweile zahlreichen Empfehlungen zum redaktionellen Marketing und zum redaktionellen Management (...) vermutlich die Akzeptanz der genuin publizistisch ausgerichteten intrinsischen Motivation« erodieren würden (Heinrich 1996: 180). Den hier verwendeten Fragestellungen liegen Prognosen zu Grunde, die beispielsweise Ruß-Mohl (1992) aufgrund seiner Beobachtungen zum ›Zeitungsumbruch‹ in den USA gemacht hat. Danach profilieren sich Chefredakteure immer mehr als Medienmanager und richten sich zielgruppenorientiert an den Ergebnissen der Marktforschung aus. Publizistische Qualitätssicherung soll künftig vorab mit den Methoden des modernen Redaktionsmanagements und -marketings auf die Sprünge geholfen werden (vgl. Reiter/Ruß-Mohl 1994; Maseberg/Reiter/Teichert 1996; Meckel 1999; Rau 2000).

Das redaktionelle Marketing ist auf dem Vormarsch, Redaktionen müssen stärker mit den anderen Unternehmensabteilungen zusammenarbeiten (vgl. Ruß-Mohl 1992: 146ff.). Die Auswirkungen der vorwiegend traditionell betriebswirtschaftlichen Management- oder Marketingkonzepte für die journalistische Produktion werden sowohl positiv (vgl. Ruß-Mohl 1995; Möllmann 1998; Rau 2000) als auch negativ oder kritisch (vgl. Neumann 1997, Underwood 1988 + 1993) beurteilt. Kritiker verweisen vor allem auf die Dominanz ökonomischer Kriterien und auf die Gefahr, dass entsprechende Marketing- und Managementstrategien mit herkömmlichen Normen der journalistischer Professionalität und Autonomie in Konflikt geraten können.

Abb. 10: Strukturierung des Untersuchungsgegenstandes

Theoretische Perspektive
Technisierung und Kommerzialisierung des Mediensystems

Untersuchungsgegenstand
Auswirkungen technologischer, ökonomischer und organisatorischer Veränderungsprozesse auf die journalistische Produktion

Analysebereiche		
Online-Journalismus und neue Redaktionssysteme	Redaktionsmarketing und Publikums-orientierung	Redaktionsmanagement und redaktionelle Organisation
Verlust des Gatekeeper-Monopols	Stellenwert und Verwendung der Publikums-/Leserschaftsforschung	Wettbewerbsstrategien
Konkurrenz durch Onlineanbieter		Kooperation zwischen Geschäftsleitung und Redaktion
Computer Assisted Reporting	Marketingansätze und Maßnahmen	Kompetenzzuwachs der Chefredaktion
Konvergenz der Tätigkeitsrollen	Zielgruppen-orientierung	Ressortübergreifende Zusammenarbeit
Realitätsverlust des ›Redaktronikers‹	Marktorientierte Rollenselbstbilder	Redaktionelles Outsourcing

Im Folgenden soll auf die der Teilstudie 2 zu Grunde liegenden theoretischen Perspektiven im einzelnen näher eingegangen werden. Dabei werden neben den bereits erwähnten anwendungsorientierten Studien auch entsprechende empirische Befunde aus weiteren vorliegenden Untersuchungen herangezogen. Im Anschluss daran werden die forschungsleitenden Fragestellungen formuliert, die den qualitativen Leitfadengesprächen mit den Redaktionsverantwortlichen zu Grunde liegen. Abbildung 10 gibt die Strukturierung des Untersuchungsgegenstandes und die entsprechenden Analysebereiche wieder.

4.1.2 Technologische Imperative

Kassandrarufe zum Untergang des Journalismus haben auch hierzulande die meist technikzentrierten Branchendiskussionen über die Auswirkungen neuer Informations- und Kommunikationstechnologien (IuK) auf den Journalismus geprägt. So wird beispielsweise behauptet, dass das Internet bei den traditionellen Medien zahlreiche Todesopfer hinterlassen werde (Zimmermann 1997). Ohne Verweis auf empirische Grundlagen wird prophezeit, dass gedruckte Zeitungen bis ins Jahr 2005 verschwunden sein werden (vgl. Rager 1999: 135). Noch überwiegen prognostische Spekulationen die empirisch abgesicherten Befunde. Ohne Zweifel aber stellen technologische Innovationen wie die digitale Speicherung, Bearbeitung und Übermittlung von Text, Ton und Bild oder sonstiger Daten einen infrastrukturellen Rahmen des künftigen Journalismus dar.

Aus diesen neuen technischen Möglichkeiten werden *Thesen zum Untergang des Journalismus* abgeleitet. Dem angeblich redundant gewordenen Journalismus drohe die Gefahr, sein Gatekeeper-Monopol aufgeben zu müssen, wird in apokalyptischen Szenarien prognostiziert. Mit der Verlagerung der Steuerungsfunktion vom Kommunikator hin zum Rezipienten würden Vermittlungsmonopole – oder zumindest Oligopole – von Presse, Radio und Fernsehen dahin fallen (Mast/Popp/Theilmann 1997: 158). Tatsächlich gibt die durch Technisierung der öffentlichen Kommunikation ermöglichte totale Verfügbarkeit von Informationen den Rezipienten potenziell noch nie dagewesene Eingriffsmöglichkeiten in den publizistischen Kommunikationsprozeß und fordern den Journalismus heraus, seine Leistungen dem veränderten Mediennutzungsverhalten anzupassen und entsprechend zu sichern. Immer mehr branchenfremde Akteure wie Unternehmen und deren PR-Abteilungen, aber auch Verbände, Parteien und Gemeinden buhlen um die stagnierende Aufmerksamkeit der Publika und bedienen sich der neuen technischen Möglichkeiten zur öffentlichen Selbstdarstellung etwa im Internet, was schließlich die explosive Vermehrung und Verdichtung von Kommunikation zur Folge hat.

Aufgrund der neuen technischen Möglichkeiten kann theoretisch jede Privatperson zum Anbieter publizistischer Inhalte werden. Ein Blick auf das Angebot schweizerischer Zeitungsverlage, elektronischer Medien sowie branchenfremder Anbieter zeigt einerseits eine Vielfalt, macht aber auch deutlich, dass das Potenzial der neuen technischen Möglichkeiten etwa im Sinne der Interaktivität kaum ausgeschöpft wird.[25] So sind heute alle größeren schweizerischen Verlagshäuser im Internet präsent. Vielfach besteht das Angebot im Web aus einer – zum Teil limitierten – Version der Printausgabe, garniert mit variierenden Zusatzangeboten (vgl. INFRAS 1999: 23). Die Vielfalt und Tiefe des Angebots nimmt mit der Größe des Verlags zu. Mit den Verlagskooperationen will man das gefährdete Rubrikengeschäft sichern (Oeder 1997: 10). Eine aktuelle Studie der INFRAS Medienforschung verdeutlicht, dass Zeitungsverlage die Internetangebote als ›Spielwiese‹ betrachten, auf der es primär darum geht, Kompetenzen für das neue Medium aufzubauen und die Leserschaft stärker an die ›Marke‹ zu binden (vgl. INFRAS 1999: 11). Deutlich wird aber auch in der Schweiz die Entwicklung der Medienhäuser vom reinen Informationslieferanten zum Service-Provider. In Zusammenarbeit mit branchenfremden Firmen können über Websites auch Bücher gekauft, Reisen gebucht oder Kinokarten reserviert werden (INFRAS 1999: 78).

Nach Hänecke (1999: 124) reicht die Spannbreite der Online-Angebote der elektronischen Medien in der Schweiz von rudimentären, kaum aktualisierten und wenig ansprechenden Seiten bis zu professionellen, komplexen, funktional vielfältigen Sites mit webspezifischen, exklusiven Inhalten und Interaktionsmöglichkeiten. Üblicherweise liegt der Schwerpunkt des Angebots aber bei der Begleitung des angestammten Radio- oder Fernsehprogramms und bei der Kundenbindung mit komplementären Dienstleistungen. Nur in einigen wenigen Fällen können Sendungen oder das Liveprogramm per Mausklick abgespielt werden. Häufiger anzutreffen sind Serviceangebote wie Ausgeh- oder Veranstaltungstips. Als Gründe für den Internet-Auftritt stehen an erster Stelle die Information über das Programm sowie die Verstärkung der Publikumsbindung und die Absicht, »Präsenz zu markieren« (Hänecke 1999: 123).

Das Engagement branchenfremder Anbieter kann für die herkömmlichen Medienunternehmen zu einem Problem werden, sobald substanzielle Werbebeträge in die neuen Angebote fließen (INFRAS 1999: 78). Tatsächlich lädt das Internet immer mehr branchenfremde Dienstleister dazu ein, medienähnliche Angebote zu produzieren. Vor allem Internet Service-Provider bauen ihre Sites immer mehr zu Portalen aus, die möglichst viele Informationswünsche der Benutzer abdecken sollen.

---

[25] Zur Bestandesaufnahme und Beurteilung des Online-Angebotes von Medienunternehmen und branchenfremden Organisationen in der Schweiz vgl. Wyss (2000).

Neben dieser neu entstehenden Konkurrenz auf dem Online-Markt verursachen IuK-Technologien eine Beschleunigung der Informationen, welche den Journalismus bei der Erfüllung herkömmlicher Aufgaben wie der reflektierten Selektion, Recherche, inhaltlichen Einordnung und Orientierungsstiftung zu überfordern droht (vgl. Bonfadelli/Meier 1996). Gleichzeitig verstärkt die totale Verfügbarkeit von Informationen wiederum den Selektionsdruck. Diese Entwicklung deutet just auf die Notwendigkeit eines Journalismus hin, der als Kompass im Informationsdschungel fungiert und seine Leistung vorwiegend in der Bereitstellung von Hintergrund- und Gebrauchswissen, von Analysen, Zusammenhängen und Erklärungen versteht (Wyss 1997: 16). Gemäß einer explorativen Studie von Meyer/Rohwedder/Stein (1998) sprechen redaktionellen Entscheidungsträger den Online-Medien mehrheitlich gerade diese Kompetenz ab. Die Chefredakteure sehen ihre Rolle als Gatekeeper durch die Angebote der Online-Medien nicht bedroht (ebenda 1998: 102). Diese stellen für die Befragten allenfalls eine Ergänzung zum bestehenden Angebot dar. Die Forschergruppe hält zudem fest, dass Online-Medien in der Wahrnehmung der Befragten als sinnvolle Hilfsmittel zunehmend akzeptiert würden und dass eine anfänglich emotionale Diskussion einer realistischen und weniger technologisch determinierten Sichtweise gewichen sei. Auch in der Studie von Mast/Popp/Theilmann (1997: 171) äußern die befragten Chefredakteure wenig Bedenken bezüglich der neuen publizistischen Konkurrenz durch die Online-Angebote.

Neben dem Konkurrenzzuwachs durch neue Informationsanbieter, die – vorbei an den Filter- und Prüfinstanzen des Journalismus – direkt den Zugang zu ihren Zielpublika finden, bergen die neuen Informations- und Kommunikationstechnologien wie das Internet oder Online-Dienste auch neue Chancen für die journalistische Arbeit. Es ist nicht nur möglich, rund um die Uhr onlinezugängliche Konkurrenz- oder Leitmedien zu nutzen; mit den technischen Mitteln des Computer Assisted Reporting (CAR) kann der gesamte journalistischen Beschaffungs-, Recherche- und Präsentationsprozess verbessert werden (vgl. Redelfs 1996). Das CAR ist eine Methode zur Auswertung von Rohdaten aus online oder elektronisch verfügbaren Quellen. Voraussetzung dafür sind die elektronische Datenbankrecherche und die Verknüpfung von Einzelinformationen durch den Computer (vgl. Redelfs 1996: 265). Entsprechende Untersuchungen in den USA zeigen, dass immer mehr Redaktionen von den Vorteilen des CAR profitieren, indem sie von den Online-Diensten Gebrauch machen (vgl. Davenport/Fico/Weinstock 1996). Nach Garrison (1996: 113) wenden bereits zwei Drittel der nordamerikanischen Zeitungsredaktionen die Methoden des CAR an.»There is no doubt that online researching is faster and more thorough than the old-fashioned methods« (Garrison 1997: 81).

Die Vorteile des CAR liegen – wegen des direkten Zugriffs auf Originalquellen – in der Geschwindigkeit der Informationsbeschaffung, in der möglichen Vielfalt an verschiedensten Fakten und Perspektiven zum recherchierten Thema und in der Möglichkeit, ohne beträchtlichen Ressourcenaufwand bestehende Texte als Rohmaterial digital zu verarbeiten. Redelfs (1996: 272) weist aber auch auf neu entstehende Schwierigkeiten hin: »Das Problem wird zukünftig nicht in der Verfügbarkeit von Informationen liegen, sondern mehr als zuvor in ihrer Auswahl«. Zudem bringen auch intransparente Quellenangaben oder online publizierte Falschmeldungen Risiken für die journalistische Arbeit mit sich. Diese sind zwar nicht neu, sie nehmen aber mit dem Zuwachs öffentlich zugänglicher Angebote zu. So stellt der Journalistenausbildner Wegner zynisch fest, dass »die heute-Redakteure beim ZDF sich nicht – wie manche US-Kollegen – die Hände schmutzig machen, indem sie fragwürdige Internet-Infos zitieren. Sie zitieren lieber US-Kollegen, die fragwürdige Internet-Infos zitieren« (Wegner 1998). In diesem Sinne folgert auch Gollmer aus Erfahrungen aus der Berichterstattung über die Clinton/Lewinsky-Affäre, dass Nachrichten im Zuge neuster technologischer Entwicklungen »immer weniger etwas Feststehendes und immer mehr etwas Unfertiges« seien (Gollmer 1998).

Es wird also deutlich, dass die Nutzung und Verarbeitung der allzeit zur Verfügung stehenden Online-Angebote und das Ausschöpfen der technischen Möglichkeiten zur elektronischen Datenrecherche neue Infrastrukturen und Qualifikationen erfordern (vgl. Mast/Popp/Theilmann 1997). Redelfs (1996: 273f) weist allerdings auf ein großes Gefälle in der technischen und materiellen Ausstattung in amerikanischen und deutschen Redaktionen hin und erklärt die diesbezüglichen Defizite im europäischen Journalismus mit unterschiedlichen Rechtsgrundlagen im Datenschutz und mit einem abweichenden Rollenselbstverständnis insbesondere hinsichtlich der Recherche. So erstaunt es nicht, dass die amerikanische Journalistenausbildung der systematischen Informationsbeschaffung eine große Bedeutung beimisst, während sich etwa deutsche Journalisten noch kaum mit dem Recherchepotenzial der neuen Informationsinfrastruktur auseinandergesetzt haben (Redelfs 1996: 274). Es ist anzunehmen, dass die Situation in der Schweiz mit derjenigen in Deutschland vergleichbar ist.

Neben den Auswirkungen auf den journalistischen Rechercheprozess haben die neuen IuK-Technologien auch Folgen für die redaktionelle Arbeitsorganisation. Dies kommt in der Anwendung neuer elektronischer Redaktionssysteme zum Ausdruck. Durch die digitale Produktionstechnik sind grundlegende, Veränderungen zu erwarten, die fast alle Merkmale journalistischer Arbeit betreffen. Sie erfassen die Arbeitsanforderungen (Qualifikation, Ausbildung), die Arbeitsbedingungen (Arbeitszeit, redaktionsinterne vs. redaktionsexterne Arbeit,

Autonomie vs. Hierarchie), die Arbeitsmittel (technische Ausstattung), die Arbeitsorganisation (Arbeitsteilung vs. Teamarbeit, Arbeitsabläufe), die Arbeitsstrategien (Recherche, Texten, Umgang mit Informationsmaterial) und die Arbeitsergebnisse (Qualität der Produkte) (vgl. Altmeppen/Donges/Engels 1999: 38). Die Veränderungen, die digitalisierte Redaktionssysteme mit sich bringen, haben im Vergleich zur Einführung der Computersysteme anfangs der 1980er Jahre eine ganz neue Qualität (vgl. Krohn 1997). Sie ermöglichen und verlangen eine völlig neue Form der Arbeitsorganisation, die alle Bereiche einer Medienorganisation erfasst. Nach Krohn (1997: 60f.) lassen die neuen elektronischen Redaktionssysteme zwei Extremtypen hervortreten: der ›Generalist‹ und der ›Spezialist‹. Beide Typen waren schon immer anzutreffen. Durch die Einführung neuer IuK-Technologien werden ihre Unterschiede aber noch deutlicher.

Der Generalist: Neue technische Möglichkeiten erweitern die spezifischen individuellen Arbeitsweisen der Redakteure um instrumentell-technische Aufgaben. Krohn (1997: 60) beobachtet, dass vor allem in kleineren Zeitungsredaktionen häufiger ›Universalisten‹ die Gesamtverantwortung für eine oder mehrere Zeitungsseiten übernehmen müssen. Diese konzentrieren sich nicht nur auf das Schreiben und Redigieren der Texte, sondern beherrschen auch die notwendigen technischen Befehle, um die fertigen Artikel am Bildschirm druckfertig in die Seite zu stellen. Mit der Digitalisierung der Redaktionstechnik verschmelzen also die zuvor getrennten technischen und redaktionellen Tätigkeiten immer stärker, wobei diese Tätigkeiten heute von redaktionellen Mitarbeitern und nicht mehr von Technikspezialisten ausgeführt werden (vgl. Altmeppen/Donges/Engels 1999: 38f.). Der Generalist findet sich auch bei den elektronischen Medien. Bei Radiostationen halten zunehmend Selbstfahrerstudios Einzug und die Redakteure und Moderatoren bearbeiten ihre Beiträge auch in technischer Hinsicht längst selbständig. Beim Fernsehen übernimmt der Videojournalist (VJ) im Extremfall gleichzeitig die Funktionen von Kameramann, Tontechniker, Cutter und Reporter.

Der Spezialist: Auf der anderen Seite ist aufgrund neuer technischer Möglichkeiten auch eine Entwicklung zur Spezialisierung zu beobachten. Im Printbereich werden, vor allem bei größeren Zeitungsverlagen, die Layoutaufgaben von Spezialisten übernommen (vgl. Krohn 1997: 61). Eine kostengünstige Produktoptimierung wird in diesem Fall durch die strikte Zerlegung der Arbeitsabläufe in Schnittstellen angestrebt. Die Arbeitsschritte werden auf Spezialisten aufgeteilt, die in ihrem Arbeitsbereich eine hohe Fachkompetenz aufweisen. Hier wird der Redakteur vom Dokumentalisten mit Archivmaterial versorgt. Sein Produkt wird redigiert (Redakteur/Rewriter), korrigiert (Lektor) und schließlich medienspezifisch präsentiert (Layouter/Art Director). Zwischen diesen beiden Extrempolen spannt sich ein Feld verschiedenster arbeitsorganisatorischer Varianten auf. Im Zuge der Rationalisierung und Kommerzialisierung der journalistischen Produktion ist aber anzunehmen, dass sich eher die Ausprägungsform der Generalisierung durchsetzen wird. Angesichts der Entwicklung zu einer »neuen Ganzheitlichkeit« warnt Weischenberg (1993: 64) vor unerwünschten Konsequenzen, die sich dahingehend äußern, dass Journalisten zusätzlich belastet werden und weniger Zeit für journalistische Kerntätigkeiten wie Selektieren, Redigieren und Recherchieren haben. Auch Altmeppen (1999: 39) bezeichnet die »neue Ganzheitlichkeit« als »zweischneidiges Schwert« wegen der höheren Arbeitsbelastung der Redakteure. Entsprechend macht Weischenberg (1995: 69) den eher ambivalenten Charakter der »Elektronisierung der journalistischen Arbeit« deutlich und bezeichnet die mit diesen Bedingungen konfrontierten Journalisten als »Redaktroniker«.

Schließlich wird als weitere Konsequenz der Anwendung digitaler Redaktionssysteme und der Möglichkeiten der Online-Kommunikation auch das erhöhte Potenzial eines Realitätsverlusts seitens der Journalisten angesprochen. »Technology makes journalistic work more abstract in numerous ways and thus changes the nature of journalistic skill: The firsthand sentience – the sounds and sights and smells of the production of the printed word and, increasingly, human interaction as a central facet of journalists' work – are increasingly displaced by computerized interactions and electronic texts« (Christopher 1998: 123). Die Möglichkeiten des computergestützten Recherchierens, die umfangreichen Angebote von Agenturen und Online-Anbietern sowie der steigende Aktualitätsdruck können dazu führen, dass ein wachsender Anteil der journalistischen Arbeit nur noch vom Schreibtisch aus erledigt wird. Ohne Verweis auf empirische Grundlagen wird erwartet, dass diese Entwicklung auf Kosten der Feldrecherche erfolgt. Ob Agenturmaterial verwertet, vom Schreibtisch aus per Computer recherchiert oder vor Ort Eindrücke, Fakten und Stimmen gesammelt werden, ist wohl abhängig von der publizistischen Ausrichtung einer Redaktion bzw. eines Ressorts (z.B. geographischer vs. thematischer oder fachspezifischer Bezug). Weischenberg/Altmeppen/Löffelholz (1994: 41) haben schon 1994 darauf hingewiesen, dass in den Politik- und Nachrichtenredaktionen der regionalen Tageszeitungen schon längst primär mit Agenturmaterial gearbeitet und allenfalls telefonisch recherchiert werde. Hingegen würden die Journalisten für die Recherche lokal relevanter Themen nach wie vor ins Feld gehen. Der Wechsel von der Rolle des Reporters in jene des Schreibtischredakteurs hat Konsequenzen für die Art und Weise, wie der Journalist seine Welt wahrnimmt. Am Schreibtisch muss er sich weitgehend auf Sekundärerfahrungen stützen. Er bewegt sich in einer Welt der technisch übermittelten Informationen und entfernt sich dabei zusehends von der Realität der Schauplätze.

Ein erstes *Hauptziel* der vorliegenden Teilstudie 2 besteht darin, abzuklären, inwiefern in Schweizer Redaktionen die Entwicklung der Technisierung des Mediensystems und ihre Auswirkungen auf die journalistische Produktion von den redaktionellen Führungskräften beurteilt werden. Dem Themenkomplex ›Online-Journalismus und neue Redaktionssysteme‹ wird in Kapitel 4.3 nachgegangen. Dabei werden entsprechende Befunde aus der quantitativen Befragung (vgl. Untersuchungsanlage Teilstudie 1, Kapitel 3.1) und aus den Leitfadengesprächen mit 41 redaktionellen Führungskräften aus 25 Redaktionen (vgl. Untersuchungsanlage Teilstudie 2, Kapitel 4.2) herangezogen und diskutiert. Folgende Fragestellungen stehen dabei im Zentrum:

- Inwiefern nehmen die Journalisten bzw. die redaktionellen Führungskräfte in den herkömmlichen Medienredaktionen die Auswirkungen des Internet bzw. des Online-Journalismus auf ihre journalistische Tätigkeit wahr und wie beurteilen sie einen möglichen Verlust des ›Gatekeeper-Monopols‹ des Journalismus? (Kapitel 4.3.1)

- Inwiefern werden Online-Angebote im Internet, bzw. das Phänomen Online-Journalismus von redaktionellen Führungskräften herkömmlicher Medien als Konkurrenz oder als Ergänzung wahrgenommen und inwiefern bildet sich aus deren Perspektive ein eigenständiges Berufsbild des Online-Journalisten heraus? (Kapitel 4.3.2)

- Inwiefern wird in den Redaktionen von den Möglichkeiten der elektronischen Datenbeschaffung bzw. vom Internet Gebrauch gemacht? Wie beurteilen die Journalisten bzw. die redaktionellen Führungskräfte die Chancen und Risiken der neuen Informations- und Kommunikationstechnologien (IuK) für die redaktionelle Arbeit? (Kapitel 4.3.3)

- Welche Auswirkungen haben die neuen IuK-Technologien auf die redaktionelle Arbeitsteilung? Welche Folgen hat der Zuwachs an technisch-dispositiven neben den traditionell journalistischen Tätigkeiten in den Redaktionen? (Kapitel 4.3.4)

- Welche Auswirkungen hat die mögliche Anwendung moderner IuK-Technologien auf die Bedeutung der Feldrecherche und den Kontakt der Journalisten mit ihrer außerredaktionellen Umwelt? Inwiefern beobachten die redaktionellen Führungskräfte einen ›Realitätsverlust‹? (Kapitel 4.3.5)

4.1.3 Redaktionsmarketing

Noch Ende der 1960er Jahre machten einige Publizistikwissenschafter den Journalisten allgemein den Vorwurf, dass diese sich zuwenig am Publikum orientierten und einen publikumsorientierten Journalismus als ›Anpassungsjournalismus‹ ablehnten. Die Autoren sprachen vom »missachteten Leser« und forderten von Verlegern und Redakteuren eine konsequente Umorientierung: »Die Zukunft der Zeitung liegt in einem systematisch geplanten Kommunikations-Marketing« (Glotz/Langenbucher 1969: 151). Die Ermittlung der Interessen und Bedürfnisse des Publikums hat sich seither mehr und mehr in ein professionalisiertes System der Marktbeobachtung verwandelt (vgl. für den Rundfunk in der Schweiz: Meier/Bonfadelli/Schanne 1993: 98f. und Saxer/Ganz-Blättler 1998: 140). Inzwischen hat sich die Medienbranche von einem reinen Anbietermarkt in einen Konkurrenz- und Wettbewerbmarkt verwandelt. Im Zuge dieser Entwicklung haben die Rezipienten eine stärkere Bedeutung erhalten. Ihnen kommt eine Schlüsselposition zu, weil sie mit ihrer Entscheidung über die Akzeptanz von Medienangeboten zu einem Indikator für Markterfolg werden. Unternehmerische und redaktionelle Entscheide werden immer stärker durch die Publikumsforschung beeinflusst. Neu an der Forderung nach mehr Publikumsorientierung ist, dass diese heute primär unter ökonomischen Gesichtspunkten geäußert wird.

Ein Indiz für zunehmende ökonomische Einflüsse auf den Journalismus kann in der verstärkten Bedeutung des redaktionellen Marketings gesehen werden. Kommerziell orientierter Journalismus richtet sich immer stärker nach einem kaufkräftigen (Ziel-)Publikum aus; sein Qualitätsmaßstab wird in stärkerem Masse von Publikumserwartungen und der Akzeptanz journalistischer Produkte beeinflusst. Zum Ausdruck kommt dies in der Dominanz des institutionalisierten Marketings in Redaktionen. Redaktionelles Marketing umfasst alle redaktionellen Vorgänge, die darauf zielen, mit dem publizistischen Angebot die Bedürfnisse und Wünsche der Zielgruppe(n) zu befriedigen, und wird als passende Antwort auf veränderte Marktbedingungen verstanden (vgl. Rau 2000; Möllmann 1998; Streng 1998). »Die Publikums- und Medienforschung horcht Leser, Hörer und Zuschauer regelmäßig aus und sucht ihre Gewohnheiten und Verhaltensmuster zu erfassen und zu prognostizieren. So wie sich schon heute im Anzeigen- und Werbegeschäft kaum etwas ohne genaue Zielgruppenkenntnis bewegt, so wird es sich auf sich ausdifferenzierenden Medienmärkten künftig kaum noch eine Redaktion leisten können, Wünsche und Bedürfnisse ihrer Publika nicht zu kennen und nicht ernst zu nehmen« (Ruß-Mohl 1992: 105). Die Tendenz zur Kommerzialisierung des Medienbereichs ist also ablesbar an der Etablierung spezifischer Institutionen der Markt- und Publikumsforschung, welche die Marktbeschaffung und den Marktabsatz optimieren sollen und die ausschließlich nach ökonomischen Kriterien handeln.

›Redaktionelles Marketing‹ ist ein Begriff der 1990er Jahre. In der publizistikwissenschaftlichen Literatur häufen sich derweil die Plädoyers, redaktionelles Marketing als passende Antwort auf veränderte Marktbedingungen zu institutionalisieren (vgl. Rau 2000). Weber versteht darunter »alle redaktionellen Vorgänge, die darauf zielen, mit einem Medium den Wünschen der Zielgruppen zu entsprechen« (Weber 1992: 147). Für Rager beinhaltet redaktionelles Marketing »den Beitrag im Ensemble aller Anstrengungen des Verlags, mit dem Medienprodukt die Rezipienten besser zu bedienen, es konsequent auf die Bedürfnisse, Interessen und Erwartungen der Rezipienten auszurichten« (Rager 1994: 8). Ausführlich hat sich Möllmann (1998) mit dem Begriff auseinandergesetzt. Er identifiziert redaktionelles Marketing aus einer systemtheoretischen Perspektive als Zweckprogramm (vgl. Rühl 1989) mit dem Ziel, die Rezipienten besser in das System Journalismus einzuschließen. Marketingstrategien, die sich an potenziellen Rezipientenerwartungen orientieren, versteht er als systemerhaltend. Möllmann will einer möglichen Kritik an einer rein kommerziell orientierten Anwendung des redaktionellen Marketings entgegenwirken und betont die nach wie vor mögliche Unabhängigkeit journalistischen Handelns von außerredaktionellen Zielen: »Redaktionsmarketing zielt auf die Bedürfnisse und Wünsche der Leserschaft, bzw. einzelner Lesergruppen und -kohorten, nicht speziell auf die der Anzeigenkunden. Die Ausrichtung auf den Lesermarkt ist jedoch nicht gleichbedeutend mit Qualitätsverlust oder der Aufgabe journalistischen Anspruchs bzw. gesellschaftlicher Verantwortung« (Möllmann 1998: 181f.).

Trotz der theoretisch gesetzten Prämisse, dass redaktionelles Marketing primär den Rezipienten und schließlich auch der Qualität des redaktionellen Angebots zugute kommen soll, stößt die Forderung nach *verstärkter Publikumsorientierung* nicht nur bei Journalisten auf Misstrauen. Kritiker bewerten entsprechende Trends als Ausdruck eines Massagesalon-, Wunschkonzert- oder Marketingjournalismus (Lindlau 1990). Die Publikums- und Leserschaftsforschung nimmt zwar den Journalisten die ohnehin schwierige Wahrnehmung der Publikumsbedürfnisse ab, unterstellt sie jedoch zugleich dem Diktat der Auflagen- bzw. Einschaltquoten und damit der Interpretation rein ökonomisch denkender Marketingspezialisten. Damit sind Konflikte und Widerstände mit berufskulturellen Normen vorprogrammiert. Es wird befürchtet, dass ein stur am Marketing orientiertes Managementhandeln journalistische Qualität und Professionalität konsequent ökonomischen Prinzipien unterordne.

So wirft Neumann (1997) im Fallbeispiel der ›Seattle Times‹ dem Topmanagement der Tageszeitung fehlende Einsicht in die Grenzen der Erkenntnismöglichkeit von Marktforschung vor und verweist auf die Gefahren eines bürokratischen Journalismus, in dem sich die journalistische Berufskultur und Professionalität den Akzeptanzgrenzen auf dem Leser- und Werbemarkt anzupassen haben. Die Allgegenwart von Marketing zwinge die Reporter und Redakteure, ihre individualistisch und berufskulturell gefärbte professionelle Orientierung den im Verlagsmanagement an zentraler Stelle definierten publizistischen Zielsetzungen unterzuordnen. Problematisiert wird auch die Tatsache, dass die werbetreibende Wirtschaft oder die sie bedienenden Agenturen im Gegensatz zum Publikum viel eher in der Lage sind, ihre Präferenzen klar, operationalisierbar und organisiert zu formulieren (vgl. Heinrich 1996: 174).

Ein weiteres Hauptziel der vorliegenden Teilstudie 2 besteht darin, abzuklären, inwiefern in Schweizer Redaktionen Strategien des redaktionellen Marketings tatsächlich verfolgt und umgesetzt werden und inwiefern entsprechende Folgen für die Journalisten beurteilt werden. Dem Themenkomplex ›Redaktionsmarketing und Publikumsorientierung‹ wird in Kapitel 4.4 nachgegangen, wobei wiederum entsprechende Befunde aus der quantitativen Journalistenbefragung (vgl. Untersuchungsanlage Teilstudie 1, Kapitel 3.1) und aus den Leitfadengesprächen (vgl. Untersuchungsanlage Teilstudie 2, Kapitel 4.2) herangezogen werden. Folgende Fragestellungen stehen im Zentrum:

- Redaktionelles Marketing und damit die Orientierung an den Rezipienten setzen voraus, dass deren Bedürfnisse den Redaktionen bekannt sind. Dies geschieht mit Hilfe der *Leser- und Publikumsforschung*. Inwiefern sind solche Forschungsdaten auf den Schweizer Redaktionen den Journalisten bzw. den redaktionellen Führungskräften überhaupt zugänglich? (Kapitel 4.4.2)

- Aus welchen Quellen stammt das Wissen über Merkmale und Erwartungen des Publikums und über welche Kanäle gelangen solche Informationen in die Redaktionen? Welche ökonomischen bzw. publizistischen Zwecke erfüllen nach Auffassung der redaktionellen Führungskräfte entsprechende Forschungsergebnisse und inwiefern wird deren Verwendbarkeit für die redaktionelle Arbeit beurteilt? Inwiefern ziehen die redaktionellen Führungskräfte entsprechende Schlussfolgerungen aus zugänglichen Forschungsergebnissen? (Kapitel 4.4.2)

- Als ein Indiz für die Kommerzialisierung des Mediensystems kann auch die verstärkte Zielgruppenorientierung des Journalismus interpretiert werden. Die Orientierung an den Rezipienten macht eine Konzentration auf bestimmte Zielgruppen notwendig, da nur dadurch die Marketinganstrengungen auch effektiv und kontrollierbar sein können. Aus der Analyse der Leser- und Publikumsforschungsdaten können einzelne Publikumssegmente identifiziert und aus deren Zusammensetzung bestimmte Produktziele abgeleitet werden. Inwiefern richten sich die Schweizer Redaktionen mit ihren Angeboten an bestimmte Publikumssegmente? Wie wird die Strategie der Ausrichtung auf bestimmte Zielgruppen beurteilt bzw. inwiefern konfligiert das Konzept des Redaktionsmarketings mit allgemeinen berufskulturellen Normen der Universalität und Autonomie? (Kapitel 4.4.3)

- Inwiefern äußert sich der Imperativ der Kundenorientierung in entsprechenden Anpassungen des journalistischen Rollenselbstbildes? Verdrängen die marktorientierten Ziele des Dienstleisters und Vermarkters die traditionellen Rollenbilder wie Vermittler, Aufklärer oder Kritiker? (Kapitel 4.4.4)

4.1.4 Redaktionsmanagement

Der Trend der Kommerzialisierung kommt neben der zunehmenden Bedeutung des Redaktionsmarketings (vgl. Kapitel 4.1.3) auch in der zunehmenden Bedeutung des redaktionellen Managements zum Ausdruck. Die Ziele des redaktionellen Marketings müssen auf der Ebene des Redaktionsmanagements umgesetzt werden. Redaktionsmanagement ist in der Fachpublizistik zum Schlüsselbegriff geworden, um die Arbeitsbedingungen, die Aufbau- und Ablauforganisation und die Qualitätssicherung in den Redaktionen zu optimieren bzw. besser den neuen Wettbewerbsbedingungen anzupassen (vgl. Reiter/Ruß-Mohl 1994). Für Heinrich (1996: 179) ist es primär der zunehmende Kostenwettbewerb, der die Medienbetriebe dazu zwinge, kostensparende Produktionsformen wie z.B. Outsourcing, Controlling oder eben redaktionelles Management einzuführen bzw. zu verstärken. Die Implementierung betriebswirtschaftlicher Konzepte in Redaktionen wird entsprechend problematisiert. Es bestehe die Gefahr, dass bei der Produktion Leistungsbewertungssysteme eingeführt werden, deren Qualität nur ökonomisch, nicht aber publizistisch relevant seien (Heinrich 1996: 179). Befürchtet wird, dass das Management von Medienbetrieben dem jedes beliebigen anderen Betriebes gleichgestellt wird. So stellt Karmasin (1998: 284) fest, dass »das für Medienunternehmungen typische Zieldual (...) sich unter diesen ›Professionalisierungstendenzen‹ in Richtung einer einseitigen Gewinnorientierung aufzulösen« scheint.

Meckel (1999: 22) definiert *Redaktionsmanagement* als »die strategische Implementierung, Steuerung und Sicherung publizistischer Qualität in Verbindung mit Markterfolg auf dem Weg des konzeptionellen, organisatorischen, Personal- und Kostenmanagements.« Folgende Aufgaben können dem Redaktionsmanagement zugewiesen werden (vgl. Meckel 1999: 21f.):

- Personalrekrutierung, -entwicklung und -führung;
- die Entwicklung des redaktionellen Konzeptes;
- die ständige Entwicklung und Sicherung der redaktionellen Qualitätsstandards;
- die Erarbeitung eines Maßnahmenkatalogs zur Qualitätssicherung (Benchmarking, Blatt-/ Sendungskritiken, Gegenlesen, Qualitätszirkel, Korrekturspalten etc.);
- die Entwicklung und Implementierung redaktioneller Strukturen und Prozesse;
- Führen von Redaktionskonferenzen;
- die Fortbildung von qualifiziertem Personal;
- Personaleinsatz: welches Personal für welche Ziele?
- die Entwicklung, Einhaltung und Überprüfung der Etatplanung;
- die kontinuierliche Abstimmung von publizistischem Produkt und Publikumsinteresse;
- Redaktionelles Marketing, Benchmarking.

Im publizistikwissenschaftlichen Diskurs häufen sich die Plädoyers für die Bedeutung des redaktionellen Managements (vgl. Mast 1997, Meckel 1999) Kritiker warnen aber vor der Gefahr, dass ein rein marktorientiertes Redaktionsmanagement »der genuin publizistisch ausgerichteten intrinsischen Motivation« der redaktionellen Mitarbeiter zuwiderlaufe oder dass durch einen »klassisch betriebswirtschaftlichen Unterbau vorhandene kreativitätsfreundliche Produktions- und Organisationsstrukturen beseitigt« würden (Heinrich 1996: 179).

Indikatoren für die zunehmende Bedeutung des redaktionellen Managements lassen sich in der wettbewerbsorientierten Produkt- bzw. Programmpolitik, in der verstärkten Zusammenarbeit zwischen Redaktion und Verlag/Geschäftsführung, im Rollenwandel der Chefredakteure hin zu Topmanagern sowie in Veränderungen der redaktionellen Organisationsstrukturen finden.

Eine Produkt- bzw. Programmpolitik kann als ausformuliertes Regelsystem verstanden werden, das helfen soll, die betreffende Organisation im Sinne bestimmter Produkt- oder Programmziele zu steuern. Die Produkt- bzw. Programmpolitik soll im weiteren die Mitarbeiterschaft motivieren, Identifikation stiften und Unsicherheiten bezüglich berufskultureller Verpflichtungen abbauen helfen (vgl. Saxer/Ganz-Blättler 1998). So hat Bartel (1997) in einer multimethodisch angelegten Studie den empirischen Beweis dafür erbracht, dass Medienunternehmen in Konkurrenzsituationen in den meisten Fällen Wettbewerbsstrategien entwickeln, um vorteilhafte Wettbewerbspositionen zu erreichen, und dass diese wesentlich die journalistische Nachrichtenauswahl und -präsentation bestimmen.

Für den Bereich des Rundfunks wurde in der Schweiz im speziellen für das Schweizer Fernsehen DRS ein Wandel in der Programmpolitik nachgewiesen. So beschreiben Meier/Bonfadelli/Schanne (1993) und Saxer/Ganz-Blättler (1998) eine langfristige Neupositionierung des Schweizer Fernsehens DRS im Sinne der Neugestaltung der Programmpolitik. Entsprechend beobachtet Alter (1985: 294) schon in den 80er Jahren eine zunehmende Zuhilfenahme von modernen Managementmethoden, die das Unternehmen Schweizerische Radio- und Fernsehgesellschaft SRG ›auf Vordermann‹ bringen sollten. Bereits einige Jahre später machen Meier/Bonfadelli/Schanne (1993: 98f.) deutlich, dass die Etablierung neuer kommerzieller Programmveranstalter auch bei den öffentlichen Rundfunkveranstaltern ein verstärktes kommerzielles unternehmerisches Denken bewirkt habe. Indikatoren dafür finden sie in der zunehmend kommerziell ausgerichtete Unternehmensführung, in der propagierten Rolle des Marktleaders oder in programmlichen Leitbildern mit Ausrichtung auf die Werbe- und Konsumentensouveränität. »Immer offensichtlicher wird, dass ökonomische Überlegungen zur allgemeinen Bestandssicherung und besonders zur Sicherung der Finanzierungsgrundlagen gegenüber Kriterien wie Programmkultur, Leistungsaufträge und Programmqualität mehr und mehr in den Vordergrund rücken« (Meier/Bonfadelli/Schanne 1993: 123). Entsprechend stellen Saxer/Ganz-Blättler (1998: 140) fest, dass sich »die Organisation SF DRS von einer im wesentlichen Rundfunk-Anspruchskultur verbreitenden Anstalt zu einem stärker kundenorientierten Unternehmen« entwickelt hat.

Die Analyse des Wandels in der Unternehmenspolitik bleibt für den Printbereich – insbesondere in der Schweiz – defizitär. Anknüpfungspunkte ergeben sich bei der Studie von Moss (1998). Ausgehend von der Frage, wie Zeitungsunternehmen sich unter zunehmenden Wettbewerbsbedingungen Vorteile gegenüber den Konkurrenzmedien verschaffen können, unterscheidet Moss (1998: 87ff.) eine Kosten- von einer Differenzierungsstrategie. Als Folge der zunehmenden Anstrengungen seitens der Anbieter, die sogenannte produktive Effizienz zu steigern, also durch Prozessinnovationen eine effizientere (billigere) Produktionsweise zu erreichen, diagnostiziert Heinrich (1996) eine Dominanz der Kostenstrategie. Moss (1998) hingegen beobachtet aufgrund von Indikatoren wie Regionalisierung, Rezipientenorientierung, Zielgruppenorientierung, optische Gestaltung oder Erweiterung des Leistungsangebots durch Online-Zeitungen eher einen Bedeutungszuwachs der Differenzierungsstrategie. Auch Meckel (1999: 47) prognostiziert einen Bedeutungszuwachs der Konkurrenzabgrenzung und für Rau (2000) führt die Zukunft der Tageszeitung nicht mehr an der Differenzierungsstrategie vorbei. Als konkrete Beispiele dafür nennt er die Aktualitäts-, »Originaritäts-« [sic!], Universalitäts- und Orientierungsstrategie (ebenda: 247f.).

Ein Wandel in der jeweiligen Unternehmenspolitik oder Strategie hat ihre Auswirkungen auf die Organisationsstruktur (»structure follows strategy«, vgl. Chandler 1962: 16). *Entscheidungsstrukturen* in Printmedienunternehmen wurden erstmals systematisch von Neverla/Walch (1993) empirisch untersucht. Fokussiert wurde vor allem das Verhältnis von Verlag und Redaktion. Das Forscherteam unterscheidet vier grundlegende Typen der Trennung bzw. Koordination zwischen Verlag und Redaktion: 1) Trennung zwecks Abwehr, 2) Trennung zwecks Professionalität, 3) Einheit zwecks Ganzheitlichkeit und 4) Einheit zwecks Produktoptimierung. Ihre Analyse zeigt eine Tendenz Richtung Machtallokation des gewinnorientierten Managements auf. Das historische Modell der Einheit von Verlag und Redaktion gewinnt wieder an Bedeutung – allerdings in der postmodernen Variante der ›Einheit zwecks Produktoptimierung‹, wobei der Marketingfunktion eine dominante Stellung im Betrieb einräumt wird. Gewinnmargen werden als Jahresziele von vornherein festgelegt und laufend optimiert, primär durch Einsparungen beim Personaletat und den redaktionellen Ausgaben. So beobachtet Meckel (1999: 22) längerfristig einen Trend in Richtung Kompetenzüberschreitung zwischen den Abteilungen Redaktion und Verlag/Geschäftsleitung (vgl. Abbildung 11).

Meckel (1999: 84) prognostiziert die zunehmende Bedeutung einer abteilungsübergreifenden Zusammenarbeit, weil publizistische Qualität in einem konkurrenzintensiven Wettbewerb nicht mehr unabhängig von ökonomischer Effizienz bestehen könne. Realisiert wird diese Forderung in der organisatorischen Schaffung einer ›Schnittstelle‹ (z.B. Redaktionsdirektor, geschäftsführender Redakteur etc.) zwischen Chefredaktion (publizistische Qualität) und Verlag/Geschäftsleitung (ökonomische Effizienz). Nach Ruß-Mohl (1992: 146f) verschiebt sich diese Schnittstelle, welche versucht, kommerzielle und publizistische Ziele in Einklang miteinander zu bringen, immer mehr von der Verlagsleitung weg in die Chefredaktion.

Abb. 11: Ebenen des Redaktionsmanagements

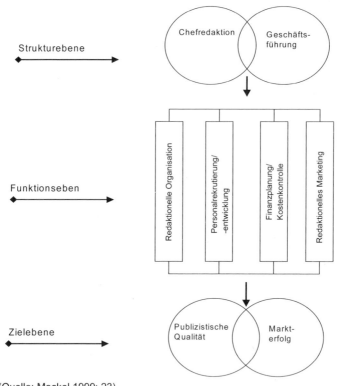

(Quelle: Meckel 1999: 23)

Leitende Journalisten werden immer mehr – zu Lasten ihrer journalistischen Tätigkeiten – in die betriebswirtschaftliche Aufgabenerfüllung eingebunden. Journalisten werden mehr und mehr zu Topmanagern, auf deren Führungskompetenz es letztlich ankommt. So schreibt der Publizistikwissenschaftler Peter Glotz in einem unveröffentlichten Aufsatz, dass für den Chefredakteur als Manager »die kommunikative Kompetenz wichtiger« sei, »als das Pathos des Kapitäns (...) auf der Brücke (...) oder der Ruf des großen Autors. (...) Der Chefredakteur in privatwirtschaftlich organisierten Medien ist Grenzgänger, ein Übersetzer, ein Beziehungsjongleur. (...) Er ist der Manager der Kommunikation« (Glotz zit. nach Reiter/Ruß-Mohl 1994: 49). Während sich der Rollenwechsel von der ›Edelfeder‹ zum Topmanager in den US-amerikanischen Redaktionen schon länger vollzogen hat (vgl. Neumann 1997), beobachten Experten diese Entwicklung für den europäischen Raum erst seit den 1990er Jahren (vgl. Happich/Haller 1997: 9).

Schließlich äußern sich Kommerzialisierungstendenzen auch in der jeweiligen *Organisationsform der Redaktionen.* In der Organisationstheorie wird die Aufbauorganisation von der Ablauforganisation unterschieden (vgl. Thommen 1989). Auch innerhalb einer Redaktion bedingen sich diese beiden Strukturen gegenseitig und bauen aufeinander auf. In der vorliegenden Teilstudie 2 wird die Aufbauorganisation der Redaktionen näher betrachtet. Es können verschiedenen Typen der Aufbaustruktur unterschieden werden. In Redaktionen scheint sich nach Auffassung einiger Beobachter die klassische (Ein-)Linienorganisation durchgesetzt zu haben (vgl. Ruß-Mohl 1995 121). Dabei besteht eine Redaktion aus einzelnen Ressorts, an deren Spitze ein Ressortleiter steht, der wiederum hierarchisch der Stelle des Chefredakteurs unterstellt ist. Diese Struktur ist klar und eindeutig. Sie verspricht Kontrollierbarkeit, weil Verantwortung und Kompetenz – zumindest formal – transparent sind. Dies wird allerdings durch einen hohen bürokratischen Aufwand erkauft. Der Dienstweg ist lang. Die Verantwortlichen investieren einen Großteil ihrer Kapazität in Koordinationsaufgaben. Es bestehen persönliche Abhängigkeiten zwischen über- und nachgeordneten Stelleninhabern (Moss 1998: 33f.). In der Regel werden – in sogenannten Stab-Linien-Organisationen – zur Entlastung der Verantwortlichen Stäbe (z.B. Chef vom Dienst) geschaffen, um als Schnittstelle zwischen verschiedenen Ressorts oder einzelner Abteilungen zu koordinieren.

Das Mehrliniensystem – oder die spezielle Ausprägung der Matrix-Organisation – unterliegt schließlich dem Prinzip des kürzesten Weges. Im Unterschied zum Einliniensystem ist jede Stelle mehreren Instanzen gleichzeitig unterstellt (Moss 1998: 35). Ruß-Mohl (1995: 122) beobachtet, dass innerhalb der Medienbranche mit Mehrlinien-Organisationen kaum experimentiert wird. Die Gründe dafür liegen in Koordinationsproblemen und der Schwierigkeit, klare Trennlinien zu ziehen. Nach Meckel (1999: 78) ist die Mehrlinien-Organisation am ehesten in der Fernsehproduktion anzutreffen, bei der redaktionelle Mitarbeiter als Redakteure und Moderatoren gleichzeitig vom Redaktionsleiter und vom Produktionschef Anweisungen erhalten. Die Vor- und Nachteile jeder der hier kurz aufgeführten Varianten machen den Entscheid für das eine oder andere Modell nicht einfacher. So verweist Ruß-Mohl (1995: 124) auf ein »organisatorisches Grunddilemma redaktioneller Arbeit«: Journalismus sei einerseits eine hochroutinisierte Tätigkeit – was für straffe Organisationsstrukturen spricht –, andererseits erfordere die journalistische Tätigkeit auch einen hohen Grad an Kreativität – was für flachere Hierarchien spricht.

Die Teilstudie 2 geht davon aus, dass die Redaktionsstrukturen gegenwärtig einem Wandel unterliegen. Dieser wird ermöglicht durch die neue Redaktionstechnik und »forciert (...) durch redaktionsinterne Erfahrungen mit organisatorischer Ineffizienz und Qualitätsverlusten in den Abläufen sowie durch redaktionsexterne Impulse aus der Marketingabteilung, (...) um den Markterfolg zu erhöhen« (Esser 2000: 123).

Empirische Studien zur Effektivität und Effizienz redaktioneller Organisationsstrukturen gibt es wenige (vgl. Esser 1999, Esser 2000). Eindrücklich führt jedoch Neumann (1997) in einer Fallstudie zum Redaktionsmanagement der nordamerikanischen Tageszeitung ›Seattle Times‹ eine überholte Organisationslogik vor Augen, die hierzulande vor allem in der Branchendiskussion voreilig als fortschrittlich und revolutionär eingeschätzt und kurzsichtig zur Kopie empfohlen wurde. Neumanns prinzipielle Kritik geht von der These aus, dass das am rein mechanisch-materiellen Denkansatz orientierte Managementkonzept mit seinem klassischen betriebswirtschaftlichen Unterbau journalistisch notwendige, kreativitätsfreundliche Produktions- und Organisationsstrukturen beseitige. Es trage zur »kontraproduktiven Inflation von Hierarchiestufen sowie zu überzogener Spezialisierung und Bürokratisierung von Arbeitsabläufen bei« (ebenda: 237). Die Studie macht deutlich, dass *Führungskonzepte*, die primär auf Effizienz und Gewinnmaximierung zielen, der komplexen Eigenrationalität eines Medienunternehmens nicht einfach überstülpt werden dürfen. Ein jüngstes Beispiel kommt aus Deutschland, wo die *Strategie des Outsourcing* als Folge eines konsequenten Kostenmanagements den Verlag der Sächsischen Zeitung dazu veranlasste, die Lokalausgaben mitsamt Logistik und Anzeigen-Akquisition in eigenständige GmbHs umzuwandeln. Inwiefern solche Strategien langfristig Erfolg haben, muss sich erst noch zeigen.

Ein drittes Hauptziel der vorliegenden Teilstudie 2 besteht schließlich darin, festzustellen, inwiefern sich in Schweizer Redaktionen Trends der Kommerzialisierung auf die Herausbildung von Wettbewerbsstrategien, die Zusammenarbeit zwischen Redaktion und Geschäftsleitung/Verlag, das Rollenbild des Chefredakteurs und die redaktionellen Aufbaustrukturen auswirken. Dem Themenkomplex ›Redaktionsmanagement und redaktionelle Organisationsstrukturen‹ wird in Kapitel 4.5 nachgegangen, wobei wiederum entsprechende Befunde aus der quantitativen Journalistenbefragung (vgl. Untersuchungsanlage Teilstudie 1, Kapitel 3.1) und aus den Leitfadengesprächen (vgl. Untersuchungsanlage Teilstudie 2, Kapitel 4.2) herangezogen werden. Folgende Fragestellungen stehen dabei im Zentrum:

- Mit welchen Wettbewerbsstrategien reagieren die redaktionellen Führungskräfte auf zunehmende Konkurrenz, um sich Vorteile gegenüber den Konkurrenzmedien zu verschaffen? Welchen Stellenwert haben dabei die Differenzierungs- bzw. die Kostenstrategie? (Kapitel 4.5.1)

- Inwiefern widerspricht die intensive Zusammenarbeit zwischen Redaktion und Verlag/Geschäftsführung sowie entsprechend integrierende Organisationsstrukturen nach Auffassung der redaktionellen Führungskräfte den Prinzipien der inneren Pressefreiheit? (Kapitel 4.5.2)

- Inwiefern nehmen Chefredakteure zunehmend Managementfunktionen wahr? Wie wird ein allenfalls feststellbarer Rollenwandel von der ›Edelfeder‹ zum Topmanager beurteilt? (Kapitel 4.5.3)

- Nach welchen Kriterien gestalten die Redaktionsverantwortlichen die redaktionelle Aufbauorganisation? Welche typischen Organisationsmuster lassen sich erkennen? Inwiefern werden Tendenzen des Outsourcing als Chance oder Risiko beurteilt? Welchen Stellenwert hat die ressortübergreifende Zusammenarbeit in sogenannten Projektredaktionen? (Kapitel 4.5.4)

4.2 Untersuchungsanlage und Methoden

4.2.1 Erhebungsinstrument und Samplebildung

Wie in der Einleitung angedeutet und in Kapitel 4.1 ausgeführt, verfolgt die Teilstudie 2 das Ziel, aktuelle Veränderungsprozesse zu untersuchen, die den Journalismus im Zuge der Technisierung und Kommerzialisierung des Mediensystems prägen. Weil mit der quantitativen Journalistenbefragung nur Daten zu einem einzelnen Zeitpunkt erhoben werden konnten, mussten ergänzend zur repräsentativen Umfrage die behaupteten Auswirkungen der Technisierung und Kommerzialisierung auf die journalistische Produktion zusätzlich über die Methode der qualitativen Befragung mittels Leitfadeninterviews erschlossen werden.

Das *qualitative Interview* ist eine mündlich-persönliche Befragung, bei der ausschließlich offene Fragen gestellt werden (vgl. Lamnek 1995: 35ff.). Die Basis bildet jeweils ein Interviewleitfaden, der die forschungsrelevanten Fragen enthält und eine gewisse Vergleichbarkeit der Interviewergebnisse zulässt.

Teilstudie 2 beruht auf 41 qualitativen Interviews mit Führungsverantwortlichen (Chefredakteure, Ressortleiter, Sendungsleiter) aus 25 Redaktionen. Der Gesprächsleitfaden bezieht sich im Wesentlichen auf die Themenbereiche und Fragedimensionen, die im Kapitel 4.1.1 in Abbildung 10 aufgeführt sind.

Die Teilstudie richtet sich nach den Grundsätzen der qualitativen Forschung wie offenes Befragungsinstrument, interpretative Auswertung (Mayring 1996; Lamnek 1995; Flick 1995). Als *Erhebungsinstrument* wird das problemzentrierte Interview herangezogen. [26]

Teilstudie 2 steht in engem Zusammenhang mit Teilstudie 1 und knüpft an diese an. Weil die technologischen, ökonomischen und organisatorischen Veränderungen des Journalismus in der quantifizierenden Berufsstudie nur ungenügend berücksichtigt werden können, wird diesen Einflüssen in der qualitativen Befragung speziell nachgegangen. Teilstudie 2 zielt als Ergänzung der quantitativen Journalisten-Enquête auf die externe Validierung der quantitativen Daten. Einzelne Befunde aus der quantitativen Befragung werden bei der Darstellung und Diskussion der Ergebnisse der qualitativen Befragung als Ausgangsbasis herangezogen (zur Untersuchungsanlage der quantitativen Journalistenbefragung vgl. Teilstudie 1, Kapitel 3.1).

Die Befunde der qualitativen Befragung haben teils illustrativen teils erklärenden Charakter und dienen zudem der *Triangulation,* das heißt dem Vergleich der Ergebnisse der beiden Teilstudien. Daneben liefern die qualitativen Daten im Rahmen der oben genannten Fragestellungen Begründungen, Argumentationen und Bewertungen der interviewten Redaktionsverantwortlichen zu den theoretisch angenommenen und in den Interviews angesprochenen Veränderungsprozessen. Der Gesprächsleitfaden bezog sich im Wesentlichen auf die drei oben ausgeführten Fragenkomplexe ›Online-Journalismus und neue Redaktionssysteme‹, ›Redaktionsmarketing und Publikumsorientierung‹ sowie ›Redaktionsmanagement und redaktionelle Organisationsstrukturen‹, wobei die

---

[26] Dieses Instrument wird in der qualitativen Sozialforschung dann eingesetzt, wenn das Gespräch auf eine bestimmte Problemstellung zentriert ist, die der Interviewer einführt und auf die er immer wieder zurückkommt. Die Problemstellung wird bereits vor der Leitfadenkonstruktion vom Interviewer bzw. vom Forscherteam analysiert (vgl. Mayring 1996: 50ff.). Vor dem Interview werden bestimmte Aspekte der Problemstellung erarbeitet, die im Leitfaden zusammengestellt sind und im Gesprächsverlauf angesprochen werden. Die während der vorgängigen Problemanalyse entwickelten theoretischen Vorstellungen werden durch das Interview mit der sozialen Realität konfrontiert, plausibilisiert oder modifiziert.

befragten Personen angehalten werden, entsprechende Auskünfte bezüglich der Situation in ihrer Redaktion zu geben.[27]

Bei der Auswahl der Befragten für die qualitative Befragung wurde darauf geachtet, dass – ohne den Anspruch auf Repräsentativität – alle Medientypen (Radio, Fernsehen, Printmedien) vertreten waren. Die Medienangebote der ausgewählten Redaktionen sollten grundsätzlich dem *Kriterium der Universalität* entsprechen, das heißt in ihrem Angebot alle Lebensbereiche ansprechen, bzw. nicht auf thematische Spezialinteressen ausgerichtet sein. Es sollten Redaktionen sowohl in der Deutschschweiz als auch in der Westschweiz und im Tessin ins Sample aufgenommen werden. Es wurde zudem darauf geachtet, neben größeren Redaktionen mit überregionalem Verbreitungsgebiet auch kleinere mit regionaler Reichweite bzw. ländlichem Verbreitungsgebiet gleichermaßen zu berücksichtigen. Im Printbereich wurde auch dem *Kriterium der Periodizität* Rechnung getragen, indem neben Tageszeitungen auch wöchentlich erscheinende Zeitungen bzw. eine Illustrierte und ein Nachrichtenmagazin ins Sample aufgenommen wurden. Bei der Auswahl der elektronischen Medien wurden neben Redaktionen des öffentlichen Radios und Fernsehens auch Redaktionen privater Fernseh- und Radiosender miteinbezogen. Abbildung 12 gibt einen Überblick über die in das Sample aufgenommenen Redaktionen.

Wo dies möglich war, wurden pro Redaktion neben der Chefredaktion bzw. Sendeleitung auch deren Stellvertreter (z.B. Ressortleiter) befragt. Die Auswahl der *redaktionellen Führungskräfte* als Befragte ist deshalb angebracht, weil diese in den Redaktionen in irgendeiner Form Verantwortung tragen für den Entwurf, die Implementierung oder die Kontrolle einer Problemlösung und über einen privilegierten Zugang zu Informationen über redaktionelle Strukturen und Entscheidungsprozesse verfügen. Diese Rollenträger sind am ehesten in der Lage, für die Situation in ihren Redaktionen beschreibende Informationen, aber auch Begründungen, Argumentationen und Bewertungen im Zusammenhang mit den oben genannten Fragestellungen zu liefern.

Die zweite Person innerhalb der gleichen Redaktion wurde deshalb zusätzlich befragt, weil man sich so einerseits eine gewisse Kontrollmöglichkeit erhofft hat und zudem Widersprüche in den Aussagen der beiden Befragten pro Redaktion als Zeichen der Ambivalenz in der Bewertung gewisser sensibler Ge-

---

[27] Es zeigte sich allerdings, dass dieses Ziel nicht immer eingehalten werden konnte. Obwohl die Interviewpartner angehalten wurden, sich in ihren Aussagen auf ihre Redaktion zu beziehen, äußerten diese auch Beobachtungen und Meinungen, die sich generell auf die Medienbranche oder Teile davon bezogen. Es war während der Auswertung der Aussagen nicht immer eindeutig festzustellen, auf welcher Ebene sich die Befragten gerade befanden.

genstandsbereiche interpretiert werden konnten. Die Selektion der zweiten Person wurde in der Regel über die Chefredaktion bzw. Sendeleitung vorgenommen. Aus forschungsökonomischen Gründen wurde in der Westschweiz und im Tessin auf die Befragung einer zweiten Person pro Redaktion verzichtet.

Abb. 12: Befragte Redaktionen

Medientyp	Deutschschweiz	Westschweiz	Tessin
Große Tageszeitung	Tages-Anzeiger, Neue Zürcher Zeitung, St. Galler Tagblatt, Berner Zeitung	24 Heures*	Corriere del Ticino*
Regionalzeitung	Der Landbote, Aargauer Zeitung	La Liberté*, L'Impartial*	Giornale del Popolo*, La Regione*
Sonntagspresse	SonntagsZeitung		
Wochenzeitung	Weltwoche		
Nachrichtenmagazin	Facts		
Illustrierte	Schweizer Illustrierte		
öffentliches TV	Tagesschau DRS, ›10 vor 10‹		Televisione svizzera di lingua italiana
öffentliches Radio	Regionaljournal Zürich/ Schaffhausen		
privates TV	Tele 24, Tele M1		Tele Ticino
privates Radio	Radio Zürisee	Radio Fribourg*	

*Bei diesen Redaktionen wurde nur eine Person (Chefredakteur oder Sendeleitung) befragt.

4.2.2 Datenerhebung, Auswertung und Ergebnisdarstellung

Sämtliche Chefredakteure bzw. Sendeleiter wurden in einem Schreiben über das Forschungsvorhaben orientiert und um einen Interviewtermin gebeten. Alle angeschriebenen Redaktionsverantwortlichen der Deutschschweiz haben sich bereit erklärt, an einem mündlichen Gespräch teilzunehmen. Im Tessin und vor allem in der Westschweiz war das Interesse an einer Teilnahme wesentlich geringer. In der Westschweiz gelang es nicht, Vertreter des öffentlichen Fernsehens oder Radios und Vertreter des Magazinjournalismus zu gewinnen.

Die qualitativen Interviews wurden von einer studentischen Forschergruppe durchgeführt, die an der Konzipierung des Leitfadens maßgeblich beteiligt war. Die Interviewer wurden in einem zweitägigen Workshop auf den Feldzugang und die Durchführung der Interviews vorbereitet bzw. entsprechend geschult. Der Pretest wurde mit Journalisten oder mit redaktionellen Führungsverantwortlichen aus nicht im Sample vertretenen Redaktionen durchgeführt. In einem weiteren Workshop wurden die Felderfahrungen der Interviewer ausgetauscht und geringfügige Änderungen am Leitfaden vorgenommen.

Die Interviews dauerten durchschnittlich 60 bis 90 Minuten und fanden vorwiegend in den Redaktionsräumen der befragten Personen statt. In der Deutschschweiz wurden die Befragungen im Januar 1999 durchgeführt, im Tessin im Juli 1999 und in der Westschweiz im August 1999. Alle Gespräche wurden für die spätere Auswertung auf einem Tonträger aufgezeichnet und anschließend transkribiert.[28] Bei der Transkription der Interviews wurden irrelevante oder unverständliche Ausschweifungen, unvollständige Gedankengänge, Füllwörter sowie nonverbales Verhalten wie Räuspern oder Lachen weggelassen. Wiederholungen innerhalb der gleichen Antwort und ausufernde Schilderungen wurden gekürzt.

Zur Auswertung wurde die *Methode der qualitativen Inhaltsanalyse* (vgl. Mayring 1996: 91ff.) herangezogen. Das Material wurde – in der Regel entlang der Fragen im Leitfaden – in thematische Einheiten zerlegt, die nacheinander bearbeitet wurden. Die Auswertung orientierte sich dabei an den im Leitfaden theoretisch abgeleiteten thematischen Einheiten, an inhaltlich zusammengehörigen – über den Interviewtext verstreuten – Passagen. In einem ersten Durchgang durch das Material wurden inhaltlich zusammengehörigen Fundstellen zusammengetragen. Das so thematisch sortierte Transkriptionsmaterial wurde in einem weiteren Schritt so zusammengefasst und reduziert, dass nur die wesentlichen Inhalte bzw. Aussagen erhalten blieben. Die prägnantesten Textstellen wurden dem Transkript entnommen und in einen neuen – stark gekürzten – Text überführt. In einem dritten Schritt erfolgte eine Strukturierung des Materials, das heißt bestimmte Aspekte wurden theoriegeleitet aus dem Material herausgefiltert, um dann einen Querschnitt durch alle Interviews zu legen. Die dabei herangezogenen Ordnungskriterien orientierten sich an den theoretischen

---

[28] Die in französischer (Westschweiz) und italienischer (Tessin) Sprache durchgeführten Interviews wurden während der Transkription von den Interviewern gleichzeitig ins Deutsche übersetzt.

Perspektiven, die den Fragestellungen zu Grunde liegen. Das Ziel der Strukturierung bestand im Vergleich der verschiedenen Redaktionsvertreter in ihren Aussagen, Beschreibungen, Interpretationen und Deutungsmuster in Bezug auf die oben ausgeführten Fragestellungen. Auf einer Typisierungsdimension wurde zudem nach einzelnen markanten Ausprägungen im Material gesucht und genauer beschrieben. Schließlich wurden die Ergebnisse in Richtung der Fragestellungen interpretiert, die individuellen Einzelfalldarstellungen fallübergreifend generalisiert und so zu einer Gesamtdarstellung typischer Fälle verdichtet. Neben den Gemeinsamkeiten, die in den meisten Interviews aufgetreten sind, wurden auch Abweichungen und Unterschiede festgehalten, wobei der medientypische Vergleich besondere Beachtung fand.

Allen befragten Redaktionsverantwortlichen wurde *Anonymität* zugesichert. Sie werden somit in der Darstellung der Ergebnisse weder mit ihrem persönlichen Namen genannt, noch mit dem Titel des Mediums bzw. der Sendung, noch mit dem Redaktionsort in Verbindung gebracht. Die Quellen der verwendeten Zitate werden deshalb nur verschlüsselt angegeben: Buchstaben von A bis Z verweisen auf eine der 25 Redaktionen. Die Ziffern 1 oder 2 auf die hierarchische Rolle, wobei 1 jeweils für Chefredaktion oder Sendeleitung und 2 für deren Stellvertretung bzw. für Ressortleitung stehen. In den meisten Fällen wird aber der entsprechende Medientyp (große Tageszeitung bzw. Regionalzeitung, Wochenzeitung, Zeitschrift, privates oder öffentliches Radio oder Fernsehen) angegeben, für den die befragte Person tätig ist.

4.3 Online-Journalismus

4.3.1 Der Kompass im Informationsdschungel

Die Diskussion über die möglichen Auswirkungen des Internet auf den Journalismus wird innerhalb der Kommunikationsbranche sehr technikzentriert geführt. So wird etwa prognostiziert, dass mit den neuen IuK-Technologien und insbesondere mit dem Internet sämtliche Informationsanbieter die Möglichkeit hätten, die traditionelle Filter- und Prüffunktion des Journalismus – das sogenannte Gatekeeping – zu umgehen und sich direkt an die Medienkonsumenten zu wenden (vgl. Kapitel 4.1.2). Auch wenn große Skepsis angebracht ist, ob diese technisch ermöglichten Chancen der Interaktivität auch tatsächlich genutzt werden, steht fest: Der Journalismus verliert angesichts der scheinbar totalen Verfügbarkeit von Information zunehmend sein Gatekeeper-Monopol in der öffentlichen Kommunikation. Der Gatekeeper von einst erhält Konkurrenz von anderen Informationsanbietern. Diese pfaden ihre Schleichwege – oder eben Datenautobahnen – am Journalismus vorbei direkt zur Zielgruppe (Mast/Popp/Theilmann 1997). Gleichzeitig wird beobachtet, dass angesichts der Informationsflut die traditionellen journalistischen Aufgaben wie reflektierte Selektion, Recherche und Orientierungsstiftung gefährdet sind (vgl. Kapitel 4.1.2).

Die Ergebnisse der schriftlichen Befragung bestätigen die *Wahrnehmung eines Selektionsproblems* angesichts der Informationsexplosion auch auf Seiten der Berufspraxis. Insgesamt 77% aller befragten Journalisten stimmen der vorgelegten Prognose zu, die zunehmende Informationsflut werde dazu führen, dass es für Journalisten immer schwieriger werde, die wesentlichen Informationen auszuwählen (vgl. Tabelle 40). Bei den elektronischen Medien – und insbesondere beim öffentlichen Radio – finden sich am meisten Journalisten, die diese Entwicklung so wahrnehmen, während wahrscheinlich das Selektionsproblem bei den Vertretern der wöchentlich erscheinenden Printmedien weniger neu ist als bei den stärker aktualitätsorientierten Kollegen. Die Prognose findet zudem bei den Journalisten in den Ressorts ›Aktuelles/Informationen‹ oder ›Internationales‹ am meisten Zustimmung.

Auch die Prognose eines Verlustes des Gatekeeper-Monopol, der mit der Einführung neuer Technologien in Zusammenhang gebracht werden kann, stößt mehrheitlich auf Zustimmung (vgl. Tabelle 40): Insgesamt erwarten 57% der Schweizer Journalisten, dass sich künftig gesellschaftliche Akteure und Öffentlichkeitsarbeiter zunehmend direkt an ihre Zielgruppe wenden, vorbei an den Journalisten. Medientypische Unterschiede sind nur geringfügig festzustellen. So ist diese Überzeugung bei den Journalisten der privaten elektronischen Medien weniger weit verbreitet als etwa bei den Vertretern der Zeitschriften oder Illustrierten. Dieser Trend wird zudem stärker von älteren als von jüngeren Journalisten wahrgenommen.

»Heute muss ein Journalist sehr viel sattelfester sein, um diese Datenflut überhaupt noch bewältigen zu können« (G1), meint – übereinstimmend mit allen anderen mündlich befragten Führungskräften – der Chefredakteur einer Zeitschrift. Ein Kollege bei einer Tageszeitung drückt dies folgendermaßen aus: *»Die Informationsflut ist heute so groß, dass natürlich die Gefahr besteht, dass beim Recherchieren einfach Daten gesammelt werden, ohne abzuklären, ob es sich dabei um qualitativ gute und glaubwürdige Informationen handelt«* (S). Auch wenn die Journalisten also mehrheitlich ein *Selektionsproblem* erkennen und beobachten, dass gesellschaftliche Akteure und Öffentlichkeitsarbeiter mit ihren Informationen den Journalismus zunehmend umgehen, so geht aus den

qualitativen Leitfadeninterviews mit den redaktionellen Führungskräften deutlich hervor, dass die Berufsgruppe auch angesichts der zunehmenden Verfügbarkeit von Informationen von der Notwendigkeit der Gatekeeper-Funktion des Journalismus überzeugt ist. *»Je mehr Informationen da sind, um so wichtiger wird es für den Journalismus, diese zu selektionieren«* (S), meint beispielsweise der Chefredakteur einer Regionalzeitung. Ein Kollege einer größeren Tageszeitung formuliert es so: *»Wenn man im Internet surft und die Vielfalt von Informationen sieht, sehnt man sich nach einer Zeitung, deren Werte man kennt und in die man Vertrauen hat«* (W).

Tab. 40: Wahrnehmung eines Selektionsproblems und eines Gate-keeper-Monopol-Verlustes nach Medientyp (in %)*

	Zunehmende Informationsflut erschwert Selektion durch den Journalismus.	*Gesellschaftliche Akteure wenden sich zunehmend direkt an ihre Zielgruppen.*
Tageszeitungen	76	55
Wochen-/Sonntagszeitung	76	60
Zeitschrift/Illustrierte/Magazine	73	64
Fachzeitschriften	74	57
öffentliches Radio	84	58
öffentliches TV	79	54
privates Radio/TV	77	48
Nachrichtenagentur	77	61
Gesamt	77	57

* Die Befragten konnten ihre Zustimmung auf einer sechsstufigen Skala einstufen. Die Tabelle gibt die Prozentwerte der zustimmenden Positionen von 4 bis 6 zusammengefasst wieder.

Die Befragten sind angesichts des *Information-Overloads* geschlossen der Meinung, dass künftig für den Rezipienten ein Journalismus an Bedeutung gewinne, der ihm dabei helfe, den Informationsberg abzubauen. *»Der Leser kann nicht sein eigener Redakteur sein, es braucht jemanden, der ihm wichtige Querinformationen liefert, diese gewichtet und analysiert«* (B1), so die Ansicht des Chefredakteur einer großen Tageszeitung. Man ist sich einig, dass nur unabhängige Journalisten für den noch viel stärker überforderten Rezipienten das Angebot selektieren und interpretieren können. Ein Chefredakteur einer Regionalzeitung drückt diese Überzeugung so aus: *»Information ist wie Nahrung, die man noch kochen muss. Zwischen Produkt und Konsument ist ein Koch nötig, der nach gewissen Kriterien entscheidet, was im Supermarkt ausgewählt wird und wie es zubereitet wird. Ein Vermittler ist also um so wichtiger je größer die Informationsflut ist«* (R). Insbesondere die Vertreter der Printmedien betonen die Notwendigkeit einer noch stärker erklärenden und orientierenden Funktion. Aber auch ein Sendeleiter einer privaten Fernsehstation versteht *»die Recherche, die Überprüfung, die Bearbeitung und die verständliche Präsentation als diejenigen Waffen der Journalisten, die den Beruf letztlich ausmachen«* (V).

Einige Befragte betonen, dass es eben gerade die immer wichtiger werdende Orientierungsfunktion sei, die den herkömmlichen Journalismus von der reinen Informationsleistung der Online-Anbieter unterscheide. *»Ich glaube, dass die Zeitung dem Leser die Möglichkeit zum Nachdenken gibt – viel mehr als das Radio, Fernsehen oder eben das Internet«* (T), sagt der Chefredakteur einer Regionalzeitung. Der Kollege einer großen Tageszeitung meint denn auch, dass die traditionellen Journalisten – und insbesondere die Zeitungsjournalisten – *»wachsam bleiben müssen und ihre Arbeit so weiterführen sollen wie bis anhin: Dem Leser eine bestimmte Sichtweise und eine korrekt bearbeitete Kritik liefern«* (W). Onlinejournalisten seien primär Informationstransporteure, bei denen die Fähigkeit zur professionellen Analyse und Interpretation nicht gefragt sei.

Auch die meisten Vertreter der elektronischen Medien glauben nicht an den ›hyperaktiven‹ Rezipienten, der sich nun seine Informationen auf direktem Weg, vorbei am traditionellen Journalismus beschafft. So spricht ein Redaktionsleiter bei einem Privatfernsehsender von einer gewissen Arbeitsteilung zwischen Journalisten und Rezipienten: *»Ich finde es richtig und wichtig, dass sich die Leute immer mehr Informationen ›aus erster Hand‹ holen können. Aber genau so wichtig ist der Journalist, der diese Informationen filtert, checkt und kanalisiert. Das, was ich hier den ganzen Tag mache, kann der Konsument nicht tun«* (N2).

Die befragten redaktionellen Führungskräfte begegnen also der durch neue IuK-Technologien geförderten Informationsflut gelassen. Sie alle sind der Ansicht, dass die Rezipienten noch stärker das Bedürfnis nach journalistischer Selektion, Einordnung und Gewichtung haben, je mehr Informationen ihnen zur Verfügung stehen. Ein Vertreter des öffentlichen Fernsehens macht darauf aufmerksam, dass *»gerade diejenigen Leute, die sich persönlich über das Internet informieren, zusätzlich nach einer journalistischen Interpretation verlangen«* (U).

4.3.2 Die Konkurrenz der Online-Anbieter

Entsprechend optimistisch beurteilen die redaktionellen Führungskräfte das geringe *Potenzial der neuen Online-Medien*, zur ›bedrohlichen‹ Konkurrenz für die herkömmliche Publizistik zu werden. Von den Befragten wird der Online-Journalismus keineswegs als Gefahr im Sinne einer neuen Konkurrenz beurteilt. Er wird vielmehr als Ergänzung zu bestehenden Angeboten der traditionellen Medien verstanden. *»Eine Zeitung hat eine Seele. Man nimmt sie in die Hand, liest sie im Zug oder im Café und hat immer bessere Selektionsmöglichkeiten als im Internet«* (A1), meint eine redaktionelle Führungskraft und rechtfertigt den Internet-Auftritt ihrer Tageszeitung unter anderem mit der Notwendigkeit, potenziellen branchenfremden Online-Anbietern das Wasser abzugraben. *»Wenn unsere Zeitung heute den Leuten nicht zeigt, dass wir im Internet dabei sind, werden andere Angebote zur Konkurrenz – und wir kommen definitiv zu spät«* (K2), begründet auch ein anderer Vertreter der Printmedien das Engagement vieler Zeitungsverlage, die damit das Entstehen einer ernst zu nehmenden Konkurrenz verhindern wollen.

Dass die Internet-Präsenz also vorwiegend mit ökonomischen Überlegungen verbunden ist, zeigt auch die viel geäußerte Annahme, dass den Medienunternehmen durch die Angebote anderer Anbieter ein Verlust im Werbegeschäft – primär im Bereich der Kleinanzeigen – droht. Ein Chefredakteur einer überregionalen Tageszeitung: *»Wir müssen schauen, dass unsere Einnahmequellen nicht plötzlich in anderen Händen sind. Da muss man handeln«* (B1). Die Aussagen decken sich mit den Ergebnissen einer Studie von Mast/Popp/Theilmann (1997: 171), die bei deutschen Chefredakteuren ebenfalls hauptsächlich ökonomisch bedingte Befürchtungen als Argument für einen Internet-Auftritt vorfand. Viele der Befragten vermuten, dass dem Internet-Auftritt eine Marketingfunktion zukommt, weil dadurch Neuabonnenten gewonnen werden könnten.

Wenn der Online-Journalismus auch nicht als publizistische Konkurrenz, sondern als Ergänzung verstanden wird, so wollen ihm die befragten Chefredakteure doch ein spezifisches Journalismus-Konzept zuweisen. *»Es gibt eine Art Aufgabenteilung: Zeitungen leuchten Hintergründe aus, werten und kommentieren, ordnen ein und stellen Zusammenhänge her. Der Online-Journalist hingegen ist ein reiner Nachrichtenmensch«* (Q1), differenziert ein Chefredakteur einer größeren Tageszeitung. Aktualität, Gleichzeitigkeit, Modernität, Kürze, Spontaneität, plakative Sprache, Lesbarkeit und Vereinfachung werden als weitere Merkmale des Online-Journalismus genannt. Die Befragten betonen auch, dass die Online-Angebote in erster Linie fachspezifische Informationsbedürfnisse befriedigen würden, während die herkömmlichen Medien nach wie vor primär universelle Themen bereitstellten.

Weit verbreitet ist die Auffassung, dass sich der Online-Journalismus auf technische Kompetenzen beschränkt und primär bestehende Informationen zielgruppenadäquat und leserfreundlich aufbereitet und bestenfalls technisch mit anderen Angeboten verlinkt und mit Zusatzangeboten anreichert. *»Bestehende Artikel werden heute einfach ins Netz ›geknallt‹. Es gibt meines Wissens wenig journalistische Eigenleistungen auf dem Internet, und wenn es die gibt, sind sie wenig erfolgreich«* (A2), stellt ein Befragter fest und bestätigt wie viele andere auch die Befunde von Meyer/Rohwedder/Stein (1998), wonach die Vertreter der herkömmlichen Publizistik den neuen Online-Anbietern journalistische Professionalität mehrheitlich absprechen. Dem widersprechen allerdings andere Befragte, die im Online-Journalismus eben gerade die Chancen sehen, Informationen der herkömmlichen Medienangebote zu ergänzen, zu vertiefen und Zusammenhänge vielfältig auszuleuchten, weil dort ja eben kein Platzproblem bestehe (B1).

Die Mehrheit der Befragten ist überzeugt, dass sich aus den veränderten Anforderungen eine Berufsgattung entwickelt, die spezifische Arbeitsmethoden anwendet und eigene Qualifikationen verlangt. Deutlich wird, dass Online-Journalisten in erster Linie als Instrumentaljournalisten oder »Informationsbroker« (vgl. Mast/Popp/Theilmann 1997: 169; Wyss 1997) verstanden werden. *»Ich glaube, beim Online-Journalisten geht es vor allem darum, möglichst viele Informationen zu liefern«* (A1), fasst eine redaktionelle Führungskraft ihre Vorstellungen zusammen. Dass sich dafür ein neues Berufsfeld etabliert, wird kaum bezweifelt: *»Alle ernst zu nehmenden ›Players‹ auf dem Markt werden solche Redaktionsteile aufbauen müssen«* (H2), meint ein Fernsehjournalist und betont, dass es sich dabei aber nicht um klassischen Journalismus handle.

4.3.3 Die Ambivalenz des Computer Assisted Reporting (CAR)

Der amerikanische Medienwissenschaftler Koch entwirft in seinem Buch »Journalism for the 21st Century« (Koch 1991) eine Vision über die Bedeutung der neuen technischen Möglichkeiten für den Journalismus. Für die Journalisten soll es dank des einfachen und schnellen Zugriffs auf elektronische Datenbanken möglich sein, den Informationsvorsprung beispielsweise der Exekutive auszugleichen, weil sie über Nacht an eine Fülle von Informationen gelangen und an Pressekonferenzen kritischere Fragen stellen und Verlautbarungen von Pressestellen auf ihre Stichhaltigkeit überprüfen können (vgl. Koch 1991: 311ff.). Die Rede ist vom Computer Assisted Reporting (CAR), einer Methode zur Generierung und Auswertung von Rohdaten aus online oder elektronisch verfügbaren Quellen (vgl. Kapitel 4.1.2). Voraussetzung dafür ist die Datenbankrecherche und die Verknüpfung von Einzelinformationen durch den Computer (vgl. Redelfs 1996: 265). In dieser Studie soll darunter auch das elektronische Abrufen von Einzelinformationen über Datenbanken verstanden werden, weil davon auszugehen ist, dass das CAR im Gegensatz zu US-Redaktionen in der Schweiz noch nicht zum Standard gehört, bzw. im engeren Sinne kaum von einer größeren Anzahl Redaktionen betrieben wird.

Tab. 41: Die Nutzung des WWW nach Medientypen (in%)

WWW-Nutzung	häufig	ab und zu	nie
Tageszeitungen	36	41	23
Sonntags-/Wochenzeitungen	48	40	12
Zeitschriften/Magazine	48	34	18
Fachzeitschriften	44	36	19
öffentliches Radio	24	53	23
öffentliches TV	34	49	17
privates Radio/TV	45	40	15
Nachrichtenagentur	47	45	8
Gesamt	39	42	19

Eine Möglichkeit der elektronischen Datenrecherche besteht vorerst einmal darin, online über das Internet im World Wide Web (WWW) zu recherchieren. Zum Zeitpunkt der Befragung – also 1998 – geben insgesamt 39% aller befragten Journalisten an, das WWW häufig für berufliche Zwecke zu nutzen. 42% tun dies ab und zu und 19% nie.[29] Diese Zahlen geben Hinweise auf die Nutzung online zugänglicher Informationen, sagen jedoch noch nichts über die Anwendung des WWW als Rechercheinstrument direkt aus. Wie Tabelle 41 zeigt, nutzen Journalisten bei Sonntags-/Wochenzeitungen, Zeitschriften und Magazinen sowie Nachrichtenagenturen das WWW besonders häufig. Beim öffentlichen Radio und bei den Tageszeitungen ist die Nutzung eher gering. Bei den wöchentlich erscheinenden Printmedien ist der relativ häufige Gang ins WWW damit erklärbar, dass in diesen Redaktionen die Journalisten längere Zeit damit verbringen, ein ganz bestimmtes Thema zu bearbeiten und damit für

---

[29] E-Mail-Nutzung insgesamt: häufig: 49%, ab und zu: 35%, nie: 16%; Newsgroup-Nutzung insgesamt: häufig: 4%, ab und zu: 18%, nie: 78%.

die Themenfindung oder auch für Recherchen im Internet mehr Zeit zur Verfügung steht.

Die Nutzungsdaten sind aber schwer interpretierbar, weil sie von zu vielen Faktoren wie beispielsweise der aktuellen Ausstattung der Arbeitsplätze mit Computerbetriebssystemen etc. abhängig sind. Auch ein internationaler Vergleich erweist sich als schwierig, weil die zeitlichen Abstände der Befragungen groß sind und davon ausgegangen werden kann, dass die Nutzung des WWW im Laufe der Zeit zunimmt. Gleichwohl kann gesagt werden, dass die Nutzung der Schweizer Journalisten mit derjenigen der deutschen Kollegen vergleichbar (vgl. Mast/Popp/Theilmann 1997: 142) ist, aber den Erfahrungen US-amerikanischer Journalisten hinterherhinken (vgl. Garrison 1997: 83).

In den einzelnen Ressorts wird ganz unterschiedlich vom WWW Gebrauch gemacht. So gehen die Journalisten der Lokalressorts am wenigsten ins Netz, während in den Wirtschaftsressorts, aber auch im Ressort ›Internationales‹ die Nutzung am höchsten ist. Es zeigt sich auch, dass in größeren Redaktionen mehr vom WWW Gebrauch gemacht wird als in kleineren Redaktionen. Erkennbar ist auch, dass jüngere Journalisten und Männer das WWW häufiger nutzen als ihre älteren oder weiblichen Kolleg/innen.

Das Internet als Technologie ermöglicht den vernetzten Journalisten, die Methoden des Computer Assisted Reporting (CAR) anzuwenden, also nicht nur sämtliche online zugänglichen Medien zu konsultieren, sondern auch in kostenlosen oder -pflichtigen Archiven und Datenbanken zu recherchieren. Dafür stehen im Internet und in den Online-Diensten (z.B. Compuserve oder America Online), aber auch bei Anbietern der Medienbranche selbst rund um die Uhr unzählige Datenbanken und Informationsmöglichkeiten zu allen erdenklichen Fachgebieten und Themen bereit.

Mehr Hinweise auf die Nutzung von Online-Diensten zur Recherche erhalten wir durch die Beantwortung der Frage, ob die Journalisten während ihrer Arbeit überhaupt schon einmal entsprechende Möglichkeiten der elektronischen Datenrecherche genutzt haben.[30] Insgesamt bejahen dies 80% aller Journalisten. Am meisten routinisiert dürften Journalisten bei Nachrichtenagenturen damit umgehen, von denen 94% angeben, bereits von den Möglichkeiten der elektronischen Datenrecherche profitiert zu haben. Auch die Journalisten beim öffent-

---

[30] Die entsprechende Frage im Fragebogen lautet: »Ebenso wie Computer haben auch Möglichkeiten der Informations- und Datenrecherche via Internet, Datenbanken oder elektronische Archive in den Arbeitsalltag der Journalisten Einzug gehalten. Haben Sie in Ihrer Arbeit schon einmal die Möglichkeit elektronischer Datenrecherche benutzt?« Die Frage konnte mit ja oder nein beantwortet werden.

lichen Fernsehen (87%) oder bei den Sonntags-/Wochenzeitungen (83%) haben diesbezüglich überdurchschnittliche Erfahrungen, während bei den Tageszeitungen mit 77% und erstaunlicherweise auch bei den Fachzeitschriften (73%) verhältnismäßig wenige von den neuen Möglichkeiten Gebrauch machen. Ein Blick in die Ressorts zeigt, dass die Journalisten im Bereich Internationales (94%), im Wirtschafts- (90%) und im Inlandressort (89%) am meisten Erfahrungen mit der elektronischen Datenrecherche haben, während diese im Lokalen verhältnismäßig bescheiden sind (74%). Es zeigt sich, dass am ehesten dort Gebrauch gemacht wird, wo stark themenspezifisch gearbeitet wird.

Tab. 42: Einschätzung positiver Auswirkungen bei der Anwendung elektronischer Datenrecherche nach Medientyp (in %)*

	Neue technische Möglichkeiten der elektronischen Datenbeschaffung ...		
	... steigern meine zeitliche und räumliche Flexibilität.	... ermöglichen mir den Zugang zu Informationen, an die ich sonst nicht herankommen würde.	... machen mich unabhängiger von zugelieferten Medienmitteilungen.
Tageszeitungen	71	89	68
Wochen-/ Sonntagszeitung	77	93	72
Zeischrift/Illustrierte/ Magazine	76	91	71
Fachzeitschriften	67	82	69
öffentliches Radio	70	84	61
öffentliches TV	80	79	72
privates Radio/TV	83	93	78
Nachrichtenagentur	80	92	73
Gesamt	75	88	69

*Die Befragten konnten ihre Zustimmung auf einer sechsstufigen Skala einstufen. Die Tabelle gibt die Prozentwerte der zustimmenden Positionen von 4 bis 6 zusammengefasst wieder.

Wie bewerten nun aber die Journalisten die neuen Möglichkeiten der elektronischen Datenrecherche? Wie oben (vgl. Kapitel 4.1.2) ausgeführt, kann die Anwendung der neuen Möglichkeiten der elektronischen Datenrecherche sowohl positive als auch negative Konsequenzen haben bzw. Risiken in sich bergen. In der schriftlichen Befragung wurden die Journalisten mit entsprechenden Behauptungen konfrontiert (vgl. Tabelle 42 und Tabelle 43).[31]

Die Ergebnisse der schriftlichen Befragung zeigen, dass die Anwender die Datenbankrecherche mehrheitlich positiv bewerten. Insgesamt sind 75% der Auffassung, dass durch die neuen technischen Möglichkeiten ihre zeitliche und räumliche Flexibilität gesteigert wird. Dieser Einschätzung stimmen vor allem die Vertreter der elektronischen Medien und der Nachrichtenagenturen zu, wobei die Journalisten beim öffentlichen Radio weniger euphorisch sind. Aber auch die Vertreter der wöchentlich erscheinenden Printmedien sehen mehrheitlich diesen Vorteil, während wiederum die Tageszeitungsjournalisten und die Fachzeitungsjournalisten eher zurückhaltend zustimmen. Am deutlichsten stimmen die schriftlich befragten Journalisten der Auffassung zu, dass ihnen die elektronisch Datenrecherche den Zugang zu Informationen ermöglicht, an die sie sonst nicht herankommen. Insgesamt 69% aller Journalisten sind zudem der Auffassung, dass sie durch die technischen Mitteln unabhängiger von zugelieferten Medienmitteilungen werden.

Die in der schriftlichen Befragung abgefragten *Vorteile* werden auch in den Leitfadengesprächen von den redaktionellen Führungskräften angesprochen. Im Folgenden wird auf die oben genannten Vorteile der elektronischen Datenrecherche nochmals einzeln eingegangen. Dabei stehen die Aussagen aus den qualitativen Interviews im Vordergrund. Die entsprechenden Aussagen haben hier primär illustrativen Charakter und vertiefen die einzelnen Argumente einer positiven Beurteilung der neuen Möglichkeiten durch die Anwendung der IuK-Technologien. Sämtliche Redaktionsverantwortliche geben an, dass in ihren Redaktionen die elektronische Datenrecherche zum täglichen Arbeitsmittel gehört. Es wird betont, dass es eher die redaktionellen Mitarbeiter ohne Führungsverantwortung sind, die diese Methoden anwenden.[32] Die Möglichkeiten des CAR werden von den Führungskräften mehrheitlich positiv bewertet. *»Für den Journalisten ist es natürlich toll, wenn er heute die Recherche viel schnel-*

---

[31] Zu den Vor- bzw. Nachteilen der elektronischen Datenrecherche wurden nur diejenigen 80% aller Journalisten befragt, die damit bereits Erfahrungen gemacht haben.
[32] Die Daten der schriftlichen Befragung lassen aber nicht auf eine stärkere Nutzung der Journalisten ohne Führungsverantwortung schließen. Allerdings musste nur die Frage beantwortet werden, ob die Journalisten in ihrer Arbeit »schon einmal« die Möglichkeit der elektronischen Datenrecherche genutzt hätten. Dies dürfte bei vorhandener Infrastruktur in der Redaktion schnell einmal der Fall sein: 80% der Journalisten ohne Führungsverantwortung und 82% der Führungskräfte bejahen die Frage.

ler, gezielter und viel mehr in die Breite und in die Tiefe gerichtet durchführen kann. Recherchen, die früher Stunden gedauert haben, brauchen heute Sekunden« (H2) hält ein Fernsehjournalist fest. Als Vorteil wird erachtet, dass *»die Qualität der Recherche dadurch verbessert«* (F2) werden könne und effizienter (D2) vor sich gehe. *»Durch sehr gute Zugriffsmöglichkeiten kann man aktuelle Meldungen sehr gut einordnen und in einen größeren Zusammenhang bringen. Das war früher sehr aufwändig oder nur den Top-Leuten mit guter Sachkenntnis vorbehalten. Heute kann das eigentlich jeder Journalist tun«* (M1), meint ein Redaktionsleiter einer Privatradiostation. Die Methode werde mit Vorliebe zur Vorrecherche im Hinblick auf Pressekonferenzen genutzt (D2). Man erhofft sich dadurch einen Informationsvorsprung für die Gespräche mit Experten, Akteuren oder Zeugen.

Das computerunterstützte Recherchieren wird von den befragten Redaktionsverantwortlichen vor allem auch als Chance für die kleineren Medien erkannt. *»Vor allem für eine Zeitung mit knapp ausgestattetem Archiv bietet das Internet eine gewisse Demokratisierung bei der Informationsbeschaffung«* (L2), meint ein Ressortleiter einer Regionalzeitung und betont, dass seine Redaktion *»heute die genau gleichen Zugriffsmöglichkeiten auf Zeitungen aus Argentinien, Australien oder den Fidschi-Inseln«* (L2) habe wie größere Zeitungsredaktionen.

Von mehreren Redaktionsverantwortlichen wird aber auch betont, dass die neuen technischen Möglichkeiten auch höhere Anforderungen an die Journalisten stellen. *»Man muss fähig sein, sich innerhalb kürzester Zeit einen Überblick zu verschaffen, abzuchecken, ob eine Information relevant ist, ob die Quellenlage gut ist. Daher wird es zunehmend anspruchsvoller«* (D1), meint der Chefredakteur einer wöchentlich erscheinenden Zeitung. Aber auch ein Kollege beim Privatradio spricht von erhöhten Anforderungen an die Journalisten, weil *»man heute viel schneller selektioniert und in kürzester Zeit wichtige Entscheidungen getroffen werden müssen«* (M1). Ein Befragter betont ausdrücklich die Gefahr, dass vor allem durch Recherchen im Internet Gerüchte kolportiert werden können und schließt daraus, dass *»der Journalist in solchen Fällen nach wie vor nach traditionellen Recherchemethoden vorgehen muss: das heißt persönliche Kontakte«* (Y).

Die *erhöhten Anforderungen,* die die neuen technischen Möglichkeiten des computergestützten Recherchierens mit sich bringen, können auch zur Überforderung beitragen. Im Folgenden soll hier von den negativen Aspekten der Anwendung der IuK-Technologien die Rede sein. Einzelne Argumente wie Überforderung, erschwerte Quellenüberprüfung und Aktualitätsdruck stehen dabei im Zentrum. Bei der Darstellung der Ergebnisse zu diesen Fragen wird wiederum von den Ergebnissen der quantitativen Studie ausgegangen. Diese Befunde werden durch entsprechende Aussagen aus den qualitativen Interviews illustriert und vertieft.

Lediglich 28% aller schriftlich Befragten geben an, sie seien bei der Anwendung dieser technischen Möglichkeiten überfordert (vgl. Tabelle 43).[33] Beim öffentlichen Radio hingegen erfährt mehr als jeder dritte Journalist dies als Problem, und die Wahrnehmung einer Überforderung nimmt – wie die Wahrnehmung weiterer negativer Folgen – mit dem Alter leicht zu. Die Wahrscheinlichkeit einer *Überforderung* wird dadurch verstärkt, dass in den meisten Medienbetrieben entsprechende Weiterbildungsangebote für Journalisten fehlen (vgl. Heim 1997). Dabei müssen vor allem Journalisten in kleineren Medienbetrieben immer mehr Aufgaben übernehmen, die früher spezialisierte Dokumentationsstellen ausgeführt haben. Die Redaktionen haben der Aufforderung ›Braucht das Netz!‹ möglichst effizient und kostensparend nachzukommen (ebenda: 20).

So verweisen denn auch einige Befragte auf die *Ambivalenz*, dass die neuen technischen Möglichkeiten zwar die Arbeit erleichtern, dass sich die Investoren von deren Anwendung aber auch das Einsparen von Kosten erhoffen. *»Der Chef will natürlich, dass der teure Apparat auch rentiert. Die Arbeit muss jetzt noch schneller gemacht werden, und der Output soll entsprechend erhöht werden«* (H2), meint ein Journalist beim öffentlichen Fernsehen. Entsprechend betonen einige Befragte, dass im Zuge der Technisierung – vor allem bei kleineren Redaktionen – Stellen von Spezialisten – insbesondere von Dokumentalisten – abgebaut werden. *»Wir können unser Archiv quasi auf null abbauen. Recherchiert wird nur noch per SMD[34], Genios, Elias oder Internet. Heute wird nicht mehr in irgendwelchen Papieren oder Archivschränken herumgewühlt«* (C1), stellt der Chefredakteur einer größeren Regionalzeitung fest. Beim öffentlichen Fernsehen wird diese Entwicklung eher kritisch beurteilt: *»Mit dem Wegfall der Dokumentalisten geht viel Know-how verloren«* (H2). Vertreter der größeren Redaktionen beobachten hingegen, dass im Allgemeinen spezialisierte Dokumentationsstellen beibehalten werden. Diese könnten nun effizienter und effektiver arbeiten.

Tab. 43: Einschätzung elektronischer Datenrecherche nach Medientyp und nach Wahrnehmung des Zeitdrucks (in %)*

---

[33] Zu den Vor- bzw. Nachteilen der elektronischen Datenrecherche wurden nur diejenigen 80% aller Journalisten befragt, die damit jemals Erfahrungen gemacht haben.
[34] Die Schweizerische Mediendatenbank SMD ist das gemeinsame Presse-Archiv von Schweizer Fernsehen DRS, der TA-Media AG und der Ringier AG. In der Datenbank stehen über eine Million Presseartikel elektronisch zur Verfügung.

	Neue technische Möglichkeiten der elektronischen Datenbeschaffung ...		
	... überfordern mich in der Anwendung.	... erschweren es mir, die Glaubwürdigkeit von Quellenmaterial zu beurteilen.	... setzen mich unter erhöhten Aktualitätsdruck.
Medientyp			
Tageszeitungen	29	59	34
Wochen-/ Sonntagszeitung	27	57	39
Zeitschrift/ Illustrierte/ Magazine	28	59	40
Fachzeitschriften	17	59	33
öffentliches Radio	35	68	40
öffentliches TV	30	62	44
privates Radio/TV	23	70	36
Nachrichtenagentur	28	56	57
Zeitdruck			
niedrig	26	58	34
hoch	33	64	46
Gesamt	28	61	38

*Die Befragten konnten ihre Zustimmung auf einer sechsstufigen Skala einstufen. Die Tabelle gibt die Prozentwerte der zustimmenden Positionen von 4 bis 6 zusammengefasst wieder.

»*Bei einer Agenturmeldung gehen wir davon aus, dass sie stimmt. Beim Internet besteht die Gefahr, dass man jede Meldung am Bildschirm ebenfalls für bare Münze nimmt. Es besteht also vermehrt das Risiko, dass eine solche Internet-Meldung nicht nachgeprüft wird*«* (W), gibt der Chefredakteur einer großen Tageszeitung zu bedenken. Die redaktionellen Führungskräfte weisen in den Leitfadengesprächen darauf hin, dass die neuen technischen Möglichkeiten das Problem mit sich bringen, noch mehr ›Informationsmüll‹ von Brauchbarem unterscheiden zu müssen. Sie sehen zudem die Gefahr, dass von herkömmlichen Medien unwahre Informationen aufgenommen und weitergeleitet werden, weil Gerüchte rasch eine breite Öffentlichkeit finden und so zu Nachrichtenwert gelangen, ob sie nun wahr oder falsch sind. Diese Gefahr wird zusätzlich dadurch verstärkt, dass Informationen im Netz nur schlecht überprüfbar sind. *»Je nachdem, in welcher Quelle man etwas findet, glaubt man es sehr schnell und prüft es nicht nach. Mit dem Internet besteht diesbezüglich ein gewisses Risiko«* (A1). Ein Befragter nimmt dies gelassen: *»Bei den News wird es dadurch eben noch mehr Enten geben«* (H2). So stimmen 61% aller schriftlich befragten Journalisten der Feststellung zu, die Möglichkeiten der elektronischen Datenrecherche würden die Beurteilung der Glaubwürdigkeit von Quellenmaterial erschweren. Diese Ansicht vertreten überdurchschnittlich viele Journalisten beim öffentlichen Radio (68%) und beim privaten Rundfunk (70%) (vgl. Tabelle 43).

Während einige Redaktionsverantwortliche wahrnehmen, dass die computerunterstützte Recherche viel *Zeit spare*, sind die meisten der Ansicht, dass damit das Zeitbudget noch mehr strapaziert werde. *»Der Informationsfluss wird durch die neuen Techniken noch größer. Weil die neuen Möglichkeiten genutzt werden müssen, steigt auch der Zeitdruck«* (H1), meint ein Befragter des öffentlichen Fernsehens, und ein Kollege ergänzt: *»Die Geschwindigkeit wirkt sich schlecht auf die Qualität aus, weil die zur Verfügung stehende Zeit für Überlegungen und Gedanken zum Beitrag kürzer wird«* (I1). Der erhöhte Zeitdruck wird vor allem von den Vertretern der elektronischen Medien wahrgenommen. Aber auch die Führungskräfte der Printmedien sprechen das strapazierte Zeitbudget an: *»Leider sind wir immer noch an dem Punkt, an dem die Journalisten eine Stunde lang suchen müssen, um die benötigten Informationen zu finden«* (R), stellt der Chefredakteur einer Regionalzeitung fest. Etwas pragmatischer sieht das der Chefredakteur einer anderen Regionalzeitung, wenn er meint, dass *»ein tagelanger Surfer der Redaktion im Moment nichts bringt, sich aber später diese Zeitinvestition vielleicht lohnen wird«* (T).

Tatsächlich deuten die Befunde der schriftlichen Befragung auf einen Zusammenhang zwischen einem wahrgenommenen Zeitdruck (vgl. Kapitel 3.6.5, Tabelle 36) und der zurückhaltend positiven Beurteilung der computerunterstützten Datenrecherche hin. So bewerten diejenigen Journalisten, die einen hohen Zeitdruck wahrnehmen, die hier angesprochenen Konsequenzen deutlich negativer als ihre Kollegen, die den Zeitdruck nicht als unerträglich wahrnehmen (vgl. Tabelle 43). Deutlich wird zudem, dass ältere Journalisten tendenziell die Folgen der computerunterstützten Recherche negativer einschätzen als ihre jüngeren Kollegen.

Dies gilt auch für die Auffassung, die neuen technischen Möglichkeiten der elektronischen Datenrecherche setzten die Journalisten unter *erhöhten Aktuali-*

tätsdruck. Insgesamt stimmen 38% der schriftlich befragten Journalisten dieser Auffassung zu – insbesondere wiederum die Vertreter des öffentlichen Rundfunks. Informationen, die im Internet zugänglich sind, erhöhen unter zunehmenden Konkurrenzbedingungen also auch den Aktualitätsdruck (vgl. Gollmer 1998). *»Durch die Geschwindigkeit des Internet angeregt, erwartet der Rezipient dieselbe Aktualität von einer Zeitung. Durch die Druckvorbereitung und den Vertrieb sind wird also noch einem zusätzlichen Druck ausgesetzt«* (W), beobachtet auch der Chefredakteur einer Tageszeitung. *»Ich glaube, dass das Internet immer schneller Themen setzen kann. Sobald jemand via Internet etwas Interessantes mit Newswert in die Welt setzt, muss jeder Journalist darauf aufspringen«* (G1), meint der Chefredakteur eines Nachrichtenmagazins. Auch ein Ressortleiter bei einer wöchentlich erscheinenden Zeitung mach die neuen Technologien für einen stärkeren Stress und Aktualitätsdruck verantwortlich: *»Heute wird unsere Wochenzeitung bis dreimal umgekrempelt, weil die anderen Medien die Themen bereits gebracht haben«* (D2). Viele Befragte betonen die mögliche Agenda-Setting-Funktion des Internet. *»Es kann rasch einen Schneeballeffekt geben«*, meint ein Tageszeitungsjournalist und bringt das strapazierte Bild so auf den Punkt: *»Erst nach dem Aufspringen auf die Welle merkt man, dass der Elefant eine Maus war«* (L2). Das Phänomen der Fehler- oder Gerüchtekolportierung wird von mehreren Redaktionsverantwortlichen angesprochen. Der Chefredakteur einer größeren Tageszeitung: *»Das schnelle Wachstum des Internet bringt immer mehr Sender mit sich. Jeder versucht auf sich aufmerksam zu machen. Nötigenfalls auch mit falschen Informationen, von denen es immer mehr geben wird«* (W).

4.3.4 Die Ambivalenz der Rollenkonvergenz

Wie im Kapitel 3.6.6 bereits ausgeführt wurde, können sich Journalisten bei weitem nicht nur auf die klassischen Tätigkeitsbereiche wie Recherchieren, Selektieren, Produzieren oder Redigieren konzentrieren, sondern werden zusätzlich mit organisatorischen und technischen Aufgaben belastet. Durchschnittlich entfallen 15% der Arbeitszeit auf technische Tätigkeiten. Es kann nun angenommen werden, dass mit der Technisierung und insbesondere Digitalisierung der Redaktionen dieser Anteil noch steigt. Die Journalisten haben immer mehr technisch-dispositive Aufgaben zu übernehmen, die früher nicht in ihren Aufgabenbereich gefallen sind. Glaubt man den Erwartungen der schriftlich befragten Journalisten, so hält dieser Trend noch an (vgl. Tabelle 44). Insgesamt 75% aller Befragten erwarten nämlich, dass Journalisten künftig in der Lage sein müssen, nicht nur inhaltliche, sondern auch gestalterische Verantwortung für ihre Beiträge zu übernehmen. Diese Prognose stellen überdurchschnittlich viele Journalisten bei den elektronischen Medien, bei denen die Verschmelzung von redaktionellen und technischen Tätigkeiten zum großen Teil schon länger vollzogen (öffentlicher Rundfunk) worden ist oder schon immer der Normalfall (privater Rundfunk) war.

Tab. 44: Erwartungen bezüglich Gesamtverantwortung und Rollen-konvergenz nach Medientyp (in %)*

	Inhaltliche und gestalterische Verantwortung**	Medienübergreifende Rollenkonvergenz***
Tageszeitungen	73	36
Wochen-/Sonntagszeitung	64	39
Zeitschrift/ Illustrierte/Magazine	63	39
Fachzeitschriften	68	49
öffentliches Radio	89	41
öffentliches TV	85	35
privates Radio/TV	91	53
Nachrichtenagentur	70	53
Gesamt	75	40

* Die Befragten konnten ihre Zustimmung auf einer sechsstufigen Skala einstufen. Die Tabelle gibt die Prozentwerte der zustimmenden Positionen von 4 bis 6 zusammengefasst wieder.
** Die entsprechende Behauptung im Fragebogen lautet: »Journalist/innen müssen künftig in der Lage sein, nicht nur die inhaltliche, sondern auch die gestalterische Verantwortung für ihre Beiträge zu übernehmen.«
*** Die entsprechende Behauptung im Fragebogen lautet: »Journalist/innen müssen künftig in der Lage sein, für Presse, Radio und Fernsehen gleichermaßen zu arbeiten.«

Als weitere zukunftsorientierte These wird in der Medienbranche auch der ›Multimedia-Journalist‹ gehandelt, der als ›Content-Provider‹ im Auftrag verschiedener Abnehmer im Print-, Radio-, Fernseh- und Online-Bereich mehrere Versionen einer einmal recherchierten Geschichte gleichzeitig produziert (vgl. Custer 1999; Schuler 2000). Diese Prognose stimmt jedoch mehrheitlich nicht mit den Erwartungen der befragten Journalisten überein. Nur 40% stimmen der Aussage zu, Journalisten müssten künftig in der Lage sein, für Presse, Radio und Fernsehen gleichermaßen zu arbeiten. Allerdings teilen mehr als die Hälfte der Journalisten bei den Nachrichtenagenturen und im privaten Radio/TV diese Auffassung (vgl. Tabelle 44).

In den Leitfadengesprächen wird von den meisten Redaktionsverantwortlichen der *Trend zum umfangreicheren Arbeitsfeld* angesprochen und mit den neuen Technologien – insbesondere mit der Einführung moderner Redaktionssysteme – in Zusammenhang gebracht. Die meisten redaktionellen Führungskräfte – insbesondere in kleineren Redaktionen – erwähnen von sich aus den beobachteten Trend, dass es in der Redaktion weniger Arbeitsteilung gebe, dafür mehr Generalisten.[35] *»Diese Tendenz nimmt zu und ist zu begrüßen, weil so der Journalist Meister über seinen Stoff wird. Unsere Journalisten sind von Anfang bis Ende dabei und sehen auch das Endprodukt«* (E1), erläutert der Chefredakteur einer Zeitschrift. Die durchgehende Kontrolle des Journalisten über sein Produkt schließe auch ›böse Überraschungen‹ aus. Derselbe Chefredakteur meint denn auch, dass die ›Ganzheitlichkeit‹ zum ›Wesen des Journalismus‹ gehöre. Durch die Ausweitung des Arbeitsfeldes könne der einzelne Journalist seine Kreativität auf mehreren Ebenen ausspielen: *»Journalisten können heute nicht mehr ein Spezialistentum pflegen und nur an ihr ›Gärtchen‹ denken. Sie müssen viel ganzheitlicher funktionieren. Ein Journalist muss auch das Bild und das Layout im Auge haben. Das ist wunderbar und kommt der ganzheitlichen Idee des Journalismus wieder viel näher«* (E1).

Als weiteren Vorteil einer stärkeren Ausweitung des Arbeitsfeldes sieht ein Sendungsleiter beim öffentlichen Fernsehen einen möglichen Autonomiegewinn: *»Ich kann mir vorstellen, dass die neue Technik den Journalismus wieder unabhängiger macht«* (H1). Wie früher der Presse-Reporter mit Block und Bleistift hätten nun auch die Journalisten in den elektronischen Medien eine Technik zur Verfügung, mit der sie alleine und flexibel Bericht erstatten könnten. Diese Vorteile werden bei den Vertretern der elektronischen Medien vor allem in Bezug auf Videojournalisten (VJ) unterstrichen. Diese neue Berufsrolle vereinigt die Aufgaben der Recherche, Kamera- und Tonführung und Beitragsgestaltung. *»Der VJ kann schneller arbeiten und ist nicht von anderen Leuten abhängig. Er ist sein eigener Herr und Meister«* (N1). Gerade im Fernsehen, wo bisher die Spezialisierung am ausgeprägtesten war, ergeben sich durch die technologische Entwicklung neue Möglichkeiten der journalistischen Arbeitsorganisation. Die Bildtechnik hat sich stark vereinfacht. Kleine und

---

[35] Dies bestätigen auch die quantitativen Daten: Die Zustimmung zur These, dass Journalisten neben der inhaltlichen Verantwortung immer mehr auch gestalterische Verantwortung übernehmen müssen, nimmt mit der Größe der Redaktion ab. Journalisten in größeren Redaktionen vertreten ebenfalls weniger häufig als ihre Kollegen in kleineren Redaktionen die Auffassung, dass sie künftig in der Lage sein müssen, für Presse, Radio und Fernsehen gleichermaßen zu arbeiten.

einfach zu bedienende Kameras halten Einzug in die Fernsehredaktionen. Es kommen bessere und schnellere Übermittlungsmöglichkeiten, nonlineare Schnittcomputer und Redaktionssysteme zum Einsatz.

Die Vorteile dieser Entwicklung liegen auf der Hand: sie betreffen weniger die Steigerung der Qualität der journalistischen Produkte als vielmehr die Senkung der Produktionskosten. *»Man muss keine Ausbildung als Kameramann haben. Wenn man heute als VJ mit einer Kamera umgehen kann und ein bisschen Übung bekommt, kann man die Beiträge selber machen«* (H1), streicht ein Sendungsleiter beim öffentlichen Fernsehen weitere Vorteile heraus. Ein Kollege bei einem privaten TV-Sender rechnet: *»Mit dem VJ-System kann man hervorragend Kosten sparen, weil weniger Leute benötigt werden«* (O1). In der Schweiz wurde das VJ-System zuerst von den privaten Fernsehsendern eingeführt. Nun zieht der öffentliche Sender nach: *»Zum Teil gibt es heute das VJ-System, mit dem normalerweise Billigsender arbeiten, auch bei uns. Wir werden also Journalisten haben, die auch selber drehen und somit Kameramann und Journalist in Personalunion sind«* (I1). Dort setzt man auf *»einen Mix von verschiedenen Journalisten, die je nach Bedarf die Kamera selbst in die Hand nehmen können«* (H1). Die Befragten sind sich einig, dass der Einsatz der VJ-Technologie höhere Anforderungen an die Journalisten stellt: *»Die journalistische Qualität wird nicht extrem beeinträchtigt durch die neue Technologie. Wenn einer allein ist, muss er sich aber um viel mehr kümmern. Um das gleiche Resultat zu erzielen, müssen die Journalisten besser sein als früher«* (O1), beobachtet der Sendeleiter eines Privatsenders. Andere Redaktionsverantwortliche beurteilen die Entwicklung kritischer und verweisen auf eine potenzielle Überforderung durch die Berufsrolle: *»Je mehr verschiedene Jobs ich gleichzeitig machen muss, desto anforderungsreicher wird es und desto schneller bin ich überfordert«* (I2), beobachtet ein Befragter beim öffentlichen Fernsehen. Auch beim Privatfernsehen gibt es Bedenken: *»Dass das Eine oder Andere darunter leidet, ist fast zwangsläufig«* (N1).

Dass hinter der Entwicklung hin zur Generalisierung der Berufsrollen primär ökonomische Überlegungen stehen, zeigt sich auch am Beispiel der kleineren Redaktionen, bei denen die technischen Arbeitsschritte schon längst in die Verantwortung der Redaktionen gehören. *«Wir müssen mit 25 Leuten ein Programm anbieten, das gegenüber demjenigen des Konkurrenten bestehen kann, der 800 Leute beschäftigt. Deshalb müssen unsere Leute ›Multi-Tasking‹ betreiben und Kompetenzen in verschiedenen Bereichen gleichzeitig ausweisen«* (V), erklärt der Sendeleiter eines privaten Fernsehsenders seine Situation. Diese Entwicklung wird bei kleineren Redaktionen aus publizistischer Perspektive eher negativ beurteilt. Vor allem wird betont, dass die Übernahme technisch-dispositiver Arbeiten zu einer höheren Arbeitsbelastung und zu mehr Arbeitsstress führt: »*Wie viel Zeit habe ich noch für das Schreiben von Kommentaren oder für Reflexion, wenn ich den ganzen technischen Kram auch noch machen muss?*« (K2), fragt ein Ressortleiter einer Regionalzeitung. Zudem wird darauf hingewiesen, dass durch die Zusammenführung unterschiedlicher Rollen in ›Einzelkämpfer‹ das direkte Feedback und die Qualitätskontrolle durch Kollegen verloren gehe (H2).

Tab. 45: Einschätzung von Unabhängigkeit und Ablenkung durch Computerarbeit nach Medientyp (in %)*

	Computer machen mich unabhängig von der Mithilfe anderer Spezialisten wie Techniker oder Graphiker.	Die technischen Möglichkeiten des Computers lenken mich von der inhaltlichen Arbeit ab.
Tageszeitungen	33	14
Wochen-/Sonntagszeitung	32	8
Zeitschrift/ Illustrierte/Magazine	26	10
Fachzeitschriften	28	10
öffentliches Radio	32	15
öffentliches TV	23	14
privates Radio/TV	49	10
Nachrichtenagentur	27	12
Gesamt	31	13

*Die Befragten konnten ihre Zustimmung auf einer sechsstufigen Skala einstufen. Die Tabelle gibt die Prozentwerte der zustimmenden Positionen von 4 bis 6 zusammengefasst wieder.

Die neuen IuK-Technologien haben nicht nur im Bereich der Präsentation (Seitengestaltung, Videojournalismus) ihre Auswirkungen, sondern beeinflussen auch die Arbeitsorganisation. Sie finden vor allem in neuen Redaktionssystemen Anwendung. So äußerten sich die schriftlich befragten Journalisten auch zu möglichen Vor- und Nachteilen, welche die neuen Computersysteme und damit die Zusammenführung von journalistischen und technischen Kernaufgaben ermöglichen (vgl. Tabelle 45). Der in den Leitfadengesprächen betonte Vorteil, Journalisten könnten zukünftig unabhängiger arbeiten, unterstreicht insgesamt nur gerade ein Drittel der schriftlich befragten Journalisten. Dafür gibt die Hälfte der Vertreter der privaten Radio- und Fernsehstationen an, durch Computer unabhängiger von der Mithilfe anderer Spezialisten zu werden. Am meisten Zustimmung findet sich also bei denjenigen Journalisten, die am meisten als Generalisten gelten können. Hingegen stimmt bei den Journalisten des öffentlichen Fernsehens nur etwas mehr als jeder fünfte zu.

Der von den mündlich befragten Redaktionsverantwortlichen ebenfalls erwähnte Nachteil aber, dass Journalisten durch die Bedienung neuer Computersysteme auf den Redaktionen von ihren inhaltlichen Arbeiten abgelenkt würden, wird nur von durchschnittlich 13% aller schriftlich Befragten erkannt. Hier sind es wiederum die jüngeren Journalisten, die unterdurchschnittlich zustimmen sowie die Vertreter der öffentlichen Sender, die diese Erfahrung überdurchschnittlich machen. Nachteilige Erfahrungen machen aber in jedem Fall nur Minderheiten.

Es sind vorwiegend publizistische Argumente, welche die Gegner der Generalisierung und der Konvergenz von Arbeitsrollen ins Feld führen. Vor allem in großen Printmedienbetrieben setzt man nach wie vor auf die Spezialisierung der Arbeitsorganisation. *»Ich bin schon froh, wenn ein Journalist recherchieren und schreiben kann. Dass aber mehrere Arbeitsschritte von einer Person übernommen werden, das ist völlig undenkbar«* (A2), meint ein Vertreter einer größeren Tageszeitung. Gleicher Auffassung ist sein Redaktionskollege: *»Die inhaltliche Kompetenz kann man nur haben, wenn man neben einer guten Ausbildung auch Zeit und Muße hat, sich bei den Themen, die man pflegt, à jour zu bringen, mit den Leuten zu sprechen, hinauszugehen und neue Ideen zu sammeln, Lektüre zu pflegen etc. Ein gewisses Spezialistentum ist notwendig, wenn man ein Qualitätsprodukt anbieten will«* (A1).

Auch der Chefredakteur einer anderen großen Tageszeitung will an der Trennung aus Gründen der Professionalität festhalten: *»Wir haben vereinigte Arbeitsrollen wieder getrennt. Eine Spezialabteilung macht nun das Layout professionell. (...) Produzenten sind andere Leute als Journalisten«* (C1). Der Chefredakteur einer Zeitschrift betont ebenfalls die Notwendigkeit, verschiedene Arbeitsschritte auf Spezialisten zu verteilen: *»Wir haben Journalisten, die schreiben, Dokumentalisten, die einen Teil der Recherche übernehmen, Layouter, die jede einzelne Seite nach professionellen Gesichtspunkten gestalten, die Produktionsabteilung, welche die Seiten druckfertig macht und wir haben die Bildabteilung, welche die Bilder besorgt«* (G1). Die Verfechter der Spezialisierung betonen des Weiteren, dass *»die einzelnen Arbeitsschritte nicht mehr nachgelagert, sondern parallel zueinander zu erfolgen haben«* (D1). Dabei spielt die hochkomplexe Ablauforganisation im Sinne einer Team- oder Projektorganisation eine entscheidende Rolle (vgl. Kapitel 4.5.4). Selbstverständlich ist die Anwendung hochkomplexer Ablaufstrukturen wiederum vom Einsatz neuer IuK-Technologien abhängig.

4.3.5 Realitätsverlust

Im Zusammenhang mit prognostizierten Auswirkungen der Technisierung des Mediensystems und insbesondere der neuen Redaktionssysteme wird in der Praktikerliteratur oft von ›virtuellen Redaktionen‹ gesprochen (vgl. Bueroße 1997: 48). »Computer und Kommunikations-Technologien verbinden sich zu einem elektronischen Umfeld für Redakteure. In einer virtuellen Firma senden sich zwei oder mehrere Mitarbeiter Faxe oder E-Mails zu, sie konferieren, sie schicken Papiere umher und legen Dokumente zur Unterschrift vor, als ob sie zusammen in einem Gebäude säßen« (Northrup 1997: 36). Solche Szenarien sind zwar nach wie vor Zukunftsmusik, drücken aber anschaulich einen erwarteten Trend aus: Neue IuK-Technologien erlauben es den Journalisten immer weniger, in direkten Kontakt mit der außerredaktionellen Umwelt zu treten. In diesem Kapitel soll es nicht um den direkten Kontakt zu den Redaktionskollegen gehen, sondern um einen möglichen Kontaktverlust zu den Quellen bzw. den Gegenstand der Berichterstattung. Es drängt sich die Frage auf, ob der Journalist seinen Bezug zur Realität verliert, weil die Menge an technisch vermittelter Information aus zweiter Hand ständig zunimmt. Ein Großteil der Mensch-zu-Mensch-Kontakte werden zu Mensch-Maschine-Mensch-Interaktionen. Die Technisierung hat also den Umgang mit einer zunehmend symbolischen oder abstrahierten Welt zur Folge (vgl. Christopher 1998).

»Man wird weniger fragen, da bin ich 100-prozentig überzeugt. Man wird also noch mehr hinter diesem Computerbildschirm sitzen und noch weniger hinausgehen« (K2), prognostiziert der Ressortleiter einer Regionalzeitung. Die Mehrheit der in den Leitfadengesprächen mit dieser These konfrontierten Führungskräfte erkennen diese Gefahr. Sie nehmen aber für sich in Anspruch, nicht davon betroffen zu sein. Diese Haltung war zu erwarten. Ist es doch einerseits subjektiv nicht beurteilbar, inwiefern man sich in der Redaktion von der Außenwelt entfernt. Andererseits würde ein Eingeständnis sich nicht mit dem Rollenselbstbild des Journalisten als Vermittler vertragen. Trotzdem sparen die Redaktionsverantwortlichen nicht mit möglichen Szenarien: *»Man denkt vielleicht, dass die Recherche im Internet schon genügt und sieht sich nicht dazu veranlasst, hinauszugehen«* (C2) meint der Ressortleiter einer großen Tageszeitung. Ein Chefredakteur einer Regionalzeitung spricht vom ›virtuellen Journalismus‹ (K1) und der Ressortleiter einer großen Tageszeitung sieht die Ge-

fahr, dass *»das Weltbild des Journalisten ganz klar nivelliert, vereinfacht und reduziert wird auf das, was der Bildschirm erlaubt«* (B2).

Gleichzeitig wird aber betont, dass diese Gefahr schon immer bestanden habe und heute durch die neuen IuK-Technologien nur noch verstärkt werde. *»Wir koppeln uns wirklich relativ stark ab von der Realität. Wir halten den Kontakt aufrecht mit Telefonaten, die wir mit Leuten führen, die in der Realität ›drin‹ sind und uns erzählen, was dort passiert«* (D2), beobachtet der Ressortleiter einer Wochenzeitung. Auch hier wird wiederum deutlich, dass es nicht die Technologie per se ist, die diese Gefahr verursacht, sondern die ökonomischen Überlegungen, die hinter der Anwendung der Technologien als Rationalisierungsinstrument stehen. *»Der Rückgang an Feldrecherchen hängt nicht mit der Technologie zusammen, sondern mit dem steigenden Arbeitsanfall, den man in immer weniger Zeit bewältigen muss«* (R).

Mehrere Redaktionsverantwortliche betonen, dass diese Entkoppelungsgefahr medien- und vor allem ressortspezifisch unterschiedlich ausgeprägt sei. Die Vertreter der elektronischen Medien weisen darauf hin, dass die Gefahr, sich in den Redaktionsräumen zu verschanzen, weniger vorhanden sei als bei den Printmedien. *»Wir leben davon, dass wir Stimmen zum Klingen bringen, also zwangsläufig raus müssen«* (P2), meint ein Radiojournalist. Auch beim Fernsehen führe kein Weg daran vorbei, *»die Leute, über die berichtet werden soll, zu besuchen«* (I1). Aber auch bei den elektronischen Medien muss in dieser Frage unterschieden werden zwischen Regional- und Auslandberichterstattung, wo *»ein Großteil an aufbereitetem Material aus Drittquellen stammt«* (I1). Ein Befragter beim öffentlichen Fernsehen beobachtet eine gegenteilige Tendenz: *»Durch die zunehmende Konkurrenz ist man viel eher geneigt, selber vor Ort zu gehen – etwas exklusiv oder früher zu haben«* (H2). Interessant ist die Feststellung eines Chefredakteurs bei einem privaten Fernsehsender. Er beobachtet, dass die Quellenlage in vielen Fällen in der Redaktion besser sei als im Feld, am Ereignisort. *»Wir hatten beim Flugzeugabsturz von Halifax einen Mann vor Ort, der immer wieder anrief, um zu fragen, ob wir Neues wüssten, weil vor Ort gar nichts lief. Dort gab es etwa zweimal am Tag ein Pressekonferenz den Rest der Zeit stand man im Pressezelt herum und trank Kaffee. Wir hingegen hatten einen Informationsvorsprung durch CNN und andere Quellen«* (N1).

»Eine Recherche im Internet ist immer eine tote Recherche« (G2). Die Authentizität des Quellenmaterials ist auch für die Vertreter der Zeitschriften ein wichtiger Grund, trotz technischer Möglichkeiten nicht auf die Feldrecherche zu verzichten. *»Wir müssen zu den Leuten gehen. Für eine Illustrierte muss man die Leute fotografieren und Originalinterviews haben«* (E1). Auch der Kollege bei einem Nachrichtenmagazin hält die Feldrecherche nach wie vor als

unverzichtbar: »*Die guten Magazingeschichten entstehen nicht am Schreibtisch. Die gibt es, wenn man rausgeht, mit den Leuten spricht. Dabei kann das Internet ein Zusatz sein – aber nie umgekehrt*« (G1). Auch der Ressortleiter einer Wochenzeitung betont die Wichtigkeit der Authentizität einer Feldrecherche, gerade bei einer Reportage: »*Der Leser spürt sofort, ob der Journalist draußen war. Die Sinnlichkeit der Vermittlung und die Emotionalität sind dann viel höher. Eine Dokumentations- oder Internetrecherche kann eine Reportage nie ersetzen*« (F2).

Die Vertreter der lokal ausgerichteten Medien distanzieren sich ebenfalls deutlich von der These eines möglichen Realitätsverlusts. »*Im regionalen Bereich kommt man immer noch zu den besten Informationen, wenn man zu den Leuten geht und direkt mit ihnen spricht*« (O1), betont der Redaktionsleiter bei einem privaten Fernsehsender. »*Unser Rückgrat ist die regionale, lokale und kantonale Information. Dort sind wir sehr stark. Dort helfen uns globale Medien wie ein Internet sehr wenig oder gar nicht. (...) Wenn wir unsere strategische Stärke ausleben wollen, dann benötigen wir vor allem Journalisten für die Feldarbeit*« (L1), stellt der Chefredakteur einer Regionalzeitung fest.

Zusammenfassend kann also festgehalten werden, dass die redaktionellen Führungskräfte die Gefahr eines Realitätsverlusts seitens der Journalisten wohl erkennen, aber davon ausgehen, dass dieses Risiko für ihre Redaktion nicht besteht. Vor allem für die lokale oder regionale Berichterstattung, aber auch für bestimmte Genres wird die Notwendigkeit der Feldrecherche und der Eigenleistung betont. Hingegen scheinen im Bereich der Auslandberichterstattung oder in fachspezifischen Ressorts die Vorteile des CAR den Verbleib in den Redaktionsräumen – vor allem aus Gründen der Kostenreduktion – noch stärker als bisher zu fördern.

4.3.6 Zusammenfassung und Ausblick

Kassandrarufe zum Untergang des Journalismus scheinen bei den Führungskräften in den traditionellen Redaktionen kaum auf Gehör zu stoßen. Mittlerweile sind solche Prognosen auch innerhalb der publizistikwissenschaftlichen Diskussion verstummt. Die befragten Redaktionsverantwortlichen sind der Auffassung, dass es den Journalismus trotz – oder gerade wegen – der neuen IuK-Technologien wie Internet nach wie vor braucht. Von einer Mehrheit der Journalisten wird beobachtet, dass die zunehmende Verfügbarkeit von Information und die damit zusammenhängende Informationsflut den Journalisten die Selektion erschwere.

Eine kleinere Mehrheit beobachtet zudem, dass gesellschaftliche Akteure sich zunehmend am Journalismus vorbei direkt an ihre Zielgruppen wenden. Die Redaktionsverantwortlichen ziehen daraus aber nicht den Schluss, der Journalismus werde redundant, sondern sind – im Gegenteil – davon überzeugt, dass journalistische Funktionen wie Selektion, Orientierung, Einordnung, Gewichtung, die Lieferung von Hintergründen und Analysen wichtiger denn je werden.

Entsprechend optimistisch wird von den Redaktionsverantwortlichen das geringe Potenzial der neuen Online-Medien beurteilt, zu einer publizistischen Konkurrenz für die herkömmliche Publizistik zu werden. Online-Medien stellen nach Auffassung der befragten Redaktionsverantwortlichen höchstens eine Ergänzung zum herkömmlichen Journalismus dar. Konkurrenz droht primär im ökonomischen Bereich, wenn etwa Kleininserate ins Internet abwandern. Dem bestehenden Angebot des Online-Journalismus wird journalistische Professionalität mehrheitlich abgesprochen. Dem Online-Journalisten wird vor allem die technikzentrierte Rolle des ›Informationsbrokers‹ zugewiesen.

Bewertend muss festgehalten werden, dass es trotzdem – insbesondere für die Zeitungsbranche – nicht ausreicht, nur mit der Rückendeckung des Riepel'schen Gesetzes in selbstgefälliger Tatenlosigkeit zu verharren. Die Konkurrenz auf dem Markt besteht ja nicht nur aus den meist konzeptlosen und rudimentären Online-Angeboten der Medienunternehmen selbst, die ihre Internet-Präsenz hauptsächlich als publizistische Alibiübung verstehen, um der möglichen Konkurrenz branchenfremder Akteure das Wasser abzugraben. Die Prognosen deuten auch darauf hin, dass immer mehr branchenfremde Akteure zu eigentlichen Service-Providern mit ganzheitlichem Dienstleistungsanspruch und hoher Medienkompetenz werden. Dieser Konkurrenz, von der in den Leitfadengesprächen nicht die Rede war, kann mit Sicherheit weniger gelassen begegnet werden.

Die Anwendung neuer IuK-Technologien, die beispielsweise bei der Online-Recherche im Internet oder in elektronisch zugänglichen Datenbanken zum Ausdruck kommt, wird von den Journalisten mehrheitlich positiv bewertet. Sowohl die Ergebnisse der schriftlichen Befragung als auch die Analyse der Leitfadengespräche zeigen, dass die neuen technischen Möglichkeiten der elektronischen Datenbeschaffung die räumliche und zeitliche Flexibilität steigern, den Zugang zu Informationen erleichtern und unabhängiger von PR-Mitteilungen machen. Gleichzeitig erschwert die elektronische Datenbeschaffung nach Auffassung der Befragten aber die Quellenbeurteilung und konfrontiert die Journalisten mit erhöhten Kompetenzanforderungen. Dass die Anwendung der neuen IuK-Technologien in den Redaktionen eine Überforderung und einen erhöhten Aktualitätsdruck mit sich bringt, wird nur von einer Minderheit der Befragten bejaht. Deutlich wird aber der Zusammenhang dieser Beobachtung mit der Wahrnehmung eines starken Zeitdrucks.

Eine Mehrheit der befragten Journalisten vertritt die Ansicht, dass die Anwendung neuer IuK-Technologien auch dazu führt, dass Journalisten neben der inhaltlichen Verantwortung vermehrt *gestalterische Verantwortung* zu übernehmen hätten. Die Leitfadengespräche zeigen aber, dass in den größeren Redaktionen der Tageszeitungen eher Spezialisten statt Generalisten nachgefragt werden. Beide Typen waren schon immer anzutreffen. Durch die Einführung neuer IuK-Technologien werden ihre Unterschiede aber noch deutlicher. Für elektronische Medien und kleinere Redaktionen spielen – vor allem aus ökonomischen Überlegungen – Generalisten mit umfangreicherem Arbeitsfeld eine größere Rolle.

Die Gefahr, dass sich Journalisten in ihren Redaktionsräumen verschanzen und nicht mehr im Feld recherchieren, ist nicht neu. Die Redaktionsverantwortlichen sind aber der Ansicht, dass diese Gefahr mit den Möglichkeiten der neuen IuK-Technologien noch verstärkt wird. Vor allem bei den elektronischen Medien und im Lokaljournalismus wird jedoch die *Wichtigkeit der Authentizität* einer Feldrecherche – gerade auch aus Konkurrenzgründen – betont. Es zeigt sich also, dass ein möglicher Qualitätsverlust nicht per se der Anwendung moderner Techniken in den Redaktionen in die Schuhe geschoben werden kann. Die Gefahr ihrer Anwendung besteht darin, dass die neuen IuK-Technologien insbesondere aus Gründen der Rationalisierung und Kostensenkung eingesetzt werden. Für eine Mehrheit der Journalisten und für alle Redaktionsverantwortlichen ist es unbestritten, dass der Umgang mit neuen IuK-Technologien wie Internet, modernen Redaktionssystemen oder elektronischen Datenbanken immer wichtiger wird.

Unbestritten ist auch, das sich Journalisten in diesem Bereich Kompetenzen und Fähigkeiten aneignen müssen. Gleichzeitig fehlen entsprechende Anstrengungen im Bereich der *Aus- und Weiterbildung* bei den Medienunternehmen noch weitgehend. Dieser Eindruck wird auch von den befragten Redaktionsverantwortlichen bestätigt. Es liegt vor allem in der Verantwortung der Medienunternehmen, nicht nur aus Rationalisierungs- und Kostensenkungsgründen in die technische Infrastruktur zu investieren, sondern auch aus publizistischen Überlegungen die Qualität im Umgang mit den neuen IuK-Technologien zu fördern.

4.4 Redaktionelles Marketing

4.4.1 Die Bedeutung der Leserschafts- und Publikumsforschung

Redaktionelles Marketing ist ohne Publikums- und Leserschaftsforschung nicht denkbar. Mit Hilfe sozialwissenschaftlicher Methoden soll die Forschung dazu beitragen, das Publikum oder die Leserschaft präzise zu beschreiben, das Lese-, Seh- und Hörverhalten zu analysieren sowie den Produkt- und Programminhalt, die Produktgestaltung und den Programmablauf zu optimieren. Die Leserschafts- bzw. Publikumsforschung soll das fehlende Feedback der Rezipienten ersetzen und den Medienverantwortlichen eine Entscheidungshilfe bei der Programm- und Produktplanung sowie ein Instrument der Erfolgs- und Zielkontrolle bieten (vgl. Jedele/Steinmann 1987: 22). Die Ergebnisse der Forschung bilden zudem eine Grundlage für Kaufentscheidungen bei Werbekunden. Angeregt durch seine Beobachtungen in Nordamerika plädiert Ruß-Mohl bereits Anfang der 1990er Jahre für die stärkere Beachtung von Leserschaftsdaten in den Zeitungsredaktionen. Die Zeiten seien vorbei, »als allein die journalistische Intuition den Ausschlag beim Blattmachen gab« (Ruß-Mohl 1992: 152). Das tägliche redaktionelle Entscheidungshandeln sei auf einen Wissenstransfer aus Markt- und Publikumsanalysen angewiesen. Entsprechend plädiert Ruß-Mohl dafür, dass diese Daten nicht in den Schubladen der Anzeige- und Marketingabteilungen liegen bleiben, sondern den Redaktionen offengelegt werden. Anzeige- und Marketingabteilungen sollten gemeinsam mit der Redaktion strategische Schlussfolgerungen ziehen.

Als konkrete Maßnahmen, die aus solchen Schlussfolgerungen für den Printbereich resultieren können, identifiziert Ruß-Mohl (1992: 153f) vermehrte Anstrengungen in Richtung *Serviceorientierung*. Gemeint sind damit beispielsweise die stärkere Akzentuierung von ›news you can use‹, das heißt vorab lokale und regionale Berichterstattung, vermehrte Angebote im Bereich der Lebenshilfe auf Kosten von Politikthemen sowie die Differenzierung des redaktionellen Angebots, um möglichst vielen Zielgruppen etwas zu bieten. Serviceorientierung beinhaltet auch formale Aspekte wie übersichtliches Layout, kürzere Artikel und Infographiken. Für Qualitätszeitungen empfiehlt Ruß-Mohl den Ausbau von *Hintergrundberichterstattung* als komplementäres Angebot zu demjenigen audiovisueller Medien. Zudem wird eine stärkere Rückbindung der redaktionellen Arbeit an die Rezipienten gefordert, was wiederum die systematische

Markt- und Leserschaftsforschung oder die systematische Auswertung von Leserresonanz für die redaktionelle Arbeit beinhaltet.

Empirische Studien zum Umgang von Medienunternehmen mit Forschungsdaten liegen nur für den Bereich der Printmedien vor. Entsprechende Studien der 1990er Jahre zeigen, dass einige der von Ruß-Mohl (1992: 153f.) propagierten Strategien in den Redaktionen von Printmedien angewendet werden. So setzten die in der Studie von Neverla/Walch (1994: 364) in Leitfadengesprächen befragten Chefredakteure auf Produktstrategien wie Aktualisierung, Regionalisierung und Redesign. In fast allen Studien nennen Medienvertreter die gezielte Ansprache von Jugendlichen und entsprechende Anpassungen im Produkt als Marktstrategie (vgl. Meier/Schanne/Trappel 1993; Möllmann 1998: 286f.). Ergebnisse aus der Publikums- und Leserschaftsforschung sind jedoch selten die Grundlage für die hier angesprochenen Strategien. Sie dienen oft nur der Legitimation der eigenen Position und der Legitimation für die Werbepreise.

Empirische Studien relativieren die am Schreibtisch ausgearbeiteten Plädoyers für eine systematische Befolgung der Schlussfolgerungen aus entsprechenden Marktforschungsanalysen in den Redaktionen. So kam in einer Studie von Melcher-Smejkal (1992) eine deutliche Skepsis der befragten Chefredakteure bezüglich der Nutzbarkeit von Daten aus der Leserschaftsforschung zum Ausdruck. Neumann (1997) sieht als Hauptnutznießer der Leserschaftsforschung primär die Anzeigenabteilung und damit die Werbewirtschaft und kritisiert die begrenzte Anwendwendbarkeit der Leserschaftsforschung für redaktionelle Belange. Auch Beobachtungen von Schönbach/Bergen (1998) und von Beam (1995) bestätigen für den amerikanischen Raum, dass Marketingdaten von Medienunternehmen häufig nicht für publizistische Zwecke genutzt werden und verdeutlichen die Ambivalenz im Umgang mit Ergebnissen der Leserschafts- und Publikumsforschung.

Diesen Einschätzungen gegenüber steht eine aktuelle Studie von Möllmann (1998: 373f.), der nach einer schriftlichen Befragung von deutschen Chefredakteuren zum Schluss kommt, dass diese hauptsächlich auf der Grundlage von Leserschaftsdaten Defizite feststellen und entsprechende Anpassungen im Gestaltungskonzept vornehmen. In seiner Studie signalisierten die befragten Chefredakteure ein großes *Interesse an Leserschaftsdaten.* Die dort beachteten Forschungen beinhalten aber vor allem soziodemographische Daten und weniger Angaben über Kommunikationsbedürfnisse oder Verhaltensmuster der Rezipienten.

Redaktionelles Marketing

4.4.2 Stellenwert und Verwendung von Forschungsergebnissen

Die Präsenz von Publikums- und Leserschaftsforschungsdaten

Die Ergebnisse der schriftlichen Befragung zeigen, dass insgesamt knapp mehr als die Hälfte, nämlich 52% aller Journalisten Zugang zu Mediennutzungsdaten haben, die von der Publikums- und Leserschaftsforschung erhoben werden. Tabelle 46 macht aber deutlich, dass der Zugang zu diesen Daten in den einzelnen Medientypen und hierarchischen Positionen recht unterschiedlich ist.

Tab. 46: Zugang zu Publikums- und Leserschaftsforschungsdaten nach Medientyp und hierarchischer Position (in %)*

	mit Fürungsverantwortung	ohne Führungsverantwortung	Gesamt
Tageszeitungen	54	32	39
Wochen-/Sonntagszeitung	65	48	52
Zeitschrift/ Illustrierte/Magazine	50	45	45
Fachzeitschriften	46	28	35
öffentliches Radio	90	67	76
öffentliches TV	86	80	81
privates Radio/TV	79	46	62
Nachrichtenagentur	53	47	50
Gesamt	62	49	52

*Die Befragten konnten ihre Zustimmung auf einer sechsstufigen Skala einstufen. Die Tabelle gibt die Prozentwerte der zustimmenden Positionen von 4 bis 6 zusammengefasst wieder.

Es erstaunt nicht, dass den Journalisten elektronischer Medien entsprechende Forschungsdaten eher bekannt sind als ihren Kollegen im Printbereich. Wer beim öffentlichen Fernsehen oder beim öffentlichen Radio journalistisch tätig ist, hat am meisten Chancen, mit den Ergebnissen der Publikumsforschung in Kontakt zu kommen. Dies mag mit dem professionell ausgebauten Forschungsdienst der Schweizerischen Radio- und Fernsehgesellschaft SRG zusammenhängen (vgl. unten). Der bessere Zugang zu den Daten hängt aber auch mit der Periodizität der Erhebungen selbst zusammen. So liefert die Publikumsforschung für die elektronischen Medien mindestens täglich aktualisierte Ergebnisse, während etwa die Leserschaftsforschungsdaten der WEMF AG für Werbemedienforschung für den Printbereich halbjährlich erhoben werden. Mit insgesamt 62% geben noch immer überdurchschnittlich viele Journalisten aus dem privaten Radio- oder Fernsehbereich an, Zugang zu Nutzungsdaten zu haben, während bei den Kollegen der Printmedien am ehesten Sonntags- und Wochenzeitungsjournalisten entsprechende Daten kennen. Am wenigsten Zugang haben Journalisten bei Tageszeitungen und Fachzeitschriften. Es erstaunt allerdings, dass nur gerade 45% der Zeitschriftenjournalisten angeben, Zugang zu Forschungsergebnissen zu haben, die ihnen Informationen über die Resonanz ihrer redaktionellen Arbeit liefern. Gerade aufgrund der starken Konkurrenz im Zeitschriftenmarkt müsste hier die Publikumsmarktausrichtung und damit die Orientierung an Leserschaftsdaten besonders stark ausgeprägt sein (vgl. Streng 1998).

Es zeigt sich auch, dass der Zugang zu Forschungsdaten in den Ressorts unterschiedlich ist. So verfügen 80% aller Journalisten, die im Ressort Aktuelles/Information arbeiten, über einen Zugang zu entsprechenden Publikumsoder Leserschaftsdaten. Auch in den Ressorts Wirtschaft (62%) haben überdurchschnittlich viele Journalisten Zugang. In den Ressorts Inland (54%), Kultur (52%) und Politik (50%) gibt etwa jeder zweite an, entsprechende Daten zu kennen, während der Zugang in den Ressorts Sport (46%), Lokales/Regionales (45%) weniger vorhanden ist.

Es ist primär die Aufgabe der Verlagsleitung oder der Geschäftsführung, Forschungsergebnisse zum Nutzungsverhalten des Publikums oder der Leserschaft zu interpretieren. Mehr und mehr gehört es auch zum Aufgabenbereich der Redaktionsführung, daraus entsprechende Schlussfolgerungen zu ziehen. So erstaunt es kaum, dass in höheren Positionen der Zugang zu diesen Daten eher gewährleistet ist (insgesamt 62%) als in Positionen ohne Führungsverantwortung (insgesamt 49%). Die Diskrepanz zeigt auch, dass vorhandene Forschungsergebnisse und Informationen nicht in jedem Fall von höheren Hierarchiestufen an die Mitarbeiter weitergegeben werden.

Kaum überraschen wird, dass der Zugang zu Forschungsdaten bei freien Journalisten praktisch nicht gegeben ist. Nur knapp jeder fünfte Freie kennt entsprechende Daten über die Rezipienten. Auch feste Freie werden diesbezüglich weniger informiert als fest angestellte Journalisten. Tabelle 47 veranschaulicht zudem, dass Medienangebote mit ausschließlich überregionalem Publikum von Journalisten gemacht werden, die eher Kontakt mit Forschungsdaten haben als etwa ihre Kollegen, die für einen lokalen Publikumsmarkt tätig sind.

Tab. 47: Zugang zu Publikums- und Leserschaftsforschungsdaten nach Verbreitungsgebiet und Anstellungsstatus (in %)

Verbreitungsgebiet	
nur überregional	58
lokal, regional und überregional	50
lokal	35
Art des Beschäftigungsverhältnisses	
Feste	57
feste Freie	44
Freie	22

Aus den Leitfadengesprächen geht deutlich hervor, dass sich viele Befragte nicht aufgrund von Forschungsdaten ein Bild vom Publikum oder von der Leserschaft machen, sondern dass dieses vielmehr aufgrund einer Wunsch- oder Idealvorstellung zustande kommt. So bezeichnet zum Beispiel ein Ressortleiter die Leserschaft seiner mittelgroßen Tageszeitung als »*urbane, mobile, interessierte, moderne, aufgeschlossene, reformorientierte Leute, im Idealfall zwischen 29 und 49*« (C2). Konfrontiert mit der Frage, für welches Publikum sie denn journalistisch tätig seien, differenzieren die Befragten oft nicht zwischen anvisiertem Zielpublikum und tatsächlichen Rezipienten, deren Struktur nur durch die Publikums- und Leserschaftsforschung eruiert werden kann. Angaben zum Publikum basieren oft einfach auf Zielgruppenvorgaben, die im redaktionellen Leitbild stehen oder eben auf einem althergebrachten Selbstverständnis basieren. Dies verdeutlicht auch folgendes Zitat: »*Wir haben nie eine Zeitung aufgrund von Leserschaftsbefragungen gemacht. Wir haben immer eine Zeitung für Leute von der Sorte gemacht, wie wir sie eigentlich sehen: Interessierte, neugierige, wache und im Beruf geforderte Leute mit Anspruch*« (B1).

Aus den Leitfadengesprächen mit den Redaktionsverantwortlichen geht hervor, dass sich drei Typen von Redaktionen ausdifferenzieren lassen, die sich in ihrem Zugang und in der Anwendung von Daten der Publikums- und Leserschaftsforschung unterscheiden:

Der Soziodemographie-Kenner: Der Soziodemographie-Kenner hat differenzierte Kenntnisse über die soziodemographische Struktur seines Publikums. Dieser Typ ist vorwiegend im Bereich der täglich erscheinenden Zeitungen anzutreffen. Er stützt seine Kenntnisse über die Rezipienten auf Daten der Leserschaftsforschung. Sein Wissen bezieht sich hauptsächlich auf Merkmale wie das Durchschnittsalter, die Geschlechtsverteilung oder die geographische Verteilung (Verbreitungsgebiet, Anteil ländlicher und urbaner Rezipienten). Zudem sind die Medienvertreter dieses Typs in der Lage, auch Angaben zum Bildungsstand und zum Durchschnittseinkommen ihrer Leserschaft zu machen: *»Unser Leser ist ein Mann oder eine Frau, die sicher einen Sekundar- oder Mittelschulabschluss hat, über ein Einkommen von Fr. 5.000 aufwärts verfügt und über 25 Jahre alt ist«* (A2), ist eine typische Aussage. Zusätzlich zu diesen Daten sind weitere quantitative Angaben wie beispielsweise die Leserzahl, der Marktanteil im Publikumsmarkt oder – selten – die Lesedauer bekannt. Die erwähnten Kriterien sind für die befragten Medienvertreter immer in Bezug auf einen Vergleich mit der Konkurrenz relevant. Das heißt es interessieren nicht die Merkmale an sich, sondern die Tatsache, inwiefern sich die Leserschaftsstruktur verändert und sich von derjenigen der Konkurrenz unterscheidet, dies auch im Hinblick auf die von der Werbewirtschaft angepeilten Zielpublika.

Der Bedürfnisorientierte: Der zweite Typ hat Zugang zu denselben Daten, die der Soziodemographie-Kenner als Grundlage heranzieht. Zusätzlich ist der Bedürfnisorientierte in der Lage, Befunde aus der Leserschafts- und Publikumsforschung heranzuziehen, die über soziodemographische Ergebnisse hinausgehen und stärker Interessen, Bedürfnisse und Wünsche der jeweiligen Rezipienten wiederzugeben versprechen. Dazu werden von einigen Medienunternehmen zusätzlich Spezialstudien in Auftrag gegeben, um zu *»schauen, was die Leute tatsächlich für Bedürfnisse haben«* (P1). Nur so kann beispielsweise der Ressortleiter einer wöchentlich erscheinenden Zeitung wissen, dass der *»Wirtschaftsbund von Leuten gelesen wird, die sich stark für Computer und Reisen interessieren«* (D2). Ein Befragter verweist bei der Beschreibung seiner Leserschaft auf eine aktuelle Spezialstudie, aus der er ableitet, dass *»der Leser einen stärker meinungsorientierten Journalismus erwartet und in der Informationsflut Orientierungshilfen braucht«* (T). Die Gruppe der Bedürfnisorientierten ist allerdings sehr klein. Dies hat primär damit zu tun, dass dafür notwendige Daten fehlen bzw. durch kostenaufwändige Zusatzstudien erst generiert werden müssten. Zwar erachten die meisten Befragten weiterführende psychographische Daten über ihre Rezipienten als wünschenswert und hilfreich, gleichzeitig zweifeln die meisten grundsätzlich daran, dass entsprechende Forschungsergebnisse valide sein können: *»Was sich die Leute wünschen, aber nicht vorfinden, ist empirisch nicht richtig zu erforschen«* (K1). Der bedürfnisorientierte Typ tritt am häufigsten bei wöchentlich erscheinenden Printmedien und beim öffentlichen Rundfunk auf.

Der Quoten-Kenner: »*Uns stehen täglich Nutzungszahlen zu unserem Programm zur Verfügung. Innerhalb von zwei Tagen wissen wir, wie viele Zuschauer jede Sendung hatte*« (O1). Auch der Quoten-Kenner hat Zugang zu soziodemographischen Daten. Für ihn spielen sie jedoch eine sekundäre Rolle: »*Beim Fernsehen wird nur noch über Quoten diskutiert*« (O1). Im Zentrum stehen hier Einschaltquoten und Verkaufszahlen bzw. Marktanteile: »*Wie viele Leute schauen unsere Sendung? Wie groß ist unser Marktanteil? Das sind die wichtigsten Daten, auf die wir Wert legen*« (H1). Wesentlich sind »*jeden Tag die Kurven, die uns zeigen, wie sich die Zuschauerbeteiligung verändert*« (I1). Die Quoten-Kenner lassen sich hauptsächlich beim Fernsehen finden. Sie sind für die Sendungsverantwortlichen der öffentlichen Sender genau so wichtig wie für diejenigen der kommerziellen Sender. Aber auch bei wöchentlich erscheinenden Zeitungen sind die Verkaufszahlen besonders relevant: »*Bei einer Wochenzeitung spielen solche Zahlen eine größere Rolle als bei Tageszeitungen. Die Redaktion wird z.b. jede Woche darüber informiert, wie der Kioskverkauf verlaufen ist*« (F2). Die Vertreter einer Publikumszeitschrift begründen ihr Desinteresse an den über Verkaufszahlen hinausgehenden Daten mit dem anhaltenden Markterfolg ihrer Zeitschrift. Sie schließen aus der Marktakzeptanz auf die Zufriedenheit ihrer Leserschaft: »*Unser Magazin läuft gut. Deshalb nehmen wir an, dass es dem Leser gefällt*« (E2). Kompensiert wird das fehlende statistische Wissen zu psychographischen Aspekten informell: »*Wir entnehmen Gesprächen, Leserbriefen und dem eigenen Gefühl, wie das Magazin ankommt. In den USA machen die großen Blätter auch keinen Research. Die spüren das*« (E1).

Die Befunde der qualitativen Befragung zur Präsenz von Daten der Publikums- und Leserschaftsforschung zeigen, dass solche bei allen redaktionellen Führungsverantwortlichen vorhanden sind. Es handelt sich hierbei allerdings hauptsächlich um soziodemographische Daten. Vor allem bei den redaktionellen Führungskräften der täglich erscheinenden Zeitungen sind diese Daten – auch während der Leitfadengespräche – präsent. Bei öffentlichen und kommerziellen Fernsehstationen sowie bei wöchentlich erscheinenden Printtiteln sind vor allem Angaben über Einschaltquoten und Verkaufszahlen präsent. Nur in ganz wenigen Fällen haben die Befragten auch Kenntnis von psychographischen Daten über die Interessen und Bedürfnisse ihrer Rezipienten. Angaben über Themenpräferenzen, Lebensweltvorstellungen, Lebensstil und Kaufgewohnheiten sind kaum präsent.

Dass die vorhandenen Daten nicht über soziodemographische Angaben und Verkaufszahlen bzw. Einschaltquoten hinausgehen, liegt nach Ansicht der Befragten in der mangelnden Qualität und Validität allfälliger Forschungsergebnisse (vgl. auch Möllmann 1998: 374). Es lässt sich beobachten, dass selbst redaktionelle Führungskräfte stärker auf ihre Intuition sowie auf ihre Berufs- und Lebenserfahrung vertrauen als auf Forschungsergebnisse. Ein Befragter gibt zu verstehen, dass er lieber *»intuitiv arbeitet, als sich auf Umfragen zu verlassen«* (S).

Was also Ruß-Mohl (1992) in den 1980er Jahren für die USA feststellte, gilt heute mehrheitlich für die Schweizer Medienbranche: Eine Leser- bzw. Publikumsorientierung aufgrund von Publikums- und Leserschaftsforschung ist bei den Medienschaffenden eher schwach ausgeprägt. Es wird jedenfalls deutlich, dass in den Schweizer Redaktionen aufgrund der tatsächlich – oder eben nur unzureichend – präsenten Forschungsdaten eine *Rezipientenorientierung* im Sinne des redaktionellen Marketings kaum möglich ist. Sowohl aus den Ergebnissen der schriftlichen Befragung wie auch aus den Leitfadengesprächen geht hervor, dass in den Redaktionen der öffentlichen Rundfunkmedien entsprechend differenzierte Daten am ehesten vorhanden bzw. bekannt sind. Zu verdanken ist dies primär der gut ausgebauten Infrastruktur des eigenen SRG-Forschungsdienstes. Dieser Befund entspricht der Erkenntnis, dass in der Schweiz der öffentliche Rundfunk durch die ausländische Konkurrenz gezwungen war, auf der Grundlage von Publikumsforschungsdaten neue Wettbewerbsstrategien zu entwickeln (vgl. Heinrich 1996: 165). Die Beschränkung auf Daten zu Reichweiten und Marktanteilen bei den kommerziellen Sendern ist ebenfalls nachvollziehbar. Tiefergehende qualitative Analysen sind dort weniger ein Thema, weil diese einerseits für die entsprechend bescheidenen Budgets zu teuer sind und sich andererseits die Programmangebote ohnehin an einem Mehrheitspublikum und damit an einer möglichst großen Akzeptanz orientieren.

Quellen und Zugangskanäle

Den redaktionellen Führungskräften und Journalisten stehen in Schweizer Redaktionen eine Vielzahl möglicher Quellen zur Verfügung, die entsprechende Angaben über ihre Leserschaft bzw. ihr Publikum enthalten. Alle Vertreter der elektronischen Medien geben als Quelle den SRG-Forschungsdienst an. Dies trifft sowohl für die öffentlichen wie auch für die kommerziellen Anbieter zu. Die SRG-Zuschauer- bzw. Radio-Forschung setzt sich zum Ziel, das Publikum der SRG-Programme zu beschreiben, indem kontinuierlich quantitative Daten über Reichweiten, die Hör- bzw. Sehdauer und Marktanteil erhoben werden. Die Fernsehforschung arbeitet mit einem elektronischen Messsystem. Die Daten werden mit dem sogenannten Telecontrol-System alle 30 Sekunden bei einem Panel von ca. 1650 repräsentativ ausgewählten Haushalten erhoben. Zudem besteht für die Probanden die Möglichkeit, die rezipierten Sendungen zu bewerten. Die Daten sind bereits am folgenden Tag abrufbereit. Die Erforschung des Hörverhaltens erfolgte bis jetzt in der sogenannten ›Medien-/Privatradiostudie‹ mittels persönlicher Telefoninterviews bei jährlich rund 18.500 repräsentativ ausgewählten Personen ab fünfzehn Jahren und stützt sich primär auf das Erinnerungsvermögen der Befragten. Künftig soll ebenfalls ein elektronisches Radiocontrol-System – ein Messgerät in Armbanduhrformat – während vier Sekunden pro Minute sämtliche Geräusche in der Umgebung der Träger aufzeichnen, was die Hörerforschung in der Schweiz revolutionieren wird. Neben den quantitativen Instrumenten wendet der SRG-Forschungsdienst auch qualitative Verfahren an, in denen ein sogenannter Telefon-Omnibus Publikumsurteile und Meinungen zu den genutzten Radio- und Fernsehprogrammen erhebt. Zudem werden mehrmals jährlich weitere ›flexible Befragungen‹ und vertiefende Sonderstudien zu bestimmten Fragestellungen durchgeführt. Die vom SRG-Forschungsdienst angewandte Telecontrol- und Tagesablauf-Studien sind nach Auffassung von Bonfadelli/Meier (1996: 10) »zum größten Teil Werbeträgerforschung, das heißt dient primär zur Errechnung des Preises, zu dem Werbung verkauft wird, bzw. verkauft werden kann.«

Die Vertreter der Printmedien geben als primäre Quelle die ›WEMF AG für Werbemedienforschung‹ an. Deren Aufgabe ist nach eigenen Angaben die »systematische, kontinuierliche und neutrale Erhebung des Leseverhaltens der in der Schweiz wohnhaften Bevölkerung«.[36] Sie realisiert insbesondere die Medienstudien ›MACH Basic‹ und ›MACH Consumer‹, besorgt die Auflagenbeglaubigung für Schweizer Printmedien und führt verschiedene Branchen-Statistiken. Die jährlich im Herbst veröffentlichte Basisstudie enthält die telefonisch erhobenen Daten über die Reichweiten von Zeitungen, Zeitschriften, Anzeigenkombinationen und deren Leserschaft (gegliedert nach soziodemographischen Merkmalen). Befragt werden gut 20.000 Personen ab vierzehn Jahren mit Hauptwohnsitz in der Schweiz oder im Fürstentum Liechtenstein. Die definierte Grundgesamtheit umfasst 5.241 Millionen Personen, aufgeteilt auf die drei Sprachgruppen. Die MACH Consumer-Studie verbindet Mediennutzungsdaten von Printmedien mit Besitzstand, Konsum- und Kaufgewohnheiten sowie Interessens- und Einstellungsfragen. Die schriftliche Befragung erfolgt mittels Fragebogen bei rund jeder zweiten Person aus der Erhebung MACH Basic.

Für die Sendungsverantwortlichen der SRG ist der SRG-Forschungsdienst die einzige Quelle, während einige kommerzielle Anbieter noch zusätzlich zum SRG-Forschungsdienst eigene Forschungen in Auftrag geben. So verweist ein Chefredakteur eines Privatradios auf Studien, die in Zusammenarbeit mit vier

---

[36] Vgl.: http://wemf.ch; 31.12.1999.

anderen Radiostationen durchgeführt wurden (M2). Von mehreren Privatradios wurden kommerzielle Forschungsinstitute mit Umfragen beauftragt (N2, Y). Es handelt sich bei diesen Forschungen hauptsächlich um Studien mit dem Zweck, sich mit der Konkurrenz zu vergleichen.

Alle Vertreter der Printmedien verweisen auf die jährlich erhobenen Forschungsergebnisse der WEMF. Erwähnt werden beispielsweise Bundnutzungsstudien (A2, D2) oder themenspezifische Leserbefragungen (A1, G1, L2). Es handelt sich dabei vorwiegend um Studien größerer Medienunternehmen, die dafür eine eigene Marktforschungsabteilung haben: *»Von unserer Marktforschungsabteilung werden die WEMF-Studien ergänzt. Zur Zeit läuft eine Studie, die herausfinden soll, was die Leser von einer Zeitung erwarten und wie der typische Zeitungsleser aussieht«* (D1). Ein Chefredakteur einer größeren Tageszeitung verweist auf eine kontinuierlich befragte *Focusgruppe*, in der 50 Leser über einen längeren Zeitraum zu ihrem Leseverhalten und zu ihren Erwartungen befragt wurden (C1). Angesprochen werden auch *Copytests*, die entsprechende Hinweise liefern sollen, inwieweit einzelne redaktionelle Beiträge von den Lesern beachtet und gelesen werden (B1, F2, K1). Der Chefredakteur einer Tessiner Tageszeitung nennt ganz bewusst eine weitere Quelle. Neben den regelmäßigen Leserschaftsbefragungen setzt er auf das Gespräch mit den Lesern: *»Das Tessin ist so klein, dass man fast jeden Leser persönlich kennt. Einem potenziellen Inserenten in Zürich muss ich aber Zahlen und Fakten liefern. Da sind Studien glaubwürdiger. Sie sagen uns aber nur, was wir bereits wussten«* (R). Einige Befragte (E1, Y) verweisen schließlich auf die Auswertung von Leserbriefen, denen sie entsprechendes Feedback ihrer Leserschaft entnehmen wollen. *»Der Leser selbst gibt das beste Echo wieder. Wenn er Briefe schreibt oder telefoniert, muss man ihn ernst nehmen und sich fragen, wie er das jetzt entgegengenommen hat. Das ist unser Marketing und Teil der Qualitätssicherung«* (B1).

Die redaktionellen Führungskräfte wurden auch danach gefragt, über welche Informationskanäle die Ergebnisse von Publikums- und Leserschaftsforschungen in die Redaktionen gelangen und inwieweit sie den redaktionellen Mitarbeitern zugänglich gemacht und dort diskutiert werden. Die Auswertung der Leitfadengespräche zeigt, dass dies auf den Redaktionen recht unterschiedlich gehandhabt wird. Im Einklang mit den Ergebnissen der schriftlichen Befragung zeigt sich, dass beim öffentlichen Rundfunk innerhalb der Redaktionen am meisten Transparenz herrscht. Dort gibt es für die Vermittlung entsprechender Forschungsdaten die Stelle des Medienreferenten. Die Informationen werden zum Teil über das elektronische Redaktionssystem allen Mitarbeitern zugänglich gemacht und *»wen es interessiert, kann sich das mal anschauen«* (H2).

Zum Teil wird von zentraler Stelle auch schriftlich *»über Umfragen informiert, von denen die Adressaten gar nicht betroffen sind«* (P1). Auch bei den kommerziellen Fernsehsendern können die meist täglich erhobenen Daten von allen Mitarbeiten eingesehen werden: *»Es ist wichtig, dass alle wissen, für wen sie das Programm machen. Das wird ganz offen kommuniziert«* (N1). Es ist hier allerdings zu beachten, dass es sich bei den Forschungsdaten meistens um einfache Reichweitenangaben und Marktanteile handelt. In der Regel ist es dort die Sendeleitung, welche die Daten oft auf elektronischem Weg an alle weitergibt.

Die Printmedien sind mehrheitlich weniger offen. Die Ergebnisse der Leserschaftsforschung gelangen jeweils von der zuständigen Verlagsabteilung über die Chefredaktion zu den Mitarbeitern. Spezialstudien werden meistens vom Verlag oder der Marketingabteilung in Auftrag gegeben – dies aber in Absprache mit der Chefredaktion. In den meisten Fällen werden die Daten nur an Ressortleitersitzungen diskutiert und nicht oder nur auszugsweise an alle Redaktionsmitglieder weitergegeben. Es soll so vermieden werden, dass die internen Daten möglicherweise zur Konkurrenz gelangen. In einigen Fällen wird denn auch nur mündlich an Redaktionssitzungen informiert. *»Die Daten landen erst mal bei mir auf dem Pult. Wenn es Veränderungen gibt, versuche ich diese zu ergründen. Und erst wenn ich die Ursache kenne, gehe ich damit in die Redaktionssitzung«* (L1) beschreibt ein Chefredakteur einer mittelgroßen Tageszeitung den Verlauf.

In einer anderen – großen – Redaktion gibt der Chefredakteur bewusst keine regelmäßig und aufwändig erhobenen Forschungsbefunde an die Mitarbeiter weiter. Begründet wird die Informationssperre mit der Befürchtung, dass sich eine Rücksichtnahme auf Leserschaftsdaten störend auf die journalistische Arbeit auswirken könne: *»Zwischen unserer Marketingabteilung und der Redaktion herrscht eine Barriere, damit da keine Beeinflussung vor sich geht«* (B2).

Zweck der Forschungsdaten und ihre Relevanz für die tägliche Arbeit

»Früher sind wir der Publikumsforschung sehr skeptisch begegnet – heute ist die Analyse von Publikumsreaktionen unser tägliches Brot« (U). So wie dieser Sendungsleiter beobachten die meisten redaktionellen Führungskräfte – insbesondere die Vertreter der elektronischen Medien und der wöchentlich erscheinenden Zeitungen –, dass die Präsenz und die Bedeutung von Forschungsdaten zunimmt. Einerseits *»stehen heute mehr Daten zur Verfügung als früher«* (B1), andererseits werden diese Daten heute stärker beachtet und durch Spezialstudien ergänzt. *»Die Publikumsforschung ist in den letzten Jahren ein immer wich-*

tigeres Arbeitsinstrument geworden« (R). Es nehmen aber nicht nur die Forschungsanstrengungen zu, auch das Interesse der Journalisten wächst: *»Vor ein paar Jahren hätte es noch Widerstand gegeben. Heute sind gerade die Skeptiker besonders empfänglich für die Forschungsdaten«* (T).

Die stärkere Präsenz wird bei den Vertretern der elektronischen Medien mit der verstärkten Konkurrenz auf dem Anbieter- und Werbemarkt begründet. Es zeigt sich aber auch hier wieder, dass damit hauptsächlich Reichweiten und Marktanteile gemeint sind und weniger Daten über Zuschauer- oder Hörerbedürfnisse. *»Zugenommen hat bestimmt die Beachtung der Quote. Heute wird jeder Beitrag ausgewertet, während früher nur die Sendung interessierte«* (I2), stellt ein Redakteur beim öffentlichen Fernsehen fest. Dieses gerät durch die Deregulierung des Rundfunkmarktes und die zunehmende in- und ausländische Konkurrenz unter Druck. Als Begründung für das steigende Interesse an der Leserschaftsforschung wird bei den Printmedien nicht ein verstärkter Konkurrenzdruck angegeben, sondern die an Abonnements- oder Verkaufszahlen beobachtbaren Leserverluste: *»Nach einem Leserverlust von zehn Prozent will man wissen, was passiert ist«* (C2). Zudem wird die Leserschaft oft nach einem Redesign oder kleineren konzeptionellen Veränderungen am Zeitungsprodukt zu den Neuerungen befragt. Auch bei den elektronischen Medien ist eine Änderung im Programmkonzept Grund dafür, beim Publikum die Akzeptanzchancen abzufragen: *»Nach einem programmlichen Umbau mussten wir natürlich abklären, ob wir überhaupt die richtige Richtung eingeschlagen haben«* (M2).

Die Erhebung von Daten über das Publikum kann sowohl publizistischen als auch ökonomischen Zielen dienen. Publizistische Ziele stehen im Vordergrund, wenn die Daten dazu dienen, redaktionelle Konzepte zu verfassen oder zu überprüfen, die Qualität zu sichern oder die journalistischen Leistungen zu evaluieren. Dabei reicht es nicht zu wissen, dass ein Kontakt zwischen dem Medienangebot und dem Rezipienten stattfindet, »es interessiert darüber hinaus das Wie, Warum und Warum nicht der Nutzung« (Möllmann 1998: 103). Ökonomische Ziele stehen dann im Vordergrund, wenn sich die erhobenen Informationen primär an die Werbewirtschaft richten. So ist die Leserschafts- und Publikumsforschung für Medienunternehmen unerlässlich, weil erst so ein Publikum überhaupt nachgewiesen werden kann. Die Forschung erweist sich als »unabdingbare Voraussetzung, um das Netzwerk ökonomischer Beziehungen zwischen Angebot und Nachfrage zu strukturieren« (Siegert 1997: 172).

Die Mehrheit der in den qualitativen Leitfadengesprächen befragten Journalisten ist der Ansicht, dass die Publikums- und Leserschaftsforschung primär ökonomischen Zielen dient. *»Die Quoten werden von der Werbewirtschaft verlangt. Im Fernsehgeschäft lässt man die Hosen runter, wie nirgendwo* *sonst«* (O1). Besonders zum Ausdruck kommt dies bei den Vertretern der kommerziellen elektronischen Medien, wo sich die zugänglichen Daten vorwiegend auf Reichweite und Marktanteile beziehen. *»Die Daten sind primär im kommerziellen Bereich wichtig, um den Werbern zu zeigen, wie viele Leute eine Sendung schauen und diese wichtig finden«* (N2). Die Daten sollen zudem unter den Bedingungen zunehmender Konkurrenz dazu dienen, die Stellung der einzelnen Sender im Publikumsmarkt darzustellen. Beim öffentlichen Fernsehen betont hingegen nur gerade ein Vertreter die ökonomische Bedeutung der Publikumsforschung: *»Obwohl das Fernsehen ein öffentlicher Dienst ist, müssen wir die Gesetze des Marktes berücksichtigen. Die Direktion schreibt uns sogar Zuschauerquoten für alle Sendungen vor. Wir müssen diese quantitativen Ziele erreichen. Besonders deshalb, weil wir auch große Einnahmen aus der Werbung tätigen. Wir sind ein öffentlicher Dienst, aber das heißt nicht, ein Dienst ohne Publikum«* (U).

Auch bei den wöchentlich erscheinenden Zeitungen und Zeitschriften ist der Werbemarkt die primäre Referenzgröße. Dort sind aber neben Auflagenzahlen auch noch Angaben über die Leserschaftsstruktur von Bedeutung. *»Das Ziel ist letztlich, dass wir dem Werber sagen können, wer das Publikum ist«* (F2). Es erstaunt somit nicht, dass die Befragten mehrheitlich der Auffassung sind, dass die erhobenen Daten vorwiegend für die Verlage oder die Unternehmensleitungen interessant sind und weniger für die Redaktion. *»Die Daten dienen hauptsächlich dem Anzeigengeschäft: Wenn wir nachweisen können, dass unser Publikum überdurchschnittlich verdient, gut gebildet ist, städtisch orientiert und konsumfreudig ist, so sind wir für Anzeigenkunden attraktiv«* (D1).

Für die meisten Führungskräfte beim öffentlichen Rundfunk steht der publizistische Zweck der Forschungsdaten im Vordergrund: *»An uns werden große Ansprüche gestellt und ich habe großes Interesse daran, dass unsere Sendung auch geschaut wird. Wir haben einen Auftrag im Sinne des Service public. Mit den Publikumsdaten wollen wir sehen, ob wir ihn auch erfüllen«* (H1). Die Forschungsergebnisse haben nach dieser Auffassung auch den Zweck, zur Legitimation der besonderen Stellung des öffentlichen Fernsehens beizutragen. Die Daten sollen neben den Quoten auch Informationen über die Zufriedenheit des Publikums liefern. *»Diese Daten sind für uns wichtig, um zu erfahren, ob die angestrebte Qualität auch in der gewünschten Quantität ankommt,«* meint ein weiterer Redaktionsverantwortlicher beim öffentlichen Fernsehen (U). Der Chefredakteur eines Privatradios drückt es so aus: *»Wir wollen verhindern, dass wir eine Skischanze in der Wüste aufstellen«* (Z). Es gibt aber auch Befragte, die prinzipiell *»nicht darauf schauen, was der Leserschaft passt und was nicht«* (B2). In dieser Redaktion wird zwar auch darüber diskutiert, *»was zu tun* *ist, um das Informationsbedürfnis zufriedenzustellen, es wird aber nie von Leserschaftsdaten ausgegangen«* (B1). Betont wird in diesem Zusammenhang, dass eine *»Zeitung eine Geschichte und eine Identität hat. Sie muss wissen, in welche Richtung sie geht. Da kann man nicht aufgrund der Leserschaftsforschung plötzlich alles verdrehen«* (T).

Für eine weitere Gruppe der Befragten sind schließlich die publizistischen und ökonomischen Zwecke der Forschungen nicht zu trennen. *»Unser Hauptziel ist es, Hörer zu finden. Umfragen zeigen uns, ob wir diese erreichen. Wenn wir keine Hörer haben, verdienen wir kein Geld. Man kann das publizistische Ziel nicht vom ökonomischen trennen«* (Z). Ihrer Ansicht nach müssen die Daten *»einerseits redaktionell interessieren, aber auch kommerziell etwas bringen«* (A1). Diese doppelte Zielsetzung bei der Anwendung von Publikums- und Leserschaftsforschung wird mehrheitlich von den Vertretern der Tageszeitungen gesehen. Aber auch beim öffentlichen Fernsehen wird die Zieldualität als solche verstanden: *»Wir wollen ganz klar Marktführer sein. Ein ›Service public-Auftrag‹ ohne Zuschauer ist unsinnig. Wir sind dazu verdammt, jeden Tag den Spagat zwischen relevanter Information und Publikumsfreundlichkeit zu versuchen«* (I1). Die Vertreter des öffentlichen Rundfunks betonen wiederholt, dass publizistische Ziele und eine möglichst große Zufriedenheit des Publikums nicht im Widerspruch zueinander stehen. Nicht selten fällt schließlich auf, dass die geäußerten Meinungen, wonach die Verwendung von Forschungsdaten sowohl publizistische als auch ökonomische Ziele verfolge, nicht frei von Widersprüchen sind. So meint ein Chefredakteur einer mittelgroßen Tageszeitung, dass *»die Umfragen dazu dienen, die Bedürfnisse der Leser besser abzudecken.«* Der Befragte betont aber gleichzeitig, dass er jetzt schon wüsste *»dass ein Artikel über den Gebrauchtwagenhandel sehr interessiert; dafür braucht es keine Umfragen. Diese werden eher von der Werbewirtschaft gebraucht. Das schließt aber nicht aus, dass mit der Publicitas[37] über gewisse Spezialseiten diskutiert werden kann«* (X).

Im Folgenden wird der Frage nachgegangen, welchen Nutzen die Journalisten und Redaktionsverantwortlichen in der Publikums- und Leserschaftsforschung sehen. Dabei wird wiederum zuerst von Ergebnissen der schriftlichen Befragung ausgegangen. Die dort abgefragten positiven und negativen Aspekte der Nutzung von Forschungsdaten wurden in den Leitfadengesprächen vertieft bzw. ergänzt.

---

[37] Die Publicitas (PubliGroupe) ist eine Lausanner Inseratevermittlerin in marktbeherrschender Position. Das Unternehmen plant und realisiert Inserate in Schweizer Zeitungen und Zeitschriften (vgl. www.publicitas.ch, 1.6. 2000).

Tabelle 48 veranschaulicht, dass die meisten Journalisten, die Zugang[38] zu den Daten haben, den primären Nutzen der Forschung darin sehen, dass ihnen diese für ihre tägliche Arbeit wichtige Informationen über die Leser-/Hörer-/ Zuschauerschaft liefert. Am meisten stimmen hier die Vertreter der Zeitschriften und Magazine sowie der kommerziellen Radios und Fernsehsender zu. Immerhin 69% der Tageszeitungsjournalisten und auch der größte Teil der Kollegen beim öffentlichen Radio und Fernsehen vertreten ebenfalls diese Ansicht.

Tab. 48: Perzipierter Nutzen von Daten aus der Publikums- und Leserschaftsforschung nach Medientyp (in %)*

	Ergebnisse der Publikums-/ oder Leserschaftsforschung			
	liefern mir für meine Arbeit wichtige Informationen über das Publikum.	sind für mich ein wichtiger Gradmesser für journal. Qualität.	verwirren mich bei meiner Arbeit eher, als dass sie mir helfen.	zwingen mich, meine Arbeit am Geschmack der breiten Masse auszurichten.
Tageszeitungen	69	34	21	34
Wochen-/ Sonntagszeitung	71	38	17	32
Zeitschrift/ Illustrierte/Magazine	78	35	13	39
Fachzeitschriften	72	47	12	33
öffentliches Radio	68	22	18	34
öffentliches TV	72	23	20	46
privates Radio/TV	79	36	22	56
Nachrichtenagent.	59	33	20	30
Gesamt	70	31	19	38

*Die Befragten konnten ihre Zustimmung auf einer sechsstufigen Skala einstufen. Die Tabelle gibt die Prozentwerte der zustimmenden Positionen von 4 bis 6 zusammengefasst wieder.

---

[38] Diese Frage haben nur diejenigen Journalisten beantwortet, welche angegeben haben, über einen Zugang zu Daten der Leserschafts- oder Publikumsforschung zu verfügen.

Auch in der mündlichen Befragung ist es das wesentliche Argument für zum Nutzen der Forschungsdaten. *»Die Daten können eine Orientierungshilfe sein. Man weiß so besser, für wen und wie man schreiben müsste«* (C2). Ein Vertreter einer wöchentlich erscheinenden Zeitschrift meint: *»Ich bin froh zu wissen, für wen ich schreibe. Ich will mir den Leser vorstellen können«* (G2). Die Forschungsergebnisse können in den Augen eines Befragten auch gegen *»Betriebsblindheit und Routine gut sein. Wenn ich jahrelang behaupte, dass ich das so mache, weil die Leser es wollen – ein Standardsatz jeder Redaktion – und ich dann Daten bekomme, die beweisen, dass es so nicht ganz stimmt, dann nützen mir diese Daten. Dann kann ich überlegen, ob ich an Form oder Inhalt etwas verändern sollte«* (B2).

Dass diese Daten für sie ein wichtiger Gradmesser für journalistische Qualität sein sollen, will nur ein Drittel aller Journalisten gelten lassen. Interessant ist hier, dass rund die Hälfte aller Fachzeitungsjournalisten die Forschungsdaten als Maßstab zur Beurteilung der Qualität akzeptieren. Deutlich wird aber diesbezüglich der Widerstand praktisch aller anderen Medienvertreter. Am wenigsten können die Vertreter des öffentlichen Radios und Fernsehens dieser Feststellung zustimmen. Wiederum sind es die Vertreter der wöchentlich erscheinenden Printmedien, die neben den Fachjournalisten am ehesten die Forschungsdaten als Qualitätsmaßstab zur Beurteilung ihrer Arbeit heranziehen würden.[39] Derlei Skepsis kommt auch in den Leitfadengesprächen zum Ausdruck und deckt sich mit Befunden aus anderen empirischen Studien (vgl. Neumann 1997). Für viele Medienschaffende ist die Tatsache, dass die institutionalisierte Leserschafts- und Publikumsforschung bislang wenig brauchbare Aussagen über die tatsächlichen Rezipientenbedürfnisse liefert, ein Hauptgrund, die Daten der Publikumsforschung nicht als Gradmesser für journalistische Qualität zu akzeptieren: *»Es ist paradox: Es kann sein, dass eine Sendung 5% Zuschauer verliert und trotzdem sehr gut gemacht ist. Andererseits kann eine Sendung mit hohen Einschaltquoten schlecht gemacht sein. Das ist ein Problem«* (U). Es muss hier deutlich gemacht werden, dass sich dieser angesprochene Widerspruch dann vor allem ergibt, wenn sich die Forschungsdaten ausschließlich auf Quotenangaben beziehen.

Die Vertreter der kommerziellen Medien bringen zudem ein Misstrauen gegenüber den vom SRG-Forschungsdienst erhobenen Daten zum Ausdruck. So meint ein Redaktionsverantwortlicher eines Privatradios: *»Mir wäre es wohler, wenn man mehr Leute befragen würde und wenn die Daten wirklich von einer*

---

[39] Es handelt sich hier allerdings nur um 17 von insgesamt 36 Fachzeitschriftjournalisten, die diese Frage beantwortet haben.

total unabhängigen Instanz erhoben würden. Unsere Daten kommen schließlich von der SRG« (M2). Aber auch der Ressortleiter einer wöchentlich erscheinenden Zeitung ist *»grundsätzlich misstrauisch, weil irgend jemand einem damit etwas suggerieren könnte«* (D2). Gezweifelt wird auch an der Validität der Forschungsergebnisse. So meint der Chefredakteur einer großen Tageszeitung, *»Eine gute Zeitung zu machen, ist eine Frage von Talent, Können und beruflicher Überzeugung – nicht von Umfragen«* (B1). So wird auch von vielen Befragten betont, dass *»aus den Daten nicht strikte Regeln für das Produkt abgeleitet werden können«* (W). Auch ergänzende Spezialstudien nützen in den Augen einiger Befragten wenig, weil *»die Leute bei diesen Befragungen ja oft nur das sagen, was man von ihnen erwartet. Niemand schaut Pornofilme, alle schauen Dokumentarfilme«* (R). Für einen Chefredakteur einer Zeitschrift gibt es zudem grundsätzlich das Problem, dass *»man nie herausfinden kann, was die Leute gerne möchten, weil die Zeitung per definitionem Überraschungen bringt. Man kann doch nicht wissen, wovon man überrascht werden will«* (E1).

Die Frage, ob sie durch die Daten der Publikums- und Leserschaftsforschung eher verwirrt würden, verneinen die meisten Journalisten deutlich. Am wenigsten wird diese Gefahr bei den Vertretern der Zeitschriften/Magazine und der Fachzeitschriften gesehen. Bei den anderen Medienvertretern schient man sich bezüglich der Daten und ihrem Einfluss eine Immunisierungsstrategie zurechtgelegt zu haben. In der mündlichen Befragung drückt ein Journalist die Gefahr der Verwirrung so aus: *»Wenn man zu sehr darauf achtet, besteht die Gefahr, dass man nicht mehr frei ist. Man schielt dann auf irgendwelche Entwicklungen und vergisst dabei vielleicht Wesentliches. Zeitungsmachen soll auch Freude machen. Das kommt am besten rüber. Nur Zahlen im Kopf zu haben, würde einen verrückt machen«* (F2).

Mehr als die Hälfte der Journalisten, die bei kommerziellen elektronischen Medien tätig sind, und mehr als ein Drittel aller anderen Medienvertreter befürchten oder erfahren, dass sie durch die Forschungsdaten gezwungen werden, ihre Arbeit am Geschmack der breiten Masse auszurichten. *»Die Leserschaftsforschung manipuliert. Es droht die Gefahr, dass ich irgendwann dem Diktat der Straße folgen muss«* (B2). Es wird befürchtet, dass die Journalisten dadurch ihre Unabhängigkeit aufgeben, *»wenn man den Leuten das bringt, was sie wollen. Überraschung und Eigenständigkeit gehen so verloren«* (D1). *»Wenn man sich von Umfragen diktieren lässt, wie eine Zeitung zu machen ist, so verliert diese Zeitung ihre Persönlichkeit«* (W). Die Beachtung von Publikums- und Leserschaftsforschungsdaten – so bemerken einige Befragte – *»engen den Journalisten ein, wenn er gezwungen wird, gezielt ein Bedürfnis des Lesers befriedigen zu müssen«* (E2).

Die Ergebnisse der schriftlichen Befragung weisen also auf einen eher nüchternen und distanzierten Umgang mit den Forschungsdaten innerhalb der Redaktionen hin. Dieser Eindruck wird durch die Beantwortung der Frage, inwiefern Journalisten ohne Führungsverantwortung die Daten in der Regel aufnehmen und akzeptieren, bestätigt: »*Die Journalisten sind den Statistiken gegenüber sehr misstrauisch eingestellt*« (A1). Die Chefredakteure und Sendeleiter sprechen von »*Abwehrhaltung*« (D2) oder einer strikten »*Ablehnung von Vorgaben*« (B1). »*Die Journalisten wollen es so machen, wie sie es schon immer gemacht haben*« (C1), meint beispielsweise der Chefredakteur einer überregionalen Tageszeitung. Da werden unerwartete Forschungsergebnisse schon mal zum Störfaktor: »*Die Leserforschung macht die Journalisten nervös. Sie fühlen sich dadurch ständig beobachtet und kontrolliert*« (T).

Mehrheitlich beobachten die befragten Führungskräfte aber ein generelles Interesse an den Daten und auch einen gewissen Einfluss der Forschung: »*Jeder Journalist freut sich darüber, wenn seine Arbeit wahrgenommen und akklamiert wird. In diesem Sinne steuern natürlich die Daten das Verhalten der Journalisten*« (I1). Die redaktionellen Führungskräfte sind stärker als die Ressortleiter der Auffassung, dass die Daten innerhalb der Redaktionen tatsächlich Beachtung finden. Es wird aber deutlich, dass dies nicht in jedem Fall und immer so ist: »*Wir haben einen gelassenen Umgang mit diesen Daten. Wir nehmen sie ernst, wenn wir etwas lernen können. Dann ist die Akzeptanz innerhalb der Redaktion auch hoch*« (K1). Ein weiterer Vertreter einer Tageszeitung meint: »*Die Daten werden diskutiert und wenn sie etwas Wichtiges aussagen, werden sie angenommen*« (B2). Es wird sogar beobachtet, das die Akzeptanz der Daten innerhalb der Redaktion von der positiven Interpretation abhängig sind: »*Wenn die Ergebnisse positiv waren, wurden sie akzeptiert. Wenn sie negativ waren, gab es Widerstand. Das ist normal*« (R). Eine weitere Befragte gibt zu verstehen, dass sie die Forschungsdaten vorwiegend »*zur Bestätigung von Bekanntem und zur Beruhigung der Mitarbeiter*« (S) brauche.

Diese Feststellungen bestätigen Beobachtungen, wonach »Ver- und Anwender von Ergebnissen der Medien- und Publikumsforschung der Forschung entweder die 100-prozentige Abbildung der Realität zutrauen, wenn sie denn nur ›richtig‹ konzipiert und durchgeführt wird, oder aber sie verwerfen diese Forschung als manipulativ und interessengefärbt, meist dann, wenn die Daten die eigene Position gefährden. Nicht selten werden beide Positionen gleichzeitig vertreten« (Siegert 1997: 177). So verweisen viele Befragte auf die Notwendigkeit, »*die Ergebnisse aus Distanz zu betrachten, ohne daraus ein Dogma zu machen. Wenn man erkennt, dass einem die Daten nicht das Bild einer idealen Zeitung liefern, sondern im besten Fall wichtige Details und Fehler aufzeigen, so ist mit diesem nützlichen Instrument schon viel gewonnen«* (W).

In den Leitfadengesprächen mit redaktionellen Führungskräften kommt zum Ausdruck, dass der Nutzen der Publikums- und Leserschaftsforschung je nach hierarchischer Position unterschiedlich beurteilt wird. Chefredakteure und Sendeleiter tendieren eher dazu, den Nutzen herauszustreichen, wobei sie zum Teil der Auffassung sind, dass ihre Mitarbeiter die Relevanz der Daten für ihre tägliche Arbeit eher skeptisch beurteilen. Im Einklang mit diesem Befund zeigen die Ergebnisse der quantitativen Befragung nicht nur, dass die Redakteure ohne Führungsverantwortung weniger Zugang zu den Daten haben (vgl. Kapitel 4.4.2), sondern dass diese auch den Nutzen der Daten stärker hinterfragen als ihre Vorgesetzten. Die Ergebnisse der schriftlichen Befragung zeigen, dass 78% der Führungsverantwortlichen der Ansicht sind, dass ihnen die Forschung wichtige Informationen über die Rezipienten liefert, bei den redaktionellen Mitarbeiter ohne Führungsverantwortung sind dies 66%.[40] Die Diskrepanz wird auch bei der Beantwortung der Frage deutlich, ob die Daten als wichtiger Gradmesser für journalistische Qualität verstanden werden. Auch hier stimmen Führungskräfte (38%) vermehrt zu als Journalisten ohne Führungsverantwortung (25%). Ob die Nutzung von Forschungsdaten negative Folgen haben könnte, bejahen Führungskräfte weniger deutlich. 36% sind der Auffassung, dass sie sich dadurch nach dem Geschmack der breiten Masse auszurichten haben, im Vergleich zu 40% der Journalisten ohne Führungsverantwortung. Nur 16% sehen die Gefahr, dadurch verwirrt zu werden, bei den Journalisten ohne Führungsverantwortung sind es 20%.

»Ich glaube, der Sinneswandel ist zu allen Journalisten durchgedrungen. Heute interessiert es einfach alle, wie das Echo der Leserschaft ist« (D1). Viele der mündlich befragten Redaktionsverantwortlichen sind der Ansicht, dass die Beachtung der Forschungsdaten zugenommen hat und die Widerstände entsprechend geringer geworden sind. Die Vermutung, dass jüngere Journalisten gegenüber der Anwendung der Publikums- und Leserschaftsforschung aufgeschlossener sind als ältere, lässt sich allerdings aufgrund der Ergebnisse der schriftlichen Befragung nicht bestätigen. Sowohl bei den Führungskräften wie bei den redaktionellen Mitarbeitern zeigen sich bei einem Altersvergleich keine nennenswerte Unterschiede in der Beurteilung. Hingegen lässt sich feststellen, dass Männer den Umgang mit Forschungsdaten leicht positiver beurteilen als Frauen.

---

[40] Diese Frage wurde nur den Journalisten gestellt, die über einen Zugang zu den Forschungsdaten zu verfügen.

In den Leitfadengesprächen mit den redaktionellen Führungskräften sind einige Vertreter der Printmedien der Auffassung, dass die Daten in einzelnen Ressorts unterschiedliche Relevanz haben: »*Unser Lokalteil kann am meisten von den Daten profitieren*« (C1). »*Weil die direkten Ansprechpartner im Einzugsgebiet sind, müsste die Lokal-/Regionalredaktion am meisten interessiert sein*« (K1). Einige Medienvertreter meinen auch, dass gerade im »*Softnewsbereich am meisten Marketingüberlegungen gemacht werden. Dort stützt man sich auf solche Marktdaten*« (D1). Die Mehrheit der Befragten ist aber der Auffassung, dass »*die Daten für alle Ressorts gleich interessant sind und auch gleich genutzt werden*« (K2) und dass »*die Zahlen überall gleichermaßen ernst genommen werden müssen*« (L1). Die Vertreter der elektronischen Medien gingen auf die Frage nach der unterschiedlichen Bedeutung je nach Ressort weniger ein, weil dort entsprechende Ressortstrukturen weit weniger gegeben sind (vgl. Kapitel 3.3.3).

Schlussfolgerungen aus der Publikums- und Leserschaftsforschung

Trotz der beobachtbaren Skepsis, mit welcher die Medienschaffenden der Leser-/Publikumsforschung begegnen, geben 10% aller schriftlich befragten Journalisten an, dass in der Redaktion, bei der sie arbeiten, aus den Ergebnissen der Publikums-/Leserschaftsforschung immer redaktionelle Schlussfolgerungen gezogen werden. Bei 37% ist dies häufig und bei 27% selten der Fall (vgl. Tabelle 49). Nur 8% aller schriftlich befragten Journalisten arbeiten für Redaktionen, bei denen nie Schlussfolgerungen aus Forschungsdaten gezogen werden. Bei den elektronischen Medien – insbesondere beim öffentlichen Rundfunk – sowie bei den wöchentlich erscheinenden Printmedien – insbesondere bei Zeitschriften und Magazinen –, werden Forschungsergebnisse am meisten befolgt. Der Anteil derer, die diese Frage nicht beantworten können, ist bei den elektronischen Medien geringer als bei den Printmedien. Es zeigt sich des Weiteren, dass entsprechende Schlussfolgerungen bei Medien mit überregionalem Verbreitungsgebiet eher gezogen werden als bei Lokalmedien.

Es erstaunt ferner nicht, dass bei den Journalisten ohne Führungsverantwortung beinahe jeder vierte nicht beurteilen kann, ob in seiner Redaktion aus den Forschungsdaten Schlussfolgerungen gezogen werden. Insbesondere freie Mitarbeiter werden selten über entsprechende Forschungsergebnisse informiert und sind deshalb kaum in der Lage, entsprechende Umsetzungsstrategien zu erkennen. 58% der freien Journalisten können nicht beurteilen, ob in den Redaktionen, für die sie hauptsächlich arbeiten, redaktionelle Schlussfolgerungen aus Forschungsergebnissen gezogen werden. Dies mag organisatorisch zu erklären sein. Die geringe Kenntnis von Forschungsdaten bei den Freien erstaunt aber trotzdem, weil freie Mitarbeiter nicht einfach Zulieferer von Rohstoffmaterial sind. In den meisten Fällen dienen die Freien mit ihren redaktionellen Beiträgen direkt dem Produkt zu. Offenbar ist man aber in den meisten Redaktionen der Auffassung, dass die Informationen über die Leserschaft bzw. das Publikum und entsprechende Veränderungen für die freien Mitarbeiter irrelevant sind.

Tab. 49: Gezogene Schlussfolgerungen aus der Publikums-/ Leserschaftsforschung (in %)

redaktionelle Schlussfolgerungen ziehen	immer	häufig	selten	nie	Kann ich nicht beurteilen.
Medientyp					
Tageszeitungen	7	31	31	8	23
Wochen-/Sonntagszeitung	11	36	23	8	22
Zeitschriften/ Illustrierte/Magazine	16	37	23	5	19
Fachzeitschriften	11	26	26	16	21
öffentliches Radio	10	51	25	5	9
öffentliches TV	14	48	24	4	10
privates Radio/TV	12	35	40	8	5
Nachrichtenagentur	8	43	17	16	16
Hierarchische Position					
mit Führungsverantwortung	13	39	32	9	7
ohne Führungsverantwortung	8	37	25	7	23
Gesamt	10	37	27	8	18

Welche Schlussfolgerungen, ziehen denn die Redaktionen aus den Forschungsdaten? Die Maßnahmen sind mannigfaltig: *»Wir verschieben Sendungen im Programmablauf, wir ändern, kürzen oder verlängern sie, wir unterbrechen sie aufgrund von Zuschaueranalysen. Wir versuchen dabei, die Reaktionen des Publikums zu berücksichtigen«* (U). Häufig werden Forschungsergebnisse erst konsultiert, nachdem eine Änderung am Produkt vorgenommen wurde: *»Jedes Mal, wenn wir im Programm etwas verändert haben, schauen wir, ob das im Einklang mit den Umfrageergebnissen steht«* (Z). Als konkrete Umsetzungsstrategien nennen die mündlich befragten Redaktionsverantwortlichen gestalterische und thematische Annäherungen an Publikumspräferenzen sowie den Ausbau des Lokalen/Regionalen und des Serviceangebots.

Gestaltung: Am häufigsten äußern sich die redaktionellen Führungskräfte zu Änderungen beim Layout oder bei der Gestaltung der Sendung bzw. der Zeitung/Zeitschrift. In diesen Fällen ist primär die Rede von einer Anpassung des ›Erscheinungsbildes‹ des Printprodukts oder der Sendung an zielpublikagerechte Erwartungen. *»Wir haben aufgrund von Leserumfragen gemerkt, dass die Leute das alte Cover nicht mehr schätzen. Die Reizüberflutung hat sie genervt und den Eindruck von schrillem Boulevard geweckt. Wir haben reagiert und versucht, dem unterschwelligen Boulevard-Image entgegenzuwirken, ohne die Artikel selbst zu verändern«* (G1). Aus einem Copytest leitete beispielsweise X die Schlussfolgerung ab, dass einige Rubriken in der Tageszeitung abgeschafft werden müssten. Bei den elektronischen Medien wird mit der bewussten Platzierung von Programmelementen und Sendungen auf Ergebnisse der Publikumsforschung reagiert: *»Die Verschiebung der Sendungsschwerpunkte auf den Morgen und den Mittag resultiert aus der Interpretation solcher Hörerzahlen«* (P2). Auch P1 spricht von einem kontinuierlichen Prozess, bei dem sich die Ausgestaltung des Sendungskonzepts auf die Ergebnisse qualitativer und quantitativer Hörerforschung abstützt. Die Publikumsforschung dient zudem der Anpassung der Musikwahl an die Bedürfnisse der Hörerschaft *»Aus der Hörerforschung leiten wir konkrete Vorgaben für die Stückwahl der Musiktitel ab und lassen uns nicht mehr von den Plattenfirmen auf den Zehen herumtrampeln«* (M2).

Thematische Anpassung an Zielpublika: »*Mehr Essen, mehr Trinken, mehr Tiere und weniger Informationsjournalismus«* (C1), bringt ein Chefredakteur einer größeren Tageszeitung seine Schlussfolgerungen aus den Forschungsdaten auf den Punkt. Es wird vor allem auf Lebenswelt-Themen verwiesen, mit denen man stärker unterrepräsentierte Zielgruppen wie Frauen und Jugendliche erreichen will: *»Wir stellten ein Defizit bei den Frauen fest. Sie sollen nun mit dem Bund ›Trend/Lifestyle‹ stärker angesprochen werden«* (D1). Die Forschungsdaten sind Entscheidungshilfen, bei der Frage, ob ein neuer Bund eingeführt werden soll (A2). *»Um vermehrt junge Leute anzusprechen, haben wir den Zusatzbund Freizeit geschaffen«* (W). Die Interpretation von Forschungsergebnissen hat ferner Konsequenzen für den Fortbestand bzw. den Ausbau traditioneller Ressorts: *»Mit dem Kulturteil hörten wir nach einem Jahr wieder auf, obwohl er ein Markenzeichen von uns war«* (C2). Mehrere Redaktionsverantwortliche merken an, dass aufgrund von Forschungsergebnissen vermehrt Wirtschaftsthemen im Produkt berücksichtigt werden sollen. Andere kommen zum Schluss, dass *»den Lesern neben dem schweren Stoff aus Politik und Wirt-*

schaft zunehmend auch etwas Lockeres geboten werden« müsse (A1). Ein Vertreter des öffentlichen Fernsehens beobachtet, dass sich *»der Mix an Information in den letzten Jahren klar verändert«* und sich *»die Themenauswahl von der Relevanz hin zu Attraktivität verschoben«* habe (I1). Ein Chefredakteur eines privaten Fernsehsenders bewertet diese Anpassungsstrategie negativ: *»Das Publikum hat relativ einfache Bedürfnisse. Wenn ein entblößter Busen vorkommt, haben wir x-tausend Zuschauer mehr. Durch unser hartes Untersuchungssystem haben wir der Boulevardisierung Vorschub geleistet«* (O1).

Regionalisierung und Serviceorientierung: »Wir setzen in der Schweizer Politik vermehrt Akzente auf die regionalen Vertreter. Das Regionale wird in allen Ressorts wichtiger« (X). Viele Befragte bei Medien mit regionalem Verbreitungsgebiet leiten aus den Leser- und Publikumsforschungsdaten das Postulat nach mehr Regionalbezug ab. *»Die Leser sollen nicht lange in der Zeitung blättern müssen, bis sie eine zweispaltige Meldung über die Gemeinde finden«* (C2). Die Beiträge mit Regionalbezug sollen zudem stärkeren Servicecharakter haben. Als Beispiele werden ganze Wetterseiten (L1) und Veranstaltungskalender (L2) genannt. *»Neu geben wir dem Leser nun jeden Tag Tipps und Informationen über kulturelle und sportliche Anlässe in der Region«* (R).

Lediglich 8% der schriftlich befragten Journalisten geben an, dass die Redaktion, für die sie arbeiten, nie Schlussfolgerungen aus Forschungsdaten zieht. Das folgende Zitat zeigt, dass dieser Entscheid mit der grundsätzlichen Haltung gegenüber der Verwendbarkeit von Forschungsdaten und mit der redaktionellen Autonomie zusammenhängt: *»Wir schauen nicht, was der Leserschaft passt und was nicht. Wir machen einfach unsere Arbeit. Verändert wird auf Grund von Sachbearbeiterentscheiden. Wir bringen Sonderbeilagen, weil die Fachleute und Sachbearbeiter darüber schreiben wollen«* (B2). Eine weitere Schlussfolgerung ist, dass es am Produkt nichts zu ändern gibt, weil es den qualitativen und quantitativen Anforderungen zu genügen scheint: *»Es besteht bei uns keine Veranlassung, etwas zu ändern, weil wir brillante Publikumsergebnisse haben und nicht wüssten, was wir innerhalb unseres publzistischen Auftrages verändern könnten, um die Quote zu steigern«* (I1).

Die qualitative Befragung zeigt insgesamt, dass in fast allen Redaktionen redaktionelle Schlussfolgerungen aus den Forschungsergebnissen abgeleitet werden. Diese manifestieren sich in vielschichtigen Anpassungsstrategien an Publikumspräferenzen. Die von den befragten Führungskräften erwähnten Strategien entsprechen den Maßnahmen, die in den Studien von Neverla/Walch (1993: 364), Meier/Schanne/Trappel (1993), Neumann (1997: 165ff.) und Möllmann (1998: 373) beobachtet wurden. Es handelt sich vor allem um Strategien, welche die Vermarktbarkeit des Produktes verbessern sollen, indem das

Erscheinungsbild, die Dramaturgie, die Inhalte und der Gebrauchswert stärker den erwarteten (Ziel-)Publikumspräferenzen angepasst werden.

Es soll hier noch auf einen vielleicht nur scheinbaren – aber doch augenfälligen – Widerspruch aufmerksam gemacht werden: Aus der qualitativen Befragung geht hervor, dass sich die Ergebnisse der Publikums- und Leserschaftsforschung, die den redaktionellen Führungskräften zur Verfügung stehen, hauptsächlich auf Einschaltquoten bzw. Auflagen und soziodemographische Daten beziehen. Aus der Forschung abgeleitete inhaltlich-publizistische Erwartungen und Bedürfnisse seitens des Publikums sind nur in seltenen Fällen bekannt. Viele Befragte äußern eine grundsätzliche Skepsis bezüglich der Validität der Forschungsergebnisse. Trotzdem – und darin liegt der Widerspruch – werden in fast allen Redaktionen Schlussfolgerungen und entsprechende Maßnahmen aus den Forschungsergebnissen abgeleitet. Es ist also anzunehmen, dass die mündlich befragten Führungskräfte – möglicherweise aus Wettbewerbsgründen und Geheimhaltungspflichten – nicht ausführlich über die ihnen bekannten Publikumspräferenzen und -bedürfnisse Auskunft gegeben haben und in den Redaktionen mehr Wissen über die Rezipienten vorhanden ist, als in den Interviews tatsächlich angegeben wurde. Möglich ist aber auch, dass die erwähnten redaktionellen Schlussfolgerungen nicht – wie angegeben – aufgrund von Forschungsergebnissen erfolgten, sondern aufgrund verschiedenster Faktoren zustande kamen. Dabei spielten die Interpretationen der Forschungsdaten im Verhältnis zu anderen Faktoren wie etwa Konkurrenzbeobachtung oder sporadischen Formatanalysen eine eher sekundäre Rolle. Insgesamt entsteht der Eindruck, dass die redaktionellen Führungskräfte die wissenschaftliche Rezeptionsforschung eher selektiv und unsystematisch aufgreifen, um in ihrem redaktionellen Angebot Veränderungen vorzunehmen.

4.4.3 Zur Ambivalenz der Zielgruppenorientierung

Ein Indiz für die Zunahme der ökonomischen Einflüsse auf den Journalismus ist die verstärkte Zielgruppenorientierung. Ein kommerziell orientierter Journalismus lässt sich immer weniger auf die Gesamtgesellschaft verpflichten und ignoriert zunehmend den ihm normativ zugewiesenen öffentlichen Auftrag der Gemeinwohlorientierung. Kommerziell orientierter Journalismus rückt immer stärker an das zahlende Publikum heran, sein Qualitätsmaßstab wird in stärkerem Masse von spezifischen Publikumserwartungen beeinflusst. Als Folge der Zielgruppenorientierung konstituieren die Medien nur noch Teilöffentlichkeiten, die von den Interessen der Werbewirtschaft nachgefragt werden. Deshalb wird die Produktion von Medienangeboten zunehmend an den Interessen immer kleinerer Publikumsgruppen ausgerichtet. Diese Entwicklung führt zur – umstrittenen – These, dass eine verstärkte Zielgruppenorientierung schließlich zur Fragmentierung des Publikums führe, also zur Auflösung von Öffentlichkeit hin zu gesellschaftlicher Desintegration. Als problematisch wird diese Tendenz diskutiert, weil aus der Zielgruppenorientierung und der damit einhergehenden Segmentierung des Angebots auch Zielgruppen-Ghettos entstehen können. Übergreifende inhaltliche Zusammenhänge, die sich nicht explizit einzelnen Zielgruppen zuordnen lassen, geraten so aus dem Blick.

Die Strategie des redaktionellen Marketings fordert von den Medienunternehmen die genaue Definition eines bestimmten Zielpublikums und die konsequente Ausrichtung der publizistischen Produkte auf die definierten Publikumssegmente. Die Segmentierung des Publikums hat aufgrund von soziodemographischen, geographischen und sozioökonomischen Kriterien und/oder nach spezifischen Interessen, dem Mediennutzungsverhalten oder Lebensstilmerkmalen zu erfolgen (vgl. Rager 1994: 30). Eine Folge des Zielgruppenmarketings ist der Abschied vom Anspruch der Universalität hin zu einer ›Special Interest-Orientierung‹ (Rager 1994: 28). Neumann (1997: 224) prognostiziert eine fortschreitende Konzentration auf ausschließlich kaufkräftige Publika. Sie warnt zudem vor einer Instrumentalisierung durch den Publikums- und Anzeigenmarkt und meint, dass sich Zeitungen vom Massenmedium »zum zielgruppenorientierten Transporteur von Anzeigen mit einem der werbetreibenden Wirtschaft und den lesenden Kunden gleichermaßen genehmen Spartenprogramm« wandeln würden (Neumann 1997: 229).

Nur eine Minderheit der Schweizer Journalisten arbeitet bei Redaktionen, die sich an spezifische Sparten- oder Zielpublika richten. Wie Tabelle 50 zeigt, arbeiten nur 9% aller Befragten hauptsächlich für ein Medium, das sich eher an ein Spartenpublikum richtet.[41] 12% der Befragten sind für ein Medium tätig, das sich eher an ein Zielpublikum (z.B. an bestimmte Alters- oder Schichtgruppen) richtet. Demgegenüber geben 79% aller Journalisten an, bei einem Medium zu arbeiten, das ein allgemeines Publikum anspricht.

An Zielpublika und vor allem Spartenpublika richten sich in erster Linie die *Fachzeitschriften*. Bei den Printmedien sind es am ehesten die Journalisten von wöchentlich erscheinenden Zeitungen und Zeitschriften, die angeben, dass sich ihr Medium an vordefinierte Publika wendet. Bei den *Tageszeitungen* kann

---

[41] Die Frage im Fragebogen bezieht sich auf das Medium, das vom Befragten als hauptsächlicher Arbeitsort angegeben wurde. Sie lautet: »Richtet sich dieses Medium ... eher an ein Spartenpublikum/eher an ein bestimmtes Zielpublikum (z.B. Altersgruppen, Schicht etc.)/eher an ein allgemeines Publikum?«

kaum von einer Zielgruppen- oder Spartenorientierung gesprochen werden. Von den Journalisten, die für private elektronischen Medien wie auch für das öffentliche Radio arbeiten, gibt rund jeder Vierte die Ausrichtung auf ein spezielles Publikum an. Das öffentliche Fernsehen – ähnlich wie die Tageszeitungen – richtet sich fast ausschließlich an ein allgemeines Publikum.

Tab. 50: Typen von Zielpublikaorientierung nach Medientyp und Verbreitungsgebiet (in %)

	Spartenpublikum N=189	Zielpublikum N=231	Allgemeines Publikum N=1555
Medientyp			
Tageszeitungen	1	4	95
öffentliches TV	5	3	92
Nachrichtenagentur	13	7	80
privates Radio/TV	4	20	76
öffentliches Radio	10	15	75
Wochen-/Sonntagszeitung	17	16	67
Zeitschrift/Illustriere/Magazine	14	27	58
Fachzeitschriften	64	32	4
Verbreitungsgebiet			
lokal	1	7	92
regional	3	5	92
lokal bis überregional	6	9	85
nur überregional	18	19	63
Gesamt	9	12	79

Tabelle 50 zeigt auch, dass eine Zielgruppenorientierung mit der Ausweitung des Verbreitungsgebietes zunimmt. Das heißt, es sind vor allem die Medien mit überregionalem Publikum, die sich mit ihren Angeboten an Sparten- bzw. an Zielpublika richten.

Auch aus den Leitfadengesprächen geht deutlich hervor, dass sich die meisten Redaktionen nicht an vordefinierte Zielpublika richten. Wenn von Zielgruppenorientierung die Rede ist, so meinen die Befragten in erster Linie eine geographische Einschränkung der Publika und weniger die Ausrichtung auf bestimmte Publika, die sich nach spezifischen Interessen, Lebensstil- oder Verhaltensmerkmalen von anderen unterscheiden lassen.[42]

Es lassen sich drei Typen von Redaktionsvertretern feststellen, die eine Zielgruppenorientierung im Journalismus unterschiedlich beurteilen. Die Ausrichtung auf bestimmte Zielgruppen wird von einer ersten Gruppe als zukunftsträchtige Strategie gesehen. Ein weitere Gruppe macht vor allem die Kleinräumigkeit der Schweiz und die Fokussierung auf wirtschaftlich-geographische Räume dafür verantwortlich, dass das Konzept der Zielgruppenausrichtung für ihre Redaktion nicht anwendbar ist. Ein dritter Typ lehnt Zielgruppenorientierung aus publizistischen Überlegungen ab:

Zielgruppenorientierung als Chance: Nur eine kleine Gruppe der Befragten macht vorwiegend ökonomische, aber auch publizistische Argumente dafür geltend, dass Zielgruppenorientierung im Journalismus eine zukunftsweisende Strategie darstellt. Dieser Gruppe gehören vorwiegend die Vertreter der privaten elektronischen Medien sowie der wöchentlich erscheinenden Printmedien an. Zielgruppenorientierung wird als ein Rezept gegen die zunehmende Konkurrenz auf dem Medienmarkt verstanden. »*Aufgrund der Konkurrenzsituation senden wir vorab Infotainment und Boulevard, was außer uns niemand bietet*« (N2), meint ein Redakteur eines privaten Fernsehsenders. Ein Chefredakteur einer Tageszeitung will »*kein Publikum, das Boulevardbedürfnisse hat. Wir sind keine Zeitung für den breiten Durchschnitt*« (B1). Auch der Ressortleiter einer Wochenzeitung spricht von einer bestimmten Leserschaft, die angesprochen werden soll: »*Ich passe mich gerne an ein anspruchsvolles Publikum an und betrachte das als Herausforderung*« (F2). Neben der Differenzierungsstrategie dient nach Auffassung der Befragten eine Zielgruppenorientierung auch dazu, das richtige Publikumssegment anzusprechen, zu pflegen und zu binden (M2), Marketing gezielt anzusetzen, neue Rezipientengruppen zu gewinnen (M1) und den Forderungen des Werbemarktes besser zu entsprechen (A1). Als Hauptkriterium für die Zielgruppenorientierung wird am häufigsten der geographische Bezug – die Deckung des Berichterstattungsraumes mit dem Lebensraum der Rezipienten – erwähnt. »*Auf redaktioneller Ebene geht es*

---

[42] Hier muss allerdings berücksichtigt werden, dass sich die Frage auf die Zielgruppenorientierung des Mediums bezieht. Auch wenn sich ein Medium an ein allgemeines Publikum richtet, so schließt das die Zielgruppenorientierung einzelner Ressorts oder einzelner Angebote wie z.B. Lifestyle- oder Computerseiten etc. nicht aus.

darum, noch spezifischer regionalisierte Ausgaben zu machen. Die Leute interessiert, was in ihrer Gemeinde, ihrem Wohn- und Lebenszentrum passiert. Was 20 Kilometer weiter weg ist, interessiert schon nicht mehr« (C2), meint ein Ressortleiter einer überregionalen Tageszeitung. Vor allem die Vertreter der Printmedien betonen, dass mit demselben Produkt mehrere Zielgruppen gleichzeitig angesprochen werden können und beispielsweise Sonderseiten zum Thema Computer oder Auto gleichzeitig von der Werbewirtschaft nachgefragt werden (vgl. A1 und A2).

Behinderte Zielgruppenorientierung: »Als regionale Tageszeitung können wir uns nicht ausdehnen. Die mögliche Leserzahl steht fest. Eine Zielgruppenkonzentration können wir uns nicht leisten« (X). Die Kleinräumigkeit der Schweiz, die föderalistische Struktur und die restriktive Konzessionierungspolitik des Bundes werden als Hindernisse für eine Zielgruppenorientierung angesprochen. Regionale Tageszeitungen und regionale Radio- oder Fernsehsender können es sich nicht leisten, bestimmte Zielgruppen innerhalb des eingeschränkten Verbreitungsgebietes zu fokussieren. *»Unser Publikum sind die Leute im Erscheinungsgebiet. Wenn wir da ein Zielpublikum stärker berücksichtigen, verlieren wir die anderen«* (L1), meint ein Chefredakteur einer regionalen Tageszeitung. Es wird befürchtet, dass eine Beschränkung auf bestimmte Publikumssegmente langfristig den Verlust von Marktanteilen infolge eines zu eng gehaltenen Publikumssegments nach sich ziehen könnte. *»Wir arbeiten in einer kleinen Welt und sind deswegen gezwungen, eine Generalistenzeitung zu machen. Mit den verschiedenen Ressorts decken wir deshalb praktisch alle Zielpublika ab«* (R). Ein Vertreter eines privaten Radiosenders ist hingegen überzeugt, dass eine Zielgruppenorientierung in Sinne einer klaren Formatierung auch in der Schweiz ökonomisch erfolgreich sein könnte: *»Wenn man einen Radiosender für die ganze Schweiz machen könnte, dann wäre es kein Problem, einen Spartensender zu machen. Die momentane Medienpolitik verhindert dies aber«* (M1). Als weiteres Argument gegen eine Zielgruppenorientierung als Strategie wird wiederum die Skepsis gegenüber den tatsächlichen Leistungen der Publikums- und Leserschaftsforschung ins Feld geführt. Die Forschung müsste gleichsam kontrollieren, ob die anvisierten Zielpublika tatsächlich erreicht werden.

Universalität und Autonomie als Auftrag: Die große Gruppe derjenigen Befragten, welche Zielgruppenorientierung nicht als geeignetes Konzept für ihr Medium einschätzen, führt primär publizistische Überlegungen an. Einige der Befragten befürchten, dass eine starke Zielgruppenorientierung der journalistischen Autonomie zuwider laufe. *»Man müsste sich dann dreimal überlegen, ob man auch darüber berichten kann, was man persönlich als wichtig empfindet«*

(M1). Ein Vertreter einer Wochenzeitung sieht die Gefahr, dass ein Medienprodukt durch starke Zielgruppenausrichtung auf eine *»gewisse Eigenständigkeit verzichten muss, wenn man den Leuten immer das bringen muss, was sie wollen«* (D1). Der Ressortleiter einer Tageszeitung spricht in diesem Zusammenhang von einer *»Vergewaltigung des Journalismus«* und betont die notwendige Autonomie der Journalisten: *»Wenn ich den Redakteuren sagen muss, dass sie über diese und diese Themen schreiben müssen, weil sie sich gut verkaufen lassen, dann steht dies im Widerspruch zu unserem Leitbild. Unsere Leute verstehen wirklich etwas von Politik oder Wissenschaften und können selber entscheiden, ob etwas wichtig ist«* (B2). Als weiteres Argument gegen eine Zielgruppenorientierung wird auch das bei den Printmedien weit verbreitete Konzept der Forumszeitung aufgeführt: *»Eine Forumszeitung zu sein, das heißt nichts anderes, als alle Meinungen im Blatt zu haben, also für alle zu schreiben«* (G1). Einige Vertreter von Printmedien sehen in der Zielgruppenorientierung den Ausschluss oder die *»Ghettoisierung«* (D2/L1) gewisser Bevölkerungsgruppen. *»Die Aufgabe der Zeitung ist eine universelle, generelle. Ich versuche immer das Ganze zu modernisieren, mit dem Ganzen ans Publikum zu kommen. Sobald ich aber über das Ganze eine Sauce gieße, könnte es sein, dass sie von den einen nicht goutiert wird, sei es von den Älteren, den Jungen, den Frauen, jenen auf dem Lande, in der Stadt«* (K1). Ein weiterer Vertreter einer Tageszeitung vergleicht die Lokalzeitung mit einem Tausendfüßler, *»der alle tausend Füße braucht, um gehen zu können. So versucht unsere Zeitung komplett zu sein«* (Y). Einige Vertreter des öffentlichen Fernsehens verbinden mit dem Leistungsauftrag die Verpflichtung, als *»General-Interest-Medium«* (I1) eben nicht bestimmte Zielgruppen, sondern *»das ganze Spektrum«* (I2) anzusprechen. Gleichzeitig wird aber von H1 eingeräumt, aus der Konkurrenzsituation mit anderen ausländischen Fernsehsendern heraus sehr wohl ein Zielpublikum – nämlich die Schweizer – besonders zu fokussieren. Innerhalb dieses Segments wird aber nicht weiter differenziert. *»Wenn man den Anspruch hat, generationen- und bildungsübergreifend über alles zu berichten, kann man sich eine Zielgruppenorientierung eigentlich nicht leisten. Ich finde es wichtig, dass alle Leute über Zusammenhänge und Vorgänge im Staat, der ihr Leben betrifft, informiert sind. Deshalb kann man sich nicht nur auf eine Gruppe konzentrieren«* (P1).

Insgesamt geht aus den Aussagen der mündlich befragten Redaktionsverantwortlichen hervor, dass nicht von einem eindeutigen Trend in Richtung Zielgruppenjournalismus gesprochen werden kann. Unter Zielgruppenorientierung verstehen vor allem die Vertreter der Tageszeitungen und der privaten Radiosender eine Fokussierung auf das allgemeine Publikum im Verbreitungsgebiet. Bei den Vertretern der privaten Fernsehsender und bei den wöchentlich erscheinenden Printmedien kann eher von einer Zielgruppenorientierung im Sinne einer Fokussierung auf bestimmte Rezeptionsbedürfnisse (Infotainment), Bildungs- (Elite) oder Lifestylegruppen gesprochen werden. Obschon auch publizistische (Autonomieverlust) oder gesellschaftliche (Fragmentierung) Überlegungen gegen eine Zielgruppenorientierung vorgebracht werden, wird dieses Konzept vorwiegend wegen der Kleinräumigkeit des Publikums- und Werbemarkts in der Schweiz und wegen der gegebenen medienpolitischen Bedingungen als wenig sinnvoll erachtet.

4.4.4 Bedeutungszuwachs marktorientierter Rollenselbstbilder

Journalistische Rollenselbstbilder im Wandel

Aus den Leitfadengesprächen mit den redaktionellen Führungskräften geht hervor, dass eine Zielgruppenorientierung nicht mit allgemeiner Publikumsorientierung gleichzusetzen ist. So wird deutlich, dass ein Großteil derjenigen Redaktionsverantwortlichen, die sich gegen das Konzept der Zielgruppenorientierung aussprechen, grundsätzlich eine stärkere Publikumsorientierung als Ziel anerkennt. Dies macht folgendes Zitat eines Fernsehjournalisten der SRG deutlich, der sich nicht auf ein bestimmtes Zielpublikum fixieren lassen will, aber trotzdem eine Publikumsorientierung anstrebt: *»Wenn wir uns nicht permanent fragen würden, was die Leute wissen wollen, würden wir an den Leuten vorbeiproduzieren. Gerade als konzessionierter Sender, für den die Leute schließlich ihre Gebühren zahlen, ist das eine unserer wichtigen Aufgaben, den Leuten diejenigen Programme zur Verfügung stellen, die sie interessieren«* (I1). In der quantitativen Journalistenbefragung positioniert sich das Rollenbild des Dienstleisters, der die Bedürfnisse des Publikums mit seinen journalistischen Angeboten befriedigen will, im Mittelfeld aller abgefragten Rollenbildertypen (vgl. Kapitel 3.7); 64% aller Journalisten nehmen dieses Rollenbild für sich in Anspruch.

Ausgehend von der These, dass sich der Prozess der Kommerzialisierung des Mediensystems auf der Akteursebene in einer stärkeren (Publikums-) Marktorientierung niederschlägt, soll nun der Frage nachgegangen werden, inwiefern sich die mündlich befragten Redaktionsverantwortlichen mit den Rollenbildern des publikumsorientierten Dienstleisters oder des marktorientierten Vermarkters identifizieren. Diese Zielsetzung entspricht einer der Hauptprämissen des redaktionellen Marketings.

Verschiedene empirische Studien geben Anlass zur Vermutung, dass in Zukunft die Rolle des Journalisten als Dienstleister immer wichtiger wird, der stärker als bisher publizistische und wirtschaftliche Anforderungen zu koordinieren hat (vgl. Mast 1997: 14). Nach diesen Prognosen muss der Journalismus als Berufsstand jedoch den Wandel zum modernen Dienstleistungsberuf in wettbewerbsorientierten Unternehmen noch weitgehend bewältigen. Bereits anfangs der 1990er Jahre wurde in Kommunikatorstudien zum Rollenselbstverständnis deutscher Journalisten ein Bedeutungszuwachs der Service- und Unterhaltungsorientierung beobachtet, der auf den zunehmenden Wettbewerb – insbesondere im Rundfunksystem – zurückgeführt wird (vgl. Schneider/Schönbach/Stürzebecher 1993a: 24; Weischenberg/Löffelholz/Scholl 1993: 31). Weil wirtschaftliche Faktoren stärker auf den Journalismus einwirken, erwartet auch Saxer (1994: 10f), dass Journalisten künftig vermehrt zielgruppengerecht produzieren. Dass aber die Ausübung einer Dienstleistungsfunktion nicht einfach Unterhaltung und Entspannung bedeutet, haben Weischenberg/Altmeppen/Löffelholz (1994) in ihrer Studie zur Zukunft des Journalismus zum Ausdruck gebracht. Sie haben zwar eine wachsende Bedeutung der Unterhaltungsfunktion festgestellt, erwarten aber gleichzeitig, dass die orientierungsstiftende Funktionen des Journalismus wichtiger wird. Diesem Befund entspricht auch die Prognose von Bardoel (1996), der die Dienstleistungsfunktion des Journalismus mit der Verpflichtung in Zusammenhang bringt, künftig dem Publikum stärker Orientierungswissen zur Verfügung zu stellen.

Empirische Studien zeigen, dass die befragten Journalisten die publikums- und marktorientieren Rollenselbstbilder nicht als Ersatz, sondern als Ergänzung zu den bestehenden pluralistischen Zielvorstellungen und Rollenselbstbildern betrachten. Einerseits wird an den traditionellen Rollenselbstbildern wie beispielsweise Vermittler, Analytiker oder Kritiker festgehalten, andererseits wird ein Funktionswandel konstatiert: So gewinnen, aufgrund von ökonomischen Einflüssen, die Unterhaltungsfunktion und die Orientierung an den Bedürfnissen der Rezipienten an Bedeutung. Auch die vorliegende Studie zeigt, dass im Schweizer Journalismus vor allem bei privaten Radio- und Fernsehstationen, bei Zeitschriften und Illustrierten, beim Sportressort und bei mitarbeiterschwachen Redaktionen eine verstärkte Ausrichtung am Markt salonfähig ist (vgl. Kapitel 3.8.2).

Dienstleistung als zweischneidiges Schwert

Aus den Leitfadengesprächen geht hervor, dass die meisten redaktionellen Führungskräfte eine *ambivalente Haltung* gegenüber dem Rollenbild des Dienstleisters einnehmen. Die Ambivalenz kann die eher zurückhaltende Einstufung des Rollenselbstbilds des Dienstleisters (64%) in der quantitativen Befragung erklären und kommt vor allem in der Befürchtung zum Ausdruck, dass ein Journalist im Sinne des Dienstleisters seine Unabhängigkeit zu stark aufgeben muss (K1) und »*den Leuten nach dem Maul schreibt*« (L2).

Auf der einen Seite betonen die redaktionellen Führungskräfte die Notwendigkeit, dass »*die Journalisten die Bedürfnisse des Publikums kennenlernen und auf sie eingehen*« (C2). »*Jeder Bäcker muss wissen, ob seine Kunden lieber schwarzes oder weißes Brot haben*« (A2), bringt dies ein Chefredakteur auf den Punkt. Einig sind sich die Befragten in der Beobachtung, dass im Journalismus die Bedeutung der Publikumsorientierung im Laufe der Zeit zugenommen hat: »*Heute überlegen auch wir uns präziser, was das Publikum will. Hier hat ein Sinneswandel stattgefunden. Früher hat man geschrieben, um den Leuten eine Botschaft zu überbringen, heute hat auch auf Redaktionsseite das Denken Einzug gehalten, dass wir für die Leser eine Produkt machen, das diese interessiert, das sie gerne haben und das sich verkaufen muss*« (D1). Als Dienstleistung am Rezipienten wird dann die Befriedigung der Bedürfnisse nach Information, Einordnung und Kritik (A1) oder Orientierungswissen (L2) verstanden. Dem Rollenbild des Dienstleisters werden aber auch konkrete Servicefunktionen zugeschrieben. Dies beginnt beim Wetterbericht (P1, M1, S), Kino- oder Fernsehprogramm (E1, K2, S) und schließt auch mit ein, dass »*der Journalist Geschichten schreibt, die dem Leser nützen, ihn besser informieren über die Dinge in seinem Leben*« (E1). Der unmittelbare Gebrauchsnutzen von Informationen wird als wichtiges Ziel der journalistischen Dienstleistung erachtet: »*Der Zuschauer vor dem Bildschirm soll direkt einen Nutzen aus der Sendung ziehen können, indem er beispielsweise mit Entscheidungshilfen unterstützt wird*« (N1).

Auf der anderen Seite äußern sich fast alle Redaktionsverantwortlichen auch zu Gefahren und Risiken der publikumsorientierten Dienstleister-Rolle. »*Der Journalist verkauft sich so dem Publikum. Er überlegt nicht mehr selber, was wichtig ist und ordnet sein Fachwissen den Wünschen des Publikums unter*« (B2), meint beispielsweise ein Ressortleiter einer überregionalen Tageszeitung. Es wird davor gewarnt, dass ein publikumsorientierter Journalist in der Rolle des Dienstleisters »*zur Windfahne wird und je nach Bedürfnissen seine Linie wechselt*« (F2), »*sein eigenständiges Profil aufgibt und einfach nur angeblichen Publikumsgelüsten nachrennt*« (L2). Zudem würden so »*gewisse Themen unter den Tisch fallen, die auch interessant sein könnten*« (D1). Ein Chefredakteur betont denn auch, dass Journalismus auch stören müsse: »*Wenn eine Regionalzeitung leben will, muss sie stören*« (Y).

Als Argument gegen eine publikumsorientierte Dienstleisterrolle wird einmal mehr die Vermutung ins Feld geführt, dass »*man nicht auf Bedürfnisse eingehen kann, die man nicht kennt, selbst wenn man lange forscht*« (L1), weil insbesondere *»das Publikum selber nicht weiß, was es möchte und was es braucht«* (F1). So meint ein Vertreter des öffentlichen Fernsehens, dass *»das Publikum oft nach dem verlangt, was ihm erst angeboten wird«* (U), dass also durch das publizistische Angebot erst Bedürfnisse geschaffen werden.

Aus den Leitfadengesprächen geht hervor, dass das Konzept des publikumsorientierten Dienstleisters bei den befragten Redaktionsverantwortlichen auf grundsätzliche Zustimmung stößt. Die journalistische Dienstleistung wird verstanden als Serviceleistung im Sinne von Vermittlung von Informationen mit unmittelbarem Gebrauchsnutzen oder auch als Orientierungsstiftung im Sinne der Vermittlung von Orientierungswissen in einem immer größer werdenden Informationsdschungel. Gleichzeitig wird aber auch das Risiko der Instrumentalisierung eines unabhängigen Journalismus durch die Beachtung der Publikumsbedürfnisse erwähnt: *»Der Journalist muss immer auch gegenüber dem Publikum kritisch und unabhängig bleiben«* (T). Interessant ist schließlich die Position des Chefredakteurs einer Regionalzeitung, wonach *»die Zeitung als Ganzes ein Dienstleistungszentrum ist, der einzelne Journalist aber kein Dienstleister«* (S).

Deutliche Ablehnung der Vermarkterrolle

Kritiker des redaktionellen Marketings befürchten, dass die Anzeigenabteilung zu stark in die redaktionelle Autonomie eingreifen könnte. Davor hatte bereits 1988 der amerikanische Journalist Underwood gewarnt »It's a pernicious trend. (...) Marketing always came first. You felt like you were a copywriter for the marketing department, cranking out stories so they could sell ads for the sections« (Persinos zit. nach Underwood 1988: 29). Nach Möllmann (1998: 57) zielt das Redaktionsmarketing theoretisch allein auf die Bedürfnisse und Wünsche der Leserschaft und nicht speziell auf die Anzeigenkunden. Nach seiner Auffassung ist »die Ausrichtung auf den Lesermarkt nicht gleichbedeutend mit Qualitätsverlust oder der Aufgabe journalistischen Anspruchs bzw. gesellschaftlicher Verantwortung« (Möllmann 1998: 181). Trotzdem wird der marketingorientierte Journalismus von Kritikern gerne als ›Werbeumfeld-Journalismus‹ bezeichnet, der nur Aufmerksamkeit schaffe, um Anzeigenraum verkaufen zu können (ebenda 1998: 57). Die Auswertung der schriftlichen Befragung zeigt deutlich, dass sich die große Mehrheit der Journalisten von den marktorientierten Rollenselbstbildern distanziert. Diese Rollenbilder rangieren zuunterst auf der Skala. Nur gerade 21% aller Journalisten identifizieren sich mit dem Rollenselbstbild des Vermarkters, der ein nachgefragtes Produkt möglichst effizient und gewinnbringend absetzen will, nur 13% nehmen für sich das Rollenselbstbild des Zielgruppenverkäufers in Anspruch, der ein günstiges Werbeumfeld für die Werbewirtschaft schaffen will (vgl. Kapitel 3.7.3).

Diesem Befund entsprechen mehrheitlich auch die Positionen der in den Leitfadengesprächen damit konfrontierten Führungskräfte. *»Wenn der Journalist nicht fähig ist, seine Message und sein Produkt so gut wie möglich zu verkaufen, dann hat er etwas falsch gemacht. Das gehört einfach zum Beruf«* (C1). Diesem Statement eines Chefredakteurs einer regionalen Tageszeitung stimmt nur eine Minderheit zu, die vom Journalisten auch eine stärkere Werbemarktorientierung fordert, *»weil nicht einfach vernachlässigt werden kann, dass die Werbewirtschaft zu 70% zu unserem Ertrag beiträgt«* (C2). Der Journalist müsse wissen, *»dass das Geld zu drei Vierteln von den Inseraten kommt«* (Q1).

Einige Befragte machen darauf aufmerksam, dass der Vermarktungsaspekt für einige Teilbereiche der journalistischen Arbeit durchaus wichtig sein könne. Dies gelte beispielsweise für gekennzeichnete Publireportagen (O2) oder die zielgruppenspezifischen Sonderbeilagen wie Auto- oder Service-Seiten (A1). Die Vermarkterrolle wird des Weiteren mit Gratisanzeigern oder mit dem Privatfernsehen in Verbindung gebracht. Erwähnt wird zudem, dass die Relevanz der Vermarkterrolle mit der hierarchischen Position im Medienunternehmen zusammenhänge: *»Sobald sie in der Geschäftsleitung nach oben gehen, wird der Vermarkter immer wichtiger«* (L2).

Die Mehrheit der redaktionellen Führungskräfte distanziert sich aber klar vom publizistischen Rollenselbstbild des Vermarkters. *»Der Journalist sollte bei seinem täglichen Geschäft nicht seine Zeit damit verschwenden, zu überlegen, wie sich der Artikel, den er gerade schreibt, am Markt gut verkauft. Entscheidend sind hier nur publizistische Vorgaben«* (F1), meint der Chefredakteur einer Wochenzeitung. Im Einklang dazu hält auch der Chefredakteur einer privaten Fernsehstation fest: *»Ich will nicht, dass der Videojournalist rausgeht und sich überlegen muss, wie die Geschichte zu machen sei, damit vielleicht ein guter Werbekunde bei uns inseriert«* (N1).

Die ablehnende Haltung wird damit begründet, dass publizistische mit ökonomischen Interessen vermischt würden, was sich wiederum negativ auf die Glaubwürdigkeit und Legitimation des Journalismus auswirke. *»Das Risiko ist natürlich die absolute Vermischung von Public Relations, Inserenten, ökonomischen Überlegungen und Journalismus«* (A1). Aus diesen Gründen sei es wichtig, dass *»die Redaktion ihre Eigenständigkeit wahrt und unabhängig von Werberinteressen agiert«* (O2). Die Rolle des Vermarkters wird der Geschäftsleitung oder dem Verlag zugewiesen: *»Das ›gerechte Herüberbringen‹ ist Aufgabe des Verlags. Der Journalist muss in erster Linie selektieren und informieren«* (G2), meint ein Ressortleiter einer Zeitschrift und teilt die Meinung eines Kollegen bei einem privaten Fernsehsender, für den die Redaktion

»das Gegengewicht – die Antithese zur kommerziellen Abteilung im Medienunternehmen« sein muss, um auf dem Publikumsmarkt Erfolg zu haben (O1). Es wird sogar argumentiert, dass ein *»sich als Vermarkter gebärdender Journalist ein schlechtes Werbeumfeld schafft«* (A2). Ganz grundsätzlich argumentiert schließlich der Sendungsleiter eines Nachrichtenmagazins beim öffentlichen Fernsehen: *»Es ist ein Privileg des Service-Public-Mediums, dass Vermarktung für uns kein zentraler Aspekt unseres Schaffens sein kann. Wenn nämlich Information nur noch ein gewöhnliches Gut ist, dann haben wir ein politisches Problem. Für eine demokratische Gesellschaft ist es zentral, dass Informationen korrekt, richtig und nach Relevanz gewichtet vermittelt werden. Der Vermarktungsaspekt darf da keinen zentralen Stellenwert haben«* (I1).

Insgesamt kann also festgehalten werden, dass auch bei den redaktionellen Führungskräften das Rollenselbstbild des Vermarkters auf erheblichen Widerstand stößt. Sie befürchten insbesondere, dass der Journalismus durch ausschließlich ökonomische Interessen instrumentalisiert werde. Abgelehnt wird das Ziel der Vermarktung eindeutig im Hinblick auf die Werbewirtschaft. Auf moderate Akzeptanz stößt das Ziel, wenn es darum geht, das Produkt ausschließlich auf dem Publikumsmarkt zu verkaufen: *»Der Journalist sollte natürlich ein gutes Produkt machen, das sich beim Publikum gut verkaufen lässt«* (M1), so der Sendeleiter eines privaten Radios, und sein Kollege bei einem privaten Fernsehsender meint: *»Es ist wichtig, einen Bericht beim Publikum zu verkaufen. Das hat aber nichts mit dem Schaffen eines möglichst günstigen Werbeumfelds zu tun«* (N2).

Unbestrittene Relevanz ›klassischer‹ Rollenselbstbilder

Im Gegensatz zu den (publikums-)marktorientierten Rollenselbstbildern stoßen die als traditionell oder ›klassisch‹ geltenden Rollenselbstbilder des Vermittlers, Aufklärers und Kritikers kaum auf Widerstand. Diese tatsachen- oder gesellschaftsorientierten Rollenselbstbilder (vgl. Kapitel 3.7.4) genießen bei den Journalisten nach wie vor eine hohe Akzeptanz. Die Befunde der vorliegenden Studie widersprechen also der Behauptung von Mast (1997: 13), wonach »die Wirklichkeit des Medienwettbewerbs (...) idealisierte Berufsbilder und Erinnerungen an die Vergangenheit längst überholt« hat.

Das wird auch in den Leitfadengesprächen mit den redaktionellen Führungskräften bestätigt. Die Mehrheit der Redaktionsverantwortlichen stuft die Rolle des neutralen Berichterstatters als sehr wichtig ein. *»In erster Linie ist der Journalist als Vermittler tätig, wie das Medium selber auch. Er ist ein neutraler Berichterstatter und versucht, die Resultate so abzubilden, wie sie sind«* (L1), definiert beispielsweise der Chefredakteur einer Regionalzeitung die Rolle des

Journalisten. Von Redaktionsverantwortlichen der West- und Südschweiz wird oft das Rollenbild des unabhängigen Übersetzers (R, T, Z), Zeugen (R, Y) oder objektiven Beobachters (X) propagiert. Selbst ein Vertreter des Medientyps Sonntags-/Wochenzeitung, der als Referenzkategorie für einen stärker gestaltenden Journalismus ins Sample aufgenommen wurde (vgl. Kapitel 3.7.5), versteht als ein Hauptziel, die Realität so abzubilden wie sie ist (D1).

Auch die klassische Aufklärerrolle wird nach wie vor vom Großteil der Befragten für den Journalismus in Anspruch genommen. Diese Funktion scheint entgegen anderslautenden wissenschaftlichen Prognosen (vgl. Schneider/Schön-bach/Stürzebecher 1993a; Mast 1997) nicht durch marktorientierte Ziele verdrängt zu werden. *»Der Journalist muss nicht nur auf gesellschaftliche Missstände aufmerksam machen, sondern auch Zusammenhänge aufzeigen und analysieren«* (K2), ist ein Ressortleiter einer Tageszeitung nach wie vor überzeugt. Auch bei diesen Aussagen handelt es sich selbstverständlich um subjektiv wiedergegebene Idealvorstellungen, von denen keine Handlungsrelevanz abgeleitet werden kann. Die Mehrheit der Befragten geht davon aus, dass die Rolle des Kritikers nach wie vor einem Bedürfnis entspreche (A1). Dieser trage zur Meinungsbildung bei, decke Missstände auf (B1), versuche Fehlentwicklungen öffentlich zu machen (L1), klingt es vor allem aus dem Lager der Printmedienvertreter. Es lassen sich aber auch andere Stimmen finden: *»Es entspricht einem veralteten journalistischen Verständnis, dass der Journalist auch ein Aufklärer oder ein Missionar sein soll. Damit wird man heute auf dem Markt keinen Erfolg haben. Die Oberlehrer im Journalismus haben ausgedient«* (O1), meint beispielsweise der Chefredakteur eines privaten Fernsehsenders.

Auch wenn die Rolle des Dienstleisters nicht unbestritten bleibt, so deuten doch die Aussagen der Redaktionsverantwortlichen darauf hin, dass Publikumsorientierung eine zunehmend wichtige Zielsetzung im Journalismus ist. Es wird aber auch deutlich, dass nach Auffassung der Befragten traditionelle Rollenselbstbilder dadurch nicht verdrängt werden. Publikumsorientierung wird mehrheitlich als weitere und wichtiger werdende Zielsetzung in den pluralistischen Zielkatalog der journalistischen Rollenselbstbilder aufgenommen. In diesem Sinne kann also nicht von einem entscheidenden Rollenwechsel gesprochen werden. Im Gegenteil: einige Redaktionsverantwortliche sind sogar der Ansicht, dass die Journalisten der Dienstleistungsrolle dadurch am ehesten gerecht werden, wenn sie den Bedürfnissen nach Information, Erklärung und Orientierung – also den Zielen der klassischen Rollenbilder – konsequent nachkommen.

4.4.5 Zusammenfassung und Ausblick

Auf einer deskriptiven Ebene kann zusammenfassend festgehalten werden, dass in den Schweizer Redaktionen eine Publikumsorientierung aufgrund der Publikums- bzw. Leserschaftsforschung nur schwach ausgeprägt ist. Strategisches Redaktionsmarketing zu implementieren, ist in den Schweizer Redaktionen kaum möglich, weil Forschungsdaten nur unzureichend präsent sind. Insgesamt haben nur 52% aller schriftlich befragten Journalisten Zugang zu den Mediennutzungsdaten, die von der Publikums- und Leserschaftsforschung erhoben werden. Sowohl aus der schriftlichen Befragung wie auch aus den Leitfadengesprächen geht hervor, dass in den Redaktionen beim öffentlichen Rundfunk am ehesten differenzierte Daten vorhanden bzw. zugänglich sind. Der Zugang ist bei Medien mit überregionalem Verbreitungsgebiet größer als bei Lokalmedien. Ebenso haben Journalisten in Führungspositionen und Festangestellte eher Zugang als ihre Kollegen ohne Führungsverantwortung bzw. Freie.

Die Qualität bzw. die Nutzung und der Stellenwert der Forschungsdaten ist je nach Medientyp sehr unterschiedlich. So beschränken sich bei den Vertretern der Tageszeitungen die Kenntnisse vorwiegend auf Daten zur soziodemographischen Struktur ihrer Leserschaft. Bei den Vertretern der elektronischen Medien und einiger wöchentlich erscheinenden Printmedien haben vorwiegend Informationen über Einschaltquoten und Verkaufszahlen bzw. Marktanteile eine wesentliche Bedeutung. Die Redaktionsvertreter des öffentlichen Radios und Fernsehens sind darüber hinaus in der Lage, auch Daten zur Zufriedenheit bzw. zu Interessen und Bedürfnissen des Publikums heranzuziehen.

Ein wesentlicher Grund dafür, dass nur Daten zur soziodemographischen Struktur und Verkaufszahlen bzw. Einschaltquoten herangezogen werden, liegt nach Ansicht der Befragten in der mangelnden Qualität und Validität der Forschungsergebnisse. Die Befragten begegnen der Publikums- bzw. Leserschaftsforschung eher skeptisch. Die meisten Journalisten, die Zugang zu den Daten haben, sehen zwar den primären Nutzen der Forschung darin, dass sie wichtige Informationen über ihr Publikum liefert. Die wenigsten Journalisten verstehen diese Daten aber als wichtigen Gradmesser für journalistische Qualität.

Nichtsdestotrotz beobachten vor allem die Vertreter des öffentlichen und des kommerziellen Fernsehens sowie der wöchentlich erscheinenden Zeitungen, dass die Präsenz und die Bedeutung von Forschungsdaten zunimmt. Dies wird mit der verstärkten Konkurrenz auf dem Anbieter- und Werbemarkt begründet. Angesichts der stagnierenden Marktanteile, mit welchen die Tageszeitungen konfrontiert werden, ist es erstaunlich, mit welcher Gelassenheit die Vertreter dieses Medientyps auf die Möglichkeiten des Umgangs mit entsprechenden Forschungsdaten reagieren.

Die Mehrheit der in den qualitativen Leitfadengesprächen befragten Journalisten ist der Ansicht, dass die Publikums- und Leserschaftsforschung primär ökonomischen Zielen dient. Die Daten sind nach Auffassung der meisten Redaktionsverantwortlichen in erster Linie für die Werbewirtschaft von Interesse. Für die Redaktionsverantwortlichen beim öffentlichen Rundfunk steht hingegen der publizistische Zweck der Forschungsdaten im Vordergrund. Sie dienen dort zur Legitimation der besonderen Stellung des öffentlichen Rundfunks. Für die Vertreter der Tageszeitungen lassen sich die publizistischen und ökonomischen Zwecke der Publikums- bzw. Leserschaftsforschung nicht trennen.

Als konkrete Umsetzungsstrategien nennen die Redaktionsverantwortlichen vorwiegend die Optimierung der Gestaltung und die gezielte Ansprache des Pubikums sowie den Ausbau der Lokalberichterstattung und des Serviceangebots. Marketingdaten werden primär konsultiert, um den eingeschlagenen Kurs zu bestätigen. Als negative Punkte werden die Angst vor Manipulation, der Verlust der Eigenständigkeit oder fehlendes Vertrauen in die Kompetenz der Forschung angesprochen. Nur eine kleine Gruppe der Redaktionsverantwortlichen ist der Ansicht, dass sich im universellen Journalismus aufgrund der Marketingdaten eine stärkere Zielgruppenorientierung durchsetzen wird. Gegen eine vermehrte Ausrichtung auf Zielpublika spricht nach Ansicht der Befragten primär die Kleinräumigkeit des Schweizer Markts. Betont wird auch das journalistische Selbstverständnis, Angebote für ein möglichst breites Publikum bereitzustellen.

Schließlich zeigen sowohl die quantitative wie auch die qualitative Befragung, dass klassische journalistische Rollenselbstbilder wie Kritiker, Vermittler, Analytiker etc. nicht von stärker marktorientierten Rollenselbstbildern verdrängt werden. Das publikumsorientierte Rollenselbstbild des Dienstleisters wird zwar nach Auffassung der Redaktionsverantwortlichen immer wichtiger, es ergänzt aber ein pluralistisches und vielfältiges Rollenselbstbild. Das Rollenbild des Vermarkters aber stößt aufgrund seiner rein ökonomischen Ausrichtung auf erheblichen Widerstand.

Forschungsleitend wurde in dieser Untersuchung davon ausgegangen, dass die verstärkte Bedeutung des redaktionellen Marketings als Indiz für zunehmende Einflüsse auf den Journalismus gesehen werden kann (vgl. Kapitel 4.1.3). Die Befunde zeigen aber, dass strategische Marketingkonzepte in den Redaktionen nicht vorhanden sind. Journalisten verstehen zwar das Publikum als relevante Bezugsgröße, leiten aber Interessen und Erwartungen mehrheitlich intuitiv aus eigenen Vorstellungen ab und nicht systematisch aus Publikumsforschungsanalysen. Journalisten begegnen der Publikums- und Leserschaftsforschung mit Skepsis. Aus Angst vor Rollenkonflikten und Autonomieverlusten sowie aufgrund der – in ihrer Wahrnehmung – mangelnden Relevanz oder Validität der Forschungsdaten wollen sie nichts damit zu tun haben. Wenn aber die Interpretation von Marketingdaten allein Sache des Verlags/der Geschäftsleitung ist, verschenken die Redaktionen eine mögliche Beteiligung und Einflussnahme bei der Konzipierung von Marketingstrategien an außerredaktionelle Instanzen Dort werden Publika primär als Ware verstanden. Entsprechende Daten dienen dann als Kennziffern über Einschaltquoten, Verkaufszahlen und Marktanteile für die werbetreibende Wirtschaft. Das Bild vom »missachteten Leser« (vgl. Glotz/Langenbucher 1963) wird somit aufrechterhalten, weil – auch in den Augen vieler Redaktionsverantwortlicher – nicht die Interessen des Publikums, sondern diejenigen der Werbewirtschaft im Vordergrund stehen. Dass die Publikums- und Leserschaftsforschung an Bedeutung gewinnt, wird gleichzeitig beobachtet. Davor können Redaktionsverantwortliche ihre Augen nicht verschließen. Im Gegenteil: Um einem rein kommerziell orientierten Marketing entgegenzuwirken, sind die Redaktionen dazu aufgefordert, die Implementierung von Marketingansätzen mitzugestalten. Dies bedingt aber, dass die Redaktionen ihre Einstellung zum Redaktionsmarketing ändern. Marketingschulung als integrierter Bestandteil der Journalistenausbildung könnte ein Anfang sein.

4.5 Redaktionsmanagement

4.5.1 Wettbewerbsstrategien

Kostenführerschaft und/oder Konkurrenzabgrenzung

»Journalisten, die aufklären wollen, sollten auch rechnen können« (Ruß-Mohl 1994a: 25). Mit dieser These wollte Ruß-Mohl auszudrücken, dass sich Journalisten bei ihrer Arbeit immer weniger dem ökonomischen Kalkül verweigern können. Zu lange – so der deutsche Medienforscher – habe der Journalismus elementare ökonomische Überlegungen ignoriert. Entsprechend würde es Ruß-Mohl als Fortschritt bewerten, »wenn Journalisten sich heute nicht nur darum zu kümmern hätten, dass die Nachrichten stimmen, sondern auch darum, dass die Kasse stimmt« (Ruß-Mohl 1994a: 25). Entsprechend beobachtet Meckel (1999: 129), dass es im Journalismus zum guten Ton gehöre, »Geld als quantité négligable [sic!] weit hinter die gesellschaftlichen Anforderungen an den Journalismus (Information, Bildung, Unterhaltung etc.) zurücktreten zu lassen.« Sie stellt fest, dass noch immer viele Redaktionsleiter und Chefredakteure meinen, es gehe ihre Mitarbeiter nichts an, wie es um die finanzielle Lage des Unternehmens bestellt sei. Für Meckel ist aber auch klar, dass sich diese »Scheuklappen-Mentalität« gegenüber ökonomischen Dimensionen im Kontext kommerzialisierter Medienmärkte als problematisch erweist. Entsprechend wird hier davon ausgegangen, dass sich die Prozesse der Kommerzialisierung und Technisierung des Mediensystems auf der Ebene der einzelnen Medienorganisationen und Redaktionen in einer zunehmenden Bedeutung der Rationalisierung bzw. des Kostenmanagements niederschlagen. Die Kostenführerschaft ist eine Strategie, mit der Medienunternehmen auf die neue Wettbewerbssituation reagieren können. Sie kommt dann zum Ausdruck, wenn ein Unternehmen im Vergleich zu seinen Konkurrenten möglichst niedrige Produktions- und Distributionskosten anstrebt. Die niedrigsten Kosten unter allen Wettbewerbern werden als Schlüssel für den Erfolg des Unternehmens gesehen.

Nach den Beobachtungen von Heinrich (1996: 165) wird die Kostenführerschaft für Medienunternehmen zur dominierenden *Wettbewerbsstrategie*. Zunehmende Anstrengungen der Medienunternehmen, die sogenannte produktive Effizienz zu steigern, also durch Prozessinnovationen eine effizientere (=billigere) Produktionsweise zu erreichen, steht für den Wettbewerb mit dem Parameter Kosten, und wird als Kostenwettbewerb bezeichnet (Heinrich 1996: 166). In seiner Wettbewerbsanalyse stellt Heinrich fest, dass sich Medienunternehmen vor allem einen Kostenwettbewerb liefern, der zu Lasten der publizistischen Qualität geht. Die Strategie der Kostenführerschaft bringt natürlich auch für die redaktionelle Arbeit Veränderungen mit sich. Sie setzt voraus, dass Ressourcen und Prozesse effizient gehandhabt werden. Dies erfordert zunächst entsprechende Investitionen – im Fall der Redaktionen z.B. ein modernes Redaktionssystem. Als Folge der Strategie der Kostenführerschaft erwartet Moss (1998: 88), dass nicht nur produktivitätssteigernde Verfahren angewandt, sondern auch vermehrt standardisierte Produkte angeboten werden. Eine Redaktion würde demnach vor allem auf Agenturjournalismus zurückgreifen, statt aufwändig selbst zu produzieren. Zudem ist zu erwarten, dass Redaktionen verstärkt freien Mitarbeitern Aufträge erteilen und ›marginale‹ Kunden bzw. Kundeninteressen nicht berücksichtigen.

Die Strategie der Kostenführerschaft ist nur eine mögliche Reaktion auf veränderte Wettbewerbsbedingungen. Eine weitere ist die Konkurrenzabgrenzung. Dabei versuchen Medienunternehmen, sich mit ihren Produkten positiv vom Leistungsangebot der Konkurrenten abzuheben oder zu unterscheiden. Sie zielen darauf ab, sich im Markt möglichst differenziert zu positionieren. Die redaktionelle Arbeit ist von der Differenzierungsstrategie direkt betroffen. Diese äußert sich etwa in Strategien wie Regionalisierung, Zielgruppenorientierung oder in der Einführung attraktiver Gestaltungsmittel. Selbstverständlich kann bei der Anwendung der Differenzierungsstrategie das Kostenmanagement nicht völlig vernachlässigt werden. Es ist aber nicht das vorrangige strategische Ziel, kostengünstig zu produzieren. In der Regel wird im Fall eines Zielkonflikts zwischen der Kostenorientierung und dem Anspruch auf Exklusivität zum Nachteil der Kostenorientierung entschieden. Im Unterschied zu Heinrich (1996), der primär eine Dominanz des Kostenwettbewerbs beobachtet, ist Mekkel (1999: 47) überzeugt von der zunehmenden Bedeutung der Konkurrenzabgrenzung bei Medienunternehmen: »In einem ausdifferenzierten und konkurrenzorientierten Medienmarkt wird das Kriterium der Exklusivität immer wichtiger. Medienprodukte müssen von ihren Konkurrenzangeboten unterscheidbar sein.«

Die Etatplanung und Etatkontrolle, die Effizienzsteigerung und die Kostensenkung sind Teil des Kostenmanagements und gehören mehr und mehr in den Verantwortungsbereich des redaktionellen Managements. Auch die Entwicklung einer Differenzierungsstrategie ist für den redaktionellen Bereich Aufgabe der Redaktionsleitung bzw. der Chefredaktion. Die Anwendung beider Strategien kann als Indikator für die Kommerzialisierung des Mediensystems interpretiert werden. Während sich die Strategie der Kostenführerschaft primär an ökonomischen Dimensionen orientiert, spielen bei der Strategie der Konkurrenzabgrenzung auch journalistische Qualitätsdimensionen eine Rolle, obschon auch diese letztlich ökonomische Ziele verfolgt: Markterfolg und Akzeptanz werden zum obersten Maßstab. Es stellt sich hier die Frage, inwiefern bei den in der Teilstudie 2 befragten Redaktionsverantwortlichen diese Strategien als solche erkannt, angewandt und beurteilt werden. Dabei interessiert auch das Verhältnis der beiden Strategien zueinander, d.h. ob eine der beiden in der Einschätzung der redaktionellen Führungskräfte dominiert.

Erwartete Wettbewerbsvorteile durch Differenzierung

»Wir versuchen mit dem Minimum an Kosten das Maximum an Leistung zu erbringen« (Z). Wie dieser Sendeleiter eines privaten Radios sind die meisten Redaktionsverantwortlichen der Ansicht, dass auf ihrer Redaktion die Kosten- und Differenzierungsstrategie gleichzeitig angewandt werden. Die theoretisch erfolgte Differenzierung in die beiden Idealtypen entspricht nicht der Wahrnehmung der befragten redaktionellen Führungskräfte. Obschon das Thema Kostenorientierung immer präsent ist, werden Kosten nicht als zentraler Wettbewerbsfaktor verstanden. So wird in den meisten Redaktionen eine Mischform

der beiden Strategien verfolgt: »*Unsere Strategie ist zu 70% eine Differenzierungs- und zu 30% eine Kostenstrategie*« (I2), schätzt beispielsweise ein Führungsverantwortlicher beim öffentlichen Fernsehen. Es ist von einer »*Doppelstrategie*« (D2) oder von einem »*Mix*« (O2) die Rede. So beschreitet auch der Redaktionsleiter eines privaten Fernsehsenders beide Wege gleichzeitig: »*Bei einem kommerziellen Sender ohne Konzessionsgelder ist man den ganzen Tag am rechnen und versucht die Kosten zu senken. Daneben versucht man sich von den anderen abzuheben*« (N1). Aus den Gesprächen mit den redaktionellen Führungskräften geht deutlich hervor, dass der Begriff ›Strategie‹ in den Redaktionen kaum verwendet wird.

Selbstkritisch muss hier fest gehalten werden, dass in dieser Frage die Methode der qualitativen Interviews nur ungenügend an die Realität herankommt. Strategien werden in den Redaktionen unbewusst verfolgt und – auch gegen innen – kaum transparent kommuniziert. Dies bedeutet jedoch nicht, dass die Verantwortlichen nicht auf den Wettbewerb reagieren. Die Reaktion wird aber nicht explizit als Strategie diskutiert. Nur so ist zu erklären, dass in mehreren Fällen die beiden befragten Führungskräfte einer Redaktion andere Begriffe für dieselbe Strategie verwenden.

In einem Fall spricht ein stellvertretender Chefredakteur explizit nur die Strategie der Kostenführerschaft an, betont aber gleichzeitig, dass diese Strategie ihren Ursprung nicht in der Redaktion hat: »*Die Strategie wird nicht von der Redaktion, sondern von der Unternehmensleitung bestimmt. Sie besteht im primären Ziel, Kosten zu sparen, damit wir wettbewerbsfähig bleiben können. Zudem wollen wir expandieren und durch Übernahmen und Fusionen Marktanteile gewinnen*« (C2). Dieser Kostenorientierung widerspricht allerdings die Erfahrung des Chefredakteurs der gleichen Redaktion: »*Die Tageszeitung muss heute auch etwas über Reisen, Gesundheit und Fitness bringen. Das lässt die Kosten ohne Mehreinnahmen steigen, weil wir allen Leserbedürfnissen entgegenkommen wollen*« (C1).

Bei den meisten Redaktionsverantwortlichen wird die Kostenstrategie als zweite oder sogar als untergeordnete Strategie verstanden. In den meisten Fällen wird diese Strategie als notwendiges Übel angesehen. So beklagen viele Chefredakteure – und noch mehr deren Stellvertreter –, dass der Druck, Kosten zu sparen, gestiegen sei: »*Früher hat man nicht auf die Kosten geschaut, heute aber betrachtet man bei jedem Projekt auch die ökonomische Seite*« (A1). Für das »*kostenstrategische Handeln*« (B2) wird nicht eine eigentliche Strategie verantwortlich gemacht, sondern beispielsweise die Rezession oder einfach die Einsicht, dass »*man immer auch die Kosten im Griff haben muss*« (G1). Der zunehmend beobachtete Spardruck hat aber nichts mit der Strategie der Kostenführerschaft zu tun, die ohnehin bei den befragten Redaktionsverantwortlichen insgesamt kaum eine Rolle spielt. So ist eher generell von einem *»steigenden Kostenbewusstsein«* (A1) die Rede, das verhindern soll, dass eine Redaktion *»das Geld zum Fenster hinauswirft«* (S). Dieses Verhalten deutet also nicht auf die Anwendung einer Strategie der Kostenführerschaft hin, sondern kann generell als ›Kostensenkungsstrategie‹ bezeichnet werden, die dann zum Ausdruck kommt, wenn sich die Redaktion darum bemüht, *»das Budget einzuhalten und möglichst billiger oder effizient zu sein, so dass man mit dem gleichen Aufwand beispielsweise zweimal ins Ausland reisen kann«* (H1).

Viele der befragten Redaktionsverantwortlichen weisen darauf hin, dass sie die Strategie der Kostenführerschaft nicht nur für ihre eigene Redaktion ablehnen, sondern für die Medienbranche insgesamt nicht als tauglich erachten. Begründet wird dies mit der Feststellung, dass die meisten Medienunternehmen – im Unterschied etwa zur Automobilbranche – in regional beschränkten Märkten operieren und nur durch die Strategie der Differenzierung einen Vorteil gegenüber der Konkurrenz erringen können. Der Chefredakteur einer Tageszeitung begründet die Irrelevanz der Kostenstrategie für seine Redaktion mit der Tatsache, dass alle Konkurrenten im Verbreitungsgebiet zur selben Unternehmensgruppe gehören. *»Weil unsere Konkurrenten zur selben Gruppe gehören, können wir nur die Strategie der Exzellenz verfolgen«* (W).

Aus den Gesprächen mit den redaktionellen Führungskräften geht deutlich hervor, dass sich Redaktionen bewusst darum bemühen, ihr publizistisches Angebot von demjenigen möglicher Konkurrenten zu unterscheiden. Gleichzeitig wird ein effektives Kostenmanagement als wesentlich erachtet. *»Zuerst müssen wir uns im Markt gut positionieren und uns von den Konkurrenten im Markt klar unterscheiden. Natürlich muss man dann auch auf die Kosten achten«* (A2), meint ein stellvertretender Chefredakteur einer großen Tageszeitung. Auch der Sendeleiter einer privaten Fernsehstation betont die Notwendigkeit der Differenzierung: *»Wir versuchen, uns mit mehr Debatten, Wirtschaftsinformationen, Vitalität und erhöhter Aktualität vom öffentlichen Fernsehen abzugrenzen«* (V). Die Anwendung einer Differenzierungsstrategie wird von den Redaktionsverantwortlichen ganz unterschiedlich umschrieben: *»Wir müssen uns etwas Neues einfallen lassen, das uns besonders auszeichnet«* (K2). *»Am wichtigsten ist die Erfindung einer Produktpersönlichkeit, die sich in dem riesigen Medienangebot einen ersten Platz schafft«* (E1). *»Vom Inhalt, vom Auftritt und vom Branding her muss man ein eigenständiges und klares Profil haben, das auf dem Markt auf Gegenliebe stößt«* (G1). *»Wir investieren dort, wo unser Unique Selling Proposition ist«* (S). *»Wir müssen Nischen suchen, wo die Konkurrenz nicht stark ist«* (F2).

Es fällt auf, dass vor allem Redaktionsvertreter der wöchentlich erscheinenden Titel (Wochenzeitungen, Zeitschriften) oder der privaten elektronischen Medien konkrete Vorstellungen über Varianten einer Differenzierungsstrategie nennen. Die Vertreter der Tageszeitungen halten sich bei der Beschreibung ihrer Strategie eher zurück. Einige Redaktionsverantwortliche erklären dies damit, dass der Markt zu eng sei, um für bestimmte Zielpublika bestimmte Bedürfnisse befriedigen zu können und dass wegen der Konzentrationsprozesse eine wirkliche Konkurrenz fehle. *»Unser Markt lässt sich nicht in Zielpublika, sondern nur in geographische Einheiten unterteilen«* (R), meint beispielsweise der Chefredakteur einer Regionalzeitung (vgl. Kapitel 4.4.3). Wie er geben viele Vertreter der Tageszeitungen an, mit ihren Redaktionen eine Regionalisierungs-Strategie zu verfolgen. Ein anderer Redaktionsverantwortlicher macht auf die Monopolsituation seiner Tageszeitung aufmerksam und meint: *»Wir sind immer die Nummer eins, weil es eine Nummer zwei gar nicht gibt«* (K1). Er betont, dass in einem solchen Fall eine Nischen- oder Abhebungsstrategie fehl am Platz sei, und es einfach darum gehen müsse, *»eine starke und optimale Durchdringung der Märkte zu leisten«* (K1). Es zeigt sich also, dass primär Redaktionen in einer starken Konkurrenzsituation entsprechende Differenzierungsstrategien formulieren. Wo der Wettbewerb nicht gegeben ist, lassen sich auch keine Wettbewerbsstrategien finden. Der Chefredakteur einer Tageszeitung formuliert das so: *»Wenn sich eine Zeitung mit einer breiten Leserschaft ein Gesicht geben will, so muss sie sich auch als Tageszeitung nicht nur durch Vollständigkeit und Größe, sondern auch durch Schwerpunkte in der Meinungsbildung und in der Themenselektion von anderen unterscheiden«* (A1).

Interessant ist in dem Zusammenhang, dass die Redaktionsverantwortlichen der öffentlichen Medien ihre Wettbewerbsstrategie anders bezeichnen und begründen als die Vertreter der privaten Medien. So spricht ein Redaktionsleiter beim öffentlichen Fernsehen von einer ›Erhaltungsstrategie‹: *»Wir haben ein Produkt, das sehr bekannt ist und auch ein bisschen von der Tradition lebt. Unsere Sendung ist eine Art Institution. Uns geht es darum, diese Institution zu erhalten«* (H1). Ein anderer Redaktionsverantwortlicher beim öffentlichen Fernsehen will *»die Identität der Sendung weiter mit einem klaren Profil vermitteln«* und bezeichnet die Strategie seiner Redaktion als *»Strategie der program identification und Wiedererkennbarkeit«* (I1). Auch ein Vertreter des öffentlichen Radios formuliert die Strategie seiner Redaktion unabhängig von anderen Konkurrenten: *»Wir wollen uns primär im Bereich Information durch eine kompetente Berichterstattung profilieren und durch die Qualität des Produkts«* (P2).

Aus diesen angewandten Wettbewerbsstrategien geht hervor, dass die Redaktionsverantwortlichen eine jeweils spezifische publizistische Qualität als Wettbewerbsfaktor erkennen. Die Aussagen zeigen aber auch, dass insbesondere hinter der Differenzierungsstrategie der Vertreter der privaten elektronischen Medien und der wöchentlich erscheinenden Zeitungen und Zeitschriften eine primär ökonomische Zielsetzung steht: die Positionierung im Markt und der damit angestrebte Markterfolg. Diese Zielkategorie verdeutlicht den Einfluss ökonomischer Imperative auf die Redaktion.

In den folgenden Kapiteln werden die Konsequenzen diskutiert, die aus der ökonomisch initiierten Differenzierungs- und Kostensenkungsstrategie für die Redaktionen resultieren. Im Sinne des Grundsatzes ›structure follows strategy‹ (vgl. Chandler 1962: 16) steht die Frage im Zentrum, inwiefern sich die ökonomisch ausgerichteten Strategien einerseits auf die Zusammenarbeit der Unternehmenseinheiten Redaktion und Verlag/Geschäftsleitung und andererseits auf die redaktionellen Organisationsstrukturen auswirken. Zudem interessiert, inwiefern die Rolle der Chefredaktion mit neuen – primär ökonomisch relevanten – Anforderungen konfrontiert wird. Die Ausführungen zu den Kostensenkungs- und Differenzierungsstrategien, die in den Redaktionen angewandt werden, haben bereits verdeutlicht, dass sich Chefredakteure angesichts der neuen Wettbewerbsbedingungen nicht mehr nur auf genuin journalistische Tätigkeiten konzentrieren können, sondern sich als Redaktionsmanager auch mit der Umsetzung ökonomisch relevanter Ziele und Strategien auseinandersetzen müssen.

4.5.2 Zusammenarbeit von Geschäftsführung und Redaktion

Typen der Trennung und Kooperation

Medienunternehmen sind einem doppelten Dualismus ausgesetzt (vgl. Meckel 1999: 132). Zum einen müssen sie mit ihren Produkten in einem zweifachen Wettbewerb bestehen: dem publizistischen Qualitätswettbewerb und dem ökonomischen Kostenwettbewerb (Heinrich 1996). Zum andern operieren sie auf zwei Märkten. Einerseits setzen sie ihre Angebote auf dem Publikums-/Leserschaftsmarkt ab, gleichzeitig verkaufen sie Anzeigen-/Werberaum an die werbetreibende Wirtschaft. Dieser doppelte Dualcharakter hat sich schon immer in innerbetrieblichen Spannungen zwischen den kommerziellen und den publizistischen Organisationseinheiten einer Medienunternehmung niedergeschlagen. Vereinfacht wird dies als Spannungsverhältnis zwischen Verlag/Geschäftsführung und Redaktion diskutiert. In den meisten Medienunternehmen werden diesbezügliche unterschiedliche Aufgaben auch an unterschiedliche Organisationseinheiten delegiert.

Die für die Medienbranche typischen organisatorischen Bedingtheiten und die Anforderungen, die sich aus einer Optimierung der dualen Marktsituation ergeben, stellen Führungsfunktionen in Medienbetrieben vor spezifische Herausforderungen. So unterscheiden Neverla/Walch (1993: 323) in ihrer Studie über Entscheidungsstrukturen in Verlagsunternehmen je zwei Typen der Trennung und der Einheit von Verlag/Geschäftsführung und Redaktion (vgl. Abbildung 13).

Abb. 13: Typen der Trennung und Koordination zwischen Verlag und Redaktion

Trennung	Einheit
zwecks Abwehr	zwecks Ganzheitlichkeit
Trennung	Einheit
zwecks Professionalität	zwecks Produktoptimierung

Quelle: Neverla/Walch (1993: 323)

Im traditionellen Modell der parallelhierarchischen Trennung existiert in einer Medienunternehmung die funktionale Trennung in eine kaufmännische und eine redaktionelle Leitung. Diese Trennung ist oft auch eine personelle. Die Organisationseinheiten müssen zwar kooperieren, sie agieren aber zumeist relativ autonom. Die meisten Zeitungsverlage haben dieselbe Grundstruktur: Auf der einen Seite gliedert sich der Verlag in die Abteilungen Geschäftsführung, Anzeigen, Vertrieb, Technik, Verwaltung und gegebenenfalls Marketing, Werbung und Sonderbeilagen, auf der anderen Seite ist die Redaktion traditionell in Ressorts gegliedert. Während der Verlag oder die Geschäftsführung für den kaufmännischen Teil und somit für den Markterfolg zuständig ist, stellt die Redaktion relativ selbständig und objektorientiert die journalistische Produktion und die redaktionellen Abläufe sicher. Hier werden Qualitätsziele festgelegt und gesichert. Dieses Modell der personellen und organisatorischen Trennung zwischen Redaktion und Verlag/Geschäftsführung gilt als klassischer Typ und ist längst durch andere Koordinationsformen abgelöst bzw. ergänzt worden.

Unter verstärktem kommerziellem Druck gewinnt das Modell der Einheit von Verlag/Geschäftsführung und Redaktion wieder an Bedeutung, allerdings in der postmodernen Variante der ›Einheit zwecks Produktoptimierung‹. Die Marketingabteilung nimmt hier eine zentrale Stellung ein; sie wird zur treibenden, innovativen Kraft im Betrieb. Die erfolgreiche Produktgestaltung und Positionierung im Markt ist die alles überragende Zielsetzung. Das ›Einheitsmodell‹ wird in ein Profitcenter aufgelöst, dessen Erfolg nicht publizistisch, sondern ökonomisch gemessen wird (vgl. Neverla/Walch 1993: 386). Profitcenters unterliegen einer eigenen Gewinn- und Verlustrechnung und können besser kontrolliert werden. Neverla/Walch beobachten, dass ein integrierendes Einheitsmodell zum Zweck der Produktoptimierung an Bedeutung gewinnt. »Während in einer hierarchischen Organisation die Abschottung der publizistischen Einheiten gegenüber den Einflüssen der Geschäftsleitung nahe liegt, kann und muss sich in der modernen Organisationsform die Zusammenarbeit zwischen Verlag und Redaktion intensivieren« (Neverla/Walch 1993: 318)

Kooperation zwecks Produktoptimierung

Redaktionelles Marketing erfordert eine verstärkte Kooperation von Verlag/Geschäftsführung und Redaktion. Als wesentliche Voraussetzungen für ein erfolgreiches redaktionelles Marketing sieht Weber (1992) neben der gezielten Marktbearbeitung und Produktplanung die abteilungsübergreifende Zusammenarbeit. Nach Rager (1994: 8) erfordert redaktionelles Marketing »den Beitrag im Ensemble aller Anstrengungen des Verlags«, und für Möllmann (1998: 52) ist »das koordinierte Nebeneinander und abgestimmte Zusammenspiel der verschiedenen Abteilungen im Verlag auf der Basis eines ganzheitlichen, integrativen Konzeptes (...) unabdingbar.« Konkret heißt dies, dass Redaktion, Anzeigenabteilung, Vertrieb, Marketing, Technik, Forschung und Layout koordiniert über Strategien und deren Durchsetzung am Anzeigen- und Lesermarkt entscheiden (vgl. Weber 1992: 155). Auf der organisationalen Ebene kann dies bedeuten, dass beispielsweise – wie bei der ›Los Angeles Times‹ – Marketingvertreter in die Redaktion eingebunden werden (vgl. Piotrowski 1997). Auch nach Meckel wird die abteilungsübergreifende Zusammenarbeit von Redaktion und Verlag immer wichtiger. »Alle einzelnen Managementfunktionen sollen auf ein Ziel zuführen, nämlich auf die langfristige Implementierung, Steuerung und Sicherung publizistischer Qualität sowie auf Markterfolg« (Meckel 1999: 22). Dies bedeutet aber, dass die bisher eigentlich getrennten Bereiche Redaktion und Verlag/Geschäftsführung zusammenarbeiten oder zumindest ›Schnittstellen‹ ausbilden müssten.

Diese Tendenz wird im publizistikwissenschaftlichen Diskurs als möglicher Verlust der inneren Pressefreiheit problematisiert. Seit den 1960er Jahren wird unter dem Begriff innere Pressefreiheit »die Gesamtheit der Regeln« verstanden, »die der Redaktion gegenüber dem Verleger ein ausreichendes Maß an Unabhängigkeit garantieren und die plurale Berichterstattung im Interesse der Öffentlichkeit sichern soll« (Wyss 1994: 38). Im Brennpunkt der inneren Pressefreiheit steht die Ausgestaltung des Rechtsverhältnisses zwischen Verlegern, Redakteuren und Mitarbeitern. Die Eingriffsmöglichkeiten des Verlegers sollen zugunsten einer größeren Selbständigkeit und eines größeren Entscheidungsspielraums der Redaktion beschränkt werden. Ausgangspunkt der Diskussionen über die innere Pressefreiheit waren in der Schweiz Probleme, die mit der Pressekonzentration entstanden sind. Die Verleger haben – gestützt auf die Grundrechte in der Verfassung (Pressefreiheit, Handels- und Gewerbefreiheit, Eigentumsgarantie) – das Recht, Zeitungen herstellen zu lassen, Redakteure anzustellen, ihnen Bedingungen für Ihre Tätigkeit zu stellen und sie gegebenenfalls zu entlassen. Der Redakteur ist nur gegenüber dem Staat, nicht aber gegenüber dem Verleger geschützt. »Die innere Pressefreiheit soll deshalb ein Gegengewicht schaffen; sie ist ein Instrument, das sich gegen die Allmacht des Verlegers richtet und Ausdruck eines Versuchs, diese zu durchbrechen« (Riklin 1996: 78). Dabei geht es vor allem um ideelle oder wirtschaftliche Spannungen zwischen Verleger und Redakteuren. Wirtschaftliche Spannungen können etwa entstehen, wenn durch Artikel Abonnenten verärgert oder Inserate gefährdet werden. Vor allem die wirtschaftlichen Spannungen nehmen angesichts der Kommerzialisierung der Medienbranche und der immer stärker auf wirtschaftliche Zielsetzungen ausgerichteten Führung von Medienbetrieben zu.

Kritiker der neuerdings stärker propagierten Zusammenarbeit zwischen redaktionellen und kommerziellen Abteilungen sehen zudem einen möglichen Glaubwürdigkeitsverlust. So stellt Ruß-Mohl (1995: 119) bei Journalisten eine grundsätzliche Skepsis gegenüber dem integrierenden Modell fest. Als Folge neuer Marketingaufgaben wird ein Autonomie- und Qualitätsverlust zugunsten kaufmännischer Interessen, die Bürokratisierung der redaktionellen Arbeit sowie kleinere Zeitbudgets für die Erfüllung journalistischer Kernaufgaben befürchtet (vgl. auch Underwood 1988, Neumann 1997).

Weitere empirische Evidenzen für das Einheitsmodell lassen sich nur fallweise finden. So konnten Meier/Schanne/Trappel (1993) für den Bereich Marketing feststellen, dass das publizistische Produkt meist von vornherein aus der Maßnahmenplanung des verlegerischen Handelns ausgeschlossen wurde und sich das Marketing der Verlage einseitig auf den Anzeigenmarkt ausrichtet. Relativiert wird die Integrationsthese auch von Möllmann (1998), der aufgrund einer Befragung von Chefredakteuren feststellt, dass in den wenigsten Redaktionen tatsächlich eine enge Zusammenarbeit zwischen Redaktion und Verlag stattfindet.

Brüche in der ›Chinesischen Mauer‹

Es gibt verschiedene Gründe, weshalb in einer Medienunternehmung die Organisationseinheiten Redaktion und Verlag/Geschäftsführung zusammenarbeiten. Zu nennen wären die Etatplanung, die Disposition von Inseratsplatzierungen, die Positionierung von Imagewerbung, die Qualitätssicherung oder eben Marketingaktivitäten. In dieser Studie wird davon ausgegangen, dass strategisches Marketing entsprechende integrierende Organisationsstrukturen erfordert (Möllmann 1998: 78ff). Im Zentrum des Interesses steht hier die marketingrelevante Zusammenarbeit. Voraussetzung dafür ist ein adäquates redaktionelles Management der Planung, Konzeption, Umsetzung und Erfolgskontrolle. Das bedeutet also, dass – ausgehend von der Prämisse einer verstärkten Kooperation der Unternehmensabteilungen – die Organisationseinheit Redaktion in den Kontext der anderen Unternehmensabteilungen eingebunden werden muss.

Die Analyse der Leitfadengespräche mit den redaktionellen Führungskräften zeigt, dass zum heutigen Zeitpunkt in den wenigsten Schweizer Medienunternehmen die verschiedenen Abteilungen intensiv zusammenarbeiten. Es werden aber medientypische Unterschiede deutlich: Kooperationsmodelle sind bei den elektronischen Medien und bei den wöchentlich erscheinenden Printmedien stärker ausgeprägt als bei traditionellen Zeitungsverlagen, wo mögliche Konflikte zwischen wirtschaftlichen und publizistischen Zielen stärker wahrgenommen werden. Geht man davon aus, dass sich – wie oben ausgeführt – in diesem Segment der Konkurrenzdruck stärker auf eine Ausrichtung am Markt auswirkt, so kann hier durchaus von einem Trend Richtung Kooperation zwischen Redaktion und Geschäftsleitung gesprochen werden. Insgesamt lassen sich drei Modelle der Zusammenarbeit zwischen den Organisationseinheiten Redaktion und Verlag/Geschäftsleitung unterscheiden:

Separatismus: Einer ersten Gruppe gehören Redaktionsvertreter an, die der Auffassung sind, dass zwischen Redaktion und Geschäftsleitung eine strikte Trennung herrscht: «*Bei uns ist alles komplett getrennt. Da hat niemand vom Verlag der Redaktion etwas zu sagen. Bei uns herrscht eher eine Art Separatismus*» (B2). Entsprechend dem von Neverla/Walch (1993) ausdifferenzierten Modell der »Trennung zwecks Professionalität« werden publizistische Gründe für die strikte Trennung aufgeführt: »*Unser Ziel ist nicht, Geld zu verdienen, sondern eine gute Zeitung zu machen*« (B1), sagt der Chefredakteur einer großen Tageszeitung. »*Solange der Verleger jeden seine Arbeit machen lässt, gibt es keine Probleme*« (X), so der Chefredakteur einer Regionalzeitung. Ein Vertreter einer anderen Regionalzeitung ist mit seiner Situation sehr zufrieden, weil »*der Verlag praktisch nicht existiert*« (T). In dieser Gruppe finden sich einige Vertreter der Tageszeitungen und die Vertreter des öffentlichen Rundfunks: »*Weil wir kein kommerzielles Unternehmen sind, erwartet unsere Geschäftsleitung nicht ein Produkt, das Ertrag abwirft. Da gilt primär der öffentliche Auftrag*« (I2), meint ein Fernsehjournalist.

Sporadische Zusammenarbeit: »*Die Mauer zwischen Redaktion und Verlag gibt es nach wie vor. Sie wird aber ab und zu nach ganz klaren Regeln über-*

stiegen« (Q1). Der zweiten Gruppe sind diejenigen Redaktionsvertreter zuzuordnen, die der Auffassung sind, in einzelnen Fällen – aber nicht prinzipiell – mit dem Verlag oder der Geschäftsleitung zusammenzuarbeiten. *»Es gibt Bereiche, in denen es einfach sinnvoll ist, wenn Verlag und Redaktion zusammenarbeiten. Es geht dann vor allem um das Koordinieren gemeinsamer Aufgaben«* (A2). Auch diese Form der Zusammenarbeit kommt dem Modell »Trennung zwecks Professionalität« am nächsten. Es entsteht der Eindruck, dass die gelegentliche Kooperation eher zwangsläufig als erwünscht ausfällt: *»Wenn es Probleme gibt, dann muss man die zusammen lösen«* (R), meint der Chefredakteur einer mittelgroßen Tageszeitung. Dieser Gruppe gehören hauptsächlich die Vertreter traditioneller mittelständischer Zeitungsverlage an. *»Unsere Mauer ist recht stabil, aber in der Praxis gibt es immer Konflikte. Der Chefredakteur will die bestmögliche Zeitung und der Verleger eine große Gewinnmarche«*, meint der Chefredakteur einer kleineren Tageszeitung und betont, dass *»die Trennung enorm wichtig ist, da sie der Redaktion ein großes Maß an Unabhängigkeit gibt«* (Y).

Integrierende Kooperation: Schließlich lässt sich eine dritte Gruppe ausdifferenzieren, deren Redaktionsvertreter angeben, prinzipiell regelmäßig mit dem Verlag oder der Geschäftsleitung zusammenzuarbeiten. *»Wir haben als erste eingeführt, dass der Verlagschef und der Chefredakteur die Büros nebeneinander haben. Wir vertreten einander sogar. Alle wichtigen Maßnahmen und Schritte besprechen wir gemeinsam.«* (E1). Dieser Chefredakteur einer Zeitschrift betont, dass sich *»jeder Chefredakteur auch darum kümmern muss, was im Anzeigen- und Vertriebsgeschäft läuft«* (E1). Diese Form der Zusammenarbeit entspricht dem Modell der »Einheit zwecks Produktoptimierung«. Für die prinzipielle Kooperation werden primär organisatorische Aspekte geltend gemacht: *»Früher waren bei uns Verlag und Redaktion getrennt, weil man dachte, dass die ›Kommerzler‹ den hehren Journalismus bedrohen würden. Mit der Nähe zum Verlag haben wir jetzt kürzere Entscheidungswege. Ich spreche mit dem Verlagsleiter mindestens fünf mal täglich – auch über kommerzielle Angelegenheiten«* (G1), beobachtet der Chefredakteur einer anderen Zeitschrift.

Einige Vertreter des integrierenden Kooperationsmodells sprechen explizit den Beitrag der Redaktion zum Marketing an. Von ihnen wird betont, ein Interesse daran zu haben, dass das primär vom Verlag ausgehende Marketing mit den Zielen und Vorstellungen der Redaktion korrespondiere: *»Der Verlag muss möglichst genau wissen, wer zu unserem Publikum gehören sollte, die Zeitung aber noch nicht liest«* (D1), meint der Chefredakteur einer Wochenzeitung. Ähnlich formuliert dies der Chefredakteur einer Regionalzeitung: *»Damit der Verlagsleiter unser Produkt vermarkten kann, braucht er Informationen von* *uns. Und wir wollen nicht eine Hülle mit Etikett vermarkten, die im Gegensatz zum Inhalt steht. Deshalb ist diese Mauer zwischen Redaktion und Verlag bei uns etwas kleiner geworden«* (L1). Ein Ressortleiter einer Regionalzeitung schildert beispielhaft, wie die tägliche Zusammenarbeit nicht nur über die Schnittstelle Chefredaktion erfolgt, sondern in die Redaktionsstube hineingetragen wird: *»Der Marketingmitarbeiter mit Ressortleiterstatus kommuniziert regelmäßig mit dem Vertrieb, dem Marketing und dem Verlag und kommt auch mal ins Ressort und schlägt eine Geschichte vor«* (C2).

Konflikte zwischen kommerziellen und publizistischen Zielen werden von den Vertretern des Kooperationsmodells nicht thematisiert. Im Gegenteil: *»Wenn der Verlag meint, dass ökonomisch eine Veränderung nützlich wäre, wird es geprüft und meistens haben die auch recht«* (C1), meint der Chefredakteur einer Tageszeitung. Der Verlagsleiter wird als Partner verstanden, *»mit dem alle wichtigen Schritte und Maßnahmen besprochen werden«* (E1). Es wird betont, dass Redaktion und Verlag das gemeinsame Ziel des Markterfolgs haben: *»Wenn ein Produkt eine Marke sein soll, muss diese auch vermarktet werden. Guter Journalismus und Kommerz gehören heute zusammen, solange man nicht die Grenzen zwischen Anzeigen und Inhalt vermischt«* (G1). Der Chefredakteur einer Tageszeitung drückt dies so aus: *»Man muss gegenseitig gut informiert sein, damit man gemeinsam die strategischen Ziele erreichen kann.«* (L1). Es fällt auf, dass die Vertreter des integrierenden Kooperationsmodells die Gefahr, die Redaktion könnte für kommerzielle Zwecke instrumentalisiert werden oder ihre Autonomie verlieren, viel weniger wahrnehmen als die Vertreter der Trennungsmodelle. *»Ich bin der Boss uns habe das letzte Wort. Der Verlagsleiter ist mein Partner. Zusammen bilden wir die Geschäftsleitung«* (E1), gibt sich beispielsweise der Chefredakteur einer Zeitschrift autonom.

Insgesamt kann also beobachtet werden, dass bei traditionellen Tageszeitungen sowie beim öffentlichen Rundfunk eher das Modell der ›Trennung zwecks Professionalität‹ Anwendung findet. Aus der Perspektive des redaktionellen Marketings kann in diesen Fällen ein integriertes Marketingkonzept und -handeln ausgeschlossen werden. Es sind die Vertreter der privaten Radio- und Fernsehstationen sowie der wöchentlich erscheinenden Printmedien, bei denen Zusammenarbeitsformen im Sinne des redaktionellen Marketings und im Sinne des Modells »Einheit zwecks Produktoptimierung« eher gang und gäbe sind und dort auch begrüßt werden. Im Gegensatz zu den Befürchtungen der Kritiker des redaktionellen Marketings wird bei diesen Redaktionen kein Autonomieverlust wahrgenommen. Im Gegenteil: Die publizistischen Hauptakteure nehmen für sich eine dominante Position in Anspruch und sind auch an der

Imagegestaltung nach außen beteiligt. Dies mag damit zusammenhängen, dass in solchen Fällen die Chefredaktion häufig in der Geschäftsleitung integriert ist.

Es ist interessant, dass redaktionelle Führungskräfte keine negativen Einflüsse des Marketings wahrnehmen, unabhängig davon, ob in ihrem Medienbetrieb Redaktion und Geschäftleitung zusammenarbeiten. *»Ich habe mich noch nie in meiner Unabhängigkeit bedrängt oder eingeschränkt gefühlt«* (K1), meint ein Vertreter des Trennungsmodells, während ein Vertreter des Einheitsmodells sogar davon überzeugt ist, dass die Zusammenarbeit das beste Mittel ist, einen negativen Einfluss zu verhindern. *»Je mehr wir wissen, desto weniger versucht der Verlag aus dem Unwissen heraus etwas Falsches zu machen«* (L1).

Nur zwei Befragte haben im Zusammenhang mit Marketingaktivitäten negative Erfahrungen gemacht. So empfindet es ein Chefredakteur als lästig, wenn die Kapazitäten seiner Mitarbeiter ›für billige Gags‹ bei Publikumsaktionen missbraucht werden (Q1). Der Ressortleiter einer Wochenzeitung regt sich darüber auf, dass *»man plötzlich zum Fotografen muss, um ein Bild für ein Mailing oder fürs Internet machen zu lassen«* (F2). Es sei hier aber nochmals betont, dass sich die Marketingaktivitäten bei den Vertretern des Trennungsmodells hauptsächlich auf Aktivitäten des Verlages beschränken und dadurch das Involvement der Redaktion geringer ist. Ferner wird hervorgehoben, dass der Einfluss des Marketings auf die Redaktion nicht bloß eine organisatorische Angelegenheit darstellt, sondern sehr stark von den Personen an den entsprechenden Schnittstellen abhängig ist: *»Unser Marketingchef ist ein echter Dynamiker. Insofern ist automatisch mehr passiert, seit er auf diesem Stuhl sitzt* (D2).

Die Befragten beobachten, dass im Allgemeinen die *Bedeutung des Marketings* in den Medienunternehmen zunimmt. Es handelt sich dabei vor allem um die ›klassischen‹ Marketingaktivitäten des Verlags wie Direct-Mails, Telefonmarketing, Werbeaktionen, Sponsoring oder Gratisgeschenke bei Abonnements-Bestellungen. Die Redaktionen sind davon größtenteils weniger betroffen. Bereiche des redaktionellen Marketings, bei denen die Redaktionen tatsächlich stärker involviert sind und sich auf den Publikumsmarkt beziehen, beschränken sich laut Aussagen der redaktionellen Führungskräfte auf folgende Aktivitäten:

Leser-/Publikumsaktionen: Wettbewerbe, Rätselseiten etc. dienen dazu, das Publikum näher ans Medium zu binden (D1)

›Tage der offenen Tür‹/Lesergespräche: In der Redaktion werden informelle Gespräche mit bestimmten Lesergruppen organisiert, um deren Erwartungen besser kennenzulernen (B1, C2)

Redaktionsmanagement 245

›Outtables‹/›Community Building Journalism‹: Die Redakteure gehen in die Gemeinden und organisieren Diskussionsveranstaltungen (C2)

›Redaktioneller Kundendienst‹: Redakteure nehmen Beanstandungen von Lesern selbst entgegen (C1)

Themenkoordination: Bearbeitung von thematischen Schwerpunkten bei Gesamtstreuungen der Zeitung (L1)

Schülerseiten: Schülern wird in der Zeitung eine Spezialseite zur redaktionellen Bearbeitung zur Verfügung gestellt (C2)

»Die Marketingaktivitäten haben zu Recht zugenommen. Man muss über das eigene Produkt hinaussehen und den Markt bearbeiten« (L2), meint ein Ressortleiter einer Regionalzeitung. Dafür wird die angespannte Konkurrenzsituation im gesättigten Markt verantwortlich gemacht: »Wir stecken heute in einem reinen Verdrängungswettbewerb. Die Zahl der potenziellen Leser nimmt nicht mehr zu. Wer anfängt, aggressiver zu werben, nimmt einem anderen etwas weg. Dieser wehrt sich und muss auch aggressiver auftreten« (L1). Für einen Redaktionsleiter beim öffentlichen Radio ist die Regionalisierungsstrategie ein Signal für den Bedeutungszuwachs des redaktionellen Marketings: »Leute verschiedener Regionen haben unterschiedliche Bedürfnisse. So haben wir uns entschieden, stärker zu differenzieren und uns auf die verschiedenen Publika in den Regionen auszurichten« (P1).

4.5.3 Von der ›Edelfeder‹ zum ›Topmanager‹

Die Befunde der schriftlichen Journalistenbefragung machen deutlich, dass Unterschiede im Tätigkeitsprofil von der hierarchischen Position in der Redaktion abhängen. Je mehr Führungsverantwortung ein Journalist übernimmt, desto umfangreicher werden seine organisatorischen Aufgaben und um so weniger kann er sich auf die journalistischen Kerntätigkeiten wie Recherchieren, Auswählen, Schreiben oder Redigieren konzentrieren (vgl. Kapitel 3.3.6). Bereits diese Befunde deuten darauf hin, dass sich die redaktionellen Führungskräfte stärker als ihre Kollegen ohne Führungsverantwortung mit Managementanforderungen konfrontiert sehen. Dieser Eindruck wird dadurch verstärkt, dass 76% aller Journalisten in Führungspositionen angeben, dass für sie Führungs- und Managementkompetenzen für den beruflichen Alltag besonders wichtig sind, während nur 33% der Journalisten ohne Führungsverantwortung diese Fähigkeiten beanspruchen (vgl. Tabelle 51). Es erstaunt nicht, dass es vor allem die Führungskräfte bei den privaten elektronischen Medien sind, die diese Kompetenzen als besonders wichtig einstufen (86%). Die Notwendigkeit, sich Führungs- und Managementkompetenzen anzueignen, beschränkt sich aber nicht nur auf die redaktionellen Führungskräfte. Insgesamt stuft jeder dritte Journalist ohne Führungsverantwortung diese Kompetenzen als eher wichtig ein, bei den Vertretern des öffentlichen Fernsehens sind es gar 41%. Die Befunde der qualitativen Befragung validieren diese Daten und bestätigen den im Kapitel 4.1.4 beschriebenen Trend, wonach redaktionelle Führungskräfte immer stärker in die Gesamtverantwortung des Medienunternehmens eingebunden werden und auf Kosten journalistischer Tätigkeiten immer mehr Managementaufgaben übernehmen müssen. In den Leitfadengesprächen wurde danach gefragt, ob die redaktionellen Führungskräfte diesen Rollenwandel wahrnehmen und inwiefern ein solcher bewertet wird. Dieser Beobachtung wird in den folgenden Kapiteln nachgegangen.

Tab. 51: Bedeutung der Führungs- und Managementkompetenzen nach Medientyp und hierarchischer Position (in %)*

	Bedeutung der Führungs- und Managementkompetenzen für den beruflichen Alltag		
	mit Führungsfunktion	ohne Führungsfunktion	Gesamt
Tageszeitungen	75	34	49
Wochen-/Sonntagszeitung	81	32	49
Zeitschrift/Illustrierte/Magazine	73	33	50
Fachzeitschriften	72	32	51
öffentliches Radio	73	30	46
öffentliches TV	78	41	54
privates Radio/TV	86	31	61
Nachrichtenagentur	72	20	40
Gesamt	76	33	50

*Die Befragten konnten ihre Zustimmung auf einer sechsstufigen Skala einstufen. Die Tabelle gibt die Prozentwerte der zustimmenden Positionen von 4 bis 6 zusammengefasst wider.

Neue Aufgabenbereiche

»Der Beruf des Chefredakteurs hat sich am meisten verändert. Heutzutage ist er nicht mehr nur für die Redaktion verantwortlich, er ist auch Unternehmens-

führer« (Y). So wie dieser Chefredakteur einer Regionalzeitung stellen ausnahmslos alle befragten Führungskräfte fest, dass sich die Rolle des Chefredakteurs gewandelt hat. *»Man sollte von der romantischen Idee des Journalismus wegkommen und realisieren, dass ein Medienunternehmen eine Firma ist und entsprechend geführt werden muss«* (T), meint der Sendeleiter einer privaten Fernsehstation. Einig sind sich die Redaktionsverantwortlichen in der Beobachtung, dass Chefredakteure immer weniger selber schreiben oder produzieren und immer stärker mit geschäftsführerischen Aufgaben konfrontiert werden.

Dieser Rollenwandel oder Rollenzuwachs äußert sich beispielsweise auch dahingehend, dass Chefredakteure zunehmend die Verantwortung für das Budget übernehmen. Doch auch Ressortleiter müssen buchhalterische Aufgaben übernehmen oder haben für die Einhaltung des Budgets ihrer Ressorts einzustehen. So betont der Chefredakteur einer Wochenzeitung, dass jeder Ressortleiter prüfen muss, ob das Budget eingehalten werden kann, denn *»das Zeitungsmachen hat immer auch etwas mit Geld zu tun«* (F1). Einige Redaktionsverantwortliche weisen darauf hin, dass dies eine relativ neue Erscheinung ist: *»Wir haben die Budgetverantwortung in die Ressorts verlagert. Bei uns bestimmen die Ressortleiter, wofür sie das Geld ausgeben. Vor wenigen Jahren war das noch ein absolutes Tabu«* (G1), stellt der Chefredakteur einer Zeitschrift fest und räumt ein, dass diese Tätigkeit bei den meisten Kollegen eher missliebig erbracht wird. *»Das ist das, was wir am schlechtesten können«* (G1).

Neben der Budgetverantwortung erwähnen die befragten Redaktionsverantwortlichen die stärkere Bedeutung des Personalmanagements. *»Meine Hauptaufgabe ist es, eine Gruppe zu führen, zu dirigieren und zu motivieren«* (X), definiert ein Chefredakteur einer Regionalzeitung seine Rolle. Das Personalmanagement schließt aber nicht nur die Führung der redaktionellen Mitarbeiter ein, sondern beinhaltet auch das Führen von Teams, denen neben den redaktionellen Mitarbeitern auch Techniker oder Angehörige anderer Verlagsabteilungen wie zum Beispiel Anzeigenfachleute angehören. *»Man muss mit einem Team zusammenarbeiten, man muss das Personal leiten, mit Technikern umgehen, den Lesern ›zuhören‹ und die Beziehungen zu den Unternehmern pflegen und auch noch an Pressekonferenzen teilnehmen, um niemanden zu beleidigen. All diese Tätigkeiten erschweren meine Aufgabe als Leiter und Journalist«* (T), fasst der Chefredakteur einer Regionalzeitung seine Tätigkeitsbereiche zusammen. Auch ein Redaktionsleiter beim öffentlichen Fernsehen beklagt sich über die zusätzliche Belastung, weil er sich neben der Personalführung auch Kompetenzen im Bereich der Technik, der Finanzen und der Teamleitung aneignen musste: *»Ich bin Journalist und verbringe Stunden mit administrativen Dingen,* *die mich sehr langweilen und mir überhaupt nicht liegen«* (U). Abbildung 14 gibt die von den Redaktionsverantwortlichen angesprochenen Tätigkeitsfelder wider.

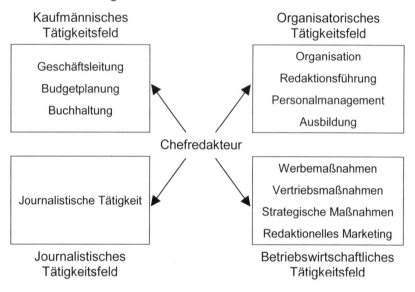

Abb. 14: Die Tätigkeitsbereiche des Chefredakteurs

Allgemein wird beobachtet, dass die Aufgaben der Redaktions-, Personalführung und Budgetplanung auf Kosten der journalistischen Tätigkeiten gehen. *»Wenn ich mir den Arbeitsalltag anschaue, dann hat nur noch circa 50% meiner Arbeit direkt mit Journalismus zu tun. Die anderen 50% sind zum Teil Management-, Personal-, Organisationsaufgaben oder Finanzen«* (F1), schätzt der Chefredakteur einer Wochenzeitung und ergänzt die Liste mit Präsentationsaufgaben: *»Der Chefredakteur ist gewissermaßen auch ein bisschen Außenminister der Zeitung.«* Die Vertretung der Zeitung nach außen schließt seiner Ansicht nach auch den zunehmend wichtiger werdenden Kontakt mit Werbekunden mit ein: *»Wichtige Werbekunden erwarten neuerdings auch, dass sie einmal mit dem Chefredakteur reden können«* (F1). Dieses Statement deutet darauf hin, dass der Rollenwandel des Chefredakteurs zum Manager mit einen stärker gewordenen Wettbewerbsdruck und mit Kommerzialisierungstendenzen im Zusammenhang steht. So ist es für den Chefredakteur einer großen Tageszeitung selbstverständlich, dass *»man von einem Chefredakteur heute nicht* *mehr fordern kann, dass er am Samstag einen Leitartikel schreibt. Diese Zeiten sind vorbei«* (C1). Der Chefredakteur müsse heute auch *»die Konkurrenzsituation beobachten und die Zeitung vorantreiben.«*

Die Ambivalenz des Rollenwandels

»Chefredakteure schreiben praktisch nicht mehr, weil die Management-Aufgaben unglaublich zugenommen haben« (A1). Dass sich die Anforderungen an die Fähigkeiten eines Chefredakteurs von journalistischen Kompetenzen hin zu mehr Managementkompetenzen verlagert haben, wird von einigen Redaktionsverantwortlichen explizit negativ beurteilt. Der Ressortleiter einer Wochenzeitung hält fest, dass Chefredakteure immer mehr *»auf den Erfolg des Produkts schielen«* müssen und immer weniger Zeit dafür investieren können, *»sich Gedanken über den Inhalt zu machen«* (D2). Der Chefredakteur einer Tageszeitung verabschiedet sich denn von der Rolle des publizistischen Vorbildes: *»Man kann heute als Chefredakteur nicht mehr als publizistischer Leiter Vorbild sein, indem man regelmäßig Leitartikel schreibt«* (A1). Dies könne man sich kaum mehr leisten, weil es dafür *»Zeit zur Reflexion«* brauche. Man müsse sich *»zurückziehen, sich informieren und an einem Thema dranbleiben können«*, was heute angesichts der zunehmenden Managementaufgaben immer schwieriger werde. Auch der Chefredakteur einer anderen Tageszeitung distanziert sich von der publizistischen Vorbildfunktion und beobachtet, dass redaktionelle Führungskräfte *»oft nicht mehr am Puls der Geschehnisse sind«* (C1).

Als Grund für die kritische Beurteilung des Kompetenzzuwachses geben die meisten Redaktionsverantwortlichen an, immer weniger Zeit für journalistische Aufgaben zu haben. *»Das ist eine Entwicklung, die ich mit Sorge beobachte. Ich bin von Haus aus Journalist und schreibe und filme gerne. Das ist aber heute fast nicht mehr möglich angesichts der Mehraufgaben, die auf mich zukommen«* (N1), sagt der Sendeleiter eines privaten Fernsehsenders und stellt fest, dass er *»mehr und mehr zum Manager, Verwalter, Organisator, Personalchef und zum Ausbildner«* werde.

Auch ein Redaktionsleiter beim öffentlichen Fernsehen beklagt sich darüber, dass er wenig selbst produzieren kann, beurteilt aber die Entwicklung als positiv: *»Dass ich das Publizistische vermisse, ist eher mein Problem«* (H1). Eindrücklich schildert der Chefredakteur einer Regionalzeitung den Zeitverlust: *»Ich bin Journalist geworden, um kommunizieren, informieren und vermitteln zu können. Ich muss immer mehr Opfer bringen und zusätzlichen Einsatz leisten, um dieses Ziel zu erreichen. Wenn ich schreiben möchte, so muss ich das in meiner Freizeit tun«* (T). Ein Kollege einer anderen Regionalzeitung meint denn auch, dass dies der Grund sei, weshalb es *»keine Chefredakteure auf Le-*

benszeit« mehr gäbe. *»Es ist ein Beruf, der auslaugt, den man heute eine viel kürzere Zeit lang ausübt als früher«* (Y). Ein weiterer Kollege meint schließlich, dass die geschilderte Entwicklung auch zu Lasten der Leser gehe, wenn *»der Kopf des Chefredakteurs für den Leser nicht mehr sichtbar«* sei (K1).

Ein großer Teil der Redaktionsverantwortlichen beurteilt die Entwicklung aber auch positiv. Der Chefredakteur einer großen Tageszeitung beispielsweise findet, dass *»es spannend ist, wenn die Arbeit des Chefredakteurs über das Publizistische hinausgeht«* (C1). Dann wird aber auch damit argumentiert, dass sich Medienbetriebe und ihre Redaktionen nicht von anderen Wirtschaftsorganisationen unterscheiden: *»Weshalb soll es bei uns anders sein, als im Bereich der Wirtschaft? Wir sind ein wirtschaftliches Unternehmen«* (L1), argumentiert der Chefredakteur einer Regionalzeitung. Zudem gebe es immer weniger Gründe dafür, dass der Chefredakteur auch derjenige sein müsse, der sich journalistisch profiliert habe. *»Es ist möglich, dass die Figur des klassischen Chefredakteurs verschwindet und der intellektuelle Patriarch ausgedient hat. Aber es muss ja nicht der beste Schreiber Chefredakteur werden«* (I1), meint ein Redaktionsleiter beim öffentlichen Fernsehen.

Interessant ist, dass es vor allem die Journalisten in der Gesamtleitungsrolle sind, die den Rollenzuwachs positiv beurteilen oder zumindest akzeptieren, während die Befragten im Ressortleiterstatus der Entwicklung eher mir Sorge und Widerstand begegnen. Es sind vor allem die Ressortleiter, die ›ihre‹ Chefredakteure mit einer journalistischen Vorbildfunktion in Zusammenhang bringen und die Managementkompetenzen als weniger wichtig einstufen. *»Die Chefredakteure sind immer weniger da für die Zeitung. Ich will aber einen, der hier ist und sagt, in welche Richtung es gehen soll. Ich persönlich will einen Chefredakteur, der mir publizistisch etwas bringt«* (F2), meint der Ressortleiter einer Wochenzeitung. Auch für den Kollegen einer Regionalzeitung muss der Chefredakteur *»die erste Stimme im Blatt sein, das Blatt prägen und gegen außen vertreten«* (K2). Zuweilen unterscheiden sich die Einschätzungen der zwei Befragten innerhalb derselben Redaktion. So betont der Chefredakteur einer Zeitschrift die Notwendigkeit, *»dass der Chefredakteur die wirtschaftliche Basis der Zeitung kennt, dort mitredet, in der Geschäftsleitung sitzt, und alle Werbe-, Vertriebsmaßnahmen und das Budget selber machen kann«* (E1). Sein Ressortleiter hingegen erfährt den Chefredakteur ganz anders: *»Bei uns ist der Chefredakteur noch immer mit Herzblut Journalist«* (E2). Dass je nach hierarchischer Position die Entwicklung unterschiedlich beurteilt wird, beobachtet auch der Chefredakteur einer Wochenzeitung: *»Journalisten wünschen sich sicher einen Chefredakteur, der im Idealfall nur publizistisch arbeitet, mit* *dem man um Themen streiten kann, was aber leider jenseits von jeglicher Realität ist«* (D1).

Eine positive bzw. negative Beurteilung der allgemein beobachteten Entwicklung kann nicht klar den Vertretern der verschiedenen Medientypen zugeordnet werden. Die Ambivalenz der Entwicklung wird von den meisten als solche erkannt. Deutlich wird aber, dass die Vertreter der elektronischen Medien die Rolle des Chefredakteurs als Manager viel eher als solche akzeptieren. So bezeichnet ein Redaktionsleiter beim öffentlichen Fernsehen den idealen Chefredakteur als guten Journalisten, der zusätzlich Managementqualifikationen mitbringt: *»Chefredakteure müssen unbedingt über Managementfähigkeiten verfügen. Das ist natürlich eine Grundproblematik, denn das Zentrale ist doch, dass man an der Spitze eines Medienunternehmens große Publizisten hat. Es ist aber schwierig, Leute zu finden, die beide Funktionen abdecken, weil sich beide Fähigkeiten eben nur im Glücksfall in einer Person vereinen lassen«* (I1).

Die Befragten sind sich darin einig, dass die redaktionellen Führungskräfte über betriebswirtschaftliche Fähigkeiten und Managementkompetenzen verfügen müssen. *»Der Chefredakteur muss von den wirtschaftlichen Vorgängen nicht nur eine Ahnung haben, sondern alles aus dem ›Eff Eff‹ können«* (E1), meint beispielsweise der Chefredakteur einer Zeitschrift. Um die Situation zu meistern, fordern einige Redaktionsverantwortliche eine entsprechende Schulung der künftig abverlangten Managementfähigkeiten. Sie erwähnen aber auch organisatorische Maßnahmen. So wurde beispielsweise in der Redaktion eines Privatradios eine zusätzliche Stelle geschaffen, die den Chefredakteur entlastet. Die Chefredaktion wurde in die Stellen Chefredakteur und Programmmacher aufgeteilt (M1). Für den Ressortleiter einer Wochenzeitung ist eine Umstrukturierung noch Wunschdenken: *»Möglicherweise wäre eine Doppelführung gut. Man sollte in der Chefredaktion einen haben, der für die Publizistik zuständig ist und einen anderen, der die Geschäfte führt«* (F2).

4.5.4 Redaktionelle Organisationsstrukturen im Wandel

Das Innovationspotenzial der redaktionellen Segmentorganisation

Vor dem Hintergrund der Kommerzialisierung des Mediensystems gewinnen auf der organisationalen Ebene der Redaktion Fragen betriebswirtschaftlicher Effizienz zunehmend an Bedeutung. Medienunternehmen können aber bei der Ausgestaltung effizienter Redaktionsstrukturen nicht einfach herkömmliche Konzepte aus anderen Branchen übernehmen. Die journalistische Arbeit weist einige typische Merkmale auf, die die Aufgabe eines Medienunternehmens von derjenigen anderer Wirtschaftsunternehmen unterscheidet: Sie ist »durch eine Nicht-Grenzprodukt-Arbeit, eine geringe Strukturiertheit, eine geringe Ähnlichkeit und eine hohe Veränderlichkeit gekennzeichnet« (Heinrich 1994: 161). Die journalistische Produktion kann nur in geringem Maße in exakte, einander eindeutig zuordnende Lösungsschritte oder arbeitsteilige Routinearbeiten zerlegt werden. Redaktionelle Entscheidungen sind zeitlich nicht präzise aufeinander abstimmbar und spielen sich häufig in der Situation der Ungewissheit ab (vgl. Weischenberg 1992: 303). Die typische Organisationsstruktur einer Medienunternehmung entspricht «der idealtypischen Organisation einer wenig strukturierten und ungewissen Aufgabe« (Heinrich 1994: 165).

Hier wird davon ausgegangen, dass unterschiedliche redaktionelle Strategien unterschiedliche Organisationsmuster bedingen. Im Folgenden wird der Frage nachgegangen, inwiefern unterschiedliche Organisationsformen die Strategie der Kostenführerschaft bzw. der Differenzierung unterstützen (vgl. Kapitel 4.5.1). Ausgehend von einem instrumentalen Organisationsbegriff hat Organisation eine Ordnungsfunktion und wird als ein Instrument zur Zielerreichung verstanden. Bei der Beschreibung der Struktur einer Organisation werden idealtypisch objektorientierte und verrichtungsorientierte Aufbau- und Ablaufstrukturen unterschieden (vgl. Moss 1998: 106ff.).

Die Aufbauorganisation einer Redaktion ist dann objektorientiert gegliedert, wenn sie in divisionale Sparten wie beispielsweise klassische Ressorts zerlegt wird, wobei den einzelnen Einheiten ein hohes Maß an Autonomie ermöglicht wird. Die Chefredaktion ist in diesem Fall für die Koordination zwischen den Zentralbereichen (Personal, Finanzen, Technik etc.) und den einzelnen Sparten bzw. Ressorts (Politik, Wirtschaft, Kultur, Sport, Region etc.) verantwortlich. Diese Organisationsstruktur ist zwar für die Umsetzung der Differenzierungsstrategie geeignet, »scheitert aber an dem häufig verkrusteten und unkoordinierten Auftreten bei Ressorts, deren publizistisches Profil sich nicht deutlich genug unterscheidet« (Moss 1998: 123). Auch Heinrich (1999: 330f.) sieht die Nachteile einer Objektorganisation in einem möglichen »Spartenegoismus« und im »Verzicht auf mögliche Spezialisierungsvorteile einer Zentralisation von Verrichtung.«

Demgegenüber legt die Verrichtungsorganisation, die auch als funktionale Organisation bezeichnet wird, den Schwerpunkt auf den Prozess. Sie hat den Vorteil, dass Arbeitsabläufe gut standardisiert und aufeinander abgestimmt werden können. Unterschiedliche Aufgaben werden mehreren Personen (Reporter, Textredakteur, Layouter, EDV-Spezialist und Archivar) zugeteilt. In ihrer Analyse der nordamerikanischen Tageszeitung ›Seattle Times‹ beschreibt Neumann (1997) beispielhaft eine verrichtungsorientierte – ja sogar mechanisch-tayloristische – Organisationsstruktur, bei der grundsätzlich – wie bei den meisten US-Zeitungshäusern – zwischen Reporter und Editor und zwischen City Desk und Copy Desk unterschieden wird. Dieses Organisationsmodell orientiert sich an den Prinzipien der Arbeitsteilung und Spezialisierung. Typisch für dieses Modell ist die Tendenz zur Entscheidungszentralisation auf der Führungsebene der Redaktion. Die Verrichtungsgliederung stützt eher eine Strategie der Kostenführerschaft als eine Differenzierungsstrategie (vgl. Kapitel 4.5.1). Das Ziel der Produktivität dominiert das Ziel der Flexibilität. Die Verrichtungsorganisation ist primär für Redaktionen geeignet, die nur ein Produkt herstellen. Das ist am ehesten bei der Produktion einer Fernseh- oder Radiosendung der Fall. Hingegen ist beispielsweise eine Tageszeitung in der Regel kein Einproduktunternehmen: Das Gesamtprodukt Zeitung besteht aus einzelnen – teilweise stark diversifizierten – Teilprodukten wie z.B. dem Feuilleton oder dem Sportteil. Ein weiterer Nachteil der Verrichtungsorganisation besteht in der geringen Motivationseffizienz: Die Mitarbeiter sind wenig motiviert, weil sie in der Regel immer wieder die gleichen Tätigkeiten ausüben.

Im Folgenden wird der Frage nachgegangen, inwiefern bei den befragten Schweizer Redaktionen Anzeichen für eine objekt- bzw. verrichtungsorientierte Gliederung vorhanden sind. Dabei wird davon ausgegangen, dass Redaktionen auch mit der Neugestaltung der jeweiligen Organisationsstrukturen auf die Prozesse der Technisierung und Kommerzialisierung reagieren müssen.

Bevor nun aber die Befunde der Leitfadengespräche diskutiert werden, muss festgehalten werden, dass die befragten Redaktionsverantwortlichen nur beschränkt in der Lage waren, die jeweilige Struktur ihrer Redaktion differenziert zu beschreiben und deren Funktionalität zu beurteilen. Sie wurden deshalb aufgefordert, die Struktur ihrer Redaktion zusätzlich in einer Zeichnung festzuhalten, doch waren auch die Skizzen eher unpräzise und vage. Eine Kombination mit der Methode der Beobachtung hätte hier zu valideren Daten führen können.

Aus den Schilderungen der Redaktionsverantwortlichen geht hervor, dass alle Redaktionen nach dem Einliniensystem organisiert sind. Die Chefredaktion beinhaltet – vor allem in kleinen bis mittelgroßen Redaktionen – nur die Stelle des Chefredakteurs. Bei größeren Redaktionen wird sie ergänzt durch einen oder mehrere Stellvertreter oder Bereichsleiter. Hinweise auf ein Mehrliniensystem, bei dem die einzelnen Redakteure von mehreren Stellen gleichzeitig Anweisungen erhalten, gibt es nicht. Die Äußerungen der Redaktionsverantwortlichen deuten alle auf eine sowohl klar hierarchische als auch flache Organisationsstruktur hin. *»Wir sind ein Team. Da gibt es wenig geschriebene Regeln, dafür aber viel Hausgeist«* (B1), betont der Chefredakteur einer großen Tageszeitung die flache Hierarchie in seiner Redaktion. Die meisten Redaktionsverantwortlichen beobachten denn auch, dass der Trend im Abbau von Hierarchiestufen besteht. Diese Tendenz wird hauptsächlich mit kürzeren Kommunikationswegen und dem Vorteil der Flexibilität begründet. Bei einer großen Tageszeitung wurden die dem Chefredakteur unterstellten Bereichsleiterstellen abgeschafft. *»Die Bereichleiter waren sich oft nicht einig, was sich negativ auf einen homogenen Auftritt der Zeitung ausgewirkt hat«* (A1), begründet der Chefredakteur den Abbau einer oberen Hierarchiestufe. Bei einer Redaktion beim öffentlichen Fernsehen wird künftig mehr Flexibilität angestrebt: *»Wir möchten mehr Personalrotation und mehr Beweglichkeit«* (U), begründet der Redaktionsverantwortliche eine anstehende Reorganisation.

Des Weiteren lässt sich feststellen, dass Tageszeitungen hauptsächlich nach den Prinzipien der Objektorganisation gegliedert sind, während die Redaktionen bei den elektronischen Medien und bei wöchentlich erscheinenden Printmedien eher Merkmale einer Verrichtungsorganisation aufweisen.

Objektorganisation: Die Orientierung am journalistischen Teilprodukt als Segmentierungskriterium (Wirtschaftsteil, Inlandteil etc.) führt zur Bildung der klassischen Ressorts. Abbildung 15 veranschaulicht die klassische Ressortorganisation. In der Regel ist die Chefredaktion für die Koordination zwischen den Ressorts und anderen Zentralbereichen (Personal, Finanzen etc.) verantwortlich. Zudem wird in einigen Fällen – vor allem in größeren Redaktionen – die Chefredaktion durch eine Stabsstelle (z.B. Chef vom Dienst) unterstützt.

Abb. 15: Objektorganisation mit klassischer Ressortgliederung

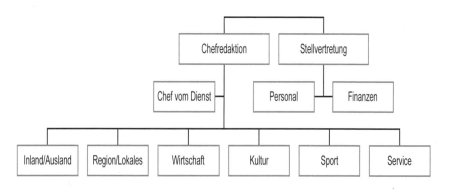

Weitere unterstützende funktionale Tätigkeiten wie z.B. das Archiv, das Layout oder das Fotolabor werden von den Vertretern des objektorientierten Typs nicht

explizit erwähnt. Diese Funktionen werden meist dezentral innerhalb der Ressorts ausgeführt (vgl. auch Moss 1998: 118f).

Verrichtungsorganisation: Die Gliederung nach dem Verrichtungsprinzip kommt dann zum tragen, wenn bei einer redaktionellen Organisationsstruktur Arbeitsteilung und Spezialisierung betont werden. Dies ist vor allem bei den Vertretern der elektronischen Medien der Fall. So unterscheidet der Redaktionsverantwortliche eines privaten Fernsehens im Bereich der Programmleitung zwischen ›Inputer‹ und ›Outputer‹. *»Die Inputstelle liefert Ideen an die Videojournalisten weiter, während die Outputstelle für die Produktion der Fernsehbeiträge verantwortlich ist«* (O1), erklärt der Chefredakteur eines Privatfernsehsenders. Der Redaktionsverantwortliche eines anderen Privatfernsehens erwähnt zusätzlich die Tätigkeits- bzw. Aufgabenbereiche Produktion, Personal, Budgetverwaltung, Technik und Marketing (N1). Es sind die Vertreter der wöchentlich erscheinenden Printmedien – insbesondere der Zeitschriften – die neben einer thematischen Gliederung auch Aufgabenbereiche wie Layout, Bildbearbeitung, Produktion oder Technik in die Beschreibung der Redaktionsstruktur aufnehmen. Abbildung 16 veranschaulicht idealtypisch eine verrichtungsorientierte Organisationsform.

Abb. 16: Verrichtungsorientierte Organisation

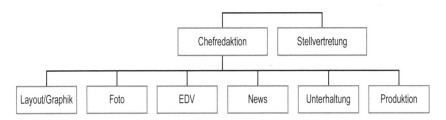

So erwähnt beispielsweise der Chefredakteur einer Zeitschrift die Ressorts Unterhaltung, Nachrichten, Graphik, Foto (E1). Der Redaktionsverantwortliche einer anderen Zeitschrift ergänzt die themenspezifischen Ressorts mit den Bereichen Produktion, Bild und Layout (G1). Der Chefredakteur einer Wochenzeitung differenziert schließlich zwischen News, Produktion, Foto, und Layout (D1). Im Übrigen werden fallweise weitere Funktionen wie Archiv, Dokumentation, Art Director etc. hinzugefügt.

Angesichts der Nachteile der beiden oben ausgeführten Gliederungsprinzipien kann argumentiert werden, dass – sowohl für Zeitungsredaktionen wie auch für den Rundfunk – ein Modell zu entwickeln ist, das eine Objektgliederung mit einer Verrichtungsgliederung kombiniert (vgl. Heinrich 1999: 330f.). Mit dem Ziel, alternative Möglichkeiten zur Organisation der Zeitungsredaktion aufzuzeigen, hat Moss (1998) in verschiedenen Fallstudien unterschiedliche redaktionelle Organisationsmuster herausgearbeitet und ihre Effizienz diskutiert. Er kommt zum Schluss, dass das Modell der redaktionellen Segmentorganisation am ehesten in der Lage ist, »die technisch-organisatorischen Anforderungen auf der einen, und die zunehmend ausdifferenzierten Bedürfnisse des Lesermarkts auf der anderen Seite effizient zu bewältigen« (Moss: 1998: 291). Die redaktionelle Segmentorganisation wird deshalb propagiert, weil die Vorteile der objektorientierten Aufbauorganisation mit hoher Prozesseffizienz kombinierbar sind und gleichzeitig Technikintegration und ressortübergreifende Berichterstattung ermöglicht werden. Bei funktional gegliederten Redaktionen gelten die Schnittstellen zwischen den funktionalen Abteilungen (Foto, Recherche, Produktion, Layout) als Hauptproblem, da sie häufig Quellen von Fehlern sind. Bei verschiedenen amerikanischen Zeitungen (›Star Tribune‹, ›St. Paul Pioneer Press‹) wurden deshalb funktionsübergreifende Teams eingeführt (vgl. Hansen et al. 1998: 803). Die Teams bestehen aus Mitarbeitern mit komplementären Fähigkeiten: Reporter, Fotografen, Layouter und Redakteure. Sie erleichtern die Koordination der journalistische Produktion, da alle an einer Seite beteiligten Mitarbeiter in einem Team arbeiten.

Die redaktionelle Segmentorganisation erfordert ein hohes Maß an dezentraler Aufgabenerfüllung. Alle Prozesse werden um das jeweilige journalistische Teilprodukt wie Mantel, Lokales, Sport, Service etc. angeordnet. Im Unterschied zu einer reinen verrichtungsorientierten Prozessorganisation soll sich die wesentliche Bedeutung des journalistischen Fachwissens in der organisatorischen Gestaltung niederschlagen. Die Chefredaktion ist nur noch für strategische und planerische Aufgaben zuständig. Die Ressortchefs bilden ein Koordinationsteam und sind gemeinsam verantwortlich für das operative Tagesgeschäft. Sie stehen in ständigem Kontakt, um ressortübergreifende Themen zu diskutieren und deren Bearbeitung zu organisieren. Innerhalb der einzelnen Segmente dominiert die Prozessorientierung. Redakteure mit unterschiedlichen Funktionen arbeiten in einem Team: Textredakteure, Techniker, Bildredakteure, Layoutspezialisten, Marketingexperten etc. setzen sich regelmäßig an einen Tisch. Hier können also Spezialisierungsvorteile erzielt werden. Nach Moss (1998: 294) wird das Muster der redaktionellen Segmentorganisation am ehesten »den immer komplexer werdenden technisch-organisatorischen Herausforderungen innerhalb der Redaktion gerecht, ohne die Bedürfnisse des Lesermarktes, die Forderung nach Effizienz und die Umsetzung einer Differenzierungsstrategie zu vernachlässigen.«

Aus den Leitfadengesprächen mit den Redaktionsverantwortlichen geht hervor, dass sich in den meisten Fällen die redaktionelle Organisation den technisch-organisatorischen und ökonomischen Herausforderungen vielfach nicht angepasst hat. Strukturen einer redaktionellen Segmentorganisation fehlen weitgehend bzw. werden nicht bewusst implementiert. Vor allem bei den Tageszeitungsredaktionen, deren Organisation primär objektorientierte Merkmale aufweisen, ist fast ausschließlich die Chefredaktion mit Koordinationsaufgaben betraut. *»Der einzige der hier nicht als Journalist arbeitet bin ich. Ich bin hier der Koordinator«* (R), beschreibt ein Chefredakteur einer Regionalzeitung seine Rolle.

Koordination wird zwar als zunehmend wichtiger werdende Aufgabe des redaktionellen Managements erkannt. Strukturelle Lösungen und Innovationen im Sinne der redaktionellen Segmentorganisation sind aber – außer in der Form von herkömmlichen Konferenzsystemen – nicht in Sicht. Die Kombination einer objektorientierten Gliederung mit einer Verrichtungsorganisation sind am ehesten bei den elektronischen Medien und bei den Zeitschriften erkennbar. Dies verdeutlicht ein weiteres Beispiel einer Reorganisation beim öffentliche Fernsehen. Früher waren dort je ein Inputer aus den Ressorts Inland und Ausland sowie ein Ausgabeleiter für eine Sendung verantwortlich. *»Die beiden Inputer haben sich jeweils die Sendungszeiten streitig gemacht. Zudem war es für die Journalisten im Auslandressort frustrierend, einfach nur Agenturmaterial zu bearbeiten«* (H1), blickt der Redaktionsleiter zurück. *»Das haben wir radikal geändert. Heute gibt es keine personelle Zuordnung zu den Ressorts mehr. Das heißt, jeder macht alles bzw. was er kann und wozu er Lust hat«* (H1). Die Organisationsstruktur wurde zudem zugunsten einer besseren Planung und Flexibilität geändert: *»Die beiden Ressortleiter sind für die mittelfristige Planung zuständig. Für die Sendung sind neu nur noch zwei Ausgabeleiter als Vertreter der beiden Fachbereiche Inland und Ausland gemeinsam eine Woche lang verantwortlich. Ich rede da normalerweise nicht drein«* (H1). Die Reorganisation ist bei dieser Redaktion noch nicht abgeschlossen. Geplant ist die völlige Aufhebung der Ressortgrenzen zwischen Inland und Ausland.

Für die Beurteilung der Effizienz journalistischer Arbeit ist nicht nur die Primärorganisation einer Redaktion maßgebend. Sie stellt zwar das notwendige Gerüst für die Koordination dar; darüber hinaus sind aber weitere strukturelle Maßnahmen denkbar, die eine Redaktion dabei unterstützen, auf technische, marktliche und organisatorische Herausforderungen zu reagieren. Eine Korrektur der Primärstruktur kann beispielsweise durch die Etablierung von ergänzenden Projektorganisationen oder durch Outsourcing erfolgen. In den folgenden beiden Kapiteln wird deshalb der Frage nachgegangen, inwiefern sich diese organisatorischen Konzepte in den befragten Redaktionen bereits niedergeschlagen haben bzw. inwiefern entsprechende Maßnahmen in die Primärorganisationen integriert sind.

Ressortübergreifende Zusammenarbeit in Projektorganisationen

Aufgrund einer Expertenbefragung kommen Weischenberg/Altmeppen/Löffelholz (1994: 156ff.) zum Schluss, dass die wachsende Komplexität journalistischer Themen organisatorisch nicht mehr mit den herkömmlichen Ressortstrukturen bewältigt werden können. Insbesondere Großereignisse, die überraschend eintreten (wie z.b. das Luxor-Attentat, ein Flugzeugabsturz oder eine Chemiekatastrophe), erfordern die Etablierung von sogenannten Projektredaktionen. Weischenberg/Altmeppen/Löffelholz (1994: 158) vermuten deshalb, dass insbesondere Qualitätsmedien vermehrt Projektredaktionen bilden und die Teamarbeit fördern, »um komplexe Querschnittsthemen, aber auch – bei gesteigertem Aktualitätsdruck – komplexe Einzelthemen in einer anspruchsvollen Weise präsentieren zu können.« Sie betonen, dass neue IuK-Technologien diese Anstrengungen unterstützen können. Projektredaktionen werden etabliert, weil sich der gesellschaftliche Wandel und die damit zusammenhängenden Probleme nicht eindeutig den klassischen Ressorts zuordnen lassen.

In Projektredaktionen werden Journalisten bzw. Redakteure aus unterschiedlichen Ressorts und Abteilungen eines Medienunternehmens zu einem zentralen ›Think Tank‹ zusammengefasst, um innovative Konzepte zu entwickeln (vgl. Moss 1998: 158). Hintergrund ist die Überlegung, dass moderne gesellschaftliche Entwicklungen auch im Journalismus eine interdisziplinäre Umsetzung verlangen, damit die differenzierten und doch ineinandergreifenden Facetten dieser Entwicklung in der Berichterstattung adäquat umgesetzt werden können (vgl. Meckel 1999: 73). Das Konzept einer »integrativen Berichterstattung« (vgl. Weischenberg/Altmeppen/Löffelholz 1994: 156) durch Projektorganisationen kommt zudem dem zunehmenden Orientierungsbedarf der Rezipienten entgegen.

Verfolgen Redaktionen das Ziel der ressortübergreifenden Zusammenarbeit, so sehen sie sich mit der Frage konfrontiert, wie Projektorganisationen mit der bestehenden Organisationsstruktur verknüpft werden können. Moss (1998: 158ff.) hat in mehreren Fallstudien bei Zeitungsredaktionen abgeklärt, inwiefern sich Projektorganisationen organisatorisch integrieren lassen. Er unterscheidet zwischen der Stabs-Projektorganisation, der Matrix-Projektorganisation und der reinen Projektorganisation. Die Stabs-Projektorganisation wird meist nebenamtlich von einem Redakteur (z.B. vom Chef vom Dienst) koordiniert. Die Projektorganisation existiert nur virtuell und wird nach Beendigung des Projektes wieder aufgelöst. Die beteiligten Redakteure bleiben während der ganzen Projektdauer ihrem Stammressort zugeordnet. In einer Matrix-Projektorganisation erhalten die Redakteure Weisungen von jeweils zwei Vorgesetzten: zum einen von ihrem Ressortchef, zum anderen von einem Projektleiter. Da bei dieser Form der Projektorganisation zwei Stellen weisungsberechtigt sind, besteht oftmals die Gefahr von matrix-typischen Kompetenzüberschneidungen und Konflikten. Die reine Projektorganisation schließlich bildet, zeitlich befristet, einen eigenständigen organisatorischen Bereich. Die Redakteure arbeiten während der Projektphase nicht in ihren Stammressorts und sind nur für die Projekterfüllung zuständig. Die Projektredaktion wird von einem Projektleiter geführt. Nach Beendigung des jeweiligen Projekts kehren die Redakteure in ihre jeweiligen Ressorts zurück. Bei dieser Form der Projektorganisation können neben den festen Mitarbeitern einer Redaktion auch externe Redakteure hinzugezogen werden.

Aus den Gesprächen mit den Redaktionsverantwortlichen geht hervor, dass diese zwischen längerfristig eingesetzten Projektgruppen und ad hoc organisierten Projekten unterscheiden. Alle Redaktionsverantwortlichen berichten über Erfahrungen mit ad hoc zusammengestellten Projektgruppen, während nur wenige Redaktionen längerfristige Projektorganisationen eingerichtet haben. Im Folgenden wird auf die beiden Typen näher eingegangen:

Der Chefredakteur einer Wochenzeitung schildert den organisatorischen Umgang mit überraschenden Ereignissen: *»Bei einem plötzlich eintreffenden Ereignis – zum Beispiel bei einem Flugzeugabsturz der Swissair – rufen wir die Leute zusammen und bestimmen einen Projektverantwortlichen und eine Projektgruppe bzw. eine Task Force. Beteiligt sind Redakteure aus dem Nachrichten-, Wirtschafts- und Reiseressort«* (F1). Sonderereignisse werden von fast allen Redaktionsverantwortlichen ähnlich gemanagt: *»Das ist bei uns alles ziemlich spontan, ad hoc, vom Chefredakteur oder seinem Stellvertreter organisiert: Wenn wir merken, dass etwas Gewaltiges passiert ist und wir sofort reagieren müssen, werden die aktuellen Ressorts zusammengerufen, um zu überlegen, was man zusammen machen kann«* (D2), sagt ein Ressortleiter einer anderen Wochenzeitung. Eine Ausnahme bildet eine private Fernsehstation, bei der der Chefredakteur keine Erfahrungen mit kurzfristig eingesetzten Projektgruppen hat. Er macht dafür die Größe und mangelnde Ressourcen verantwortlich: *»Unsere Redaktion ist dafür zu klein. Im Ernstfall beauftragen wir jeweils einen oder maximal zwei Journalisten, die sich diesem Thema annehmen«* (O1).

Bei den meisten Redaktionen werden bei kurzfristig eintreffenden Ereignissen ad hoc bestimmte Redakteure zusammengeführt, die sich dann nach der Bearbeitung des Themas wieder trennen. Für solche Fälle gibt es keine bestehenden Teams. Die Projektbeteiligten werden aus bestehenden Ressourcen und Strukturen kurzfristig abgezogen. Einige Redaktionen lösen das Problem, indem sie »*mindestens einen Verantwortlichen pro Ressort in Alarmbereitschaft halten*« (W). »*Wir haben nicht die Mittel, um eine Task Force zu unterhalten, die darauf wartet, bis etwas passiert*« (W), begründet der Redaktionsverantwortliche einer größeren Tageszeitung die Strategie einer Ad-hoc-Lösung. Vor allem kleinere und ressourcenschwache Redaktionen haben damit Probleme, für denkbare aber unvorhersehbare Ereignisse, z.B. einen Flugzeugabsturz, entsprechende Organisationsstrukturen (präventiv) zu schaffen. Einige größere Redaktionen verfügen für solche Fälle zumindest über ein Alarmdispositiv oder eine »*Notfallorganisation*« (Q1). So erwähnt der Chefredakteur einer großen Tageszeitung eine Katastrophenorganisation, bei der »*gewisse Abläufe festgehalten sind, um möglichst rasch reagieren zu können*« (B1). Ein Redaktionsleiter beim öffentlichen Fernsehen erklärt, dass man »*nicht ein Organigramm für unbekannte Katastrophen festlegen könne. Was wir brauchen sind Guidelines, die bestimmen, wer den Alarm auslöst, wer das Equipment wohin bringt etc.*« (I1). Ein anderer Redaktionsleiter beim öffentlichen Fernsehen hält weitergehende Maßnahmen nicht für realistisch: »*Es gibt eine generelle Alarmorganisation, aber keine konkreten Szenarien zum Beispiel zu einem Swissair-Absturz oder einem Terror-Attentat. Sonst müssten wir 27 Szenarios haben – beispielsweise eines zur Atomkatastrophe in Gösgen oder eines für eine Eisenbahnkatastrophe.*« (I11). Ein weiterer Redaktionsleiter beim öffentlichen Fernsehen begründet das Vertrauen auf ad hoc zusammengestellten Gruppen ebenfalls mit mangelnden Ressourcen: »*Wir sind zu wenige, als dass wir eine vororganisierte Task Force einsetzen könnten. In solchen Fällen muss man halt auf die Zähne beißen*« (U). Ein Ressortleiter einer Wochenzeitung führt noch ein weiteres Argument an, das gegen die präventive Einsetzung Projektgruppen spricht: »*Ich halte nichts von einer zwischengeschalteten Gruppe, welche quasi theoretisch ein Gerüst aufstellt und dann aber im Ernstfall die Leute, die tatsächlich damit arbeiten sollen, mit einem undurchführbaren Konzept konfrontieren*« (D2).

Längerfristige Projektgruppen: Da die Implementierung einer reinen Projektgruppe immer zusätzliche Ressourcen beansprucht, erstaunt es nicht, dass vor allem größere Redaktionen längerfristige Projektgruppen einsetzen. Diese Projektgruppen nehmen sich vorhersehbaren und länger andauernden Ereignissen oder Sachverhalten an. »*Projektgruppen gibt es nur bei planbaren Ereignissen, etwa beim Flughafenjubiläum oder bei Wahlen. Nach einer ausgiebigen Vorbereitung sind wir dann sofort bereit, wenn das Thema aktuell wird*« (P1), schildert ein Redaktionsleiter beim öffentlichen Fernsehen die Strategie. Als weiteres Beispiel wird etwa der Golfkrieg erwähnt. »*Da war es absehbar, dass etwas passiert. Wir stellten Journalisten bereit, die im Ernstfall einspringen konnten*« (P2). Bei einigen Redaktionen existieren Mischformen zwischen organisatorisch fest verankerten Projektgruppen und ad hoc zusammengerufenen Spezialisten: »*Wir haben in der sogenannten ›Aktualitätsredaktion‹ eine Art Kernprojektgruppe, die nach Bedarf aus den betroffenen Ressorts ad hoc Kräfte hinzuziehen*« (K1), sagt der Chefredakteur einer großen Tageszeitung.

Versucht man nun die von Moss (1998: 158ff.) ausdifferenzierten Projektorganisationsstrukturen auf die von den befragten Redaktionsverantwortlichen geschilderten Fälle zu übertragen, wird deutlich, dass die meisten Redaktionen Projekte ad hoc im Sinne der Stablinien-Organisation durchführen. In diesem Fall übernimmt in der Regel ein Redakteur aus einem betroffenen Ressort oder eine Führungsverantwortlicher kurzfristig die Leitung des Projekts. So übernimmt bei einer größeren Tageszeitung der Chef vom Themenbund die Projektleitung (A1). Bei einer anderen Regionalzeitung wird das Projekt von demjenigen Redakteur geleitet, »*der die größte Sachkenntnis in dem betreffenden Fall hat: Beim Swissair-Absturz beispielsweise ein Redaktor der auch Pilot ist*« (L1).

In einer Projektgruppe nehmen sich in den meisten Fällen Redakteure aus den jeweils zuständigen Ressorts dem Thema an. Bei einer größeren Tageszeitung wurden beispielsweise Projektorganisationen zu den Themen Millennium und Olympiade etabliert. »*Die beteiligten Redakteure waren aber während der Projektdauer nach wie vor in ihren Ressorts tätig. Sie kamen regelmäßig zusammen, um den weiteren Verlauf zu diskutieren*« (A1). Bei solchen Projektgruppen werden Mitarbeiter aus unterschiedlichen Ressorts herangezogen: »*Wir nehmen Journalisten, die sich mit dieser Thematik immer wieder beschäftigen, aber auch Leute, die sich neu in das Thema einarbeiten oder die einen anderen Zugang haben*« (A1). Dabei können auch externe Journalisten in die Projektorganisation eingegliedert werden: »*In der Regel arbeiten wir mit den besten Fachleuten. Es können auch externe Kräfte hinzugezogen werden*« (B2).

Erfahrungen mit einer Matrix-Projektorganisation haben nur zwei Redaktionen von Wochenzeitungen. In diesem Fällen waren jeweils mehrere Personen für die Durchführung der Projekte verantwortlich. Die Hauptverantwortung liegt beim Projektleiter, wobei dessen Eigenverantwortung allerdings dort eingeschränkt wird, wo er die Kompetenzen mit den Ressortleitern teilen muss (vgl. Moss 1998: 161). Konflikte entstehen beispielsweise dort, wo der Projektleiter auf die Ressourcen anderer organisatorischer Einheiten zurückgreifen muss.

Erfahrungen mit reinen Projektorganisationen als separat gebildete Organisationseinheiten haben nur die größeren Printmedien und der öffentliche Rundfunk. In diesem Fall arbeiten die Redakteure während der Projektphase nicht in ihren angestammten Ressorts, sondern konzentrieren sich ganz auf das Projekt. Erfahrungen eines Redaktionsleiters beim öffentlichen Fernsehen: *»Wir haben zum Thema Holocaust ein Team von fünf Leuten gebildet. Sie haben beispielsweise kleine Biographien zusammengestellt. Während dieser Projektphase kümmerten sich die Mitglieder der Projektgruppe nur um dieses Thema. Erst als sich das Thema Holocaust abschwächte, kehrten sie in ihre Redaktion zurück«* (H1).

Es zeigt sich, dass für die Bearbeitung ressortübergreifender Themen nur in wenigen Redaktionen reine Projektorganisationen ausgebildet werden. Der Sinn von solchen Strukturen wird zwar durchaus erkannt: *»Ich bin davon überzeugt, dass man in jeder Krisensituation wie bei der Feuerwehr in geübten Einheiten arbeiten muss und dass es dazu auch eine organisatorische Vorbereitung – zum Beispiel in Projektgruppen – braucht«* (D1), räumt der Chefredakteur einer Wochenzeitung ein. Aus den Schilderungen der Redaktionsverantwortlichen geht aber hervor, dass entsprechende Strukturen meist ad hoc und weitgehend informell eingerichtet werden. Ein Ressortleiter beim öffentlichen Fernsehen: *»Wir handeln nicht nach einem Schema. Projektgruppen werden bei uns individuell organisiert. Wir halten uns an keine bestimmte Organisationsstruktur«* (H2). Die Einrichtung von projektähnlichen Strukturen erfolgt somit vorwiegend spontan und improvisiert.

Redaktionelles Outsourcing

Das redaktionelle Outsourcing ist eine weitere Alternative organisatorischer Gestaltung, mit der Medienunternehmen auf technische und ökonomische Entwicklungen reagieren (können). Heinrich (1999: 154) versteht darunter die Auslagerung einer ursprünglich unternehmensintern erstellten Produktion in den Beschaffungsmarkt. Trendexploration und theoretisches Kalkül lassen Beobachter von einer signifikanten Zunahme des Outsourcing sprechen (vgl. ebenda: 159). Die Vor- und Nachteile der Auslagerung einzelner Produktionsbereiche werden kontrovers diskutiert. Der Begriff ist »für die einen zum Allheilmittel von Finanzierungsnöten, für die anderen zum Horrorszenario der totalen Rationalisierung journalistischer Arbeit avanciert« (Meckel 1999: 155). Es wird zwischen internem und externem Outsourcing unterschieden (vgl. Heinrich 1999: 157). Externes Outsourcing liegt dann vor, wenn die Lieferanten vom Auftraggeber rechtlich und wirtschaftlich unabhängig sind. Dies ist beispielsweise der Fall, wenn die Herstellung von Beilagen, Special-Interest-Objekten, besonderen Rubriken, einzelnen Sendungen oder Beiträgen von kleinen Medienbüros oder fallweise von freien Journalisten übernommen wird. Internes Outsourcing liegt vor, wenn die Lieferanten wirtschaftlich völlig abhängig sind. Dies trifft beispielsweise auf Tochterfirmen zu oder auf vormals festangestellte Mitarbeiter einer Redaktion, die sich selbständig gemacht haben und nun als freie Anbieter exklusiv für ihren früheren Arbeitgeber bestimmte Leistungen erbringen.

Für das redaktionelle Outsourcing sprechen primär ökonomische Gründe. Es unterstützt vor allem die Strategie der Kostenführerschaft (vgl. Moss 1998: 165ff.). Die ausgelagerte Marktproduktion ermöglicht etwa Größenvorteile, reduziert Fixkosten, streut das Risiko und spart Bürokratiekosten. Der Auftraggeber bezahlt nur das, was auch tatsächlich gedruckt bzw. gesendet wird. Er profitiert zudem von der Innovationskraft, Flexibilität und Kreativität der freien Journalisten, die stärker unter Marktdruck arbeiten (vgl. Heinrich 1994: 168)

Es gibt aber auch viele Gründe, warum ein Medienunternehmen nicht alles vom Markt bezieht. Redaktionelles Outsourcing hat auch Nachteile, beispielsweise für die publizistische Qualität (Heinrich 1999: 159). Redaktionen geben mit der Auslagerung bestimmter Produktionen die publizistische Qualitätskontrolle aus der Hand. Das Medienunternehmen wird von Lieferungen abhängig, deren Qualität nicht genau kontrolliert werden kann. Zudem könnte die Homogenität des publizistischen Profils bzw. die Marke darunter leiden. Es besteht somit die Gefahr, dass Fremdproduktionen das Identitätsbewusstsein der Rezipienten verringern. Des Weiteren sind Innovationsnachteile in Kauf zu nehmen, da mit zunehmenden Marktbezug das eigene Entwicklungspotenzial abnimmt. Außerdem ist zu erwarten, dass die publizistische Vielfalt abnimmt, wenn vermehrt standardisierte Produkte wie z.B. Agenturmeldungen verwendet werden.

Während bei der Etablierung von redaktionellen Segmentorganisationen oder bei der Einführung von Projektorganisationen die Überwindung von Schnittstellen im Mittelpunkt der organisatorischen Gestaltung steht, entstehen durch Outsourcing neue Schnittstellen, indem die Wertschöpfungskette journalistischer Produktion wieder getrennt wird (vgl. Moss 1998: 166f.). Dieser Nachteil muss durch ein entsprechendes Schnittstellenmanagement wieder kompensiert werden, was mit zusätzlichen Transaktionskosten (Informations-, Vereinbarungs-, Kontroll- und Anpassungskosten) verbunden ist (vgl. Heinrich 1999: 158). Bei der Entscheidung, bestimmte Produktionsbereiche auszulagern, sind publizistische Risiken (z.B. Falschmeldungen) und ökonomische Risiken (z.B. unüberwindbare Transaktionskosten und Koordinationsprobleme) einzukalkulieren.

Im Folgenden wird der Frage nachgegangen, inwiefern die befragten Redaktionsverantwortlichen Erfahrung mit dem redaktionellen Outsourcing haben und wie sie die Vor- bzw. Nachteile beurteilen.

Im Printbereich beschränkt sich das redaktionelle Outsourcing in erster Linie auf die Herstellung von Beilagen und besonderer Rubriken von geringer Aktualität. *»Einige Seiten kaufen wir ein, z.B. die Computerseiten. Als nächstes ist eine Seite zum Thema Gesundheit geplant, die wir zusammen mit anderen mittelgroßen Zeitungen einkaufen wollen«* (C2), sagt ein Ressortleiter einer mittelgroßen Tageszeitung. Auch andere Redaktionsverantwortliche im Printbereich berichten vorwiegend von Auslagerungen im Servicebereich. Vom Outsourcing betroffen sind primär redaktionelle Leistungen, die nicht als journalistische Kernleistungen gelten. Die Auslagerung verfolgt primär ökonomische und nicht publizistische Ziele. *»Die Themen Gesundheit, Essen, Trinken usw. können von Spezialisten bearbeitet werden. Aber alles, was die Region betrifft, soll von uns gemacht werden. Ich sehe hier eine Möglichkeit, die wirtschaftliche Lage zu verbessern und in Zukunft mit unternehmerisch denkenden Journalisten zusammenzuarbeiten«* (L1), begründet ein Chefredakteur einer Regionalzeitung die Auslagerung von Servicebeiträgen. Der Ressortleiter derselben Redaktion erwähnt ferner, dass die Bildbearbeitung ausgelagert wurde (L2). Bei mehreren Redaktionen werden Wetterdaten/Wetterprognosen, Veranstaltungskalender und Kreuzworträtsel extern produziert. Der Chefredakteur einer größeren Tageszeitung verspricht sich durch die Auslagerung einen zusätzlichen Gewinn von Spezialwissen: *»Warum soll ich jemanden fest anstellen, der z.B. ein Spezialist im Gastronomiebereich ist. Unsere Redaktion kann es sich nicht leisten, dass Journalisten mal über Reisen schreiben, mal über Gesundheit, mal über Haustiere und dann wieder über Umweltthemen. Wenn ich aber externe Fachkompetenzen auf ein spezifisches Thema ansetze, gewinne ich dadurch wertvolles Spezialwissen«* (C1).

Der Einkauf von redaktionellen Beiträgen, die zur Kernleistung des Angebots gehören, beschränkt sich weitgehend auf die Zulieferungen von Korrespondenten oder freien Mitarbeitern, mit denen die Redaktion über Rahmenverträge oder über regelmäßige Kontakte (gewisse) Leistungsanforderungen vereinbart.

Bei den Redaktionen der elektronischen Medien werden auch redaktionelle Beiträge häufiger extern eingekauft. *»Wenn wir ein Thema unbedingt bringen müssen, aber es uns nicht leisten können, selber einen Beitrag zu produzieren, kann es schon vorkommen, dass wir z.B. beim ZDF anklopfen, weil die Kollegen dort näher dran sind. Die schieben uns dann Beiträge zu, die natürlich schon irgendwo gezeigt wurden«* (H2), schildert ein Ressortleiter beim öffentlichen Fernsehen eine typische Situation. Beim Privatradio kommt es vor, dass fertig produzierte Beiträge von der Audioabteilung der Deutschen Presseagentur dpa oder von freien Bundeshausjournalisten ins Programm aufgenommen werden: *»Das sind dann Beiträge mit wichtigen Quellen, an die wir nicht herankommen«* (M2).

Auch bei den elektronischen Medien werden in erster Linie Beiträge eingekauft, die nicht aktuell oder imagebildend sind und somit keine Kernleistungen der journalistischen Produktion darstellen. So werden bei einem Privatfernsehsender ein Jugendmagazin sowie Special-Interest-Sendungen zum Thema Wohnen und Immobilien extern produziert, wobei letztere Publireportagen sind (N1). Als eine spezielle Art des Outsourcing kann die redaktionelle Zusammenarbeit zwischen den Redaktionen verschiedener Medienunternehmen verstanden werden.

Die redaktionelle Zusammenarbeit wird besonders bei den kommerziellen Radio- und Fernsehstationen häufig praktiziert (O1). Über Erfahrungen in der Zusammenarbeit mit einer externen Produktionsgesellschaft, die ganze Sendungen anbieten, berichtet nur ein Redaktionsverantwortlicher bei einem Privatfernsehsender (N1). Der Redaktionsverantwortliche bei einem Privatradiosender ist sogar überzeugt, dass seine Redaktion *»vor allem aus finanziellen Gründen sicher nie eine ganze Show einkaufen wird«* (M2). Seit der Befragung der Redaktionsverantwortlichen dürften allerdings vor allem im Privatfernsehbereich entsprechende Erfahrungen dazu gekommen sein. So hat beispielsweise der Privatfernsehsender TV3 Sendungen in ihr Programm aufgenommen, die von externen Produktionsgesellschaften hergestellt werden.

Viele Redaktionsverantwortliche bezweifeln, dass extern produzierte Beiträge billiger sind als Eigenleistungen. *»Freie Mitarbeiter kosten viel. Deshalb probiert man, möglichst alles mit den eigenen Leuten abzudecken«* (L2), sagt der Chefredakteur einer Regionalzeitung. Ein Redaktionsleiter beim öffentlichen Fernsehen meint, dass *»Outsourcing nur insofern billiger ist, als sich das Unternehmen keine Sozialverpflichtungen auferlegt«* (I1). Dieser Ansicht ist auch der Chefredakteur einer Wochenzeitung: *»Wenn man viel Aufträge extern vergibt, kann man Sozialkosten sparen. Es wäre also günstiger, die Kernredaktion möglichst klein zu halten«* (D1) Er betont aber, dass damit wichtige Kernkompetenzen verloren gehen würden.

Die Redaktionsverantwortlichen begründen die Zurückhaltung bei der Auslagerung journalistischer Kernleistungen vor allem mit drohenden Qualitätsnachteilen und erhöhten Transaktionskosten. *»Wesentliche redaktionelle Leistungen lagern wir nicht aus, weil Zulieferer womöglich andere Qualitätsstandards oder ethische Grundsätze haben als wir. Dies erschwert die Qualitätskontrolle«*

(F1), begründet der Chefredakteur einer Wochenzeitung seine Zurückhaltung. Auch ein Redaktionsleiter beim öffentlichen Fernsehen betont, dass man »*bei einer Nachrichtensendung zu hundert Prozent sicher sein*« müsse, »*dass die Informationen stimmen*« (H1). Gleich argumentiert ein weiterer Redaktionsleiter beim öffentlichen Fernsehen »*Man muss wissen, wer eine Story macht. Ich muss den Macher kennen und wissen, was er kann, dass er korrekt arbeitet, nicht lügt oder irgendwelche Geschichten erfindet*« (I1). Der Chefredakteur einer Zeitschrift verweist auch auf einen möglichen Markierungsnachteil beim Outsourcing: »*Wir machen alles selber, weil wir eine spezielle Art des Schreibens und der Produktion haben. Die Leser kennen unseren Stil. Wenn nun plötzlich ein externer Journalist mit einem anderen Stil auftreten würde, wären unsere Leser verwirrt*« (E1).

Vor allem die Vertreter der großen Printmedien geben an, dass ihre Redaktionen – neben den genannten servicebetonten Angeboten – kaum Leistungen auslagern. Ein Ressortleiter einer großen Tageszeitung betont, dass auf seiner Redaktion »*nicht einmal das Fernsehprogramm extern produziert*« werde (B2). Es wird befürchtet, durch Outsourcing Entscheidungsspielräume und intern aufgebautes Spezialwissen zu verlieren: »*Ich wehre mich mit Händen und Füssen gegen das Outsourcing, weil damit die journalistische Schreibfähigkeit und das fachliche Know How verloren gehen können*« (A1), begründet der Chefredakteur einer großen Tageszeitung seine Zurückhaltung. Der Redaktionsverantwortliche einer Wochenzeitung hat von der Idee abgelassen, eine Spezialseite zum Thema Computer auszulagern, »*weil die Redaktion dieses Know How intern eben auch benötigt*« (D1). Auch die früher ausgelagerte Bildbearbeitung wurde wieder in den internen Produktionsprozess integriert. Der Chefredakteur bei einem Privatfernsehen hat negative Erfahrungen mit einer externen Produktionsfirma gemacht: »*Sie war in der Zusammenarbeit zu wenig flexibel*« (O2).

Die von den Redaktionsverantwortlichen erwähnten Transaktionskosten sowie die möglichen Qualitätsnachteile können ein Grund dafür sein, weshalb der allgemein beobachtbare Trend zum Outsourcing sich in der Medienbranche nur zögerlich durchsetzt und entsprechende Ansätze in erster Linie die weniger aktuellen Inhalte oder Angebote ohne besondere Differenzierungsmerkmale betreffen. Die meisten Chefredakteure sind der Ansicht, dass die Auslagerung journalistischer Kernbereiche nicht zunehmen wird. Nach Ansicht eines Redaktionsleiters beim öffentliche Fernsehen ist es vor allem die hohe Glaubwürdigkeit, die der Strategie des Outsourcing widerspricht: »*Jedes Medienunternehmen wird auch künftig den engeren Informationsbereich bei der Zentrale behalten, weil sich Verlässlichkeit im Journalismus nur über Vertrauen zu den*

Machern sicher lässt« (I1). Andere Chefredakteure stellen eine Zunahme der Auslagerung journalistischer Arbeit fest: *»Outsourcing hat vor allem wegen des Kostendrucks enorm zugenommen. Es ist ein neues Thema, mit welchem wir erste Erfahrungen sammeln«* (Q1), so der Chefredakteur einer Regionalzeitung. Auch der Chefredakteur einer großen Tageszeitung ist überzeugt, dass die Entwicklung Richtung Outsourcing erst am Anfang steht: *»Ich wünsche mir, dass der Trend Richtung Outsourcing noch stärker wäre. Ich habe Probleme, dies durchzubringen, weil einige Journalisten alles selber machen wollen«* (C1).

4.5.5 Zusammenfassung und Ausblick

Im dritten Hauptkapitel der Teilstudie 2 wurde der Frage nachgegangen, inwiefern Redaktionen auf den zunehmenden Kommerzialisierungsdruck mit Wettbewerbsstrategien reagieren und inwiefern sich redaktionelle Managementansätze in einer vermehrten Zusammenarbeit zwischen Redaktion und Verlag/Geschäftsführung, in einem Rollenwandel bzw. Kompetenzzuwachs der ›Redaktionsmanager‹ und schließlich in der redaktionellen Organisationsstruktur niederschlagen.

Die Vertreter der Wochenzeitungen, Zeitschriften und der privaten elektronischen Medien haben am ehesten Strategien entwickelt, im Wettbewerb mit anderen Anbietern bestehen zu können. Sie verfolgen in erster Linie eine Differenzierungsstrategie, das heißt sie versuchen, sich mit ihrem publizistischen Angebot von demjenigen der Konkurrenten im selben Markt zu unterscheiden. Die Strategie der Kostenführerschaft spielt eine wesentlich geringere Rolle und schlägt sich höchstens im Bemühen nieder, ein Qualitätsprodukt zu niedrigeren redaktionellen Kosten anzubieten. Es fällt auf, dass primär Redaktionen in einer starken Konkurrenzsituation entsprechende Differenzierungsstrategien verfolgen. Wo der publizistische Wettbewerb fehlt, werden auch keine Wettbewerbsstrategien entwickelt.

Vor dem Hintergrund eines zunehmenden Wettbewerbs auf dem Publikumsmarkt gewinnt auch die Frage an Bedeutung, inwiefern sich der Trend der Kommerzialisierung auf die Zusammenarbeit von Redaktion und Verlag/Geschäftsführung auswirkt. Insgesamt lassen sich drei Modelle der Zusammenarbeit feststellen: Bei den Tageszeitungen und beim öffentlichen Radio und Fernsehen herrscht eine strikte Trennung (Separatismus). Dort beschränken sich beispielsweise die Marketingaktivitäten auf den Verlag, das Involvement der Redaktion bleibt gering. Vor allem bei kleineren Tageszeitungen wird von Fall zu Fall zusammengearbeitet (sporadische Zusammenarbeit), während hauptsächlich bei den Zeitschriften und bei den privaten elektronischen Medien prinzipiell intensiver kooperiert wird (integrierende Kooperation).

Eine weitere Folge des Kommerzialisierungsdrucks ist der Rollenzuwachs der Chefredakteure. Diese werden zunehmend mit ökonomisch relevanten Anforderungen konfrontiert. Sie können sich immer weniger auf genuin journalistische Tätigkeiten konzentrieren, sondern müssen als Redaktionsmanager vermehrt geschäftsführerische und organisatorische Aufgaben übernehmen wie Geschäftsführung, Etatplanung, Redaktionsorganisation, Personalführung, Ausbildung, Koordination, redaktionelles Marketing etc. Diese Entwicklung wird von den betroffenen Redaktionsverantwortlichen ambivalent beurteilt. Der Rollenwechsel ist bei den elektronischen Medien und den wöchentlich erscheinenden Printmedien am weitesten fortgeschritten.

Auch auf der organisationalen Ebene der Redaktion gewinnen Fragen betriebswirtschaftlicher Effizienz an Bedeutung. Weil jedoch die Herstellung journalistischer Produkte nur schwer strukturierbar und durch eine geringe Ähnlichkeit und eine hohe Veränderlichkeit gekennzeichnet ist, eignen sich herkömmliche Managementkonzepte aus anderen Brachen nur bedingt, um effizientere Redaktionsstrukturen zu etablieren. Die Redaktionen kommen aber nicht darum herum, auf die Trends der Technisierung und Kommerzialisierung auch mit der Neugestaltung der jeweiligen Organisationsstruktur zu reagieren, bzw. moderne Managementkonzepte zu implementieren.

Die Befragung der Redaktionsverantwortlichen zeigt, dass Tageszeitungen hauptsächlich *objektorientiert* strukturiert sind, während elektronische Medien ihre Redaktionen stärker verrichtungsorientiert gestalten. Es sprechen aber viele Argumente dafür, die Verrichtungs- mit der Objektgliederung zu kombinieren. Entsprechende Lösungen und Innovationen im Sinne der redaktionellen Segmentorganisation sind allerdings selten etabliert.

Die Primärorganisation (Aufbau- und Ablaufstruktur) allein ist für die Koordination der journalistischen Produktion nicht ausreichend. Darüber hinaus können redaktionelle Organisationen beispielsweise mit Projektorganisationen oder Outsourcing auf technische, ökonomische und organisatorische Herausforderungen reagieren. Während in den meisten Redaktionen Projektorganisationen für die kurzfristige Bearbeitung aktuell und überraschend auftretender Ereignisse ad hoc etabliert werden, hat man vor allem in größeren Redaktionen im Printbereich sowie beim öffentlichen Rundfunk weitergehende Erfahrungen mit längerfristigen Projektgruppen. Der Sinn und die Notwendigkeit der Etablierung von ressortübergreifenden Strukturen wird zwar von allen Redaktionsverantwortlichen erkannt, die Einrichtung entsprechender Projektorganisationen erfolgt aber – primär aus Kostengründen – vorwiegend spontan und improvisiert. Während ressortübergreifende Projektorganisationen etabliert werden, um Schnittstellen zu überwinden, werden durch Outsourcing neue geschaffen. Die Redaktionsbefragung zeigt, dass in erster Linie redaktionelle Leistungen ausgelagert werden, die nicht als journalistische Kernleistungen gelten. Das Outsourcing verfolgt ökonomische Ziele und betrifft hauptsächlich die Herstellung von Beilagen, Special-Interest-Objekten und serviceorientierten Beiträgen. Die Redaktionsverantwortlichen begründen die Zurückhaltung bei der Auslagerung journalistischer Kernleistungen vor allem mit drohenden Qualitätsnachteilen (eingeschränkte Qualitätskontrolle), Markierungsnachteilen (heterogenes Profil) und erhöhten Transaktionskosten (erheblicher Koordinationsaufwand). Aus diesen Gründen setzt sich das Outsourcing in der Medienbranche nur zögerlich durch und betrifft in erster Linie wenig aktuelle Inhalte oder Angebote ohne besondere Differenzierungsmerkmale.

Es gilt weitgehend als unbestritten, dass Redaktionen mit Wettbewerbsstrategien und organisatorischen Maßnahmen auf den Reformdruck reagieren müssen. Das Innovationspotential bei der Anwendung moderner Managementkonzepte ist groß. Die Redaktionsbefragung verdeutlicht, dass entsprechende Strategien und die Etablierung innovativer Organisationsstrukturen nur sporadisch, beiläufig und improvisiert vorangetrieben werden. Die Produktion journalistischer Qualität setzt voraus, dass in den Redaktionen – und nicht nur auf der Führungsebene – auch betriebswirtschaftliche Fähigkeiten und Managementkompetenzen systematisch ausgebildet werden. Nur dann ist der Journalismus in der Lage, den durch die Kommerzialisierung vorangetriebenen Umbruch aktiv mitzugestalten.

5. Fazit

5.1 Der zögerliche Wandel

Die im Rahmen dieses Buches dargelegten Auswertungen von über 2.000 Fragebögen und der Analyse von 41 qualitativen Interviews mit Redaktionsverantwortlichen ermöglichen einen differenzierten und facettenreichen Einblick in die Situation des Journalismus in der Schweiz am Ende der neunziger Jahre. Dabei kann mit Bezug auf die in der Einleitung formulierte Frage nach der *Normalität* des nationalen Berufsstandes ganz allgemein bilanziert werden, dass das Gros der Befunde die These von einer aktuellen Sonderstellung des Schweizer Journalismus, die z.B. aus den historischen Besonderheiten des Landes oder seiner politischen Ausnahmeposition in Europa abgeleitet werden könnte, nicht stützen. Statt dessen offenbaren die Schweizer Journalisten eine Vielzahl von Übereinstimmungen oder Ähnlichkeiten mit ihren Berufskollegen in anderen westeuropäischen oder nordamerikanischen Ländern. Sie arbeiten unter vergleichbaren strukturellen Bedingungen, rekrutieren sich aus vergleichbaren soziokulturellen Segmenten, treffen vergleichbare Einschätzungen ihrer Berufssituation, teilen vergleichbare Berufsauffassungen und Selbstbilder und sie sind einem aktuellen Veränderungsdruck ausgesetzt, der unter dem Begriff der *Globalisierung* mit seinen verschiedenen Facetten der Kommerzialisierung, Informatisierung oder Technisierung zusammengefasst werden kann und als solcher die Gleichgültigkeit gegenüber nationalen Grenzen schon in seinem Label indiziert.

Trotz dieses generellen Befundes wäre es natürlich unzulässig, den Journalismus in der Schweiz einfach mit jenem in Deutschland, in Frankreich oder in den USA gleichzusetzen. Damit würde der Blick für nationale Spielarten verloren gehen, mit denen der Berufsstand auf die Herausforderungen der Gegenwart reagiert. Gemessen an den Untersuchungsergebnissen anderer Länder lassen die erhobenen Daten den Schluss zu, dass der Veränderungsdruck den Journalismus in der Schweiz mit einer gewissen Verzögerung erfasst und dabei durchaus spezifische Folgen zeitigt. Erst auf dieser detaillierten Vergleichsebene können historische, politische und strukturelle Ursachen als Erklärungshintergrund für die Verzögerung in Anschlag gebracht werden. Nach der Zusammenfassung der Hauptergebnisse beider Teilstudien in den zwei folgenden Abschnitten soll anschließend ein solcher Erklärungsversuch unter Berücksichtigung der Rahmenbedingungen *Sprachenvielfalt, Kleinräumigkeit, Politikverhaftung* und *Professionalisierung* unternommen werden.

5.1.1 Berufsrealität und Arbeitsbedingungen

Charakteristisch für die Schweiz ist eine ausgesprochen *große Zahl an Journalisten* und zwar in allen drei Sprachregionen. Eine Tendenz zur *Verjüngung der Berufsgruppe* ist erkennbar, aber noch nicht so weit fortgeschritten wie in anderen Ländern. Der *Berufseinstieg* erfolgt relativ spät. Ein *Anstieg des Frauenanteils* zeichnet sich deutlich ab und bewegt sich im internationalem Trend. Die *Ausbildungssituation* hat sich über Jahre hinweg nur wenig verändert, ist nicht systematisch strukturiert und angesichts der gegenwärtigen Herausforderungen als unbefriedigend einzuschätzen. Immerhin lässt sich ein *Anstieg der Akademisierung* feststellen. Die *Entlohnung* der Schweizer Journalisten ist aus nationaler Perspektive angemessen, im internationalen Vergleich überdurchschnittlich.

Trotz der großen Journalistenzahl sind die Chancen auf eine *Festanstellung* relativ hoch. Nach wie vor in der Minderheit sind jene Journalisten, die gleichzeitig für verschiedene Medien arbeiten, wobei die *simultane Tätigkeit* für Print- und elektronische Medien nur in Ausnahmefällen auftritt. Die Aufteilung der Journalisten auf die verschiedenen *Medientypen* entspricht internationalen Größenverhältnissen, mit der Besonderheit, dass Mitarbeiter des öffentlichen Radio und Fernsehens die Gruppe der AV-Journalisten (noch) deutlich dominieren.

Die Strukturen, die Schweizer Journalisten bei der Ausübung ihrer Tätigkeit vorfinden, variieren in Abhängigkeit vom *Medientyp* beträchtlich. Neben der technischen Unterscheidung in Printmedien und elektronische Medien sowie der Differenzierung nach der Finanzierungsform in öffentliche und private Anbieter ist auch die Publikationsfrequenz folgenreich für die strukturellen Voraussetzungen. Im Ergebnis dieser verschiedenen Unterscheidungen wird deutlich, wie heterogen die strukturelle Basis des Journalistenberufes ist und wie problematisch ein nivellierendes Reden von *den* Journalisten sein kann.

Angesichts dieser *Heterogenität der Berufsrealität* ist die *Homogenität subjektiver Merkmale* wie die Berufszufriedenheit und die Rollenselbstbilder beachtlich. Strukturelle Benachteiligungen, wie sie beispielsweise für Journalistinnen und freie Mitarbeiter aufgezeigt werden konnten, fallen in der *Bewertung der Berufssituation* wesentlich moderater aus. Die Einschätzung der vorgelegten Indikatoren verschiedener *Rollenselbstbilder* folgte einem recht einheitlichen Trend und produzierte nur in wenigen Fällen Varianzen, die auf eine Polarisierung hindeuten. Diese Einheitlichkeit kann als eine Art *mainstreaming* beschrieben werden und findet sich nicht nur bei der Bewertung der Einzelitems, sondern auch in dem Phänomen, dass Journalisten in den unterschiedlichsten Medienbereichen dazu tendieren, eine ganze Reihe von zum Teil widersprüchlichen Zielsetzungen als individuelle wichtig zu reklamieren.

5.1.2 Technisierung und Ökonomisierung

Obwohl drei Viertel der befragten Journalisten konstatieren, dass die zunehmende Informationsflut die Selektion durch den Journalismus erschwere und gut die Hälfte meint, dass sich die gesellschaftlichen Akteure dank der neuen IuK-Technologie immer mehr direkt an ihre Zielgruppen wenden würden, befürchten die befragten Redaktionsverantwortlichen in Zukunft nicht den *Verlust ihres Gatekeeper-Monopols* oder gar „das Ende des Journalismus"; sie sind im Gegenteil davon überzeugt, dass die journalistischen Funktionen der Selektion, Analyse, Einordnung und Gewichtung nach wie vor oder künftig sogar noch verstärkt benötigt würden. Dementsprechend werden die neuen Online-Medien auch nicht als bedrohliche publizistische Konkurrenz, sondern eher als Ergänzung verstanden.

In den Redaktionen selbst wird das *Internet zur Datenbeschaffung und Recherche* von je etwa 40% schon häufig oder mindestens ab und zu genutzt, am meisten in den Nachrichtenagenturen und den Sonntags-/ Wochenzeitungen und am wenigsten im öffentlich-rechtlichen Radio. Dass diese neuen Möglichkeiten in den Redaktionen zur Überforderung führten oder den Aktualitätsdruck erhöhten, wird nur von einer Minderheit bejaht; erkannt werden aber auch Gefahren: die neuen Technologien könnten vorab als Mittel der Rationalisierung und Kostensenkung eingesetzt werden oder der direkte Kontakt zu den Quellen könnte leiden. Von einer deutlichen Mehrheit werden insgesamt aber eher positive Aspekte betont wie erhöhte zeitliche und räumliche Flexibilität, erleichterte Zugangsmöglichkeiten zu Informationen oder verstärkte Unabhängigkeit von zugelieferten Medienmitteilungen. Das computergestützte Recherchieren wird auch von den Redaktionsverantwortlichen als Chance gesehen. Allerdings wird auch auf die erhöhten Anforderungen hingewiesen, die zur Überforderung führen können, falls auf den Umgang mit den neuen IuK-Technologien nicht genügend vorbereitet werde.

Was die Verwendung von *Leserschafts- und Publikumsdaten* anbelangt, so ergibt sich aufgrund der Journalistenbefragung wie der Gespräche mit den Führungsverantwortlichen, dass in den Schweizer Redaktionen die Publikumsorientierung auf der Basis von empirischer Forschung noch eher schwach ausgeprägt ist. Obwohl 70% meinen, dass solche Daten wichtige Informationen über das Publikum für die eigene journalistische Arbeit liefern würden, besitzt nur jeder zweite Journalist Zugang zu Leserschafts- und Publikumsdaten. Zudem ist die Qualität und Nutzung dieser Daten je nach Medientyp sehr unterschiedlich ausgeprägt. Aufgrund der Leitfadengespräche konnten drei Typen von Redaktionsverantwortlichen gebildet werden: der *Soziodemographie-Kenner* mit differenziertem Wissen, der Bedürfnisorientierte, welcher über zusätzliche Informationen zu Interessen und Wünschen verfügt, und der *Quoten-Kenner*, bei dem Marktanteile und Verkaufzahlen im Vordergrund stehen. Zusammenfassend betrachtet meinten in der schriftichen Befragung aber weniger als 50%, dass häufig oder sogar immer Schlussfolgerungen aus der Leserschafts- und Publikumsforschung gezogen würden. Als konkrete Umsetzungsstrategien nennen die Redaktionsverantwortlichen vorwiegend die Optimierung der Gestaltung und die gezielte Ansprache des Publikums sowie den Ausbau von Angeboten wie Lokalberichterstattung oder Service. Gegen eine vermehrte Ausrichtung auf spezifische Zielpublika bzw. eine stärkere Spartenorientierung spricht nach Ansicht der Befragten aber auch die Kleinräumigkeit des Schweizer Markts. Zusammenfassend verstehen die Redaktionsverantwortlichen unter Publikumsorientierung aber vorab eine stärkere Serviceorientierung im Sinne der Vermittlung von Informationen, lehnen aber weitergehende *Vermarktungsfunktionen* deutlich ab, wie sie etwa in den USA unter dem Druck der Anzeigenabteilungen schon praktiziert werden. Kritisiert wird dabei die Gefahr der Vermischung von ökonomischen und publizistischen Interessen und als Folge die Beeinträchtigung der Glaubwürdigkeit.

Inwieweit auf den zunehmenden Konkurrenzdruck mit gezielten *Wettbewerbsstrategien* wie Kostenführerschaft oder Konkurrenzabgrenzung reagiert werden muss, wird unterschiedlich beurteilt. Es fällt auf, dass Vertreter von Sonntags- / Wochenzeitungen und privaten elektronischen Medien sich hier schon am stärksten Gedanken machen und bspw. Differenzierungsstrategien verfolgen, während dies kaum der Fall ist, wenn publizistischer Wettbewerb fehlt. Bezüglich der vermehrten *Zusammenarbeit zwischen Redaktion und Verlag* wird bei den Tageszeitungen und beim öffentlichen Radio eine strikte Trennung vertreten oder bei kleineren Tageszeitungen von Fall zu Fall zusammengearbeitet, während hauptsächlich bei den Zeitschriften und den privaten elektonischen Medien prinzipiell intensiver kooperiert wird.

Auf der *organisatorischen Ebene der Redaktion* gewinnen Fragen der betriebswirtschaftlichen Effizienz an Bedeutung. Während insgesamt 50% die *Bedeutung von Führungs- und Managementkompetenzen* für den beruflichen Alltag betonen, bejahen dies schon drei Viertel der befragten Journalisten mit Führungsfunktionen. Die Redaktionsbefragung zeigt aber auch, dass die Etablierung innovativer Organisationsstrukturen wie ressorübergreifende Projektorganisation erst sporadisch, beiläufig und mehr improvisiert als systematisch vorangetrieben werden. Auch das *Outsourcing von Redaktionsleistung* wird durch die Redaktionsverantwortlichen eher zurückhaltend beurteilt.

5.2 Rahmenbedingungen des zögerlichen Wandels

5.2.1 Die Sprachenvielfalt

Die unterschiedliche Größe der Märkte

Die Schweiz ist geprägt durch ihre Sprachenvielfalt: Seit Jahrhunderten leben im Bund der Eidgenossen mehrere Kulturen zusammen. Heute zählen 65%der Bevölkerung zum deutschen Sprachraum, 19% zum französischen, 8% zum italienischen und ein halbes Prozent zum rätoromanischen (während die restlichen siebeneinhalb Prozent auf andere Sprachen fallen). Die Sprachen dieser vier Kulturen sind Landes- und Amtssprachen. Diese vier Sprachräume sind territorial kompakt und klar voneinander abgetrennt. Eine sprachlich gemischte Bevölkerung findet sich nur in wenigen Städten, die an der Sprachgrenze liegen (Freiburg, Biel) oder die durch Einwanderung und Tourismus eine neue Zusammensetzung erhielten (St. Moritz, Ilanz). Insofern sind Sprachgrenzen auch Mediengrenzen: Medien stoßen kaum in das jeweils andere Sprachgebiet vor.

Ganz anderes verhält es sich bei den Immigranten des 20. Jahrhunderts: Die Zugezogenen und Geflüchteten aus allen Teilen der Welt wohnen nicht kompakt zusammen. Sie verteilen sich über das ganze Land. Sie werden deshalb im jeweiligen Sprachgebiet rasch integriert und verstärken den multikulturellen Charakter der Schweiz weniger durch ihre Sprache als durch ihre Sitten und Gebräuche, ihre Religion, ihr Aussehen. Sie nutzen Medien aus ihrer Heimat sowie schweizerische Medien.

Die vier alten Sprachkulturen der Schweiz beanspruchen hingegen ihre jeweils eigenen Medien. Und sie haben sie auch: In allen Sprachkulturen existieren Nachrichtenagenturen, Zeitungen, Zeitschriften, Radio- und Fernsehprogramme. Aber die Rahmenbedingungen sind gänzlich verschieden, weil die Sprachräume so unterschiedlich groß sind. Während sich die Medien der deutschsprachigen Schweiz in einem Markt von insgesamt 5,2 Millionen Menschen bewegen, beläuft sich das Potenzial rätoromanischer Medien bloß auf 30.000 Menschen. Dazwischen liegen die Märkte der französischen Schweiz mit 1,6 Millionen Menschen und der italienischen Schweiz mit 320.000 Menschen. Dies bedeutet, dass die Ressourcen für den Journalismus je nach Sprachregion völlig unterschiedlich sind, wie sich an den Auflagenzahlen der jeweils größten Tages-, Wochen- bzw. Sonntags- und übrigen Zeitungen ablesen lässt (vgl. Tabelle 52).

Tab. 52: Größte Zeitungen je Sprachregion (Auflage)

Sprachregion	größte Tageszeitung	größte übrige Zeitung	größte Sonntags-/ Wochenzeitung
Deutsche Schweiz	Blick (317.150)	Bremgarter Anzeiger (15.953)	SonntagsBlick (334.511)
Französische Schweiz	24 heures (88.530)	La Gruyère (15.033)	Le Matin Dimanche (228.518)
Italienische Schweiz	Corriere del Ticino (38.194)	Il Lavoro (39.763*)	Il Mattino della Domenica (45.043)
Rätoromanische Schweiz	-	La Quotidiana (6.105)	-

*Im Tessin erscheint mit ›Il Lavoro‹ eine wöchentliche Gewerkschaftszeitung, die über eine enorme Verbreitung verfügt. Andere italienischsprachige, nicht-tägliche Zeitungen weisen Auflagen von 1.000 bis 6.000 Exemplare auf.
Quelle: Verband Schweizerischer Werbegesellschaften 2000.

Die Zahlen machen deutlich, dass nur in der deutschsprachigen Schweiz und – mit Abstrichen – in der französischsprachigen Schweiz einigermaßen ›normale‹ Bedingungen herrschen. Nur dort besteht ein Markt, der auf die Dauer Medien finanzieren kann, die sich auf ein Korrespondentennetz im In- und Ausland stützen, kompetenten Wirtschafts-, Wissenschafts- und Kulturjournalismus betreiben, mit viel Eigenleistungen auch im Lokalbereich aufwarten, investigativ recherchieren und das politische System und seine Vertreter kritisch kontrollieren. Nur dort sind die Medienunternehmen in der Lage, spürbar in die Ausbildung und Weiterbildung der Medienschaffenden zu investieren.

Ungleichheit bei fehlendem Ausgleich

Die sprachkulturelle Segmentierung erweist sich als Struktur der Ungleichheit und als ein erstes Hindernis für die Modernisierung und Professionalisierung des Journalismus. Es sei denn, es gebe nationale Institutionen, die den Ausgleich intern herstellen. Solche Institutionen sind die *Schweizerische Depeschen-agentur (SDA)* und die *Schweizerische Radio- und Fernsehgesellschaft (SRG)*. Die SDA bietet mit ihrem französischen und italienischen Dienst mehr, als sich mit den Abonnementsbeiträgen der Kunden in den beiden Sprachräumen finanzieren lässt. Die SRG strahlt auch in der Suisse romande und in der Svizzera italiana Vollprogramme für Radio und Fernsehen aus (3-4 Radio- und 1-2 Fernsehprogramme). In der rätoromanischen Schweiz verbreitet sie ein nahezu volles Radioprogramm sowie ein Fernseh-Teilprogramm. Dies ist nur möglich, weil die beiden Institutionen ihre Aktivitäten zugunsten der Sprachminderheiten quersubventionieren: Sie nutzen Einnahmen aus der deutschsprachigen Schweiz für Leistungen in den anderen Regionen. Insofern sind die Minderheiten durch SDA und SRG nicht benachteiligt. Sonst aber differiert die Ausstattung mit Medien beträchtlich (vgl. Tabelle 53).

Tab. 53: Ausstattung der Sprachregionen mit Medien

Medien	Deutsche Schweiz	Franz. Schweiz	Italien. Schweiz	Rätorom. Schweiz
Agenturen	2	2	1	1
öffentl. TV-Programme	2	2	2	0,1
private TV-Programme	18 (+46*)	3 (+26*)	1 (+2*)	-
öffentl. Radio-Programme	5	4	3	1
private Radio-Programme	34	15	2	1
Tageszeitungen	52	13	3	-
nicht tägliche Zeitungen	70	37	10	4
Wochenzeitungen	2	-	-	-
Sonntagszeitungen	2	2	2	-
Nachrichtenmagazine	1	1	-	-

*In Klammern Zahl der bloßen Infokanäle und lokalen Videoverbreiter.
Quellen: Verband Schweizerischer Werbegesellschaften 2000; Auskünfte des SRG-Forschungsdienstes; Adressliste der Radio-, TV- und BTX-Veranstalter des Bundesamtes für Kommunikation (Stand Juni 2000).

5.2.2 Die Kleinräumigkeit

Das Reservat der Kleinzeitungen

Die Aufsplitterung des Medienmarktes in vier sprachregionale Märkte wird zusätzlich verstärkt durch den Einfluss der föderalistischen Struktur der Schweiz auf die Medien. Die Schweiz ist schon landschaftlich stark gekammert: Viele Täler des Juras und der Alpen, aber auch der Hügelzonen des Mittellandes sind gegen außen durch natürliche Grenzen abgeschlossen und führen ein Eigenleben.

Dies widerspiegelt sich auch in der politischen Einteilung: Kaum ein anderes europäisches Land kennt so kleine Teilstaaten, wie es die 26 Schweizer Kantone sind. Der größte Kanton, Zürich, zählt zwar über eine Million Einwohner, aber der kleinste, Appenzell Innerrhoden, bringt es nicht einmal auf 15.000, und weitere acht Kantone erreichen die Marke von 100.000 Einwohnern nicht. Dazu kommt, dass die Kantone weiter unterteilt sind in Bezirke, Ämter oder Kreise. Und oft sind die alten Bewusstseinseinheiten, etwa die aargauischen oder schwyzerischen Bezirke, die bündnerischen Kreise, die solothurnischen und luzernischen Ämter, die waadtländischen und jurassischen Distrikte, die basellandschaftlichen und appenzell-ausserrhodischen Kantonsteile (Oberbaselbiet, Unterbaselbiet; Vorderland, Mittelland, Hinterland) für die Bevölkerung die wichtigsten.

Im Vergleich mit den französischen Departementen, den italienischen Provinzen oder den deutschen und österreichischen Bundesländern erscheinen die schweizerischen Kantone und ihre Unterteilungen wie mehrfach verkleinerte Miniaturrepubliken. Und exakt diese Miniaturrepubliken schufen sich praktisch ausnahmslos ihre eigenen Medien. Jedes Tal, jeder Bezirk, jede Kleinstadt wollte im 19. Jahrhundert eine eigene Zeitung haben, und ein Großteil dieser Zeitungen hat bis heute überlebt. Die Schweiz ist ein Reservat der Kleinzeitungen. 140 Blätter erscheinen mit einer Auflage von weniger als 15.000 Exemplaren, 25 davon als Tageszeitungen. Die kleinste Tageszeitung sind die ›Bischofszeller Nachrichten‹ im Kanton Thurgau mit einer Auflage von 829 Exemplaren. Die kleinste einmal wöchentlich erscheinende Lokalzeitung ist das ›Echo vom Jauntal‹ im Kanton Freiburg mit einer Auflage von 600 Stück. Bei insgesamt 196 Zeitungen fällt die Zahl von 140 Kleinzeitungen stark ins Gewicht. Dabei fällt auf, dass gerade flächenmäßig große Kantone mit vielen Subregionen wie Waadt, Graubünden, Bern, Aargau und Zürich besonders viele Kleinzeitungen aufweisen.

Die Eingrenzung journalistischer Spielräume

Es liegt auf der Hand, dass der journalistische Spielraum derart kleiner Zeitungen – wie auch kleiner Lokalradios oder Lokalfernsehstationen – begrenzt ist. Sie können sich höchstens auf die lokale Berichterstattung konzentrieren und müssen sich für die nationale und internationale Politik, für die Wirtschaft, die Kultur, den Sport und die vermischten Meldungen auf Agenturberichte abstützen. Investigative Recherchen, größere Studien, Reisen, Präsenz auf den nationalen und internationalen Schauplätzen – all das gehört für viele Medienschaffenden bei Kleinmedien in die Welt der Träume. Denn meist sind die Redaktionen so klein, dass abgesehen vom jährlichen Urlaub kaum je jemand freigestellt und länger entbehrt werden kann.

Dementsprechend ist die Zahl der Medien, die über beträchtliche Ressourcen verfügen, in der Schweiz sehr klein. Dazu zu rechnen sind die Radio- und Fernsehredaktionen der SRG. Dazu zu rechnen sind 20 Zeitungen mit Auflagen von mehr als 50.000 (vgl. Tabelle 54).

Tab. 54: Anzahl großer Zeitungen (über 50.000 Auflage) nach Sprachregion

Sprachregionen	Tageszeitungen	Sonntags-/Wochenzeitungen
Deutsche Schweiz	11	3
Französische Schweiz	4	2
übrige Sprachregionen	-	-
Gesamt	15	5

Die föderalistische Ausdifferenzierung der Schweiz hat den Medien wenig Entfaltungsmöglichkeiten gegeben. Immerhin beginnen sich die Medien seit einiger Zeit zunehmend an Wirtschaftsräumen zu orientieren. Medien in der Suisse romande richten sich auf das ›Bassin lémanique‹ aus, auf die Agglomeration entlang des Genfersees, die die Kantone Genf, Waadt und Wallis umfasst. Medien im Raum Bern orientieren sich am ›Espace Mittelland‹, der weite Teile der Kantone Bern, Freiburg, Solothurn und Aargau einbezieht. Das ›Millionen-Zürich‹ der Zürcher Medien greift längst über den Kanton hinaus und umfasst auch Schaffhausen, Zug sowie Teile der Kantone Aargau, Schwyz, Glarus, St. Gallen und Thurgau. Mit der ›Südostschweiz‹ entsteht eine eher künstliche Region entlang der Nationalstrasse A 12, die Graubünden, Glarus sowie Teile von Schwyz und St. Gallen umklammert. Diese Entwicklung fördert die Kooperation und Fusionen sowie die Konzernbildung. Gleichzeitig ermöglicht sie die Professionalisierung und Modernisierung des Journalismus. Der Vorrang der Kleinräumigkeit, der heute anachronistisch wirkt, hat die Beschleunigung dieses Prozess allerdings bisher gebremst.

5.2.3 Die Politikverhaftung

Die Rollenkumulation zwischen Politik und Journalismus

Die meisten Schweizer Zeitungen waren im 19. Jahrhundert aus politischen Gründen entstanden. Sie dienten einer Partei oder einer Bewegung als Bindeglied, als Plattform, als Organ. Es war darum nur logisch, dass die Redakteure in den jeweiligen Parteien eine Rolle spielten: Sie saßen in den Leitungsgremien und ließen sich oft auch ins Parlament wählen. Die Rollenkumulation zwischen Politik und Journalismus war deshalb bis ans Ende des 20. Jahrhunderts gang und gäbe. Erich Gruner rechnet in seinen Studien zum Schweizer Parlament die Journalisten gar zu den Berufspolitikern (Gruner 1966-II: 26-27 und 204-247; Gruner 1970: 20-28). Dabei weist er darauf hin, dass Max Webers Feststellung, in den europäischen Großstaaten sei um die Wende vom 19. zum 20. Jahrhundert der Typus des Honoratiorenpolitikers durch den Typus des Berufspolitikers abgelöst worden, für die Schweiz nur mit Vorbehalten gilt.

Politik war in diesem kleinen Land selbst nach der damaligen Jahrhundertwende nicht a priori ein Beruf. Politische Arbeit ließ sich problemlos kombinieren mit vielen anderen Tätigkeiten, so auch mit Journalismus. Es gab daher im 19. Jahrhundert zunächst kaum hauptberufliche Journalisten. Dass der ›Bund‹ 1850 zwei hauptberufliche Redakteure anstellte, war eine aufsehenerregende Ausnahme. Die damaligen Journalisten waren sonst in erster Linie Buchdrucker, Advokaten, Pfarrer, Beamte oder Gewerkschaftsfunktionäre und besorgten nebenbei die Redaktion ihrer Zeitung. Noch 1902 schrieb Oscar Wettstein: »Der Berufsjournalismus im modernen Sinne ist in der Schweiz erst wenige Jahrzehnte alt; bis in die 1870er Jahre hinein gab es wohl Redacteure, aber sie fühlten sich mehr als Politiker oder Schriftsteller denn als Journalisten, oder sie betrachteten den Beruf überhaupt nur als eine Art Duchgangsstadium zu einer anderen Thätigkeit« (Wettstein 1902:22).

1863 wurden erstmals drei spezifische (also hauptberufliche) Journalisten ins eidgenössische Parlament gewählt. Noch lange aber dominierten im Parlament die nebenberuflichen Journalisten über die hauptberuflichen. Gerade weil sich der hauptberufliche Journalismus nur sehr langsam und zögerlich ausbildete, waren anfänglich hauptberufliche Journalisten im Parlament nur spärlich vertreten. Ein zweiter Grund für den späten Anstieg der Zahl hauptberuflicher

Medienschaffender im Parlament liegt darin, dass 1919 das Mehrheits- durch das Verhältniswahlrecht abgelöst wurde und deshalb nachher auch sozialdemokratische Partei- und Medienfunktionäre in größerer Zahl ins Parlament einzogen. Tabelle 55 zeigt, dass sich am Ende des 20. Jahrhunderts eine Wende hin zur stärkeren Rollentrennung zwischen Politik und Journalismus abzeichnet.

Tab. 55: Hauptberufliche Journalisten im schweizerischen Parlament

Stichjahr	Nationalrat		Ständerat		Gesamt	
	absolut	in %	absolut	in %	absolut	in %
1848	3	2,7	1	2,3	4	2,6
1872	6	4,4	2	4,5	8	4,5
1896	5	3,4	0	0,0	5	2,6
1920	10	5,3	2	4,5	12	5,1
1944	13	6,7	1	2,3	14	5,9
1968	16	8,0	3	6,8	19	7,8
1999	3	1,5	1	2,2	4	1,6

Quellen: Gruner (1966-II: 204-247; 1970: Tabelle C); Haerle/Zech (1999); Fontana (1999)

Für das 19. Jahrhundert hat Erich Gruner in seinen Statistiken die Nebenberufe nicht besonders ausgewiesen, für das 20. Jahrhundert hingegen schon. Damit lässt sich zeigen, dass noch sehr lange nicht nur zahlreiche Medienschaffende zugleich ein parlamentarisches Mandat ausübten, sondern dass die Mehrheit oder zumindest die Hälfte von ihnen bis gegen Ende des Jahrhunderts die journalistische Tätigkeit bloß im ersten Nebenberuf versah (vgl. Tabelle 56).

Tab. 56: Haupt- und nebenberufliche Journalisten im schweizerischen Parlament

Stichjahr	Hauptberuf	1. Nebenberuf	Total	Total in %
1920	12	20	32	13,7
1944	14	15	29	12,1
1968	19	17	36	14,7
1999	4	2	6	2,4

Quellen: Gruner (1970: Tabelle E); Haerle/Zech (1999); Fontana (1999)

Für die Parteien war die enge Verknüpfung von Politik und Journalismus hilfreich: Erstens verfügten sie über Sprachrohre. Zweitens konnten sie von der Popularität vieler Medienschaffender profitieren. Denn da die Redakteure über einen hohen Bekanntheitsgrad verfügten, konnten sie den Wahllisten zu zusätzlichen Stimmen verhelfen. So wählten beispielsweise die Wähler des Kantons Baselland 1939 den Freiwirtschafter Hans Konrad Sonderegger in den Nationalrat, obwohl er weder im Kanton aufgewachsen noch wohnhaft war, sondern im fernen Appenzell Ausserrhoden lebte. Der Grund für seine Wahl war, dass er seit einiger Zeit als – externer – Redakteur der Zeitung ›Landschäftler‹ wirkte und mit seinen Leitartikeln ein enormes Echo auslöste (Rudin-Bühlmann 1999: 426-429). Zur Zeit des Zweiten Weltkrieges waren viele wichtige Blätter der Schweiz gar durch ihre Chefredakteure im Nationalrat vertreten, so die freisinnige ›Neue Zürcher Zeitung‹ durch Willy Bretscher (FDP), das katholisch-konservative ›Vaterland‹ durch Karl Wick (CVP), die liberaldemokratischen ›Basler Nachrichten‹ durch Albert Oeri (LDP), das sozialdemokratische ›Volksrecht‹ durch Paul Meierhans (SPS) und die bäuerlich-gewerbliche ›Neue Berner Zeitung‹ durch Markus Feldmann (BGB). Noch im letzten Viertel des 20. Jahrhunderts war die Rollenkumulation bei Zeitungen, die einer Partei nahestanden, keine Seltenheit. Selbst das progressive ›Büro Cortesi‹ in Biel, ein Medienunternehmen, das die Gratiszeitung ›Biel-Bienne‹ herausgibt und Filme produziert, stellte mit seinen Leuten in den 1970er Jahren die Hälfte der Fraktion ›Freie Bieler Bürger‹ im Bieler Stadtparlament. Kivanç Camkir identifizierte im Jahr 1995 insgesamt 53 Mitglieder von Kantonsparlamenten, die eine journalistische Tätigkeit ausübten, und 10 Mitglieder von Stadtparlamenten (wobei er nur die acht größten Städte in seine Forschung einbezog), die für Medien tätig waren. Ferner stieß er auf 10 Medienschaffende, die in anderen Gremien politisch aktiv waren (Camkir 1995). Die Rollenkumulation zwischen Parlament und Journalismus war folglich auch in den 1990er Jahren noch verbreitet. In einer Stellungnahme hielt der Schweizer Presserat 1996 fest, dass eine strikte Trennung zwischen politischem Amt und journalistischer Tätigkeit angestrebt werden müsse. Medien mit einer Monopolstellung in ihrer Region sollten sich dies zur Verpflichtung machen. Jedes andere Medium sollte sich bemühen, dieses Ziel ebenfalls zu erreichen (Presserat 1997: 103). Am Ende des 20. Jahrhunderts kam es zumindest nicht mehr vor, dass Mitglieder von Regierungen gleichzeitig Redakteure waren. Dies war noch in den 1960er und 1970er Jahren durchaus Brauch. So leitete der appenzellinnerhodische Landesfähnrich (Justiz- und Polizeidirektor) Raymond Broger zugleich die einzige Zeitung des Kantons, den ›Appenzeller Volksfreund‹. Der Urner Regierungsrat Hansheiri Dahinden war nebenbei Redakteur der ›Gotthard Post‹. Und Hans Höhener, Erziehungsdirektor von Appenzell Ausserrhoden, arbeitete gleichzeitig als Redakteur beim ›Appenzeller Tagblatt‹.

Dies verweist auf zweierlei: Erstens waren die Bindungen zwischen Politik und Journalismus in der Schweiz seit jeher sehr eng. Die kritische Distanz fehlte weitgehend, und die Medienfunktion der Kritik und Kontrolle bezog sich, wenn überhaupt, auf die Politik des jeweils anderen Lagers, kaum auf die eigene Partei. Zweitens funktionierten beide Systeme, das politische System und das Mediensystem, nach der Logik des Milizprinzips, also nach den Regeln der Nebenamtlichkeit.

Das Milizprinzip besitzt eine große Tradition in der Schweiz, zurückgehend auf die genossenschaftliche Organisation der öffentlichen Aufgaben in den alteidgenössischen Städten, Tälern, Tagwen, Rhoden, Zehnten, Ämtern und Gemeinden. Das Prinzip war, alles gemeinschaftlich, als Dienst an der Allgemeinheit und damit kostengünstig zu erledigen. In diese Tradition band man auch den Journalismus als eine Tätigkeit ein, die als politisch verstanden wurde und die man nebenher erledigen konnte.

Die Schweizer Medien regeln daher die politische Tätigkeit ihrer Redaktionsmitglieder sehr zurückhaltend. Die schärfste Trennung schreiben überparteiliche Medien vor, so der ›Tages-Anzeiger‹ (Zürich), die ›Neue Luzerner Zeitung‹ (Luzern), die ›Basler Zeitung‹ (Basel), ›24 heures‹ (Lausanne), die ›Tribune de Genève‹ (Genf) und der ›Corriere del Ticino‹ (Lugano). Diese Medien begründen das Verbot, politische Ämter zu übernehmen, mit der journalistischen Unabhängigkeit und Glaubwürdigkeit. Wesentlich liberaler ist die Schweizerische Radio- und Fernsehgesellschaft (SRG). Sie erlaubt ihren Mitarbeiterinnen und Mitarbeitern die Übernahme politischer Ämter, behält sich indessen vor, politische Aktivitäten mit der journalistischen Aufgabe für unvereinbar zu erklären. Die meisten Medien haben keine Regeln festgeschrieben und tendieren zu einer liberalen Grundhaltung, wobei sie der journalistischen Aufgabe unbedingt Vorrang verschaffen wollen.

Die späte Entkoppelung zwischen Presse und Parteien

Die Schweiz hat die technischen Entwicklungen der Medien immer sofort mitgemacht. Erste Druckereien entstanden bald nach dem Durchbruch Gutenbergs 1466 in Basel und 1478 in Genf. Die europaweit erste monatlich publizierte Zeitung – ›Annus Christi‹ – erschien 1597 in Rorschach (bei St. Gallen). 1610 – also bloß ein Jahr nach den Premieren in Strassburg und Wolfenbüttel – kam in Basel eine Zeitung heraus, die ›Ordinari Zeitung‹, die allerdings im gleichen Jahr wegen Beleidigung der Berner Regierung wieder geschlossen wurde. Das 17. Jahrhundert gehörte den ersten Nachrichtenblättern in Zürich, Bern und

Basel. Im 18. Jahrhundert blühten wie anderswo Zeitschriften auf. Der Journalismus bewegte sich allerdings in den Bahnen des Autoritarismus-Modells. Erst nach der Französischen Revolution – 1978 und dann wieder ab 1830 – setzte sich die Pressefreiheit durch und Zeitungen schossen wie Pilze aus dem Boden. Viele der Ende des 18. und im Laufe des 19. Jahrhunderts gegründeten Zeitungen existieren heute noch, teilweise unter geändertem Namen. Die Tradition dieser Publikationen ist jedenfalls ungebrochen. Sie wurden nie verboten, nie gänzlich unterdrückt. Sie konnten deshalb auch gewissen Grundüberzeugungen treu bleiben. Sie schufen sich feste Publika, und über mehrere Generationen ›vererbten‹ sich die Abonnements jeweils von den Eltern auf die Kinder. In vielen Schweizer Kantonen, in denen die politischen Kämpfe anhaltend heftig waren, etwa in den Kantonen Luzern, Freiburg, Solothurn, Basel-Stadt, Schaffhausen, St. Gallen, Graubünden, Tessin, Wallis und Jura, wurden die Menschen quasi in Parteifamilien ›hineingeboren‹, und dies bedeutete, dass sie auch der entsprechenden Zeitung die Treue hielten. Und dies erlaubte dem Verlag und der Redaktion, an der parteipolitischen Ausrichtung festzuhalten.

Die amerikanischen Zeitungen wandten sich mehrheitlich schon vor der Mitte des 19. Jahrhunderts von den Parteien ab. Die britischen folgten ihnen auf dem Fuß. In Deutschland sorgten die nationalsozialistische Diktatur und die Niederlage von 1945 für eine Zäsur: Die Alliierten vergaben Lizenzen nicht mehr an ›alte‹ Verleger; sie wollten neue Medienmacher, die sich am angelsächsischen Journalismus orientierten. In Frankreich, Österreich und Italien lebten die Parteiblätter nach dem Krieg zwar wieder auf, aber sie blieben in Österreich gegenüber den überparteilichen Boulevardblättern wie der ›Neuen Kronen-Zeitung‹ und in Frankreich und Italien gegenüber unabhängigen Qualitätszeitungen wie ›Le Figaro‹, ›Le Monde‹, ›Corriere della Sera‹, ›La Reppubblica‹ und gegenüber neutralen Provinzzeitungen hoffnungslos im Hintertreffen. Teils gingen sie ein (so in Österreich), teils wandelten sie sich (so in Italien). Ende der 1980er Jahre konnte im Raum der Europäischen Union von Tageszeitungen, die mit Parteien liiert waren, im Ernst nicht mehr die Rede sein.

In der Schweiz vollzog sich der Umbruch erst in den 1990er Jahren. Drei Gründe waren es, die die Zeitungen in der Schweiz sehr spät zwangen, sich endgültig von ihren Parteiaffinitäten zu lösen: Erstens hatte sich auch das Publikum mehr und mehr von den Parteifamilien gelöst. Zweitens verstärkte die wirtschaftliche Rezession den Druck, Synergien zu suchen und sich mit Konkurrenten zusammenzuschließen. Drittens zwang der Konzentrationsprozess Zeitungen mit einer Monopolstellung, sich allen Richtungen zu öffnen und ein Forum zu Verfügung zu stellen. Dieser Prozess vollzog sich im Lauf der 1990er Jahre. Vorher konnten sich die Redaktionen auf Nachrichten- und Meinungsjournalismus beschränken. Viele Neuigkeiten erfuhren sie dank ihrer Einblicke hinter den Kulissen ihrer nahestehenden Partei. Jetzt mussten sie Recherchierjournalismus betreiben. Dass die investigative Recherche in der Schweiz so lange vernachlässigt wurde, hat nicht nur mit der Kleinheit der Verhältnisse und mit den fehlenden Ressourcen, sondern auch mit der Parteinähe vieler Medien und mit der damit einhergehenden Verfilzung zu tun.

5. 2.4 Die verpasste Professionalisierung

Späte Institutionalisierung der Ausbildung

Weil man in der Schweiz den Journalismus als Unterfunktion der Politik betrachtete, war auch die systematische journalistische Ausbildung lange kein Thema. Politik lernten die Stimmberechtigten in der Praxis – als aktiv Beteiligte an Parteiversammlungen, Gemeindeversammlungen, Verbandsversammlungen. Damit das Volk schwimmen lerne, müsse man es ins Wasser werfen, hieß die Devise, getreu nach Kants These, dass man die Freiheit an sich reißen müsse, um frei zu sein. ›learning by doing‹ lautete folglich auch im Journalismus das Rezept: Die Jungen ahmten nach, was die Erfahrenen vormachten.

In der Schweiz entstanden deshalb im Gegensatz zu anderen Ländern lange keine Journalistenschulen. In den USA wurden die ersten Journalism Schools unmittelbar nach der Jahrhundertwende eröffnet (Weischenberg 1990: 147). In Frankreich enstand 1946 das Centre de formation des journalistes (CFJ) in Paris, 1960 folgte die Ecole supérieure du journalisme in Lille, und im Laufe der nächsten drei Jahrzehnte etablierten sich weitere sechs Bildungsstätten für Medienschaffende, in der Regel verbunden mit Universitäten. (Delporte 1995: 80, 88-89). In Deutschland bieten die Universitäten Leipzig, München und Münster seit den zwanziger Jahren Kommunikationswissenschaft (ursprünglich Zeitungswissenschaft) an; Dutzende weitere Universitäten sind vor und erst recht nach dem Krieg hinzugekommen. Ferner wurden Journalistenschulen eröffnet: 1959 in München, 1968 in Köln, 1978 in Hamburg (Mast 1996). Die Schweiz hingegen folgte erst mit Provinzverspätung. Lehrgänge der Publizistikwissenschaft, obwohl schon seit einiger Zeit im Angebot verschiedener Universitäten, wurden erst in den 1970er und 1980er Jahren richtig institutionalisiert. Heute kann das Fach an den Universitäten Zürich, Freiburg, Bern, Lausanne, Neuenburg, Basel, Lugano und St. Gallen studiert und abgeschlossen werden. Und Journalistenschulen entstanden vor allem in der deutschen und italienischen Schweiz erst 1974 (jene von Ringier in Zofingen), 1979 (die Corsi in Lugano) und 1983 (das Medienausbildungszentrum Luzern); bloss die französischsprachige Schweiz war 1965 vorangegangen mit dem Centre Romand de Formation des Journalistes in Lausanne. Weitere Lehrgänge an Fachhochschulen treten erst jetzt hinzu. Dadurch hielt sich bei vielen Verlegern, Intendanten und Chefredakteuren bis ans Ende des 20. Jahrhunderts der Irrglaube, dass es im Journalismus nur auf die Begabung ankomme und eine systematische Ausbildung gänzlich unnötig sei.

Zaghafte Syndikalisierung

Eine Hinternis für die Professionalisierung des Journalismus war auch die Entwicklung der Berufsorganisationen. 1883 entstand zwar der Verein der Schweizer Presse, eine Standesorganisation der Journalisten, die heute Schweizer Verband der Journalistinnen und Journalisten (SVJ) heißt. Aber sie verstand sich bis zu ihrem 100jährigen Bestehen nie als Gewerkschaft. Erst als zwei weitere Berufsorganisationen ins Leben gerufen worden waren – das stark auf die elektronischen Medien ausgerichtete ›Syndikat Schweizer Medienschaffender‹ (SSM) und die linke Gewerkschaft ›Schweizer Journalistinnen- und Journalisten-Union‹ (SJU, heute ›Mediengewerkschaft comedia‹) – , beteiligte sich auch der SVJ an gewerkschaftlichen Aktivitäten. Erst die Kämpfe der 1990er Jahre um Gesamtarbeitsverträge hämmerten den Medienschaffenden ins Bewusstsein, dass sie nicht Angehörige freier Berufe, sondern Lohnabhängige sind, die für die Durchsetzung ihrer Ansprüche auch mal den Streik wagen müssen.

5.3 Schlussfolgerungen

5.3.1 Postulate für den Beruf

Der journalistische Berufsstand ist verunsichert. Die Grenzen zwischen Journalismus und Public Relations und zwischen Journalismus und Werbung werden immer mehr verwischt. Ökonomische Prioritäten überlagern die publizistischen. Das Internet schiebt sich zwischen Journalismus und Publikum: Jedermann kann sich direkt an der Quelle informieren und so das journalistische Gatekeeping umgehen. Es gilt, den Journalismus weiter zu professionalisieren und seine Rolle zu sichern. Gefordert sind die Ausbildungsinstitutionen, die Verbände und die Medienunternehmen selber. Folgende Postulate wären dabei wichtig:

- *Systematisierte Ausbildung:* Politik, Bildungssystem und Medienbranche sollten sich um eine systematisierte journalistische Ausbildung kümmern. Die Beteiligten sollten sich über die Standards verständigen. Es sollte selbstverständlich werden, dass nur – oder vorwiegend – Leute als Journalistinnen und Journalisten angestellt werden, die spezifische Ausbildungsgänge durchlaufen haben und über Fach-, Vermittlungs- und Sachkompetenz verfügen. Es sollte klar werden, dass Journalismus nicht nur Handwerk, sondern auch Wissen voraussetzt. Die Ausbildung bedarf auch neuer Inhalte (Online-Tätigkeiten, Redaktionsmarketing, Qualitätsmanagement, Public Journalism usw.). Universitäten, Fachhochschulen und Berufsschulen sollten zusammenwirken.

- *Angeglichene Löhne:* Die Löhne zwischen Frauen und Männern sollten angeglichen werden. Dafür sollten die Berufsorganisationen kämpfen. Zugleich sollten alle Maßnahmen getroffen werden, die nötig sind, damit Frauen vermehrt Führungspositionen übernehmen können. Der fortschreitende Konzentrationsprozess bei den Medien schafft mehr Führungsebenen. Hier böte sich die Chance, Frauen zum Zuge kommen zu lassen.

- *Modernisierte Strategien:* Redaktionen und Geschäftsführung sollten verstärkt zusammenwirken, nicht zuletzt darum, damit die publizistischen Gesichtspunkte mehr Gewicht erhalten und damit gemeinsame Marketing-Strategien entwickelt werden können. Die Redaktionen sollten die Daten der Publikumsforschung konsequenter nutzen. Journalismus ist nicht l'art pour l'art; er steht im Dienst des Publikums. Darum sollten die Medienschaffenden die systematische Publikumsorientierung verstärken. Darüber hinaus ist das Innovationspotenzial moderner Managementansätze für das Führen von Redaktionen fruchtbar zu machen. Dies beginnt bei einem veränderten Rollenbewusstsein der Chefredakteu-re als Redaktionsmanager, betrifft die Entwicklung einer transparenten Wettbewerbsstrategie und schließt den Aufbau moderner Redaktionsstrukturen mit ein. So darf beispielsweise das Outsoursing von redaktionellen Leistungen nicht als Allheilmittel von Finanzierungsnöten missveranden werden. Demgegenüber ist das Potenzial ressortübergreifender Projektorganisationen auszuschöpfen.

- *Netz-Regie:* Journalistinnen und Journalisten sollten sich auch im Internet in den Dienst des Publikums stellen und als Informationslotsen wirken. Redaktionen sollten deshalb ihre prioritäre Aufgabe, nämlich das Sammeln, Auswählen, Ergänzen, Präsisieren, Interpretieren und Kommentieren von Nachrichten, auch auf das Netz übertragen, zumal die Mehrheit des Publikums ohne Pfadfinder und Lotsen verloren ist. Dabei genügt es nicht, selbstgenügsam ohnehin produzierte Angebote einfach ins Netz zu stellen. Die spezifische Leistung der Netzkommunikation fordert die herkömmliche Publizistik heraus, beispielsweise Interaktivität als Qualitätsstandard systematischer anzustreben.

5.3.2 Postulate für die Forschung

Noch weiß die Wissenschaft nicht genug über die journalistische Praxis. Die Forschung kann weiterhin dafür genutzt werden, um die Berufssituation und die Rahmenbedingungern systematisch zu analysieren und um daraus Schlussfolgerungen für die Perfektionierung und Bestandessicherung der Profession zu ziehen. Folgende Postulate müssten in Betracht gezogen werden:

- *Regelmässige Strukturuntersuchung:* Diese Studie beinhaltet die erste auf die ganze Schweiz bezogene Untersuchung der Merkmale und Einstellungen des journalistischen Berufsstandes. Damit Vergleiche möglich sind und damit der Wandel sichtbar wird, sollte eine derartige repräsentative Befragung in regelmässigen Abständen wiederholt werden, das nächste Mal beispielsweise 2010. Als Methode sollte wiederum die schriftliche Fragebogenerhebung zum Zug kommen.

- *Beobachtung der Arbeitsrealität:* Fragebogenerhebungen basieren auf Selbsteinschätzungen und können Verzerrungen enthalten, weil die Befragten Sachverhalte beschönigen, ja verklären. Darum sollte die Arbeitsrealität in Ergänzung zur Befragung auch durch teilnehmende Beobachtung erforscht werden. Dabei könnten sehr große, in Ressorts gegliederte Redaktionen mit sehr kleinen verglichen werden, Radioredaktionen mit Fernsehredaktion, Printmedien mit Nachrichtenagenturen, ›öffentliche‹ Medien mit kommerziellen. Eine systematische Analyse solcher Fallbeispiele ergäbe ein wirklichkeitsnahes Bild des Medienalltags.

- *Produktforschung:* Untersucht werden sollte auch der Output der Redaktionen, und zwar nicht nur inhaltsanalytisch, sondern auch in der Form eines an Standards orientierten Produktevergleichs. Auf diese Weise könnte ein Beitrag zur Qualitätsforschung geleistet werden. Die Standards könnten abgeleitet werden aus einer Ermittlung der Publikumsbedürfnisse. Dies würde es möglich machen, Antworten zu finden auf die Frage, ob Journalismus wirklich die Leistungen erbringt, die das Publikum von ihm erwartet.

Anhang I

Fragebogen der quantitativen Erhebung

Fragebogen

Fragebogennummer

Bitte beantworten Sie die Fragen der Reihe nach und vollständig. Ihre Antworten können Sie zum Teil in einem Ja-Nein-Schema abgeben. Zum Teil haben Sie aber auch die Möglichkeit, Ihre Meinung auf Skalen abzustufen.

Beiliegend finden Sie einen Antwortumschlag, mit dem Sie den Fragebogen ohne Angabe Ihres Absenders bis spätestens zum 6. Juli an uns zurückschicken können.

Alle Ihre Antworten werden vertraulich behandelt. Die Untersuchungsergebnisse werden nie in Verbindung mit dem Namen ausgewertet, sondern nur in Form von zusammenfassenden Statistiken.

Beginnen möchten wir mit ein paar allgemeinen Fragen zu ihrer journalistischen Tätigkeit.

1.1 Sind Sie derzeit journalistisch tätig?

ja ❑

nein ❑ *Weiter mit Frage 1.3. Beantworten Sie bitte alle folgenden Fragen in bezug auf Ihre <u>letzte</u> journalistische Tätigkeit.*

1.2 Sind Sie derzeit hauptberuflich als Journalist/in tätig, das heisst, beziehen Sie Ihr Einkommen mehr als zur Hälfte aus der journalistischen Tätigkeit?

ja ❑

nein ❑

1.3 In welchem Jahr haben Sie ungefähr angefangen, journalistisch tätig zu sein?

19

1.4 In welchem Kanton / in welchen Kantonen sind Sie derzeit vorwiegend tätig?

_____

1.5 Für wie viele Medienbetriebe waren Sie in den letzten zwölf Monaten tätig? Wenn Sie es nicht mehr genau wissen, schätzen Sie bitte.

☐☐
Zahl der Medienbetriebe

1.6 Für welches der folgenden Medien arbeiten Sie derzeit hauptsächlich? Sollten Sie für mehrere Medien tätig sein, geben Sie bitte jene Arbeitsstelle an, für die Sie gegenwärtig die meiste Arbeitszeit aufwenden. Alle übrigen Medien, für die Sie gegebenenfalls zusätzlich tätig sind, können Sie unter "zusätzlich" angeben.

	hauptsächlich	zusätzlich
Tageszeitung	☐	☐
nicht täglich erscheinende Lokalzeitung	☐	☐
Wochenzeitung/Sonntagszeitung..................	☐	☐
Gratisanzeiger	☐	☐
Mitgliedschaftspresse	☐	☐
Illustrierte/Zeitschrift/Nachrichtenmagazin	☐	☐
Fachzeitschrift	☐	☐
öffentliches Radio	☐	☐
Privatradio	☐	☐
Schweizer Fernsehen	☐	☐
privates Fernsehen	☐	☐
Fenster auf SF2 / TSR2	☐	☐
ausländische Medien	☐	☐
Nachrichtenagentur	☐	☐
Presse-/Mediendienst	☐	☐
Public Relations-Produkte	☐	☐
andere, nämlich: _____	☐	☐

Bitte beziehen Sie sich bei den folgenden Fragen stets auf jenes Medium, das Sie eben als hauptsächlichen Arbeitsort angegeben haben.

1.7 Welches Publikum spricht dieses Medium an?

ein lokales Publikum...	☐
ein regionales Publikum	☐
ein überregionales Publikum	☐
sowohl ein lokales als auch regionales und überregionales Publikum ..	☐

Fragebogen

1.8 Richtet sich dieses Medium ...

eher an ein Spartenpublikum?.. ❏

eher an ein bestimmtes Zielpublikum (z.B. Altersgruppen, Schicht etc.) ❏

eher an ein allgemeines Publikum?... ❏

1.9 Für welchen sprachregionalen Raum publiziert dieses Medium vorrangig?

deutschsprachige Schweiz .... ❏

französischsprachige Schweiz .... ❏

italienischsprachige Schweiz .... ❏

rätoromanische Schweiz .... ❏

1.10 Gibt es in diesem Medium formale Ressorts (z.B. Wirtschaft, Lokales oder Sport etc.)?

Ja ❏

Nein ❏

Wenn Sie eben mit ja geantwortet haben, sind Sie in diesem Medium für bestimmte Ressorts tätig?

Nein, ich bin nicht für bestimmte Ressorts tätig. .... ❏

Ja, und zwar im/in den Ressort/s: _____ ❏

_____

Nun interessieren uns einige Fragen zur Arbeit in Ihrer Redaktion. Falls Sie bei mehreren Medienbetrieben angestellt sind, bitten wir Sie wieder, Ihre Antworten in bezug auf jenen Arbeitsplatz zu geben, den Sie bei Frage 1.6. als Ihren hauptsächlichen genannt haben.

2.1 Wie viele fest angestellte Mitarbeiter/innen arbeiten bei dieser Redaktion? Wenn Sie es nicht genau wissen, schätzen Sie bitte.

ca. ☐☐☐ Mitarbeiter/innen

2.2 Wie lautet die genaue Bezeichnung Ihrer jetzigen beruflichen Funktion innerhalb dieser Redaktion?
Beispiele: Redaktor/in, Produzent/in, Videojournalist/in / Moderator/in etc.

_____

2.3 Sind Sie dort fest angestellt oder arbeiten Sie als feste/r Freie/r oder sind Sie freie/r Journalist/in?

fest angestellt .... ❏

feste/r Freie/r .... ❏

freie/r Journalist/in .... ❏

2.4 In welcher hierarchischen Position sind Sie innerhalb der Redaktion tätig?

Gesamtleitungsrolle (Chefredaktion, Programmleitung etc.) .... ❏

Teilleitungsrolle (Dienstchef/in, Ressort- Sendungsleitung etc.) .... ❏

ohne Führungsverantwortung (Redaktor/in / Moderator/in etc.) .... ❏

fall-oder zeitweise in Führungsverantwortung (Dienstchef-Rotation) ..... ❏

Volontär/in .... ❏

andere Position, nämlich? _____ ❏

2.5 Sagen Sie uns bitte, ob in der Redaktion, für die Sie hauptsächlich arbeiten, folgendes zutrifft:

In der Redaktion, für die ich hauptsächlich arbeite ...	ja	nein	kann ich nicht beurteilen
existiert ein Redaktionsstatut.	❏	❏	❏
gibt es ein festgeschriebenes redaktionelles Leitbild.	❏	❏	❏
gibt es festgeschriebene Ethik-Kodices.	❏	❏	❏
findet regelmässig eine Blatt-/Sendungskritik statt.	❏	❏	❏
existiert ein Leistungslohnsystem.	❏	❏	❏
finden regelmässig Qualifikationsgespräche statt.	❏	❏	❏
existiert eine Ombudsstelle oder ein/e zuständige/r Mitarbeiter/in, an die sich das Publikum wenden kann.	❏	❏	❏
gibt es Richtlinien zur Berichterstattung über repräsentative Meinungsumfragen und Befragungsresultate.	❏	❏	❏

Fragebogen

2.6 Sagen Sie uns zudem, wie oft in dieser Redaktion folgende Massnahmen angewendet werden?

In der Redaktion, für die ich hauptsächlich arbeite ...	immer	häufig	selten	nie	kann ich nicht beurteilen
werden die journalistischen Beiträge von Redaktionskolleg/innen gegengelesen / abgenommen.	❏	❏	❏	❏	❏
werden Informationen aus zugestellten Pressemitteilungen gegenrecherchiert / überprüft.	❏	❏	❏	❏	❏
wird an Redaktionssitzungen über journalistische Qualität diskutiert.	❏	❏	❏	❏	❏
werden aus Ergebnissen der Leserschafts-/Publikumsforschung redaktionelle Schlussfolgerungen gezogen.	❏	❏	❏	❏	❏
werden die „Erklärung der Rechte und Pflichten für Journalistinnen und Journalisten" beachtet.	❏	❏	❏	❏	❏
vereinbaren die Mitarbeiter/innen mit ihren Vorgesetzten persönliche Leistungsziele.	❏	❏	❏	❏	❏
arbeiten die Journalist/innen in (ressortübergreifenden) Teams zusammen.	❏	❏	❏	❏	❏
werden redaktionelle Beiträge oder Material gleichzeitig für mehrere Ausgaben/für verschiedene Titel mehrfachverwertet.	❏	❏	❏	❏	❏

2.7 Nachstehend finden Sie einige Grundsätze zum journalistischen Selbstverständnis, wie sie z.B. in einem redaktionellen Leitbild zum Ausdruck gebracht werden können. Auch wenn es in Ihrer Redaktion kein festgeschriebenes Leitbild gibt, sagen Sie uns bitte, inwiefern diese Grundsätze für die Arbeit Ihrer Redaktion zutreffend sind.

Die Arbeit der Redaktion, in der ich hauptsächlich tätig bin, orientiert sich ...	trifft sehr stark zu 6	5	4	3	2	trifft gar nicht zu 1	kann ich nicht beurteilen 0
an den Interessen des Gemeinwohls. Ziel ist die verantwortungsbewusste politische Aufklärung und die gesellschaftliche Integration der Bevölkerung.	❏	❏	❏	❏	❏	❏	❏
an den Vermittlungsinteressen gesellschaftlicher Akteure. Als Vermittlungsinstanz versucht sie ein Forum zur Verfügung zu stellen, auf dem sich verschiedenste Akteure mit ihrem Anliegen an die Öffentlichkeit wenden können.	❏	❏	❏	❏	❏	❏	❏
an der Zufriedenheit des Publikums als Kundschaft. Sie versteht sich als Teil eines modernen Dienstleistungsunternehmens, dem die Akzeptanz beim Publikum wichtig ist.	❏	❏	❏	❏	❏	❏	❏
am Umsatz des Medienbetriebes. Die erfolgreiche Plazierung ihres Angebotes auf dem Medienmarkt und der gewinnbringende Absatz bei der Werbewirtschaft steht im Vordergrund.	❏	❏	❏	❏	❏	❏	❏

Nun geht es uns um Aspekte Ihrer täglichen journalistischen Arbeit. Sollten Sie für mehrere Medienbetriebe arbeiten, bitten wir Sie, im folgenden von einem konkreten Anstellungsverhältnis abzusehen und Ihre Antworten auf ihre journalistische Arbeit insgesamt zu beziehen.

3.1 Schätzen Sie bitte zunächst mit Hilfe der folgenden Liste einzelne Arbeitsbedingungen ihrer journalistischen Tätigkeit anhand der vorgegebenen Eigenschaftspaare ein. Mit den Kästchen zwischen den Paaren können Sie Ihr Urteil abstufen.

die Höhe der Bezahlung ist	angemessen ❏ ❏ ❏ ❏ ❏ ❏	ungenügend
das Arbeitsklima ist	gut ❏ ❏ ❏ ❏ ❏ ❏	schlecht
meine Arbeitsmotivation ist	hoch ❏ ❏ ❏ ❏ ❏ ❏	tief
meine Arbeitsbelastung ist	erträglich ❏ ❏ ❏ ❏ ❏ ❏	unerträglich
mein Arbeitsalltag ist	abwechslungsreich ❏ ❏ ❏ ❏ ❏ ❏	eintönig
meine Weiterbildungsmöglichkeiten sind	optimal ❏ ❏ ❏ ❏ ❏ ❏	ungenügend
das redaktionelle Budget/Spesen usw. ist	bedarfsgerecht ❏ ❏ ❏ ❏ ❏ ❏	ungenügend
der wirtschaftliche Druck ist	gar nicht spürbar ❏ ❏ ❏ ❏ ❏ ❏	deutlich spürbar
der Zeitdruck ist	erträglich ❏ ❏ ❏ ❏ ❏ ❏	unerträglich
in meiner täglichen Arbeit fühle ich mich	gut ausgelastet ❏ ❏ ❏ ❏ ❏ ❏	völlig überfordert
mit meinem Arbeitsergebnis bin ich in der Regel	zufrieden ❏ ❏ ❏ ❏ ❏ ❏	unzufrieden
meine Vorstellungen von gutem Journalismus kann ich	verwirklichen ❏ ❏ ❏ ❏ ❏ ❏	nicht verwirklichen

Nur beantworten, wenn Sie fest angestellt sind:

mein Arbeitsplatz ist	sicher ❏ ❏ ❏ ❏ ❏ ❏	unsicher
die Aufstiegsmöglichkeiten sind	gross ❏ ❏ ❏ ❏ ❏ ❏	gering
die technische Ausstattung am Arbeitsplatz ist	optimal ❏ ❏ ❏ ❏ ❏ ❏	unzureichend
bei Personalentscheiden kann ich	mitreden ❏ ❏ ❏ ❏ ❏ ❏	nicht mitreden

3.2 Journalistisches Arbeiten kann von sehr unterschiedlichen Faktoren beeinflusst werden. Im folgenden sind einige dieser Einflussgrössen aufgelistet. Bitte sagen sie uns, wie sehr Sie sich bei Ihrer täglichen Arbeit an diesen Einflussgrössen orientieren.

	Daran orientiere ich mich...					
	sehr stark					gar nicht
	6	5	4	3	2	1
an den betriebswirtschaftlichen Interessen der Unternehmensleitung(en)	❏	❏	❏	❏	❏	❏
am publizistischen Selbstverständnis meiner Redaktion(en)	❏	❏	❏	❏	❏	❏
an meinen eigenen Wertvorstellungen und Überzeugungen	❏	❏	❏	❏	❏	❏
an den Ergebnissen der Leserschafts-/Publikumsforschung	❏	❏	❏	❏	❏	❏
an den von mir erwarteten Interessen des Publikums	❏	❏	❏	❏	❏	❏

Fragebogen

Fortsetzung von Frage 3.2

Daran orientiere <u>ich mich</u>...

	sehr stark 6	5	4	3	2	gar nicht 1
an den Interessen der Werbewirtschaft	❏	❏	❏	❏	❏	❏
an den Interessen der Akteure aus Politik und Gesellschaft.	❏	❏	❏	❏	❏	❏
an den Arbeiten meiner Arbeitskolleg/innen innerhalb der Redaktion(en)	❏	❏	❏	❏	❏	❏
am Urteil meiner Freunde und Bekannten	❏	❏	❏	❏	❏	❏
am publizistischen Angebot anderer Medien	❏	❏	❏	❏	❏	❏

3.3 Um journalistisch arbeiten zu können, bedarf es einer Reihe von sehr unterschiedlichen Fähigkeiten. Schätzen Sie bitte anhand der folgenden Liste die Wichtigkeit der genannten Fähigkeiten <u>für Ihren beruflichen Alltag</u> ein.

Das ist <u>für mich</u>...

	sehr wichtig 6	5	4	3	2	gar nicht wichtig 1
Fähigkeit zum Recherchieren / zur Informationsbeschaffung	❏	❏	❏	❏	❏	❏
Fähigkeit zur Informationsselektion	❏	❏	❏	❏	❏	❏
Fähigkeit zum Redigieren / zur Informationsbearbeitung	❏	❏	❏	❏	❏	❏
Fähigkeit zur themengerechten Präsentation	❏	❏	❏	❏	❏	❏
Fähigkeit zur publikumsgerechten Präsentation	❏	❏	❏	❏	❏	❏
Fähigkeiten im Umgang mit dem Internet	❏	❏	❏	❏	❏	❏
Fähigkeiten im Umgang mit modernen elektronischen Redaktionssystemen	❏	❏	❏	❏	❏	❏
Fähigkeit im Umgang mit elektronischen Datenbanken	❏	❏	❏	❏	❏	❏
technische Fähigkeiten bei der Präsentation (Layouten, Schneiden)	❏	❏	❏	❏	❏	❏
Fähigkeit, auf Publikumsinteressen und Wünsche einzugehen	❏	❏	❏	❏	❏	❏
Fähigkeit zur kostenbewussten Produktion	❏	❏	❏	❏	❏	❏
Fähigkeit, die eigenen Beiträge vermarkten zu können	❏	❏	❏	❏	❏	❏
Führungs- und Managementkompetenzen	❏	❏	❏	❏	❏	❏
Fähigkeit zum Stressmanagement	❏	❏	❏	❏	❏	❏
Fähigkeit zur Teamarbeit	❏	❏	❏	❏	❏	❏
Durchsetzungsvermögen	❏	❏	❏	❏	❏	❏
Organisationstalent	❏	❏	❏	❏	❏	❏
Fähigkeit zur Selbstdarstellung	❏	❏	❏	❏	❏	❏
Fähigkeit zur kritischen Reflexion der eigenen Arbeit	❏	❏	❏	❏	❏	❏

3.4 Journalist/innen benötigen ebenso verschiedene Formen von Wissen. Schätzen Sie bitte wiederum anhand der folgenden Liste die Wichtigkeit bestimmter Kenntnisse für Ihren beruflichen Alltag ein.

Das ist für mich...
sehr wichtig ←→ gar nicht wichtig
6 5 4 3 2 1

	6	5	4	3	2	1
breites Allgemeinwissen	❏	❏	❏	❏	❏	❏
Ressort-/ Spezialwissen	❏	❏	❏	❏	❏	❏
Wissen über die Hintergründe und Mechanismen der Medienökonomie	❏	❏	❏	❏	❏	❏
Wissen über die Hintergründe und Mechanismen der Medienpolitik	❏	❏	❏	❏	❏	❏
Wissen über das Medienrecht	❏	❏	❏	❏	❏	❏
Wissen über die Entwicklung der Medien und über die Mediengeschichte	❏	❏	❏	❏	❏	❏
Wissen über die wichtigsten Ergebnisse der Medienwirkungsforschung	❏	❏	❏	❏	❏	❏
Marketingwissen	❏	❏	❏	❏	❏	❏
Wissen über die Möglichkeiten, wo Informationen zu suchen sind.	❏	❏	❏	❏	❏	❏
Wissen über die Bedürfnisse des Publikums	❏	❏	❏	❏	❏	❏
Wissen über Meinungsumfragen und Demoskopie (Methoden, Stichproben etc.)	❏	❏	❏	❏	❏	❏

3.5 Journalistisches Arbeiten ist auch geprägt durch verschiedene Formen der Berufsauffassung sowie durch die persönlichen Ziele, die man mit seiner Arbeit verfolgt. Bitte sagen Sie uns, wie wichtig Ihnen folgende Ziele für Ihre tägliche Arbeit sind.

Das ist für mich...
sehr wichtig ←→ gar nicht wichtig

Ich setze mir zum Ziel, ...

	6	5	4	3	2	1
als neutrale/r Berichterstatter/in die Realität möglichst so abzubilden wie sie ist.	❏	❏	❏	❏	❏	❏
als Anwalt/Anwältin mich für die gesellschaftlich Schwachen und Benachteiligten einzusetzen.	❏	❏	❏	❏	❏	❏
als Ratgeber/in dem Publikum zu helfen, sich in seiner komplexen Lebenswelt zurechtzufinden.	❏	❏	❏	❏	❏	❏
als Zielgruppenverkäufer/in ein günstiges Werbeumfeld für die Werbewirtschaft zu schaffen.	❏	❏	❏	❏	❏	❏
als Analytiker/in komplexe Sachverhalte sorgfältig nachzuprüfen und präzise zu analysieren.	❏	❏	❏	❏	❏	❏
als Kritiker/in Fehlentwicklungen und Missstände in der Gesellschaft öffentlich zu machen.	❏	❏	❏	❏	❏	❏
als Dienstleister/in auf die Bedürfnisse des Publikums einzugehen und zu befriedigen.	❏	❏	❏	❏	❏	❏
als kostenbewusste/r Informationsunternehmer/in den Medienmarkt effektiv zu bedienen.	❏	❏	❏	❏	❏	❏
als Vermittler/in verschiedenen gesellschaftlichen Akteuren ein Forum zu geben.	❏	❏	❏	❏	❏	❏
als Kommentator/in zur gesellschaftlichen Meinungsbildung beizutragen.	❏	❏	❏	❏	❏	❏
als Animator/in dem Publikum möglichst viel Entspannung und Spass zu bieten.	❏	❏	❏	❏	❏	❏
als Vermarkter/in ein nachgefragtes Produkt möglichst effizient gewinnbringend abzusetzen.	❏	❏	❏	❏	❏	❏

Fragebogen

4.1 Der Alltag der Journalist/innen ist nur zum Teil von spezifisch journalistischen Tätigkeiten wie recherchieren, auswählen oder redigieren geprägt. Gleichzeitig nehmen organisatorische Tätigkeiten sowie technische Aufgaben Arbeitszeit in Anspruch. Obwohl man diese Tätigkeiten nie völlig trennen kann, schätzen Sie bitte, welchen Anteil an Ihrer gesamten journalistischen Arbeit haben ....

spezifische journalistische Tätigkeiten (z.B. recherchieren, auswählen, schreiben, redigieren) _____%

organisatorische Tätigkeiten (z.B. Arbeitsplanung, Spesenabrechnung, Redaktionssitzungen etc.) _____%

technische Tätigkeiten (z.B. Layouten, Schneiden, Computerprobleme beheben etc.) _____%

andere Tätigkeiten .... _____%

= 100 %

4.2 Wie oft nutzen Sie beruflich folgende elektronischen Kommunikationsmöglichkeiten?

	häufig	ab und zu	nie
E-Mail	❏	❏	❏
Word Wide Web	❏	❏	❏
Newsgroups/Chatboxes	❏	❏	❏

4.3 Computer haben den journalistischen Alltag stark verändert. Layoutprogramme oder computergesteuerte Schnittplätze ermöglichen es den Journalist/innen, ihre Beiträge von Anfang bis Ende selbst zu gestalten. Wenn Sie an Ihren Umgang mit Computern oder Computerprogrammen denken, inwiefern stimmen Sie folgenden Aussagen zu?

	Stimme voll zu					stimme gar nicht zu	kann ich nicht beurteilen
	6	5	4	3	2	1	0
Ohne Computer kann ich mir meine heutige Arbeit nicht mehr vorstellen.	❏	❏	❏	❏	❏	❏	❏
Computer lösen vor allem Probleme, die ich ohne sie nicht hätte.	❏	❏	❏	❏	❏	❏	❏
Die technischen Möglichkeiten des Computers lenken mich von der inhaltlichen Arbeit ab.	❏	❏	❏	❏	❏	❏	❏
Computer machen mich unabhängig von der Mithilfe anderer Spezialisten wie Techniker oder Grafiker.	❏	❏	❏	❏	❏	❏	❏

4.4 Ebenso wie die Computer haben auch Möglichkeiten der Informations- und Datenrecherche via Internet, Datenbanken oder elektronische Archive in den Arbeitsalltag der Journalist/innen Einzug gehalten. Haben Sie in Ihrer Arbeit schon einmal die Möglichkeit elektronischer Datenrecherche genutzt?

ja ❏

nein ❏   *weiter mit Frage 4.5*

Wenn Sie eben mit ja geantwortet haben, sagen Sie uns bitte, inwieweit Sie nachstehende Aussagen über die Folgen dieser Neuerungen zustimmen würden.

Neue technische Möglichkeiten der elektronischen Datenbeschaffung ...	Stimme Voll zu ←→				stimme gar nicht zu	kann ich nicht beurteilen
	6	5	4	3	2 1	0
erschweren es mir, die Glaubwürdigkeit von Quellenmaterial zu beurteilen ...	❏	❏	❏	❏	❏ ❏	❏
machen mich unabhängiger von zugelieferten Presse-/Medienmitteilungen ..	❏	❏	❏	❏	❏ ❏	❏
steigern meine zeitliche und räumliche Flexibilität	❏	❏	❏	❏	❏ ❏	❏
überfordern mich in der Anwendung...	❏	❏	❏	❏	❏ ❏	❏
setzen mich unter erhöhten Aktualitätsdruck..	❏	❏	❏	❏	❏ ❏	❏
ermöglichen mir den Zugang zu Informationen, an die ich sonst nicht herangekommen würde.	❏	❏	❏	❏	❏ ❏	❏

4.5 Wenn Sie für Printmedien, Radio, Fernsehen oder Online-Medien <u>Texte schreiben</u>, so beantworten Sie bitte untenstehende vier Fragen. Beziehen Sie sich dabei auf Ihren letzten geschriebenen Beitrag.

	ja	nein	kann ich nicht beurteilen
In meinem letzten Beitrag habe ich Teile aus elektronischen Quellen einkopiert.	❏	❏	❏
Den Aufbau meines letzten geschriebenen Beitrags habe ich nach der ersten Fassung stellenweise stark umgestellt.	❏	❏	❏
In meinem letzten geschriebenen Beitrag habe ich die einzelnen Abschnitte fast in einem Zug durchgeschrieben und dann als ganze nachgelesen und überarbeitet.	❏	❏	❏
Meinen letzten geschriebenen Beitrag habe ich nur am Bildschirm nachgelesen und nicht ausgedruckt.	❏	❏	❏
In meinem letzten geschriebenen Beitrag habe ich darauf geachtet, meine Informationsquellen für die Leser/Hörer/Zuschauerschaft erkennbar zu machen.	❏	❏	❏

4.6 Mediennutzungsdaten, die von der Publikums- und Leserforschung erhoben werden, erhalten zunehmend Bedeutung. Haben Sie Zugang zu solchen Forschungsergebnissen, die Ihnen Informationen über die Resonanz Ihrer redaktionellen Arbeit liefern?

ja ❏

nein ❏   *weiter mit Frage 4.7*

Wenn Sie eben mit ja geantwortet haben, inwieweit stimmen Sie in diesem Zusammenhang den folgenden Aussagen zu?

Die Ergebnisse der Publikums-/Leserforschung ...	stimme voll zu ←→ stimme gar nicht zu						kann ich nicht beurteilen
	6	5	4	3	2	1	0
liefern mir für meine tägliche Arbeit wichtige Informationen über meine Leser-/Hörer-/Zuschauerschaft.	❏	❏	❏	❏	❏	❏	❏
zwingen mich, meine Arbeit am Geschmack der breiten Masse auszurichten	❏	❏	❏	❏	❏	❏	❏
verwirren mich bei meiner täglichen Arbeit eher, als dass sie mir helfen.	❏	❏	❏	❏	❏	❏	❏
sind für mich ein wichtiger Gradmesser für journalistische Qualität.	❏	❏	❏	❏	❏	❏	❏

4.7 Nehmen Sie regelmässig an Redaktionskonferenzen und -sitzungen teil?

ja ❏

nein ❏ *weiter mit Frage 4.8*

Wenn Sie eben mit ja geantwortet haben, inwiefern stimmen Sie nachstehenden Aussagen zu Redaktionskonferenzen und -sitzungen zu?

Redaktionskonferenzen und -sitzungen	stimme voll zu ←→ stimme gar nicht zu						kann ich nicht beurteilen
	6	5	4	3	2	1	0
rauben mir Zeit, die ich für meine eigentlichen Aufgaben nutzen könnte.	❏	❏	❏	❏	❏	❏	❏
Verbessern die (ressortübergreifende) Zusammenarbeit in Teams	❏	❏	❏	❏	❏	❏	❏
führen zu übermässiger Planung und Organisation	❏	❏	❏	❏	❏	❏	❏
ermöglichen den Mitarbeiter/innen die gegenseitige Kritik und Kontrolle	❏	❏	❏	❏	❏	❏	❏

4.8 Im Alltag der Journalist/innen spielen Presse-/Medienmitteilungen eine besondere Rolle. Inwieweit würden Sie folgenden Aussagen über Presse-/Medienmitteilungen zustimmen?

Presse-/Medienmitteilungen ...	stimme voll zu ←→ stimme gar nicht zu						kann ich nicht beurteilen
	6	5	4	3	2	1	0
halten mich von der Eigenrecherche ab.	❏	❏	❏	❏	❏	❏	❏
sparen mir Zeit beim Recherchieren.	❏	❏	❏	❏	❏	❏	❏
sind für mich bei der Suche nach neuen Themen unverzichtbar.	❏	❏	❏	❏	❏	❏	❏
verleiten mich zu unkritischer Berichterstattung	❏	❏	❏	❏	❏	❏	❏

4.9 Weil es oft schwierig ist, an wichtige Informationen zu kommen, helfen sich Journalist/innen auch mit ungewöhnlichen Methoden. Inwiefern sind Ihrer Meinung nach folgende Vorgehensweisen vertretbar?

	voll vertretbar ◄► gar nicht vertretbar						kann ich nicht beurteilen
	6	5	4	3	2	1	0
Leuten für vertrauliche Informationen Geld bezahlen.	❏	❏	❏	❏	❏	❏	❏
Vertrauliche Dokumente ohne Genehmigung benutzen.	❏	❏	❏	❏	❏	❏	❏
Sich als eine andere Person ausgeben.	❏	❏	❏	❏	❏	❏	❏
Informanten Verschwiegenheit zusagen, aber nicht einhalten.	❏	❏	❏	❏	❏	❏	❏
Unwillige Informanten unter Druck setzen, um Informationen zu bekommen	❏	❏	❏	❏	❏	❏	❏
Private Unterlagen von jemandem ohne dessen Zustimmung verwenden.	❏	❏	❏	❏	❏	❏	❏
Versteckte Mikrophone oder Kameras benutzen.	❏	❏	❏	❏	❏	❏	❏
eine andere Meinung oder Einstellung vorgeben, um Informanten Vertrauen einzuflössen.	❏	❏	❏	❏	❏	❏	❏

4.10 Manchmal verwenden Journalist/innen auch repräsentative Meinungsumfragen und Befragungsresultate als Grundlage für ihre Berichterstattung. Dazu einige Meinungen - wie stark stimmen Sie diesen zu oder nicht?

	stimme voll zu ◄► stimme gar nicht zu						kann ich nicht beurteilen
	6	5	4	3	2	1	0
Repräsentative Meinungsumfragen und Befragungsresultate sind für Journalist/innen ein hilfreiches Mittel bei der Erfüllung ihrer öffentlichen Aufgabe.	❏	❏	❏	❏	❏	❏	❏
Die Meinungsforschung ist nicht wirklich in der Lage, die in der Bevölkerung vorhandenen Meinungen zu messen.	❏	❏	❏	❏	❏	❏	❏
Das Interesse der Bevölkerung an repräsentativen Meinungsumfragen und Befragungsresultaten ist gross.	❏	❏	❏	❏	❏	❏	❏
Manchmal manipulieren Meinungsforschungsinstitute ihre Daten, um z.B. ihren Auftraggeber/innen Vorteile zu verschaffen.	❏	❏	❏	❏	❏	❏	❏
Die Veröffentlichung von Umfragedaten kurz vor Abstimmungen oder Wahlen kann die Stimmbeteiligung oder das Stimmverhalten beeinflussen.	❏	❏	❏	❏	❏	❏	❏

Fragebogen

5.1 Sehen Sie bitte nun einmal von Ihrer eigenen journalistischen Arbeit ab und denken Sie an die Zukunft des Berufsstandes der Journalist/innen im Allgemeinen. Inwiefern würden Sie folgenden allgemeinen Prognosen zustimmen?

	stimme voll zu ←→ stimme gar nicht zu	kann ich nicht beurteilen
	6 5 4 3 2 1	0
Die zunehmende Informationsflut wird dazu führen, dass es für Journalist/innen immer schwieriger wird, die wesentlichen Informationen auszuwählen.	❏ ❏ ❏ ❏ ❏ ❏	❏
Journalist/innen müssen künftig in der Lage sein, ihre Beiträge auf die für die Werbewirtschaft interessanten Zielgruppen auszurichten.	❏ ❏ ❏ ❏ ❏ ❏	❏
Journalist/innen müssen künftig in der Lage sein, nicht nur die inhaltliche, sondern auch die gestalterische Verantwortung für ihre Beiträge zu übernehmen.	❏ ❏ ❏ ❏ ❏ ❏	❏
Journalist/innen müssen künftig in der Lage sein, für Presse, Radio und Fernsehen gleichermassen zu arbeiten.	❏ ❏ ❏ ❏ ❏ ❏	❏
Journalist/innen müssen künftig in der Lage sein, ihre Ressortspezialisierung aufzugeben und über sehr unterschiedliche Themenbereiche zu berichten.	❏ ❏ ❏ ❏ ❏ ❏	❏
Journalist/innen müssen künftig in der Lage sein, mit sozialwissenschaftlichen Methoden (Befragungen, Stichproben etc.) zu arbeiten.	❏ ❏ ❏ ❏ ❏ ❏	❏
Gesellschaftliche Akteure und Öffentlichkeitsarbeiter wenden sich künftig zunehmend an den Journalist/innen vorbei direkt an ihre Zielgruppe.	❏ ❏ ❏ ❏ ❏ ❏	❏
Der Einfluss moderner Technologien auf die Arbeit der Journalist/innen wird grundsätzlich überschätzt.	❏ ❏ ❏ ❏ ❏ ❏	❏
Unter den Journalist/innen werden sich künftig jene durchsetzen, die es verstehen, ihre Themen unterhaltsam zu präsentieren.	❏ ❏ ❏ ❏ ❏ ❏	❏
Unter den Journalist/innen werden sich künftig jene durchsetzen, denen es gelingt, möglichst exklusive Hintergrundinformationen zu veröffentlichen.	❏ ❏ ❏ ❏ ❏ ❏	❏
Unter den Journalist/innen werden sich künftig jene durchsetzen, denen es gelingt, eher Personen als Themen ins Zentrum ihrer Beiträge zu stellen.	❏ ❏ ❏ ❏ ❏ ❏	❏
Unter den Journalist/innen werden sich künftig jene durchsetzen, die es mit der Faktentreue nicht so genau nehmen.	❏ ❏ ❏ ❏ ❏ ❏	❏

5.2 Würden Sie heute jemandem aus Ihrem Bekanntenkreis empfehlen, Journalist/in zu werden oder würden Sie eher abraten?

    ich würde es eher empfehlen ❏

    ich würde eher davon abraten ❏

5.3 Welchen Ausbildungsweg würden Sie jemandem empfehlen, der heutzutage Journalist/in werden möchte?

Zum Abschluss noch einige Fragen zu Ihrer Person:

6.1 Geben Sie hier bitte Ihren Geburtsjahrgang an:

19

6.2 Ihr Geschlecht:

männlich .... ❏
weiblich .... ❏

6.3 Welches ist Ihre höchste abgeschlossene Schule oder Ausbildung?

Volksschule... ❏
Berufsschule/-lehre.................................... ❏
Berufsmittelschule..................................... ❏
Mittelschule mit Maturität........................... ❏
Fachhochschule.. ❏   welche Fachrichtung? _____
Hochschulstudium ohne Abschluss............ ❏   welche Fachrichtung? _____
Hochschulstudium mit Abschluss .... ❏   welche Fachrichtung? _____

6.4 Sehen Sie sich bitte die nachstehende Liste journalistischer Ausbildungsformen an. Welche der aufgeführten Ausbildungen haben Sie absolviert? (Mehrfachantworten möglich)

Praktikum	❏	Ringier Journalistenschule	❏
Volontariat	❏	Journalistenschule St. Gallen	❏
diverse Weiterbildungskurse in Medienbetrieben	❏	Centre Romand de la Formation des Journalistes	❏
Kurse am Medienausbildungszentrum MAZ in Luzern	❏	Corso di Giornalismo della Svizzera Italiana	❏
Grundkurs Medienausbildungszentrum MAZ in Luzern	❏	andere Ausbildung, welche? _____	❏
Publizistik-/Medienwissenschaft an der Hochschule, an welcher? _____	❏	ich habe keine journalistische Ausbildung absolviert.	❏

Fragebogen

6.5 Wie hoch ist Ihr monatliches Bruttoeinkommen, das Sie durch journalistische Tätigkeit beziehen?

unter 2000 Franken.................... ❑   zwischen 6000 und 8000 Franken .... ❑

zwischen 2000 und 4000 Franken .... ❑   zwischen 8000 und 10'000 Franken ...... ❑

zwischen 4000 und 6000 Franken .... ❑   mehr als 10'000 Franken .... ❑

6.6 In welchem Berufsverband oder in welchen Berufsverbänden sind Sie Mitglied?

_____

6.7 Sind Sie im Schweizer Berufsregister für Journalistinnen und Journalisten (CH-BR) eingetragen?

ja ❑

nein ❑

7. Haben Sie noch Anmerkungen oder Kritik?

_____

8. Wir danken Ihnen für Ihre Bereitschaft und Unterstützung. Wir werden im Anschluss an diese repräsentative Befragung in mündlichen Interviews einige Journalist/innen aus unterschiedlichen Medien noch vertieft zu möglichen Auswirkungen technologischer und ökonomischer Einflüsse auf ihre Arbeit befragen. Wenn Sie Interesse und Lust haben, so kommen wir gerne auf Sie zurück, wenn Sie hier unten Ihre Anschrift notieren. Ihre persönlichen Angaben werden von uns selbstverständlich vertraulich behandelt.

Anhang II

Literaturverzeichnis

Alter, Urs (1985): Zielkonflikte im Unternehmen Rundfunk: eine empirische Untersuchung zum Schweizer Fernsehen. Hamburg.

Altmeppen, Klaus-Dieter (1996) (Hrsg.): Ökonomie der Medien und des Mediensystems. Grundlagen, Ergebnisse und Perspektiven medienökonomischer Forschung. Opladen.

Altmeppen, Klaus-Dieter (1997): Der Wandel journalistischer Arbeit zwischen neuen Medientechnologien und ökonomischer Rationalität der Medien. In: Industrielle Beziehungen 4(1), S. 11-37

Altmeppen, Klaus-Dieter (1999): Redaktionen als Koordinationszentren. Beobachtungen journalistischen Handelns. Opladen.

Altmeppen, Klaus-Dieter/Donges, Patrick/Engels, Kerstin (1999): Transformationen im Journalismus. Journalistische Qualifikation im privaten Rundfunk in Norddeutschland. Garz bei Berlin.

Altmeppen, Klaus-Dieter/Löffelholz, Martin/Pater, Monika/Scholl, Armin/ Weischenberg, Siegfried (1994): Die Bedeutung von Innovationen und Investitionen in Zeitungsverlagen. In: Bruck, Peter A. (Hrsg.): Print unter Druck. Zeitungsverlage auf Innovationskurs. München.

Backhaus, Klaus/Erichson, Bernd/Plinke, Wulff/Weiber, Rolf (1996): Multivariate Analysemethoden. Eine anwendungsorientierte Einführung. Berlin.

Baerns, Barbara (1985): Öffentlichkeitsarbeit oder Journalismus? Zum Einfluss im Mediensystem. Köln.

Baldes, Ingrid (1984): Journalistin ein Traumberuf? Seminar für Publizistik-wissenschaft der Universität Zürich. Zürich.

Bardoel, Jo (1996): Beyond Journalism. A Profession between Information Society and Civil Society. In: European Journal of Communication 11(3), S. 283-302.

Bartel, Ralph (1997): Fernsehnachrichten im Wettbewerb: die Strategien der öffentlich-rechtlichen und privaten Anbieter. Köln.

Barth, Henrike/Donsbach, Wolfgang (1992): Aktivität und Passivität von Journalisten gegenüber Public Relations. In: Publizistik 37(2), S. 151-196.

Beam, Randal A. (1995): How newspapers use readership research. In: Newspaper Research Journal 16(2), S. 28-39.

Beck, Daniel/Münger, Tamara (1998): Glücklich im Stress. Berner Medienschaffende und ihre Arbeitsbedingungen. Bern.

Becker, Barbara von (1980): Berufssituation der Journalistin: eine Untersuchung der Arbeitsbedingungen und Handlungsorientierungen von Redakteurinnen bei einer Tageszeitung. München.

Berg, Klaus/Kiefer, Marie-Luise (1996): Massenkommunikation V. Eine Langzeitstudie zur Mediennutzung und Medienbewertung 1964 – 1995. Baden-Baden.

Blum, Roger/Hemmer, Katrin/Perrin, Daniel (Hrsg.) (1995): Die AktualiTäter: Nachrichtenagenturen in der Schweiz. Bern.

Blum, Roger/Künzi, Martin (Hrsg.) (1997): Journalismus am Ende? La fin du journalisme? Freiburg.

Blumler, Jay G. (1991): The New Television Marketplace: Imperatives, Implications, Issues. In: Curran, James/Michael Gurevitch (Hrsg.): Mass Media and Society. London/New York, S. 194-215.

Böckelmann, Frank (1993): Journalismus als Beruf. Bilanz der Kommunikatorforschung im deutschsprachigen Raum von 1945-1990. Konstanz.

Bogart, Leo (1991): The American Media System and Its Commercial Culture. New York.

Bogart, Leo (1994): Commercial Culture: the Media, the Market and the Public Interest. New York.

Bonfadelli, Heinz/Meier, Werner A (1996a): Journalismus als Wasserkopf der Informationsgesellschaft? In: Medienwissenschaft Schweiz (1), S. 34-38.

Bonfadelli, Heinz/Meier, Werner A. (1996b): Das erforschte Publikum. In: ZOOM K&M (8), S. 5-13.

Bonfadelli, Heinz/Nyffeler, Bettina/Blum, Roger (2000): Helvetisches Stiefkind. Schweizerische Aussenpolitik als Gegenstand der Medienvermittlung. Institut für Publizistikwissenschaft und Medienforschung der Universität Zürich.

Bonfadelli, Heinz/Wyss, Vinzenz (1998): Kommunikator- / Journalismusforschung. In: Bonfadelli, Heinz/Hättenschwiler, Walter (Hrsg.): Einführung in die Publizistikwissenschaft. Institut für Publizistikwissenschaft und Medienforschung der Universität Zürich, S. 19-50.

Bosshart, Louis (1988) (Hrsg.): Frauen und Massenmedien. Eine Bestandesaufnahme. Aarau.

Bruck, Peter A. (Hrsg.): Print unter Druck. Zeitungsverlage auf Innovationskurs. Verlagsmanagement im internationalen Vergleich. München, S. 293-386.

Bueroße, Jörg (1997): Total Digital? In: MediumMagazin (4), S. 48.

Camkir, Kivanç(1995): Rollenkumulation und Rollentrennung zwischen Politik und Journalismus. Eine empirische Untersuchung zur Deutung der Rolle der Medien auf der Ebene der kantonalen Politik. (unveröffentlichte Facharbeit) Bern.

Cayrol, Roland (1991): Les médias. Presse écrite, radio, télévision. Paris.

Chandler, A. D. (1962): Strategy and Structure. London.

Christopher, L. Carol (1998): Technology and Journalism in the Electronic Newsroom. In: Borden, Diane L./Harvey, Kerric (Hrsg.): The Electronic Grapevine. Rumor, Reputation, and Reporting in the New On-Line Environment. Mahwah, New Jersey, S. 123-141.

Compagno, Thomas (1994): Rubrik und Ressort: Wahrnehmungsstrukturen im Journalismus. Die Ressortbildung von Tageszeitungen am Beispiel der »Neuen Zürcher Zeitung«". Lizentiatsarbeit am Institut für Publizistikwissenschaft und Medienforschung der Universität Zürich.

Corboud, Adrienne/Schanne, Michael (1987): Sehr gebildet und ein bisschen diskriminiert. Empirische Evidenzen zu »weiblichen Gegenstrategien« und individuellen Erfolgen schweizerischer Journalistinnen. In: Publizistik 32(3), S. 295-304.

Custer, Uli (1999): Gesucht: Journalistisches Multimedia-Talent. In: Neue Zürcher Zeitung vom 16.4.99

Davenport, Lucinda/Fico, Frederic/Weinstock, David (1996): Computers in Newsrooms of Michigan's Newspapers. In: Newspaper Research Journal 17(3-4), S. 14-28.

Delporte, Christian (1995): Histoire du journalisme et des journalistes en France. In: Que sais-je? Nr. 2926. Paris.

Dennis, Everette E. (1989): Reshaping the Media. Mass Communication in an Information Age. London.

Donsbach, Wolfgang (1982): Legitimationsprobleme des Journalismus. Gesellschaftliche Rolle der Massenmedien und berufliche Einstellung von Journalisten. Freiburg/München.

Donsbach, Wolfgang (1987): Journalismusforschung in der Bundesrepublik: Offene Fragen trotz 'Forschungsboom'. In: Wilke, Jürgen (Hrsg.): Zwischenbilanz der Journalistenausbildung. München, S. 105-144.

Donsbach, Wolfgang/Patterson, Thomas E. (1992): Journalist's Roles and Newsroom Practices: A Cross National Comparison. Paper. Miami.

Donsbach, Wolfgang/Klett, Bettina (1993): Subjective Objectivity. How Journalists in Four Countries Define a Key Term of Their Profession. In: Gazette (51), S. 53-83.

Esser, Frank (1998a): Editorial Structures and Work Principles in British and German Newsrooms. In: European Journal of Communication 13(3), S. 375-405.

Esser, Frank (1998b): Die Kräfte hinter den Schlagzeilen. Englischer und deutscher Journalismus im Vergleich. Freiburg.

Esser, Frank (1999): Zwischen eigener Tradition und angelsächsischem Vorbild. Die Auswirkungen der anglo-amerikanischen Reeducation-Bemühungen auf den deutschen Journalismus. In: Wilke, Jürgen (Hrsg.): Massenmedien und Zeitgeschichte. Konstanz, S. 664-675.

Esser, Frank (2000): Does Organization Matter? Redaktionsforschung aus internationaler Perspektive. In: Brosius, Hans-Bernd (Hrsg.): Kommunikation über Grenzen und Kulturen. Konstanz, S. 111-126.

Fallows, James (1997): Breaking the News. How the Media Undermine American Democracy. New York.

Fink, Conrad C. (1988): Strategic Newspaper Management. New York.

Flick, Uwe (1995): Qualitative Forschung. Theorie, Methoden, Anwendung in Psychologie und Sozialwissenschaften. Reinbeck bei Hamburg.

Fontana, Katharian (1999): Wer ist wer im Parlament? Beilage zur »Neuen Zürcher Zeitung« vom 1.12.1999.

Fröhlich, Romy (1992): Qualitativer Einfluss von Pressearbeit auf die Berichterstattung. Die geheime Verführung der Presse? In: Publizistik 37(1), S. 37-49.

Fröhlich, Romy/Holtz-Bacha, Christina (1995): Frauen und Medien. Eine Synopse der deutschen Forschung. Opladen.

Garrison, Bruce (1996): Tools Daily Newspapers Use in Computer-Assisted Reporting. In: Newspaper Research Journal 17(1-2), S. 113-126.

Garrison, Bruce (1997): Online services. Internet in 1995 newsrooms. In: Newspaper research Journal 18(3-4), S. 79-93.

Glotz, Peter/Langenbucher, Wolfgang R. (1969): Der missachtete Leser. Zur Kritik der deutschen Presse. Köln, Berlin.

Gollmer, Martin (1998): Instant Journalism. In:»Tages-Anzeiger« vom 9. Februar.

Grossenbacher, René (1986): Die Medienmacher. Eine empirische Untersuchung zur Beziehung zwischen Public Relations und Medien in der Schweiz. Solothurn.

Gruner, Erich/Frei, Karl (1966): Die Schweizerische Bundesversammlung 1848-1920. 2 Bände sowie synoptische Tabellen. Bern.

Gruner, Erich (1970): Die Schweizerische Bundesversammlung 1920-1968. Band 1 sowie Tabellen und Grafiken. Bern.

Gysin, Nicole (2000): Der direkte Draht zur Welt? Eine Untersuchung über Auslandkorrespontentinnen und –korrespondenten Deutschschweizer Printmedien. Bern.

Hänecke, Frank (1994): Problemfeld Freier Journalismus: Ergebnisse aus Befragungen von Freien und Redaktionen. Seminar für Publizistikwissenschaft der Universität Zürich. Zürich.

Hänecke, Frank (1999): Das Internet-Engagement der elektronischen Medien in der Schweiz. Schottikon.

Haerle, Peter/Zech, Monika (1999): Parlament '99. Beilage zum »Tages-Anzeiger« vom 6.12.1999.

Hansen, Kathleen A./Neuzil, Mark/Ward, Jean (1998): Newsroom Topic Teams: Journalists' Assessments of Effects on News Routines and Newspaper Quality. In: Journalism & Mass Communication Quaterly 75(4), S. 803-821.

Happich, Maria/Haller, Michael (1997): Der siamesische Zwilling. In: Sage&Schreibe (4), S. 8-9.

Hardy, Melissa A. (1993): Regression with Dummy Variables. Newbury Park.

Heim, Dore (1997): Was bringt die Zukunft den Journalistinnen und Journalisten? In: Medienwissenschaft Schweiz (2), S. 19-21.

Heinonen, Ari (1998): The Finnish Journalist: Watchdog with a Concience. In: Weaver, David H. (Hrsg.): The Global Journalist. News People Around the World. Cresskill, New Jersey, S. 161-190.

Heinrich, Jürgen (1994): Medienökonomie. Band 1: Mediensystem, Zeitung, Zeitschrift, Anzeigenblatt. Opladen.

Heinrich, Jürgen (1996): Qualitätswettbewerb und/oder Kostenwettbewerb im Mediensektor? In: Rundfunk und Fernsehen 44(2), S. 165-184.

Hienzsch, Ulrich (1990): Journalismus als Restgröße. Redaktionelle Rationalisierung und publizistischer Leistungsverlust. Wiesbaden.

Hummel, Roman (1990): Die Computerisierung des Zeitungsmachens. Auswirkungen auf Journalisten, graphische Facharbeiter, Verlagsangestellte und Printmedienunternehmer. Wien.

Hummel, Roman (1993): Lebenslagen österreichischer Journalisten. Aktuelle empirische Befunde. In: Publizistik 38(3), S. 383-389.

INFRAS Medienforschung (1999): Internet und Medienperspektiven. Auswirkungen des Internets auf die Schweizer Medienlandschaft. Zürich.

Jarren, Otfried (1996): Auf dem Weg in die »Mediengesellschaft«? Medien als Akteure und institutionalisierter Handlungskontext. Theoretische Anmerkungen zum Wandel des intermediären Systems. In: Imhof, Kurt/Schulz, Peter (Hrsg.): Politisches Raisonnement in der Informationsgesellschaft. Zürich, S. 79-96.

Jedele, Markus/Steinmann, Matthias F. (1987): Die universitäre und ausseruniversitäre Forschung. In: Fleck, Florian/Saxer, Ulrich/Steinmann, Matthias (Hrsg.): Massenmedien und Kommunikationswissenschaft in der Schweiz. Zürich, S.19-28.

Johnstone, John W.C./Slawski, Edward J./Bowman, William W. (1976): The News People: A Scoiological Portrait of American Journalists and Their Work. Urbana.

Karmasin, Matthias (1995): Soziodemographische Spezifika des Journalismus in Österreich. In: Publizistik 40(4), S. 448-464.

Karmasin, Matthias (1998): Medienökonomie als Theorie (massen-)medialer Kommunikation. Kommunikationsökonomie und Stakeholder Theorie. Graz-Wien.

Kepplinger, Hans Mathias (1979) (Hrsg.): Angepasste Außenseiter. Was Journalisten denken und wie sie arbeiten. Freiburg/München.

Kepplinger, Hans Mathias/Vohl, Inge (1976): Professionalisierung des Journalismus? Theoretische Probleme und empirische Befunde. In: Rundfunk und Fernsehen 24(4), S. 309-343.

Kim, Jea-On/Mueller, Charles W. (1978): Introduction to Factor Analysis. Beverly Hills/London.

Klaus, Elisabeth (1998): Kommunikationswissenschaftliche Geschlechterforschung. Zur Bedeutung der Frauen in den Massenmedien und im Journalismus. Opladen.

Koch, Tom (1991): Journalism in the 21st Century: Online Information – Electronic Databases and the News. New York.

Köcher, Renate (1985): Spürhund und Missionar. Eine vergleichende Untersuchung über Berufsethik und Aufgabenverständnis britischer und deutscher Journalisten. München.

Krohn, Knut (1997): Elekronische Zeitungsproduktion. Computergesteuerte Redaktionssysteme und ihre publizistischen Folgen. Tübingen.

Kunczik, Michael (1988): Journalismus als Beruf. Köln/Wien.

Kunczik, Michael (1990): Die manipulierte Meinung. Köln.

Lacy, Stephen (1990): Newspaper Competition and Number of Press Servicies Carried: a Replication. In: Journalism Quaterly 67(1), S. 79-83.

Lamnek, Siegfried (1995): Qualitative Sozialforschung. Methoden und Techniken. Band 2, 3. korrigierte Auflage, Weinheim.

Lewis-Beck, Michael S. (1990): Applied Regression. An Introduction. Newbury Park.

Lindlau, Dagobert (1990): Das Krankheitsbild des modernen Journalismus. Diagnose am Beispiel der Rumänienberichterstattung. In: Rundfunk und Fernsehen 38(3), S. 430-436.

Löcher, Werner (1984): Die elektronische Herausforderung. In: Media Perspektiven (12), S. 947-951.

Löffelholz, Martin/Altmeppen, Klaus-Dieter (1994): Kommunikation in der Informationsgesellschaft. In: Merten, Klaus/Schmidt, Siegfried J./Weischenberg, Siegfried (Hrsg.): Die Wirklichkeit der Medien. Eine Einführung in die Kommunikationswissenschaft. Opladen, S. 570-591.

Mahle, Walter A. (1993a) (Hrsg.): Journalisten in Deutschland. Nationale und internationale Vergleiche und Perspektiven. München.

Mahle, Walther A. (1993b): Münsteraner Wiedertäufer Revivals. Countdown zum Start der deutschen Kommunikatorforschung. In: Mahle, Walter A. (Hrsg.) Journalisten in Deutschland. Nationale und internationale Vergleiche und Perspektiven. München, S. 89-106.

Mancini, Paolo (1999): Giornalisti in Italia. Indagine socio-demografica sui professionisti dell'informazione. In: Problemi dell'informazione (1), S. 92-108.

Marr, Mirko/Wyss, Vinzenz (1999): Schweizer Journalistinnen und Journalisten im sprachregionalen Vergleich: Merkmale und Einstellungen. In: Medienwissenschaft Schweiz (2), S. 16-30.

Maseberg, Eberhard/Reiter, Sybille/Teichert, Will (Hrsg.) (1996): Führungsaufgaben in Redaktionen. Gütersloh.

Mast, Claudia (1984): Der Redakteur am Bildschirm. Auswirkungen moderner Technologien auf Arbeit und Berufsbild der Journalisten. Konstanz.

Mast, Claudia (1986): Was leisten die Medien? Funktionaler Strukturwandel in den Kommunikations-Systemen. Osnabrück.

Mast, Claudia (Hrsg.) (1996): Handbuch der Journalistenausbildung. Remagen.

Mast, Claudia (1997): Redaktionsmanagement. Ziele und Aufgaben für Journalisten. Bonn.

Mast, Claudia/Popp, Manuela/Theilmann, Rüdiger (1997): Journalisten auf der Datenautobahn. Qualifikationsprofile im Multimedia-Zeitalter. Konstanz.

Mayring, Philipp (1995): Qualitative Inhaltsanalyse. 5. Auflage. Weinheim.

Mayring, Philipp (1996): Einführung in die qualitative Sozialforschung. 3. überarb. Auflage. München.

McManus, John H. (1994): Market-Driven Journalism: Let the Citizen Beware? London, 1994.

McManus, John H. (1995): A Market-Based Model of News Production. In: Communication Theory, 5, S. 301-338.

Meckel, Miriam (1999): Redaktionsmanagement. Ansätze aus Theorie und Praxis. Opladen.

Meier, Werner/Schanne, Michael/Trappel, Josef (1993): Produktstrategien und Marktnischenpolitik. In: Bruck, Peter (Hrsg.): Print unter Druck. Zeitungsverlage auf Innovationskurs. Verlagsmanagement im internationalen Vergleich. München, S. 195-291.

Meier, Werner A./Bonfadelli, Heinz/Schanne, Michael (Hrsg.) (1993): Medienlandschaft Schweiz im Umbruch. Vom öffentlichen Kulturgut Rundfunk zur elektronischen Kioskware. Basel und Frankfurt a. Main.

Meier, Werner A./Schanne, Michael (1994): Medien-<Landschaft> Schweiz. Zürich.

Meier, Werner (1998): Medienökonomie. In: Bonfadelli, Heinz/Hättenschwiler, Walter (Hrsg.): Einführung in die Publizistikwissenschaft. Eine Textsammlung. Institut für Publizistikwissenschaft und Medienforschung der Universität Zürich, S. 129-158.

Melcher-Smejkal, Iris (1992): Marketing im Zeitungsverlag. Ein Vergleich zwischen der Bundesrepublik Deutschland und Österreich. Wien.

Merten, Klaus/Schmidt, Siegfried J./Weischenberg, Siegfried (Hrsg.) (1994): Die Wirklichkeit der Medien. Eine Einführung in die Kommunikationswissenschaft. Opladen.

Meyer, Cordula/Rohwedder, Wulf/Stein, Julia (1998): Journalistische Aspekte der Online-Medien. In: Gostomzyk, Tobias/Jarren, Otfried (Hrsg.): Deutschl@nd Online. Rahmenbedingungen und Entwicklungen der Online-Nutzung in Deutschland. Baden Baden. S. 96-106.

Michel, Lutz P./Schenk, Michael (1994): Audiovisuelle Medienberufe. Qualifikationsberufe und -profile. Opladen.

Möllmann, Bernhard (1998): Redaktionelles Marketing bei Tageszeitungen. München.

Moss, Christoph (1998): Die Organisation der Zeitungsredaktion. Wie sich journalistische Arbeit effizient koordinieren lässt. Opladen.

Münch, Richard (1993): Journalismus in der Kommunikationsgesellschaft. In: Publizistik 38(3), S. 261-279.

Neumann, Sieglinde (1997): Redaktionsmanagement in den USA: Fallbeispiel "Seattle Times". München.

Neuwirth, Kurt (1988): The Effect of ›Electronic‹ News Sources On Selection and Editing of News. In Journalism Quaterly 65(1), S. 85-94.

Neverla, Irene/Walch, Ingeborg S. (1993): Entscheidungsstrukturen in Printmedien. In: Bruck, Peter A (Hrsg.): Print unter Druck. Zeitungsverlage auf Innovationskurs. München, S. 293-386.

Northrup, Kerry J. (1997): Reisende durch Raum und Zeit. In: MediumMagazin, (2), S. 36.

Nürnberger, Albrecht (1993): Datenbanken und Recherche. Ein Handbuch für Journalisten und Dokumentalisten. Rommerskirchen.

Nyffeler, Bettina (1999): Schweizerische Aussenpolitik und Journalismus. Eine Befragung politischer Journalist/innen tagesaktueller Schweizer Medien. NFP 42-Working Paper Nr. 10. Bern.

Oeder, Werner (1997): Morgenröte über der Web-Presselandschaft. Strukturen von Schweizer Verlagen im Internet. In: Media Trend Journal (3), S. 10-15.

Piotrowski, Christa (1997): Angriff auf die journalistische Autonomie. USA – institutionalisiertes Teamwork von Redaktion und Verlag. In: Neue Zürcher Zeitung vom 21. November, S. 65-66.

Presserat SVJ (1997): Stellungnahmen 1996. Freiburg.

Pritchard, David/Sauvageau, Florian (1998): The Journalists and Journalisms of Canada. In: Weaver, David H. (Hrsg.) The Global Journalist. News People Around the World. Cresskill, New Jersey, S. 373-394.

Prott, Jürgen (1976): Bewusstsein von Journalisten. Standesdenken oder gewerkschaftliche Solidarisierung? Frankfurt am Main/Köln.

Prott, Jürgen (1984): Die Elektronik entzaubert den Journalismus. Technik dominiert den Arbeitsalltag von Zeitungsredakteuren. In: Media Perspektiven (2), S. 114-119.

Rager, Günther (1994): Mehr Dienst am Kunden. In: Rager, Günther/Schaefer-Dieterle, Susanne/Weber, Bernd (Hrsg.): Redaktionelles Marketing. Wie Zeitungen die Zukunft meistern. Bonn, S. 7-38.

Rager, Günther (1999): Wie verändern die neuen Techniken die Tageszeitungen? Skizze einer Entwicklung – Ein Gruß von Zeitungsliebhaber zu Zeitungsliebhaber. In: Schäfer, Ulrich P./Schiller, Thomas/Schütte, Georg

(Hrsg.): Journalismus in Theorie und Praxis. Beiträge zur universitären Journalistenausbildung. Konstanz, S, 135-144.

Rager, Günther/Susanne Schaefer-Dieterle/Bernd Weber (1994): Redaktionelles Marketing. Wie Zeitungen die Zukunft meistern. Bonn.

Randall, Starr D. (1986): How Editing and Typesetting Technology Affects Typographical Error Date. In: Journalism Quarterly (4), S. 763-770.

Rathgeb, Jürg (1998): Medienlandschaft Schweiz. In: Bonfadelli, Heinz/Hättenschwiler, Walter (Hrsg.): Einführung in die Publizistikwissenschaft. Institut für Publizistikwissenschaft und Medienforschung der Universität Zürich, S. 159-196.

Rau, Harald (2000): Redaktionsmarketing. Journalismus als Planungsfaktor in der Positionierung regionaler Tageszeitungen. Wiesbaden.

Redelfs, Manfred (1996): Electronic Publishing and Computer-Assisted Reporting: Auswirkungen des Information Superhighway auf den Journalismus. In: Kleinsteuber, Hans J. (Hrsg.): Der »Information-Superhighway«. Amerikanische Visionen und Erfahrungen. Opladen, S. 257-276.

Reiter, Sybille/Ruß-Mohl, Stephan (1994) (Hrsg.): Zukunft oder Ende des Journalismus? Medienmanagement – Publizistische Qualitätssicherung – Redaktionelles Marketing. Gütersloh.

Riklin, Franz (1996): Schweizerisches Presserecht. Bern.

Ronneberger, Franz (1971) (Hrsg.): Sozialisation durch Massenkommuni-kation. Stuttgart.

Röser, Jutta (1995): Geschlechterverhältnis im deutschen Fernsehen der 90er Jahre. Kommerzialisierung als Chance für Frauen. In: Erbring, Lutz (Hrsg.) Kommunikationsraum Europa. Konstanz, S. 455-462.

Ross, Steven (1999): Media in Cyberspace. In: http://www.mediasource.com/cyberstudy.html, 1.6.1999.

Rühl, Manfred (1980): Journalismus und Gesellschaft. Bestandsaufnahme und Theorieentwurf. Mainz.

Rühl, Manfred (1989): Organisatorischer Journalismus. Tendenzen der Redaktionsforschung. In: Kaase, Max/Schulz, Winfried (Hrsg.): Massenkommunikation. Theorien, Methoden, Befunde. Opladen, S. 253-269.

Rühl, Manfred (1992): Theorie des Journalismus. In: Burkart, Roland/ Hömberg, Walter (Hrsg.): Kommunikationstheorien. Wien, S. 117-133.

Rudin-Bühlmann, Sibylle (1999): Und die Moral von der Geschicht', Parteiparole halt ich nicht. Parteigründungen im Baselbiet zwischen 1905 und 1939. Liestal.

Ruß-Mohl, Stephan (1992): Zeitungsumbruch. Wie sich Amerikas Presse revolutioniert. Berlin.

Ruß-Mohl, Stephan (1994a): Anything goes? Ein Stolperstein und sieben Thesen zur journalistischen Qualitätssicherung. In: Reiter, Sibylle/Ruß-Mohl, Stephan (Hrsg.): Zukunft oder Ende des Journalismus? Medienmanagement – Publizistische Qualitätssicherung – Redaktionelles Marketing. Gütersloh, S. 20-28.

Ruß-Mohl, Stephan (1994b): Der I-Faktor. Qualitätssicherung im amerikanischen Journalismus. Modell für Europa? Osnabrück.

Ruß-Mohl, Stephan (1995): Redaktionelles Marketing und Management. In: Jarren, Otfried (Hrsg.): Medien und Journalismus 1. Eine Einführung. Opladen, S. 104-138.

Saffarnia, Pierre A (1993): Determiniert Öffentlichkeitsarbeit tatsächlich den Journalismus? Empirische Belege und theoretische Überlegungen gegen die PR-Determinierungsannahme. In: Publizistik 38(4), S. 412-425.

Saxer, Ulrich (1992): Bericht aus dem Bundeshaus. Eine Befragung von Bundeshausjournalisten und Parlamentariern in der Schweiz. Seminar für Publizistikwissenschaft der Universität Zürich. Zürich.

Saxer, Ulrich (1994): Journalisten in der Medienkonkurrenz: Thesen aus kommunikationswissenschaftlicher Sicht. In: Publizistik 39(1), S. 4-12.

Saxer, Ulrich/Schanne, Michael (1981): Journalismus als Beruf. Eine Untersuchung der Arbeitssituation von Journalisten in den Kantonen Zürich und Waadt. Bern.

Saxer, Ulrich/Ganz-Blättler, Ursula (1998): Fernsehen DRS: Werden und Wandel einer Institution. Ein Beitrag zur Medienhistographie als Institutionsgeschichte. Institut für Publizistikwissenschaft und Medienforschung der Universität Zürich.

Schanne, Michael (1983): Kommunikatoren (Journalisten) – Kommunikatorforschung. Paper: Seminar für Publizistikwissenschaft der Universität Zürich. Zürich.

Schanne, Michael/Schulz, Peter (Hrsg.) (1993): Journalismus in der Schweiz. Fakten, Überlegungen, Möglichkeiten (Schriften zur Medienpraxis Bd. 10). Aarau.

Schmitt-Beck, Rüdiger/Pfetsch, Barbara (1994): Politische Akteure und die Medien der Massenkommunikation. Zur Generierung von Öffentlichkeit in Wahlkämpfen. In: Neidhart Friedhelm (Hrsg.): Öffentlichkeit, öffentliche Meinung, soziale Bewegungen. Opladen, S. 107-138.

Schneider, Beate/Schönbach, Klaus/Stürzebecher, Dieter (1993a): Journalisten im vereinten Deutschland: Strukturen, Arbeitsweisen und Einstellungen im Ost-West-Vergleich. In: Publizistik 38(3), S. 353-382.

Schneider, Beate/Schönbach, Klaus/Stürzebecher, Dieter (1993b): Westdeutsche Journalisten im Vergleich. Jung, professionell und mit Spaß an der Arbeit. In: Publizistik 38(1), S. 5-30.

Schneider, Beate/Schönbach, Klaus/Stürzebecher, Klaus (1994): Ergebnisse einer Repräsentativbefragung zur Struktur, sozialen Lage und zu den Einstellungen von Journalisten in den neuen Ländern. In: Böckelmann, Frank/Mast, Claudia/ Schneider, Beate (Hrsg.) Journalismus in den neuen Ländern. Ein Berufsstand zwischen Aufbruch und Abwicklung. Konstanz, S. 145-233.

Scholl, Armin/Weischenberg, Siegfried (1998): Journalismus in der Gesellschaft. Theorie, Methodologie und Empirie. Opladen.

Schönbach, Klaus (1977): Trennung von Nachricht und Meinung. Empirische Untersuchung eines journalistischen Qualitätskriteriums. Freiburg/ München.

Schönbach, Klaus/Stürzebecher, Dieter/Schneider, Beate (1994): Oberlehrer und Missionare? Das Selbstverständnis deutscher Journalisten: In: Neidhart, Friedhelm (Hrsg.): Öffentlichkeit, öffentliche Meinung, soziale Bewegungen. Opladen, S. 139-161.

Schönbach, Klaus/Bergen, Lori (1998): Commentary: Readership Research – Challenges and Chances. In: Newspaper Research Journal 19(2), S. 88-102.

Schuler, Thomas (2000): Der multimediale Journalist. In: »Tages-Anzeiger« vom 3. April, S. 60

Schulthess-Eberle, Hildegard (2000): Impressum. Schweizerisches Medien-Handbuch. Leutwil.

Schulz, Winfried (1989): Massenmedien und Realität. Die ›ptolemäische‹ und die ›kopernikanische‹ Auffassung. In: Kaase, Max/Schulz, Winfried (Hrsg.): Massenkommunikation. Theorien, Methoden, Befunde. Opladen, S. 135-149.

Schweda, Claudia/Opherden, Rainer (1995): Journalismus und Public Relations. Grenzbeziehungen im System lokaler politischer Kommunikation. Wiesbaden.

Shipley, Linda/Gentry, J.K. (1981): How Electronic Editing Equipment Affects Editing Performance. In: Journalism Quarterly (3), S. 371-374.

Siegert, Gabriele (1997): Systematische, betriebswissenschaftliche und mikroökonomische Bedeutungsdimensionen der Medien- und Publikumsforschung. In: Renger, Rudi/Siegert, Gabriele (Hrsg.): Kommunikationswelten. Wissenschaftliche Perspektiven zur Medien- und Informationsgesellschaft. Beiträge zur Medien- und Kommunikationsgesellschaft. Bd. 1. Innsbruck/Wien, S. 159-181.

Steg, Thomas (1992): Redakteure und Rationalisierung. Betriebliche Strategien bei der Einführung rechengesteuerter Textsysteme in Tageszeitungsredaktionen. Frankfurt a.M.

Streng, Isabel (1996): Strategisches Marketing für Publikumszeitschriften. Frankfurt a. Main.

Thommen, Jean-Paul (1989): Betriebswirtschaftslehre. Personal, Organisation, Führung. Spezielle Gebiete des Managements. Band 3. Zürich, S. 131-202.

Trappel, Josef (1998): Von der kommerziellen zur digitalen Umwälzung. In: ZOOM K&M (11), S. 18-22.

Tunstall, Jeremy (1971): Journalists at Work. London.

Underwood, Doug (1988): When MBAs rule the newsroom. A concerned reporter shows how bottom-line editors are radically changing American journalism. In: Columbia Journalism Review, March/April, S. 23-30.

Underwood, Doug (1993): When MBA's rule the newsroom. How the Marketers and Managers Are Reshaping Today's Media. New York.

Underwood, Doug/Stamm, Keith (1992): Balancing Business with Journalism: Newsroom Policies at 12 West Coast Newspapers. In: Journalism Quaterly 69(2), S. 301-317.

Verband der Schweizerischen Werbegesellschaften (Hrsg.) (2000): Katalog der Schweizer Presse 2000. Lausanne.

Weaver, David/Wilhoit, Cleveland G. (1986): The American Journalist: A Portrait of U.S. News People and Their Work. Bloomington.

Weaver, David/Wilhoit, G. Cleveland (1994): Daily newspaper journalists in 1990s. In: Newspaper Research Journal (3), S. 2-21.

Weaver, David H. (1998a) (Hrsg.): The Global Journalist. News People Around the World. Cresskill, N.J.

Weaver, David H. (1998b): Journalists Around the World. Commonalities and Differences. In: Weaver, David H. (Hrsg.) The Global Journalist. News People Around the World. Cresskill, New Jersey, S. 455-480.

Weber, Bernd (1992): Jedem das Seine – jeder das Ihre. Ein Plädoyer für redaktionelles Marketing. In: Rager, Günther/Werner, Petra (Hrsg.): Die tägliche Neuerscheinung. Untersuchungen zur Zukunft der Zeitung. Münster, Hamburg, S.147-157.

Wegner, Jochen (1998): Unterlagen zum Rechercheseminar. In: http://www.jonet.org//jochen/mm1.html, 30. 9.

Weischenberg, Siegfried (1982): Journalismus in der Computergesellschaft. Informatisierung, Medientechnik und die Rolle der Berufskommunikatoren. München.

Weischenberg, Siegfried (1989): Der enttarnte Elefant. Journalismus in der Bundesrepublik – und die Forschung, die sich ihm widmet. In: Media Perspektiven (4), S. 227-239.

Weischenberg, Siegfried (1990): Im einem andern Land. Praxisnähe und ›liberal arts‹: das Vorbild USA. In: Weischenberg, Siegfried (Hrsg.): Journalismus & Kompetenz. Qualifizierung und Rekrutierung für Medienberufe. Opladen, S. 145-166.

Weischenberg, Siegfried (1992): Journalistik. Bd. 1: Mediensysteme, Medienethik, Medieninstitutionen, Opladen.

Weischenberg, Siegfried (1994): Konzepte und Ergebnisse der Kommunikatorforschung. In: Jarren, Otfried (Hrsg.): Medien und Journalismus 1. Eine Einführung. Opladen, S. 227-266.

Weischenberg, Siegfried (1995): Journalistik 2. Band 2: Medientechnik, Medienfunktionen, Medienakteure. Opladen.

Weischenberg, Siegfried (1997): Neues vom Tage. Die Schreinemakerisierung unserer Medienwelt. Hamburg.

Weischenberg, Siegfried/Altmeppen, Klaus-Dieter (1993): Journalismus 2000 – Funktionen, Rollen und Arbeitsorganisation. In: Journalist (1), S. 51-65.

Weischenberg, Siegfried/Altmeppen, Klaus-Dieter/Löffelholz, Martin (1994): Die Zukunft des Journalismus. Technologische, ökonomische und redaktionelle Trends. Opladen.

Weischenberg, Siegfried/Löffelholz, Martin/Scholl, Armin (1993): Journalismus in Deutschland. Design und erste Befunde der Kommunikatorstudie. In: Media Perpektiven (1), S. 21-32.

Weischenberg, Siegfried/Löffelholz, Martin/Scholl, Armin (1994): Journalismus in Deutschland II. Merkmale und Einstellungen von Journalisten. In: Media Perpektiven (4), S. 154-166.

Weischenberg, Siegfried/Sievert, Holger (1998): Deutsche und französische Journalisten(forschung). Probleme und Potentiale international-komparativer Studien in der Publizistik und Kommunikationswissenschaft – ein empirisches Beispiel. In: Publizistik 43(4), S. 395-410.

Wettstein, Oscar (1902): Die schweizerische Presse. Ihre rechtlichen, moralischen und sozialen Verhältnisse. Zürich.

Wyss, Eva (1994): Abschied von der Medienpolitik. In: ZOOM K&M (4), S. 337-42.

Wyss, Vinzenz (1997): Welche Veränderungen resultieren aus der Informationsgesellschaft für den Journalismus? In: Medienwissenschaft Schweiz (2), S. 14-18.

Wyss, Vinzenz (2000): Online-Journalismus in Europa: das Beispiel Schweiz. In: Altmeppen, Klaus-Dieter/Bucher, Hans-Jürgen/Löffelholz, Martin (Hrsg.): Online-Journalismus: Perspektiven für Wissenschaft und Praxis. Opladen. Im Druck.

Zimmer, Jochen (1993): Ware Nachrichten. Fernsehnachrichtenkanäle und Veränderungen im Nachrichtenmarkt. In: Media Perspektiven (6), S. 278-289.

Zimmermann, Kurt W. (1997): Das Internet – eine Bedrohung. Die Schweizer Presse vor großen Umwälzungen. Neue Zürcher Zeitung vom 31. Januar; S. 43.

Journalismus und Geschichte

Herausgegeben von Hans Bohrmann und Horst Pöttker

Geschichte sollte kein Bildungsballast sein. Deshalb erscheinen in dieser Reihe Arbeiten, die die Vergangenheit mit der Gegenwart verknüpfen: Untersuchungen, wie historische Vorgänge durch die Medien vermittelt werden (können), Studien zur Entstehung und Entwicklung des Journalismus sowie Porträts früherer Periodika oder Publizisten, von denen zu lernen ist – im Sinne des Nachstrebens oder im Sinne der Kritik.

Band 1
Daniel Müller
Manfred Georg und die »Jüdische Revue«
Eine Exilzeitschrift in der Tschechoslowakei 1936-1938
2000, 174 Seiten, br.
ISBN 3-89669-257-7

Band 2
Frauke Adrians
Journalismus im 30jährigen Krieg
Kommentierung und »Parteylichkeit«
in Zeitungen des 17. Jahrhunderts
1999, 198 Seiten, br.
ISBN 3-89669-260-7

Band 3
Martin Kött
Goldhagen in der Qualitätspresse
Eine Debatte über »Kollektivschuld« und
»Nationalcharakter« der Deutschen
1999, 142 Seiten, br.
ISBN 3-89669-255-0

Band 4
Reinhild Rumphorst
Journalisten und Richter
Der Kampf um die Pressefreiheit
zwischen 1920 und 1970
2000, 270 Seiten, br.
ISBN 3-89669-311-5

UVK Medien im Internet: www.uvk.de

UNI-PAPERS

Heinz Pürer
Einführung in die Publizistikwissenschaft
Systematik, Fragestellungen, Theorieansätze, Forschungstechniken
6. Auflage 1998
208 Seiten, br.
ISBN 3-89669-042-6

Heinz Bonfadelli
Medienwirkungsforschung I
Grundlagen und theoretische Perspektiven
1999, 276 Seiten, br.
ISBN 3-89669-273-9

Heinz Bonfadelli
Medienwirkungsforschung II
Anwendungen in Politik, Wirtschaft und Kultur
2000, 302 Seiten, br.
ISBN 3-89669-274-7

Werner Früh
Inhaltsanalyse
Theorie und Praxis
4., überarbeitete Auflage 1998
260 Seiten, br.
ISBN 3-89669-243-7

Thomas Knieper (Hg.)
Statistik
Eine Einführung für Kommunikationsberufe
1993, 448 Seiten, br.
ISBN 3-89669-046-9

Jan Tonnemacher
Kommunikationspolitik in Deutschland
Eine Einführung
1996, 292 Seiten, br.
ISBN 3-89669-002-7

Rudolf Stöber
Deutsche Pressegeschichte
Einführung, Systematik, Glossar
2000, 370 Seiten, br.
ISBN 3-89669-249-6

Konrad Dussel
Deutsche Rundfunkgeschichte
Eine Einführung
1999, 314 Seiten, br.
ISBN 3-89669-250-X

Gernot Wersig
Informations- und Kommunikationstechnologien
Eine Einführung in Geschichte, Grundlagen und Zusammenhänge
2000, 210 Seiten, br.
ISBN 3-89669-276-3

www.uvk.de

Forschungsfeld Kommunikation

Herausgegeben von
Walter Hömberg, Heinz Pürer und Ulrich Saxer

Irene Neverla
Fernseh-Zeit
Zuschauer zwischen
Zeitkalkül und Zeitvertreib.
Eine Untersuchung zur Fernsehnutzung
1992, 288 Seiten, frz. Broschur
ISBN 3-89669-166-X

Wolfgang Flieger
Die taz
Vom Alternativblatt
zur linken Tageszeitung
1992, 344 Seiten, frz. Broschur
ISBN 3-89669-167-8

Ulrich Saxer
Martina Märki-Koepp
Medien-Gefühlskultur
Zielgruppenspezifische Gefühlsdramaturgie
als journalistische Produktionsroutine
1992, 288 Seiten, frz. Broschur
ISBN 3-89669-168-6

Wolfgang Pütz
**Das Italienbild in der
deutschen Presse**
Eine Untersuchung
ausgewählter Tageszeitungen
1993, 296 Seiten, frz. Broschur
ISBN 3-89669-169-4

Heinz Bonfadelli
Die Wissenskluft-Perspektive
Massenmedien und
gesellschaftliche Information
1994, 464 Seiten, frz. Broschur
ISBN 3-89669-170-8

Gianluca Wallisch
Journalistische Qualität
Definitionen - Modelle - Kritik
1995, 304 Seiten, frz. Broschur
ISBN 3-89669-171-6
Christoph Neuberger

Journalismus als Problembearbeitung
Objektivität und Relevanz
in der öffentlichen Kommunikation
1996, 432 Seiten, frz. Broschur
ISBN 3-89669-172-4

Karin Böhme-Dürr
Perspektivensuche
Das Ende des Kalten Krieges und der
Wandel des Deutschlandbildes in der
amerikanischen Presse (1976-1998)
2000, 634 Seiten, frz. Broschur
ISBN 3-89669-237-2

Stefan Wehmeier
Fernsehen im Wandel
Differenzierung und Ökonomisierung
eines Mediums
1998, 440 Seiten, frz. Broschur
ISBN 3-89669-238-0

Lucie Hribal
**Public Relations-Kultur
und Risikokommunikation**
Organisationskommunikation als
Schadensbegrenzung
1999, 550 Seiten, frz. Broschur
ISBN 3-89669-269-0

Klaus Beck, Peter Glotz, Gregor Vogelsang
Die Zukunft des Internet
Internationale Delphi-Befragung zur
Entwicklung der Online-Kommunikation
2000, 206 Seiten, frz. Broschur
ISBN 3-89669-287-9

Stefan Weber
Was steuert Journalismus?
Ein System zwischen Selbstreferenz
und Fremdsteuerung
2000, 200 Seiten, frz. Broschur
ISBN 3-89669-293-3

Praktischer Journalismus

Grundwissen

Claudia Mast (Hg.)
ABC des Journalismus
Ein Leitfaden für die
Redaktionsarbeit
2000, 588 Seiten, br.
DM 39,80/ÖS 291/SFr 37,-

Hans-Joachim Schlüter
ABC für Volontärsausbilder
Lehrbeispiele und
praktische Übungen.
1991, 256 Seiten, br.
DM 38,-/ÖS 278/SFr 38,-

Heinz Pürer (Hg.)
Praktischer Journalismus
in Zeitung, Radio und
Fernsehen
Mit einer Berufs- und
Medienkunde für Journalisten
in Österreich, Deutschland und
der Schweiz
1996, 682 Seiten, br.
DM 54,-/SFr 49,-

Peter Zschunke
Agenturjournalismus
Nachrichtenschreiben
im Sekundentakt
2000, 306 Seiten, br.
DM 42,-/ÖS 307/SFr 39,-

Michael Haller
Recherchieren
Ein Handbuch für Journalisten
2000, 338 Seiten, br.
DM 38,-/ÖS 277/SFr 35,-

Michael Haller
Das Interview
Ein Handbuch für Journalisten
1997, 458 Seiten, br.
DM 46,-/ÖS 336

Ernst Fricke
Recht für Journalisten
Grundbegriffe und Fallbeispiele
1997, 402 Seiten, br.
DM 48,-/ÖS 350/SFr 44,50,-

Hermann Sonderhüsken
Kleines Journalisten-Lexikon
Fachbegriffe und Berufsjargon
1991, 160 Seiten, br.
DM 30,-/ÖS 219/SFr 30,-

Ressorts

Josef Hackforth
Christoph Fischer (Hg.)
ABC des Sportjournalismus
1994, 360 Seiten, br.
DM 39,80/ÖS 291/SFr 39,80

Karl Roithmeier
Der Polizeireporter
Ein Leitfaden für die
journalistische
Berichterstattung
1994, 224 Seiten, br.
DM 38,-/ÖS 278/SFr 38,-

Gunter Reus
Ressort: Feuilleton
Kulturjournalismus
für Massenmedien
1999, 366 Seiten, br.
DM 45,-/ÖS 329/SFr 41,50

Gottfried Aigner
Ressort: Reise
Neue Verantwortung
im Reisejournalismus
1992, 272 Seiten, br.
DM 39,-/ÖS 285/SFr 39,-

Presse

Michael Haller
Die Reportage
Ein Handbuch für Journalisten
1997, 332 Seiten, br.
DM 38,-/ÖS 277/SFr 35,-

Werner Nowag
Edmund Schalkowski
Kommentar und Glosse
1998, 364 Seiten, br.
DM 45,-/ÖS 329/SFr 41,50

Karola Ahlke
Jutta Hinkel
Sprache und Stil
Ein Handbuch für Journalisten
2000, 172 Seiten, br.
DM 38,-/ÖS 277/SFr 35,-

Peter Brielmaier
Eberhard Wolf
**Zeitungs- und
Zeitschriftenlayout**
2000, 276 Seiten, br.
DM 38,-/ÖS 277/SFr 35,-

Martin Liebig
Die Infografik
1999, 472 Seiten, br.,
mit zahlr. Farb- u. Sw.-Abb.

Hörfunk

Bernd-Peter Arnold
ABC des Hörfunks
1999, 340 Seiten, br.
DM 42,-/ÖS 307/SFr 39,-

Robert Sturm
Jürgen Zirbik
Die Radio-Station
Ein Leitfaden für den
privaten Hörfunk
1996, 384 Seiten, br.
DM 60,-/ÖS 438/SFr 60,-

Antwort

UVK Medien
Verlagsgesellschaft mbH
Postfach 102051
D-78420 Konstanz

Bitte liefern Sie umseitige Bestellung mit Rechnung an:

Ort, Datum

Unterschrift

Zindel/Rein (Hg.)
Das Radio-Feature
Ein Werkstattbuch
1997, 380 Seiten, br.
DM 45,-/ÖS 329/SFr 41,50,-

Clobes/Paukens/Wachtel (Hg.)
Bürgerradio und Lokalfunk
Ein Handbuch
1992, 240 Seiten, br.
DM 19,80/ÖS 145/SFr 19,80

Claudia Fischer (Hg.)
Hochschul-Radios
Initiativen - Praxis - Perspektiven
1996, 400 Seiten, br.
DM 58,-/ÖS 424/SFr 52,50

Wolfgang Zehrt
Hörfunk-Nachrichten
1996, 240 Seiten, br.
DM 34,-/ÖS 248/SFr 34,-

Stefan Wachtel
Sprechen und Moderieren in Hörfunk und Fernsehen
inkl. CD mit Hörbeispielen
2000, 216 Seiten, br.
DM 39,80/ÖS 291/SFr 37,-

Stefan Wachtel
Schreiben fürs Hören
Trainingstexte, Regeln und Methoden
2000, 196 Seiten, br.
DM 38,-/ÖS 277/SFr 35,-

Fernsehen

Blaes/Heussen (Hg.)
ABC des Fernsehens
1997, 488 Seiten, br.,
25 SW-Abb.
DM 42,-/ÖS 307/SFr 39,-

Sturm/Zirbik
Die Fernseh-Station
Ein Leitfaden für das Lokal- und Regionalfernsehen
1998, 490 Seiten, br.
DM 54,-/ÖS 394/SFr 49,-

Steinbrecher/Weiske
Die Talkshow
20 Jahre zwischen Klatsch und News
1992, 256 Seiten, br.
DM 36,-/ÖS 263/SFr 36,-

BESTELLKARTE

Bitte liefern Sie mir zzgl. Versandkosten:
(ab DM 50,- ohne Versandkosten)

Anzahl Autor/Titel

❏ Bitte informieren Sie mich über Ihre Neuerscheinungen.

Adresse und Unterschrift bitte auf der Vorderseite eintragen.

Hans Dieter Erlinger u.a. (Hg.)
Handbuch des Kinderfernsehens
1998, 680 Seiten, br.,
35 Sw-Abb.
DM 58,-/ÖS 423/SFr 52,50

Internet

Klaus Meier (Hg.)
Internet-Journalismus
Ein Leitfaden für ein neues Medium
1999, 360 Seiten, br.
DM 42,-/ÖS 307/SFr 39,-

UNI-PAPERS

Heinz Pürer
Einführung in die Publizistikwissenschaft
Systematik, Fragestellungen, Theorieansätze, Forschungstechniken
1998, 208 Seiten, br.
DM 32,-/ÖS 234/SFr 29,-

Heinz Bonfadelli
Medienwirkungsforschung I
Grundlagen und theoretische Perspektiven
1999, 276 Seiten, br.
DM 39,80/ÖS 291/SFr 37,-

Heinz Bonfadelli
Medienwirkungsforschung II
Anwendungen in Politik, Wirtschaft und Kultur
2000, 302 Seiten, br.
DM 39,80/ÖS 291/SFr 37,-

Werner Früh
Inhaltsanalyse
Theorie und Praxis
1998, 260 Seiten, br.
DM 32,-/ÖS 234/SFr 29,-

Thomas Knieper (Hg.)
Statistik
Eine Einführung für Kommunikationsberufe
1993, 448 Seiten, br.
DM 39,-/ÖS 285/SFr 39,-

Jan Tonnemacher
Kommunikationspolitik in Deutschland
Eine Einführung
1996, 296 Seiten, br.
DM 36,-/ÖS 263/SFr 36,-

Rudolf Stöber
Deutsche Pressegeschichte
Einführung, Systematik, Glossa
2000, 370 Seiten, br.
DM 39,80/ÖS 291/SFr 37,-

Konrad Dussel
Deutsche Rundfunkgeschich
Eine Einführung
1999, 314 Seiten, br.
DM 38,-/ÖS 277/SFr 35,-